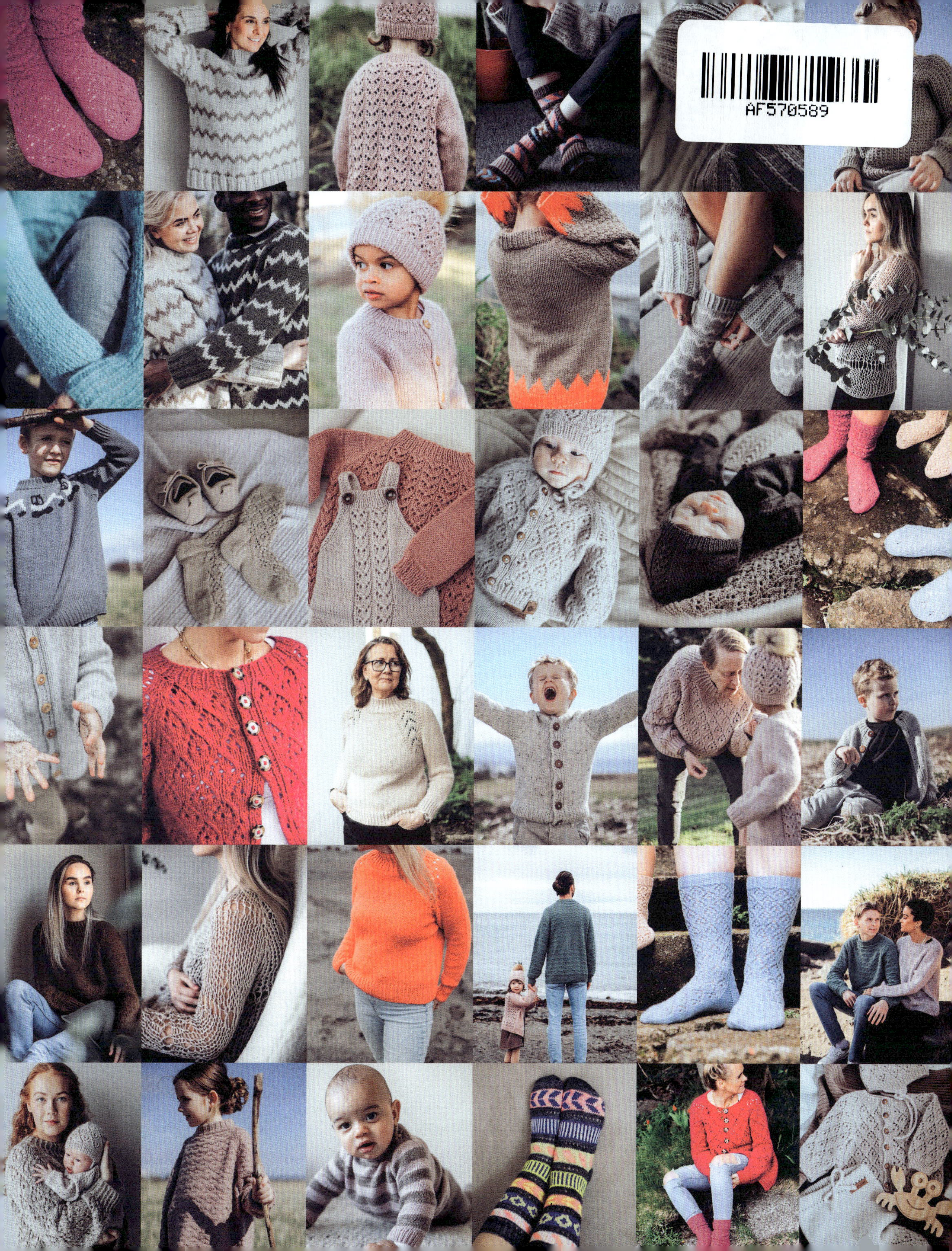

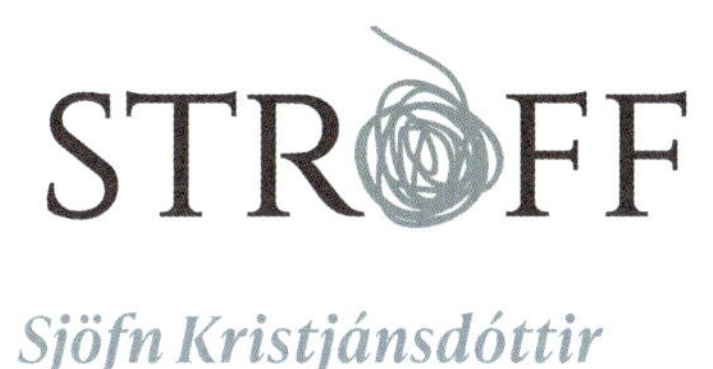

Sjöfn Kristjánsdóttir

Leicht gestrickt
für Groß und Klein

Zeitloses Strickdesign aus Island für die ganze Familie

stiebner

Inhaltsverzeichnis

Die Freude am Schaffen 5

Für Erwachsene

AVA Damenpullover 9
AVA Herrenpullover 15
GISCHT Damenpullover 21
GÖTTIN Damenpullover 25
EIN TRAUM VON MOHAIR 29
HOFFNUNG Damenpullover 33
EISBRECHER Pullover 37
SAGA Top 41
AMSEL Damenpullover 45
AMSEL Cardigan 51

Für Kinder

BAGGERFAHRER Pullover 59
KARI Cardigan 65
MOOS Pullover 69
GLUT Baumwollpullover 73
AVA Kinderpullover 77
MIKADO Kinderpullover 85
HASELSTRAUCH Kleid 91

Socken und Handschuhe

EISBRECHER Socken 103
AMSEL Socken 107
AMSEL Kindersocken 111
MIKADO Socken 115
EISBRECHER Handschuhe 121

Sets für Babys und Kinder

HYGGE Kinderpullover 127
HYGGE Hose 129
AMSEL Jacke 133
AMSEL Mütze 140
AMSEL Hose 142
HALLO WELT Babyjacke 145
HALLO WELT Pixiemütze 149
HALLO WELT Handschuhe 151
HALLO WELT Strampler 153
HALLO WELT Babydecke 157
HALLO WELT Kinderjacke 159
HALLO WELT Kindermütze 165
NACHT FÜR NACHT Jacke 169
NACHT FÜR NACHT Kindermütze 174
NACHT FÜR NACHT Hose 176

Techniken 179

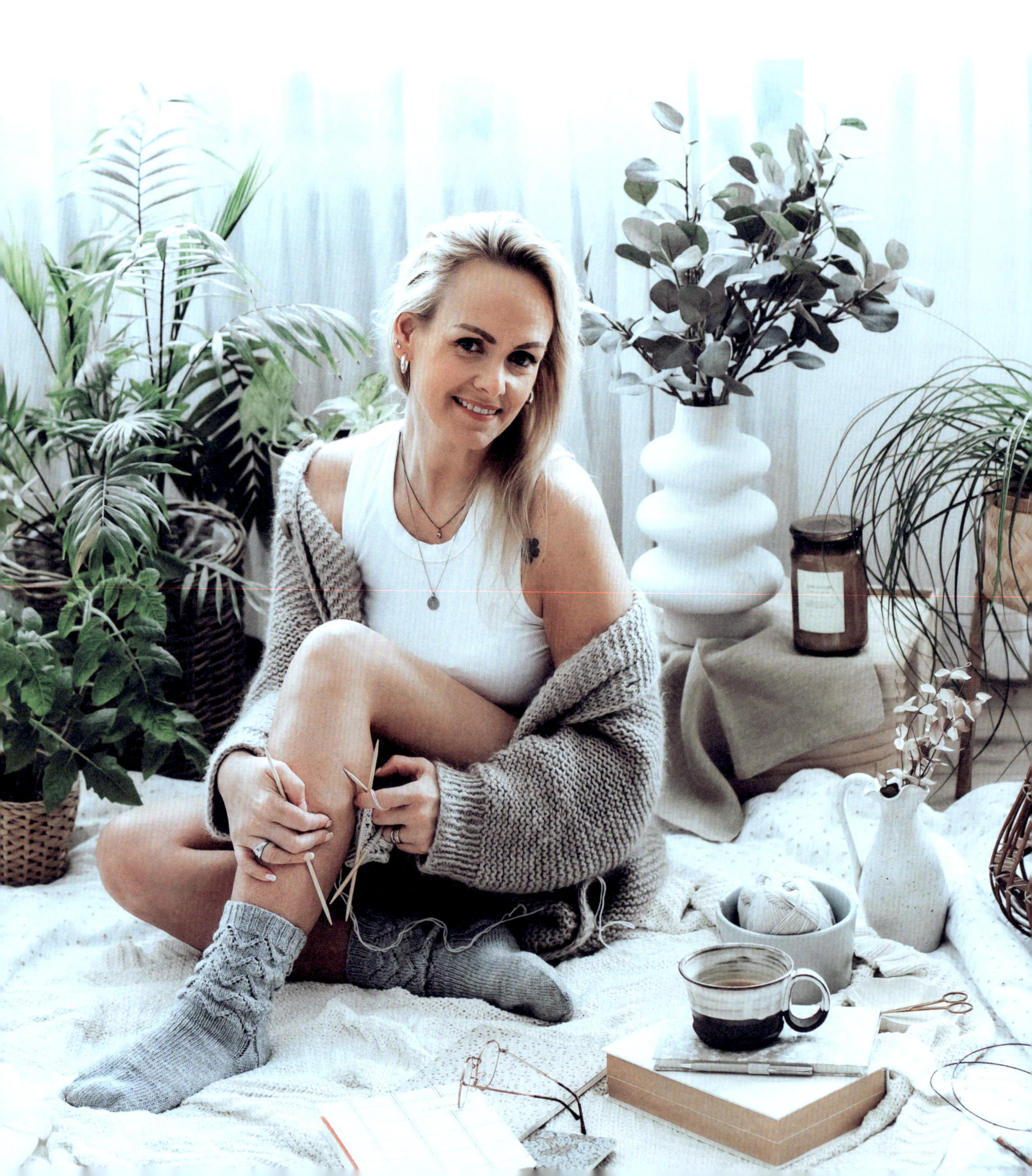

Die Freude am Schaffen

Ich kann mir nichts Schöneres vorstellen, als eine Idee für ein neues Design zu bekommen, das richtige Garn auszuwählen und loszulegen. Kreative Menschen reden oft darüber, dass sie sich von ihrer Umgebung inspirieren lassen – von der Natur oder der Landschaft, von Tieren, Kunstwerken und so weiter. Meine Ideen kommen dagegen in der Dusche! Hier bin ich alleine und habe Ruhe und Zeit für mich. Die Ideen kommen wie Bilder zu mir und oft muss ich mich beeilen, aus der Dusche zu kommen, um sie aufzuschreiben, bevor sie so schnell verschwinden, wie sie gekommen sind. Ich habe ständig neue Ideen, die leider nicht immer umgesetzt werden. Wenn ich sie dann wirklich in Angriff nehme, finde ich das Ergebnis entweder perfekt, oder unmöglich – ohne Mittelweg. Zum Glück bin ich mit den meisten Entwürfen zufrieden und genieße es, ein schönes neues Stück in meinen Händen wachsen zu sehen.

Ich habe ständig neue Ideen, die leider nicht immer umgesetzt werden. Wenn ich sie dann wirklich in Angriff nehme, finde ich das Ergebnis entweder perfekt, oder unmöglich – ohne Mittelweg.

Ein Buch wie dieses schreibt sich nicht an einem Tag, und ich bin sicher nicht die einzige Person hinter diesem Band – ich habe ein wunderbares Team, ohne das dieses Buch nicht möglich gewesen wäre. Ich will zuerst Leonie Karn für all ihre Hilfe danken. Es ist Gold wert, eine deutsche Freundin zu haben, die alle Aufgaben zu 130% erledigt! Danke, liebster Grétar, dass du das ganze Strickzeug überall im Haus erträgst und so viel Geduld hattest, als das Buch geschrieben wurde. Danke, Saga, Ari, und Kári, dass ihr euch so oft fotografieren lasst – ich weiß, es macht nicht immer Spaß, aber dafür gibt es danach ein Eis. Danke an meine Teststrickerinnen Andrea Ida, Elísabet, Heiða Björg und Anna Margrét. Wie ihr die Modelle für das Buch quasi wie am Fließband fertiggestrickt habt, war unschätzbar wertvoll! Meine wunderbare Eygló hat wie immer alle Fotos gemacht und mir in allen Anrufen gut zugeredet, wenn ich am liebsten alles hinwerfen und aufgeben wollte. Tóta hat das Layout designt, wie immer wunderschön schlicht. Danke, Tommi, Anna und Árni, dass ihr dieses Projekt mit mir durchgezogen habt. Ihr seid großartig. Danke, Lana Grossa, Icewear Garn und Amma Mús, für die Zusammenarbeit mit Garn und Zubehör.

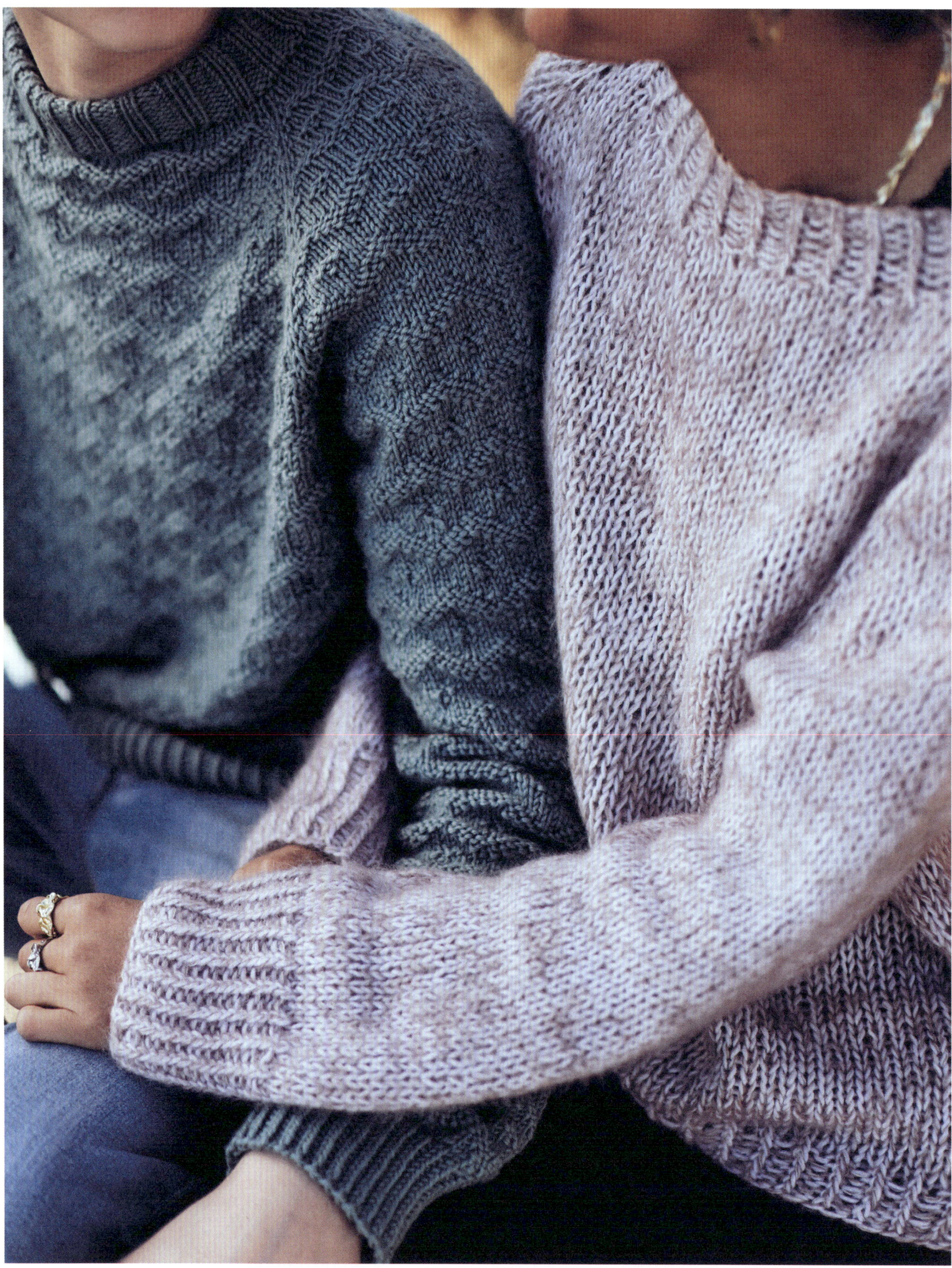

Für Erwachsene

* *Wie wunderbar, etwas für sich selbst zu stricken – oder für Partner, Eltern, Opa, Oma und alle anderen wichtigen Menschen im Leben.*

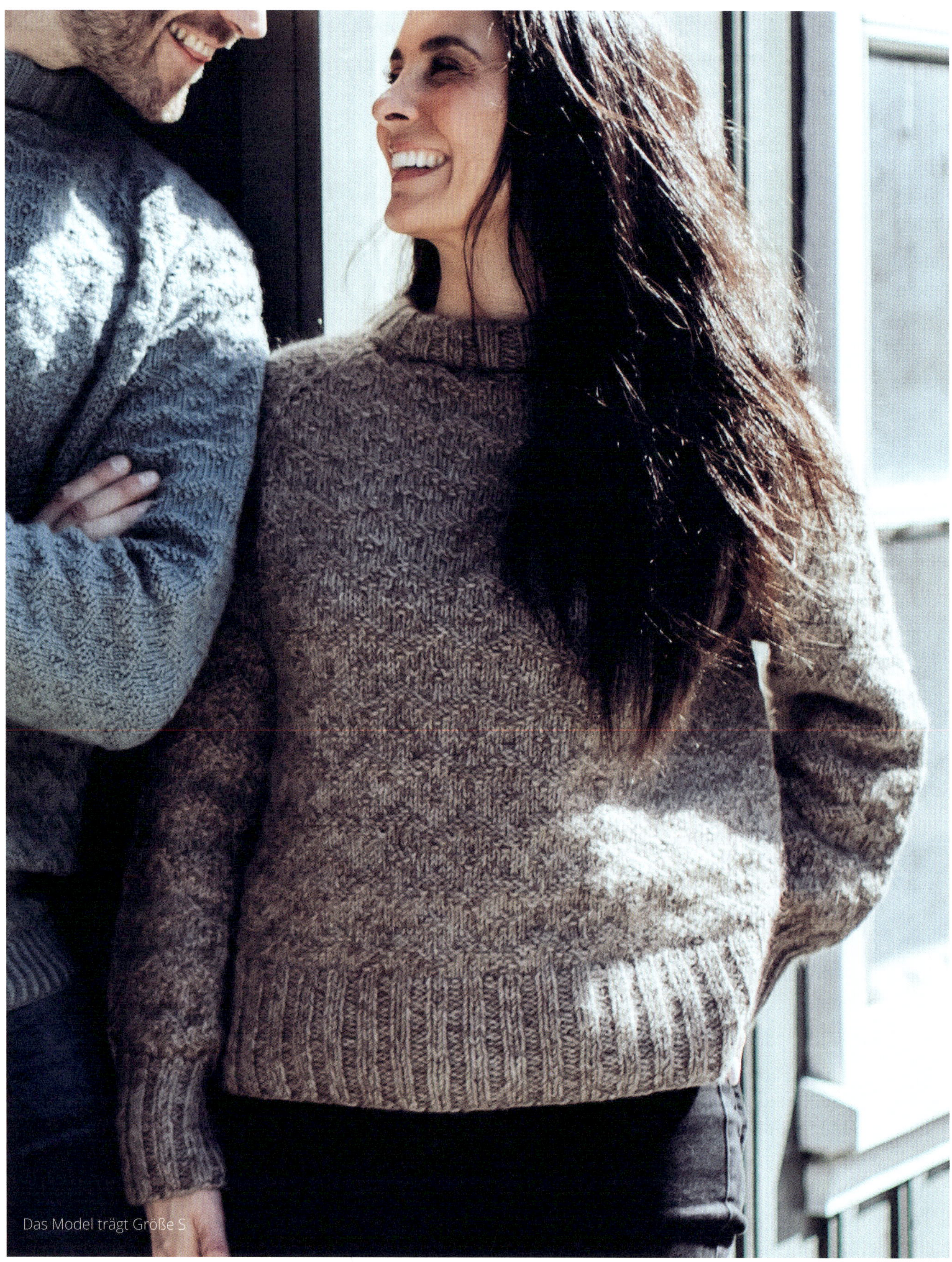
Das Model trägt Größe S

AVA Damenpullover

GRÖSSENANGABEN UND GARNVERBRAUCH

Größe	Rumpflänge ab Ärmelansatz	Brustumfang	Ärmellänge ab Ärmelansatz	Ärmelumfang	Garnverbrauch Cool Wool big	Garnverbrauch Mohair
XS	31 cm	98 cm	42 cm	31 cm	250 g (600 m)	75 g (630 m)
S	33 cm	106,5 cm	44 cm	35,5 cm	300 g (720 m)	100 g (840 m)
M	36 cm	106,5 cm	46 cm	35,5 cm	350 g (840 m)	100 g (840 m)
L	**38 cm**	**115,5 cm**	**48 cm**	**40 cm**	**400 g (960 m)**	**125 g (1050 m)**
XL	**40 cm**	**124,5 cm**	**50 cm**	**44,5 cm**	**450 g (1080 m)**	**125 g (1050 m)**

Bitte beachtet, dass die angegebenen Garnmengen nur ein Richtwert sind.

Ecopuno hat eine deutlich längere Lauflänge als Cool Wool Big. Falls ihr den Pullover daraus stricken wollt, orientiert ihr euch an der angegebenen Meterzahl, nicht der Grammangabe.

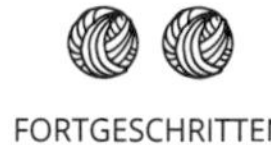

FORTGESCHRITTEN

DAS BRAUCHT IHR:

Garn
Ein Faden Cool Wool big (120 m/50 g) oder Ecopuno (215 m/50 g) von Lana Grossa, Katia Merino 100%, Lang Merino 120, Drops Lima oder Rauma Mitu

Ein Faden Lana Grossa Silkhair, Angel by Permin (210 m/25 g), Drops Kid Silk Mohair oder eine andere Art von Seide+Mohair

Der Pullover wird mit beiden Fäden gleichzeitig gestrickt.

Rundstricknadel Nr. 5
40 cm für das Halsbündchen

Rundstricknadeln Nr. 5,5
40, 80 und 100/120 cm lang

Nadelspiel Nr. 5,5
für die Ärmelbündchen

Stopfnadel
zum Vernähen

Maschenmarkierer
8 Ringe für die Raglanmaschen und 1 Ring für den Rundenbeginn.

Maschenprobe
18 M mit Nadelstärke 5,5 ergeben 10 cm.

Dieser Pullover ist von einer Jacke inspiriert, die meine Oma einmal hatte – aus Baumwolle und sicher 30 Jahre alt. Als ich erwachsen wurde, hat sie mir diese Jacke geschenkt. Mir gefällt das Muster bis heute so gut, dass ich es abgezeichnet und in diesem wunderschönen Pullover verwendet habe.

ANLEITUNG

Dieser Pullover wird von oben nach unten in Runden gearbeitet, mit Raglanpasse und durchgehend mit einem Strukturmuster aus rechten und linken Maschen. Die Musterdiagramme für das Strukturmuster findet ihr ab S. 12.

BÜNDCHEN

Schlagt 76, 76, 76, **80, 80** M auf die Rundstricknadel Nr. 5 (40 cm lang) an und schließt zur Runde. Strickt das Halsbündchen im Rippenmuster (2 M re, 2 M li im Wechsel) insgesamt 8 cm lang. Klappt das Bündchen dann so um, dass die Anschlagskante innen liegt, und strickt es in der nächsten Runde doppelt fest (s. »Doppeltes Bündchen« auf S. 181): Nehmt für jede Masche, die auf der Nadel liegt, die entsprechende Masche aus der Anschlagskante mit auf und strickt beide zusammen als eine Masche rechts ab.

Wechselt jetzt auf die Rundstricknadel Nr. 5,5 (40 cm), strickt eine weitere Runde rechts und nehmt dabei gleichmäßig verteilt 4, 4, 4, **0, 0** M zu. Jetzt liegen in allen Größen 80 M auf der Nadel.

RAGLANBLENDE

Nach dem Bündchen werden die Raglanzunahmen gearbeitet. Diese Zunahmen bilden die Linien, die Rumpf und Schultern voneinander trennen. Die Runde beginnt in der hinteren Mitte. Ab hier strickt ihr das Strukturmuster laut Diagramm am Ende der Anleitung.

In der **ersten Runde** markiert ihr die Stellen für die Raglanzunahmen mit Maschenmarkierern und strickt dabei auch die erste Reihe des Musters laut Diagramm.

1. Schritt: Strickt 16 M im Strukturmuster laut Diagramm (rechtes Rückenteil – die Runde beginnt in Masche 50).

2. Schritt: Hängt MM1 auf die Nadel, strickt 1 M re (die Raglanmasche) und hängt dann MM2 auf die Nadel.

3. Schritt: Strickt 7 M im Strukturmuster laut Diagramm (rechte Schulter).

4. Schritt: Hängt MM3 auf die Nadel, strickt 1 M re (die Raglanmasche) und hängt dann MM4 auf die Nadel.

5. Schritt: Strickt 31 M im Strukturmuster laut Diagramm (Vorderteil).

6. Schritt: Hängt MM5 auf die Nadel, strickt 1 M re (die Raglanmasche) und hängt dann MM6 auf die Nadel.

7. Schritt: Strickt 7 M im Strukturmuster laut Diagramm (linke Schulter).

8. Schritt: Hängt MM7 auf die Nadel, strickt 1 M re (die Raglanmasche) und hängt dann MM8 auf die Nadel.

9. Schritt: Strickt 15 M im Strukturmuster laut Diagramm (linkes Rückenteil).

Jetzt habt ihr wieder den Beginn der Runde in der hinteren Mitte erreicht. Markiert ihn ggf. mit einem weiteren MM.

Die acht MM in der Runde markieren die Stellen, an denen ihr ab der **zweiten Runde** die Raglanzunahmen arbeitet:

Strickt im Muster (Reihe 2 im Musterdiagramm) bis zu MM1, der die erste Raglanmasche markiert. Nehmt 1 M mit **M1R** (s. Seite 181) zu, hebt MM1 ab, strickt die Raglanmasche re, hebt MM2 ab, nehmt 1 M mit **M1L** zu. Strickt im Muster weiter, wiederholt diese Zunahme an den anderen drei Raglanmaschen in der Runde und nehmt so an vier Stellen in der Runde insgesamt 8 M zu.

Strickt die **dritte Runde** im Strukturmuster (Reihe 3 im Diagramm) ohne Zunahmen.

Wiederholt **Runden 2 und 3**, bis ihr in insgesamt 24, 26, 28, **30, 33** Runden zugenommen habt. Strickt dabei durchgehend das Strukturmuster laut Diagramm. Wechselt auf eine längere Rundstricknadel, wenn die Runden zu lang für 40 cm werden. Am Ende der Zunahmen liegen 272, 288, 304, **320, 344** M auf der Nadel.

RUMPF

Wenn ihr alle Zunahmen gearbeitet habt, werden die Maschen, die später die Ärmel bilden, auf jeder Seite auf einem Hilfsfaden stillgelegt. Das ist ein Faden in einer Kontrastfarbe, auf den ihr alle Ärmelmaschen auffädelt, um sie zu sichern, während der Rumpf gestrickt wird.

Das Strukturmuster wird ab hier im selben Rhythmus ohne weitere Zunahmen fortgeführt. Dazu findet ihr ein weiteres Musterdiagramm am Ende der Anleitung mitsamt den Angaben, an welcher Stelle ihr in der jeweiligen Größe beginnt – je nachdem, wo ihr die Raglanpasse beendet habt. Achtet darauf, dass das Muster hier nahtlos fortgeführt wird und ihr nicht verrutscht.

1. Schritt: Strickt im Muster bis MM2, hebt MM2 ab und strickt noch zwei Maschen weiter (das rechte Rückenteil, die Raglanmasche und zwei Schultermaschen).

2. Schritt: Legt die nächsten 51, 55, 59, 63, 69 M auf einen Hilfsfaden (rechter Ärmel).

3. Schritt: Schlagt 3, 7, 3, 7, 9 neue M an (unter dem rechten Ärmel).

4. Schritt: Strickt im Muster bis MM6, hebt MM6 ab und strickt noch zwei Maschen weiter (das Vorderteil plus die Raglanmaschen und je 2 Maschen auf jeder Seite).

5. Schritt: Legt die nächsten 51, 55, 59, 63, 69 M auf einen Hilfsfaden (linker Ärmel).

6. Schritt: Schlagt 3, 7, 3, 7, 9 neue M an (unter dem linken Ärmel).

7. Schritt: Strickt die Runde im Muster fertig.

Jetzt liegen insgesamt 176, 192, 192, **208, 224** M auf der Nadel (Vorder- und Rückenteil, plus die neuen M unter den Ärmeln). Die Ärmelmaschen liegen jetzt auf Hilfsfäden. Die 4 Raglanmaschen sind jetzt Teil des Rumpfes. Strickt den Rumpf jetzt im Muster, bis er, ab dem Ärmelansatz, 21, 23, 26, **28, 30** cm lang ist.

Strickt zum Schluss ein Rippenbündchen (2 M re, 2 M li im Wechsel) über 10 cm und kettet im Rippenmuster ab.

ÄRMEL

Jetzt werden die Maschen für den ersten Ärmel, die ihr auf einem Hilfsfaden stillgelegt habt, wieder zurück auf Nadeln (Stärke 5,5) gelegt. Zusätzlich werden aus den Maschen, die ihr unter dem Arm neu angeschlagen habt, 5, 9, 5, **9, 11** M aufgefasst und zu den restlichen Ärmelmaschen auf die Nadel gelegt.

Achtung: Ihr fasst hier nicht dieselbe Maschenzahl auf, wie ihr am Ende der Raglanpasse angeschlagen habt – so geht das Muster unter den Ärmeln auf.

Die Ärmel werden in Runden gestrickt. Damit der Rundenbeginn mittig unter dem Arm liegt, werden die neu aufgefassten Maschen auf Rundenbeginn und -ende verteilt, d.h. es kommen je 2, 4, 2, **4, 5** der Maschen an den Anfang und 3, 5, 3, **5, 6** M an das Ende der Runde. Die Runde beginnt nun in der Mitte zwischen diesen neuen Maschen. Jetzt liegen 56, 64, 64, **72, 80** M auf der Nadel.

Strickt den Ärmel im Strukturmuster (achtet darauf, das Muster auch hier ohne Unterbrechung aus den Schultermaschen fortzusetzen), bis er, ab dem Ärmelansatz, 32, 34, 36, **38, 40** cm misst. Strickt dann eine Runde rechts und nehmt dabei gleichmäßig verteilt 12, 20, 16, **24, 28** M ab. Jetzt liegen 44, 44, 48, **48, 52** M auf der Nadel. Strickt daraus ein Bündchen im Rippenmuster (2 M re, 2 M li im Wechsel) über 10 cm und kettet locker im Rippenmuster ab.

Strickt den zweiten Ärmel gleich.

ABSCHLUSS

Vernäht alle Enden und schließt ggf. die Löcher unter den Armen, wenn vorhanden. Wascht den Pullover entsprechend den Pflegehinweisen auf eurem Garn, zieht ihn auf einem trockenen Handtuch in Form und lasst ihn liegend trocknen.

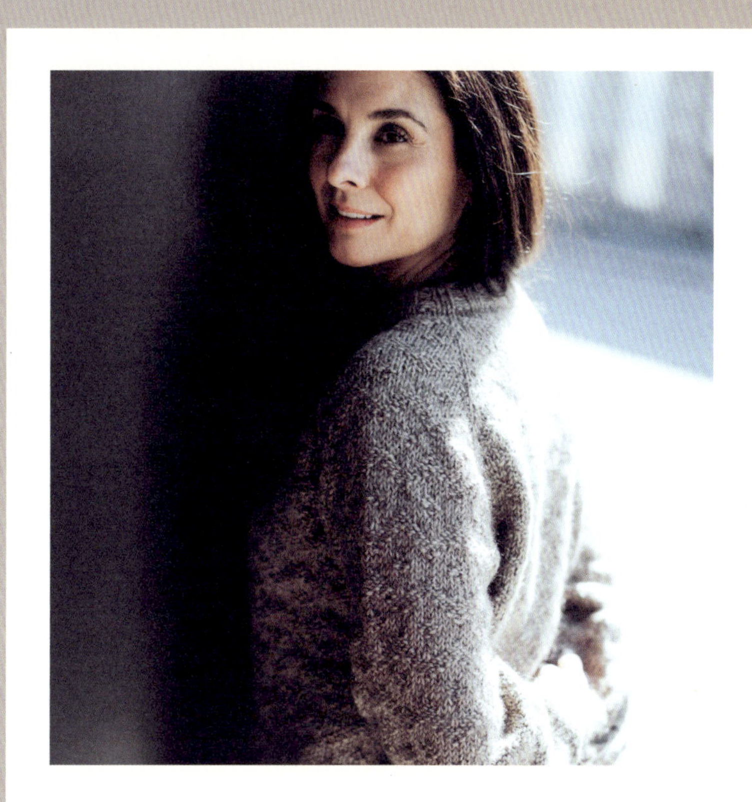

RAGLANPASSE (VORDER- UND RÜCKENTEIL)

Die schwarze Linie zeigt die hintere Mitte. Die Runde beginnt dort mit Masche 50. Das Vorderteil beginnt mit Masche 35.

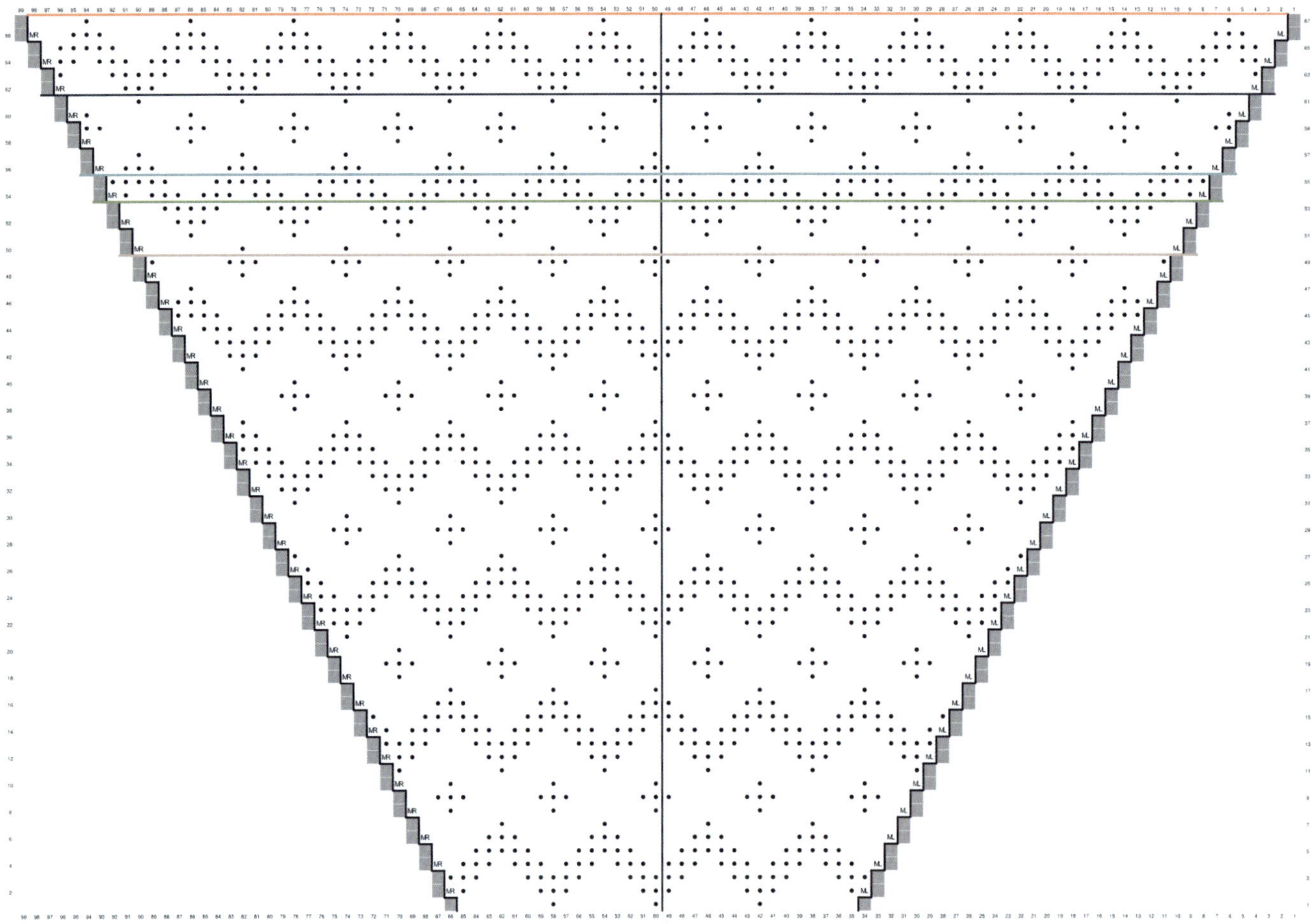

ZEICHENERKLÄRUNG:

- ☐ Rechte Maschen.
- ⊙ Linke Maschen.
- ML M1L, s. Seite 181.
- MR M1R, s. Seite 181.
- ■ Raglanmasche.
- Hier enden die Raglanzunahmen in Größe XS.
- Hier enden die Raglanzunahmen in Größe S.
- Hier enden die Raglanzunahmen in Größe M.
- Hier enden die Raglanzunahmen in Größe L.
- Hier enden die Raglanzunahmen in Größe XL.

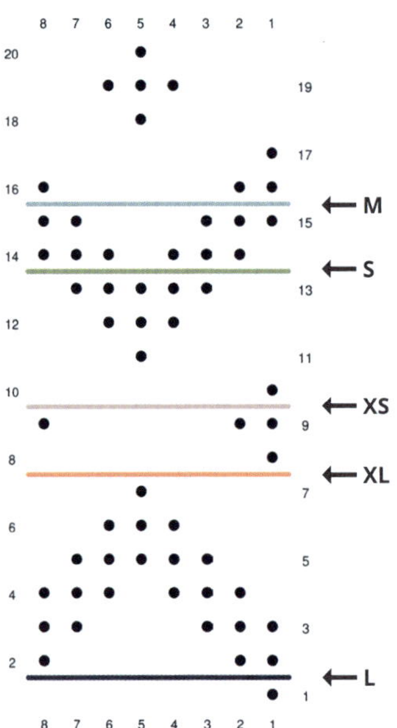

RUMPF

Das Diagramm zeigt das Muster im Rumpf, wenn die Raglanpasse abgeschlossen ist. Die Linien zeigen, in welcher Reihe ihr in der jeweiligen Größe beginnt, damit das Muster nahtlos fortgeführt wird.

RAGLANPASSE (SCHULTERN)

Die erste Runde beginnt in Masche 35

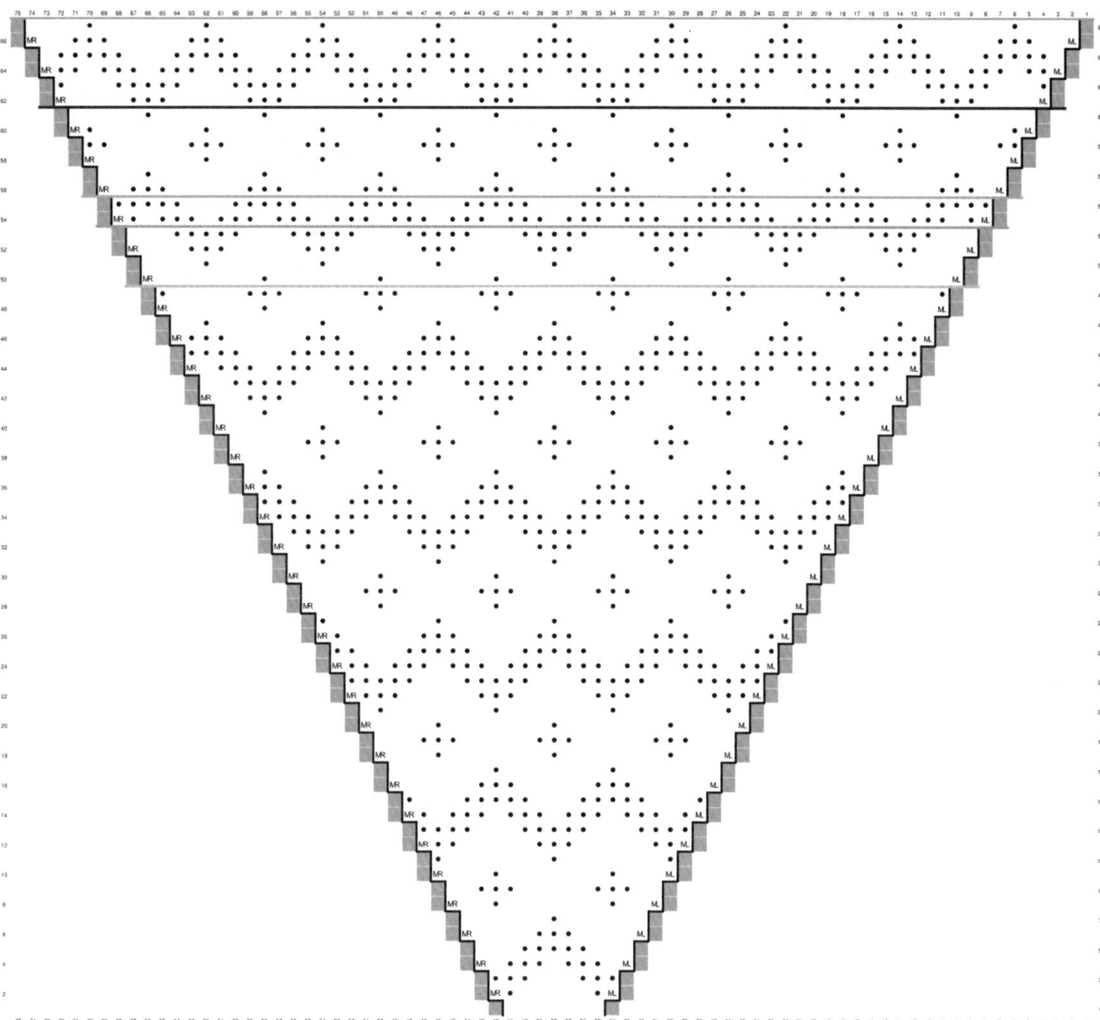

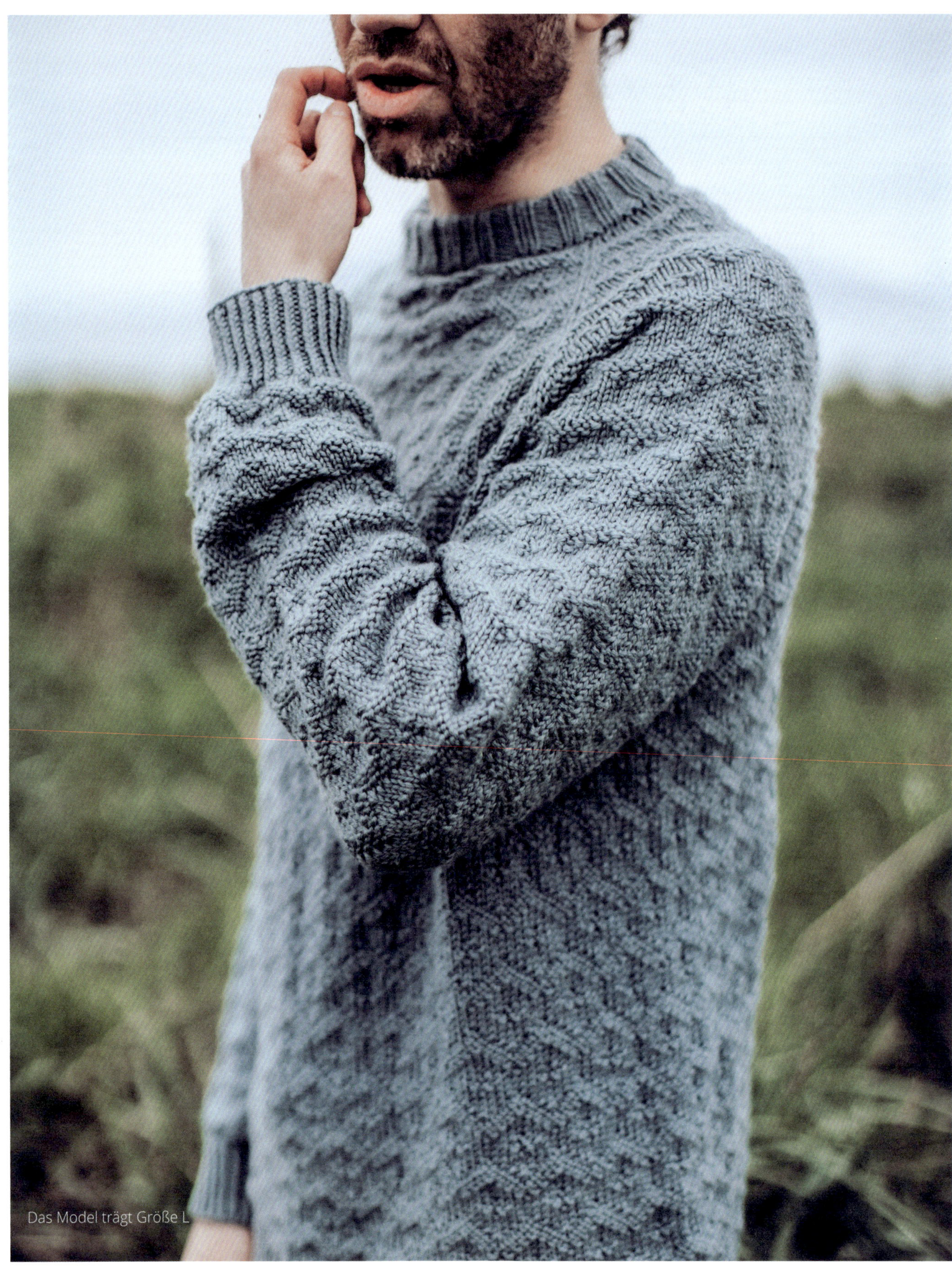
Das Model trägt Größe L

AVA Herrenpullover

GRÖSSENANGABEN UND GARNVERBRAUCH

Größe	Brustumfang	Ärmelumfang	Rumpflänge ab Ärmelansatz	Ärmellänge ab Ärmelansatz	Garnver-brauch
XS	88 cm	28 cm	45 cm	47 cm	600 g
S	96 cm	32 cm	45 cm	47 cm	650 g
M	104 cm	36 cm	45 cm	47 cm	700 g
L	**112 cm**	**40 cm**	**46 cm**	**48 cm**	**750 g**
XL	**112 cm**	**40 cm**	**47 cm**	**49 cm**	**800 g**

Bitte beachtet, dass die angegebenen Garnmengen nur ein Richtwert sind.

Nachdem der Damen- und der Kinderpullover fertig waren, wollte ich die Herren nicht auslassen. Dieser Pullover ist aber nicht nur für Herren geeignet: Er ist im Vergleich zum Damenpullover etwas schmaler geschnitten und aus dünnerem Garn gestrickt, mit einer besonders schönen Passform für alle, die keine Oversized-Pullover mögen.

ANLEITUNG

Der Pullover wird von oben nach unten in Runden gearbeitet, mit Raglanpasse und durchgehend mit einem Strukturmuster aus rechten und linken Maschen. Die Musterdiagramme für das Strukturmuster findet ihr auf S. 18.

BÜNDCHEN

Schlagt 76, 76, 76, **84, 84** M auf die Rundstricknadel Nr. 4,5 (40 cm lang) an und schließt zur Runde. Strickt das Halsbündchen im Rippenmuster (2 M re, 2 M li im Wechsel) insgesamt 8 cm lang. Klappt das Bündchen dann so um, dass die Anschlagskante innen liegt, und strickt es in der nächsten Runde doppelt fest (s. »Doppeltes Bündchen« auf S. 181): Nehmt für jede Masche, die auf der Nadel liegt, die entsprechende Masche aus der Anschlagskante mit auf und strickt beide zusammen als eine Masche rechts ab.

Wechselt jetzt auf die Rundstricknadel Nr. 5 (40 cm), strickt eine weitere Runde rechts und nehmt dabei gleichmäßig verteilt 12, 12, 12, **4, 4** M zu. Jetzt liegen in allen Größen 88 M auf der Nadel.

RAGLANBLENDE

Nach dem Bündchen werden die Raglanzunahmen gearbeitet. Diese Zunahmen bilden die Linien, die Rumpf und Schultern voneinander trennen. Die Runde beginnt in der hinteren Mitte. Ab hier strickt ihr das Strukturmuster laut Diagramm am Ende der Anleitung.

In der **ersten Runde** markiert ihr die Stellen für die Raglanzunahmen mit MM und strickt dabei auch die erste Reihe des Musters laut Diagramm.

1. Schritt: Strickt 18 M im Strukturmuster laut Diagramm (rechtes Rückenteil – die Runde beginnt in Masche 54).

2. Schritt: Hängt MM1 auf die Nadel, strickt 1 M re (die Raglanmasche) und hängt dann MM2 auf die Nadel.

3. Schritt: Strickt 7 M im Strukturmuster laut Diagramm (rechte Schulter).

4. Schritt: Hängt MM3 auf die Nadel, strickt 1 M re (die Raglanmasche) und hängt dann MM4 auf die Nadel.

5. Schritt: Strickt 35 M im Strukturmuster laut Diagramm (Vorderteil).

6. Schritt: Hängt MM5 auf die Nadel, strickt 1 M re (die Raglanmasche) und hängt dann MM6 auf die Nadel.

7. Schritt: Strickt 7 M im Strukturmuster laut Diagramm (linke Schulter).

8. Schritt: Hängt MM7 auf die Nadel, strickt 1 M re (die Raglanmasche) und hängt dann MM8 auf die Nadel.

9. Schritt: Strickt 17 M im Strukturmuster laut Diagramm (linkes Rückenteil).

Jetzt habt ihr wieder den Beginn der Runde in der hinteren Mitte erreicht. Markiert ihn ggf. mit einem weiteren MM.

Die acht MM in der Runde markieren die Stellen, an denen ihr ab der **zweiten Runde** die Raglanzunahmen arbeitet:

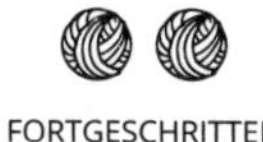

FORTGESCHRITTEN

DAS BRAUCHT IHR:

Garn
Super von Icewear Garn (oder ein vergleichbares Garn mit passender Maschenprobe)

Rundstricknadel Nr. 4,5
40 cm für das Halsbündchen und die Ärmel

Rundstricknadeln Nr. 5
80 und 100/120 cm

Nadelspiel Nr. 4,5
für die Ärmelbündchen

Stopfnadel
zum Vernähen

Maschenmarkierer
8 Markierer, die die Raglanmaschen markieren, und 1 Markierer für den Rundenbeginn.

Maschenprobe
20 M mit Nadelstärke 5 ergeben 10 cm.

Strickt im Muster (Reihe 2 im Musterdiagramm) bis zu MM1, der die erste Raglanmasche markiert. Nehmt 1 M mit **M1R** (s. Seite 181) zu, hebt MM1 ab, strickt die Raglanmasche re, hebt MM2 ab, nehmt 1 M mit **M1L** zu. Strickt im Muster weiter, wiederholt diese Zunahme an den anderen drei Raglanmaschen in der Runde und nehmt so an vier Stellen in der Runde insgesamt 8 M zu.

Strickt die **dritte Runde** im Strukturmuster (Reihe 3 im Diagramm) ohne Zunahmen.

Wiederholt Runden 2 und 3, bis ihr in insgesamt 23, 26, 31, **34, 35** Runden zugenommen habt. Strickt dabei durchgehend das Strukturmuster laut Diagramm. Wechselt auf eine längere Rundstricknadel, wenn die Runden zu lang für 40 cm werden. Am Ende der Zunahmen liegen 272, 296, 336, **360, 368** M auf der Nadel.

RUMPF

Wenn ihr alle Zunahmen gearbeitet habt, werden die Maschen, die später die Ärmel bilden, auf jeder Seite auf einem Hilfsfaden stillgelegt.

Das Strukturmuster wird ab hier im selben Rhythmus ohne weitere Zunahmen fortgeführt. Achtet darauf, dass das Muster nahtlos fortgeführt wird und ihr nicht verrutscht.

1. Schritt: Strickt im Muster bis MM2 (das rechte Rückenteil und die Raglanmasche).

2. Schritt: Legt die nächsten 53, 59, 69, 75, 77 M auf einen Hilfsfaden (rechter Ärmel).

3. Schritt: Schlagt 5, 7, 5, 7, 5 neue M an (unter dem rechten Ärmel).

4. Schritt: Strickt im Muster bis MM6 (das Vorderteil plus die Raglanmaschen).

5. Schritt: Legt die nächsten 53, 59, 69, 75, 77 M auf einen Hilfsfaden (linker Ärmel).

6. Schritt: Schlagt 5, 7, 5, 7, 5 neue M an (unter dem linken Ärmel).

7. Schritt: Strickt die Runde im Muster fertig.

Jetzt liegen insgesamt 176, 192, 208, **224, 224** M auf der Nadel (Vorder- und Rückenteil, plus die neuen M unter den Ärmeln). Die Ärmelmaschen liegen jetzt auf Hilfsfäden.

Die 4 Raglanmaschen sind ab hier Teil des Rumpfes. Strickt den Rumpf jetzt im Muster, bis er, ab dem Ärmelansatz, 40, 40, 40, **41, 42** cm lang ist – oder probiert den Pullover zwischendurch an, um für euch die perfekte Länge zu ermitteln. Beendet das Muster mit einer vollständigen Zick-Zack-Linie, anstatt mitten im Muster aufzuhören.

Strickt zum Schluss ein Rippenbündchen (2 M re, 2 M li im Wechsel) über 5 cm und kettet im Rippenmuster ab.

ÄRMEL

Jetzt werden die Maschen für den ersten Ärmel, die ihr auf einem Hilfsfaden stillgelegt habt, wieder zurück auf Nadeln (Stärke 5) gelegt. Zusätzlich werden aus den Maschen, die ihr unter dem Arm neu angeschlagen habt, 3, 5, 3, **5, 3** M aufgefasst und zu den restlichen Ärmelmaschen auf die Nadel gelegt. Achtung: Ihr fasst hier nicht dieselbe Maschenzahl auf, wie ihr am Ende der Raglanpasse angeschlagen habt – nur so geht das Muster unter den Ärmeln auf.

Jetzt liegen 56, 64, 72, **80, 80** M auf der Nadel.

Ab hier habt ihr die Wahl, ob ihr die Ärmel gerade, ohne Abnahmen, stricken wollt oder mit regelmäßigen Abnahmen, damit sie nach und nach schmaler werden. Bei beiden Varianten solltet ihr auch hier darauf achten, den Ärmel vor dem Bündchen mit einer vollständigen Zick-Zack-Linie zu beenden.

Die Ärmelvarianten schließen mit zwei unterschiedlichen Bündchen ab, einmal mit einem schmalen, verschränkten Bündchen und einmal mit einem breiteren 2x2 Rippenmuster. Auch das kann natürlich nach Geschmack variiert werden. Achtet nur darauf, dass die Maschenzahl beim breiten Rippenbündchen durch vier teilbar sein muss.

OHNE ABNAHMEN:

Schließt den Ärmel zur Runde und strickt ihn im Strukturmuster (achtet darauf, das Muster auch hier ohne Unterbrechung aus den Schultermaschen fortzusetzen), bis er, ab dem Ärmelansatz, 42, 42, 42, **43, 44** cm misst (oder nach Geschmack). Strickt dann eine Runde rechts und nehmt dabei gleichmäßig verteilt 8, 14, 18, **24, 22** M ab. Jetzt liegen 48, 50, 54, **56, 58** M auf der Nadel. Strickt daraus ein Bündchen im verschränkten Rippenmuster (1 M re verschränkt, 1 M li im Wechsel) über 5 cm und kettet locker im Rippenmuster ab.

Strickt den zweiten Ärmel gleich.

MIT ABNAHMEN:

Achtung: Wenn ihr am Unterarm Maschen abnehmt, geht das Muster dort nicht mehr auf. Achtet darauf, jede Runde so zu beginnen, dass sich das Muster im restlichen Ärmel nicht verschiebt.

Strickt zunächst 4, 2, 2, **3, 2** cm ohne Abnahmen. Nehmt dann in der nächsten Runde 2 M ab, indem ihr die ersten zwei M und die letzten zwei M der Runde zusammenstrickt. Wiederholt diese Abnahme mit 9,5, 8, 8, **5, 6** cm Abstand, bis ihr insgesamt 4, 5, 5, **8, 7** Abnahmen gearbeitet und so um 8, 10, 10, **16, 14** Maschen abgenommen habt. Am Ende liegen 48, 54, 62, **64, 66** M auf der Nadel. Strickt ohne weitere Abnahmen weiter, bis der Ärmel, ab dem Ärmelansatz, 42, 42, 42, **43, 44** cm lang ist.

Strickt dann eine Runde re und nehmt dabei 0, 2, 2, **0, 2** M ab. Jetzt liegen 48, 52, 60, **64, 64** M auf der Nadel. Strickt daraus ein 2x2 Rippenbündchen (2 M re, 2 M li im Wechsel) über 5 cm. Kettet im Rippenmuster ab und strickt den zweiten Ärmel gleich.

ABSCHLUSS

Vernäht alle Enden und schließt ggf. die Löcher unter den Armen, wenn vorhanden. Wascht den Pullover entsprechend den Pflegehinweisen auf eurem Garn, zieht ihn auf einem trockenen Handtuch in Form und lasst ihn liegend trocknen.

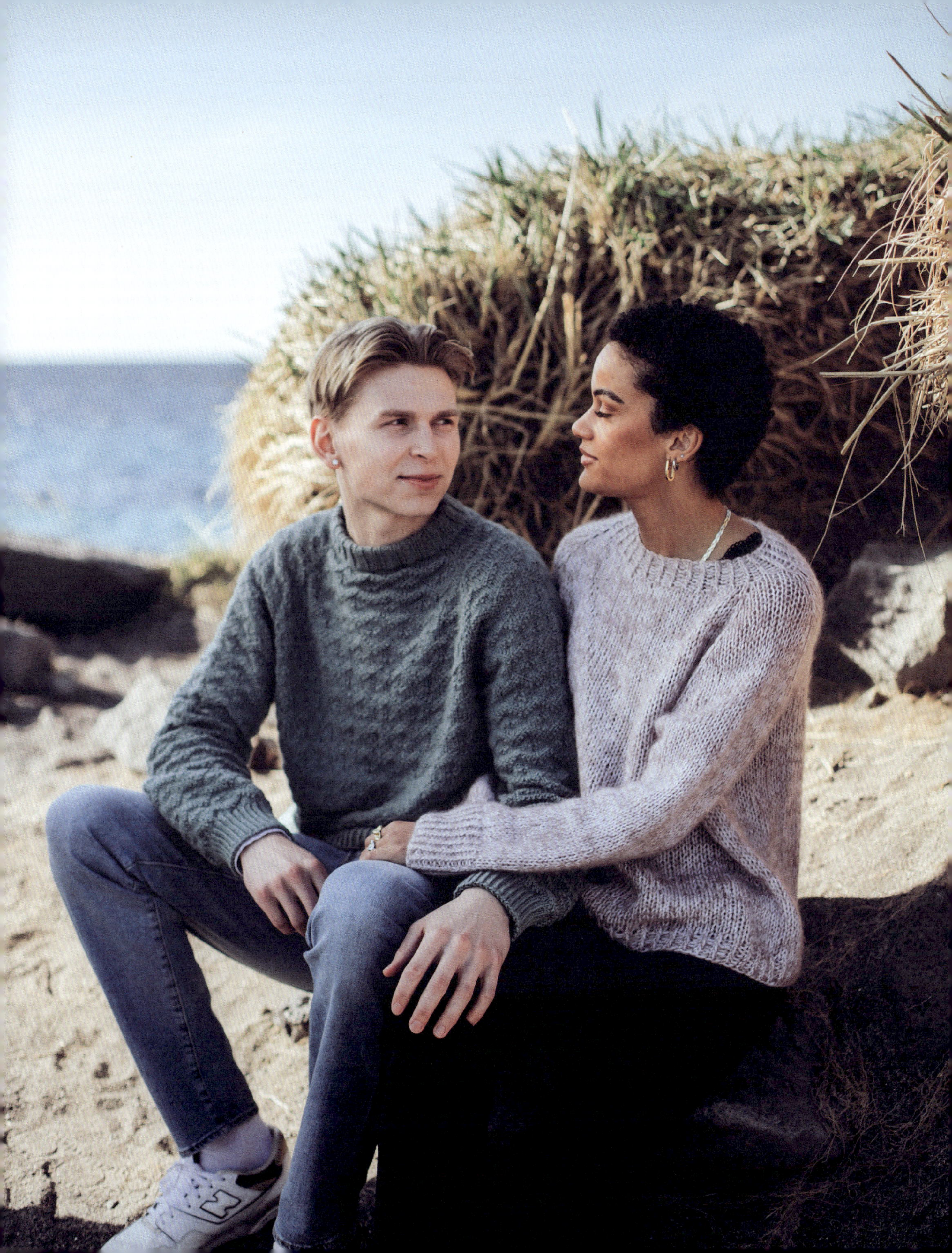

MUSTERDIAGRAMM 1 – VORDER- UND RÜCKENTEIL

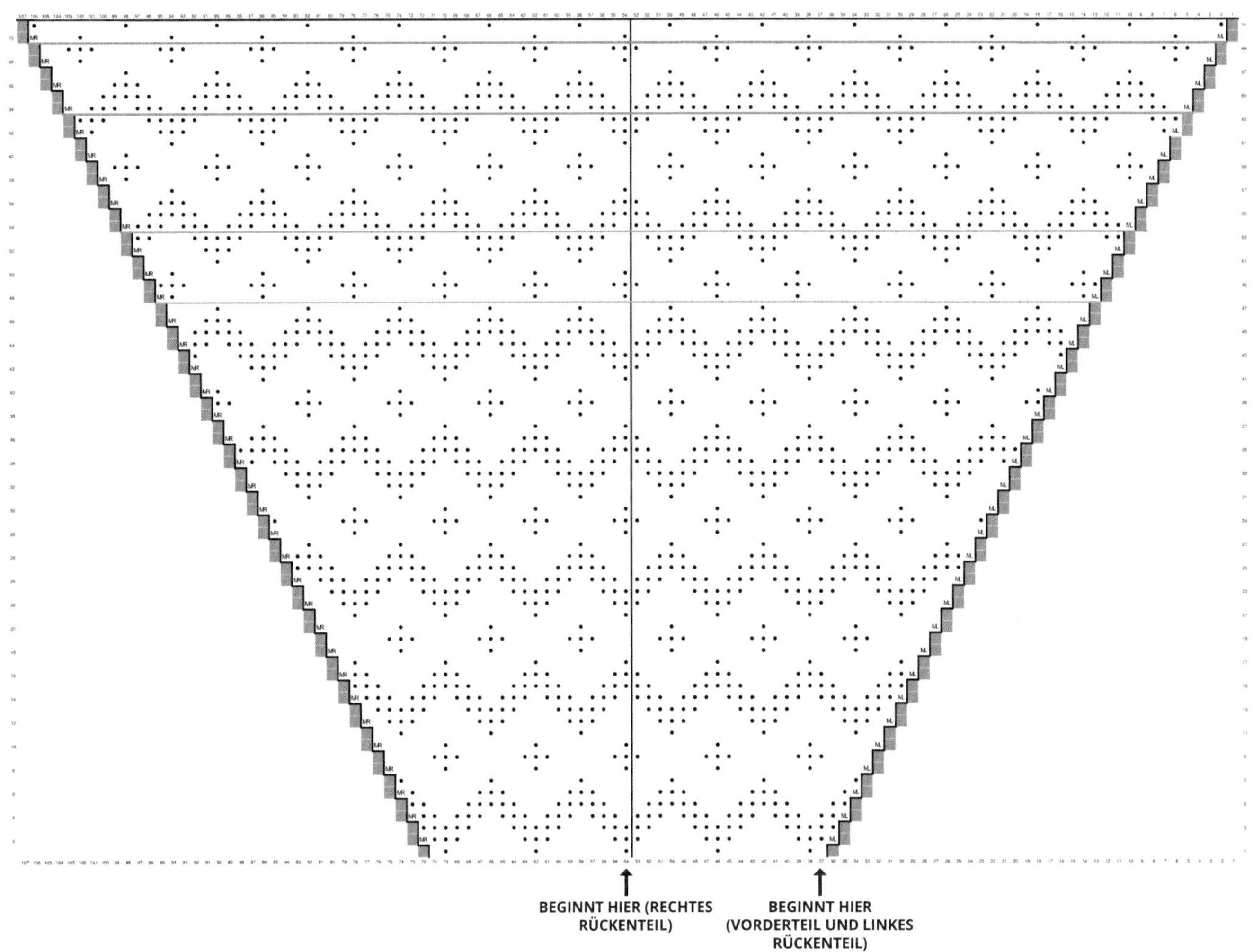

ZEICHENERKLÄRUNG:

- ☐ Rechte Maschen.
- ⊡ Linke Maschen.
- [ML] M1L, s. Seite 181.
- [MR] M1R, s. Seite 181.
- ■ Raglanmasche.
- ☐ Hier enden die Raglanzunahmen in Größe XS.
- ☐ Hier enden die Raglanzunahmen in Größe S.
- ☐ Hier enden die Raglanzunahmen in Größe M.
- ☐ Hier enden die Raglanzunahmen in Größe L.
- ☐ Hier enden die Raglanzunahmen in Größe XL.

MUSTERDIAGRAMM 2 – SCHULTERN

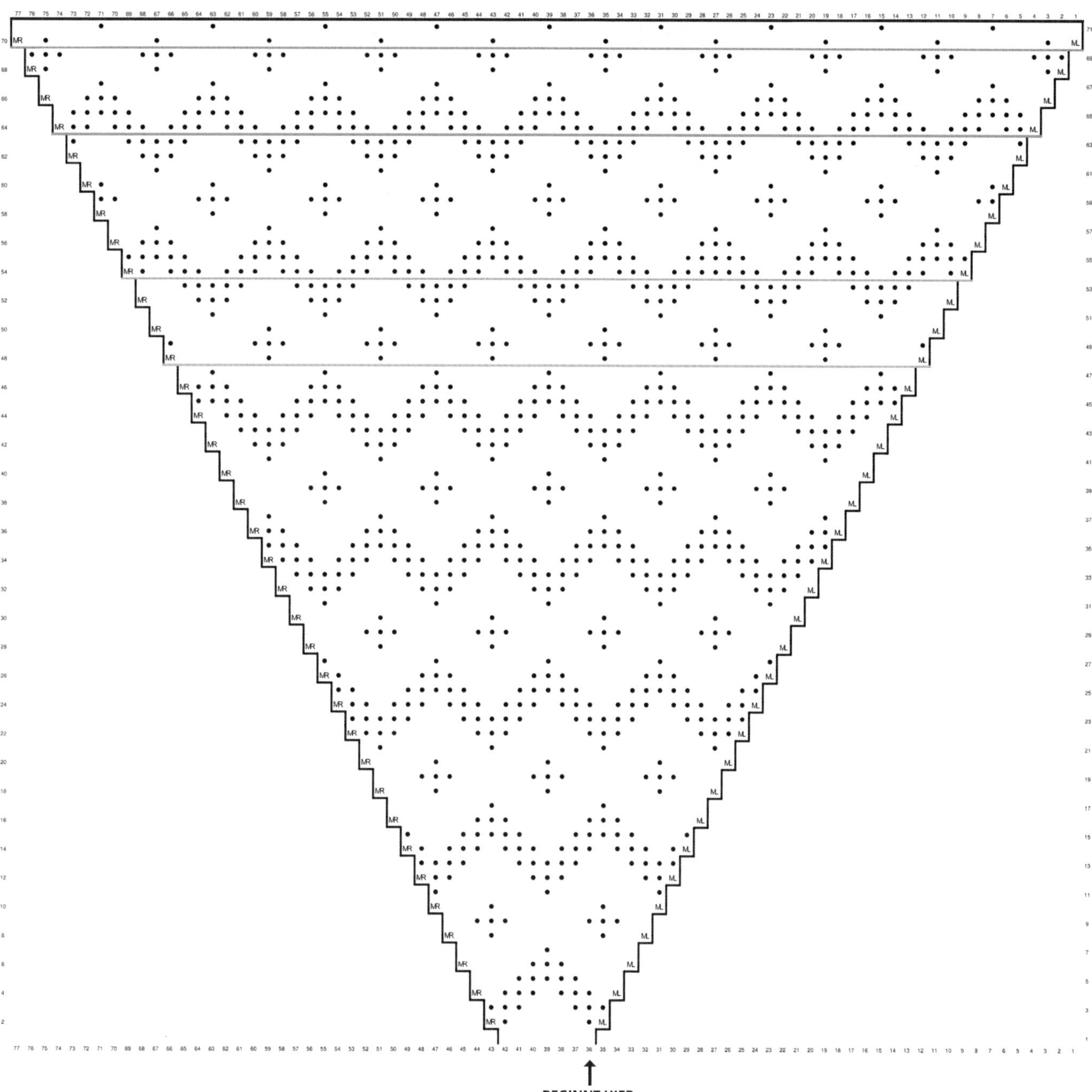

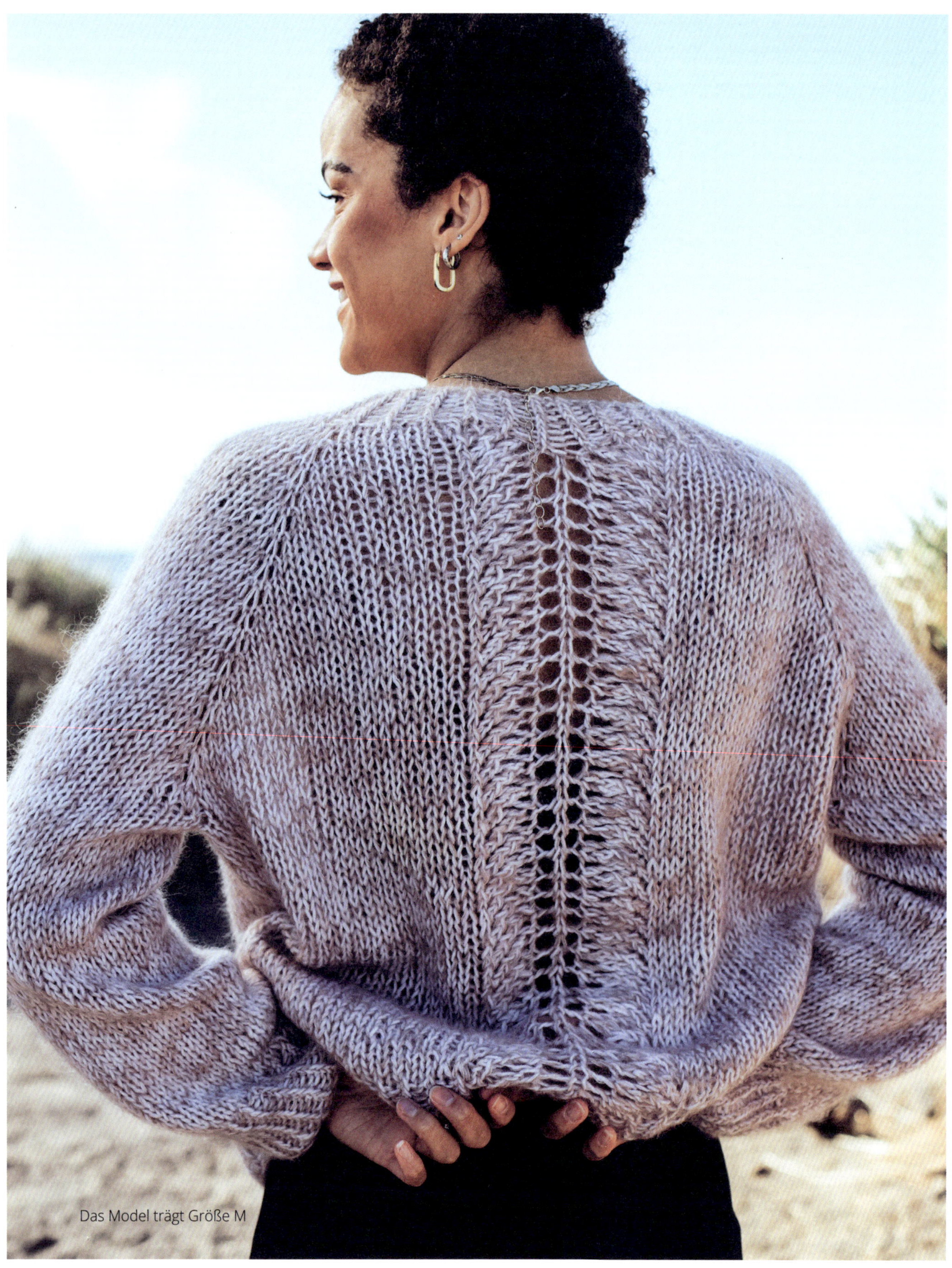
Das Model trägt Größe M

GISCHT Damenpullover

GRÖSSENANGABEN UND GARNVERBRAUCH

Größe	Brustumfang	Ärmelumfang	Rumpflänge ab Ärmelansatz	Ärmellänge ab Ärmelansatz	Garnverbrauch Silkhair	Garnverbrauch Cool Wool
XS	105 cm	33 cm	38 cm	35 cm	175 g (1470 m)	250 g (800 m)
S	110 cm	34 cm	40 cm	37 cm	200 g (1680 m)	250 g (800 m)
M	115 cm	35 cm	42 cm	39 cm	250 g (2100 m)	300 g (960 m)
L	**120 cm**	**36 cm**	**44 cm**	**41 cm**	**250 g (2100 m)**	**350 g (1120 m)**
XL	**125 cm**	**37 cm**	**46 cm**	**43 cm**	**275 g (2310 m)**	**400 g (1280 m)**
2XL	**130 cm**	**38 cm**	**48 cm**	**45 cm**	**300 g (2520 m)**	**450 g (1440 m)**

Bitte beachtet, dass die angegebenen Garnmengen nur ein Richtwert sind.

ANLEITUNG

Der Pullover wird glatt rechts von oben nach unten in Runden gearbeitet, mit einem großen Lochmuster in der Mitte. Da der Pullover ansonsten symmetrisch gestrickt wird, kann das Lochmuster je nach Geschmack vorne oder hinten getragen werden.

BÜNDCHEN

Schlagt 60, 60, 64, **64, 64, 68** M auf die Rundstricknadel Nr. 7 (40 cm lang) an und schließt zur Runde. Strickt das Halsbündchen im Rippenmuster (1 M re verschränkt, 1 M li im Wechsel) insgesamt 4 cm lang.

Wechselt jetzt auf Nadelstärke 8 und strickt eine Runde glatt re (ab hier strickt ihr die rechten Maschen nicht mehr verschränkt). Nehmt dabei gleichmäßig über die Runde verteilt 8 M zu. Jetzt liegen in 68, 68, 72, **72, 72, 76** M auf der Nadel.

RAGLANBLENDE

Nach dem Bündchen werden die Raglanzunahmen gearbeitet. Diese Zunahmen bilden die Raglanlinien, die Rumpf und Schultern voneinander trennen. Die Runde beginnt in der hinteren Mitte. Ab hier wird nur noch glatt re gestrickt, ohne verschränkte Maschen, mit einem Lochmuster auf der Vorderseite.

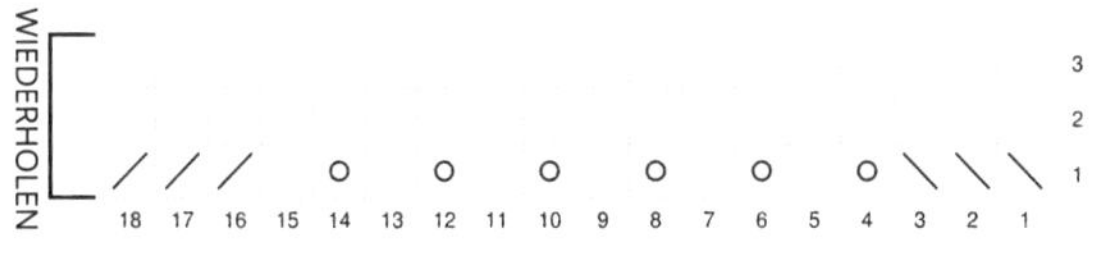

rechte Maschen

╲ 2 M mit SSK (slip, slip, knit) zusammenstricken

╱ 2 M re zusammen stricken

o Umschlag

Wir empfehlen, unterschiedliche Maschenmarkierer für die Raglanmaschen (MM1–8) und das Lochmuster (MMA+MMB) zu verwenden, damit ihr besonders am Anfang genau erkennt, wo ihr euch gerade befindet.

Die **erste Runde** strickt ihr wie folgt:

1. Schritt: Strickt 13, 13, 14, **14, 14, 15** M re (rechtes Rückenteil). Hängt MM1 auf die Nadel.

2. Schritt: Strickt 1 M re (Raglanmasche). Hängt MM2 auf die Nadel.

3. Schritt: Strickt 6 M re (rechte Schulter). Hängt MM3 auf die Nadel.

4. Schritt: Strickt 1 M re (Raglanmasche). Hängt MM4 auf die Nadel.

5. Schritt: Strickt 4, 4, 5, **5, 5, 6** M re, hängt MMA auf die Nadel, um den Beginn des Lochmusters zu markieren, strickt 18 M laut Musterdiagramm im Lochmuster, hängt MMB auf die Nadel, um das Ende des Lochmusters zu markieren, und strickt noch einmal 4, 4, 5, **5, 5, 6** M re (Vorderteil). Hängt MM5 auf die Nadel.

6. Schritt: Strickt 1 M re (Raglanmasche). Hängt MM6 auf die Nadel.

7. Schritt: Strickt 6 M re (linke Schulter). Hängt MM7 auf die Nadel.

8. Schritt: Strickt 1 M re (Raglanmasche). Hängt MM8 auf die Nadel.

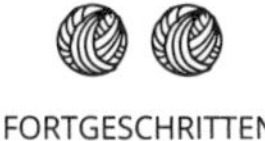

FORTGESCHRITTEN

DAS BRAUCHT IHR:

Garn
2 Fäden Silkhair und 1 Faden Cool Wool von Lana Grossa. Der Pullover wird mit allen drei Fäden gleichzeitig gestrickt.

Alternativ könnt ihr z.B. 1 Faden Bingo und 1 Faden Silkhair von Lana Grossa verwenden, oder 1 Faden Ecopuno Chunky von Lana Grossa, ohne Mohair.

Je nach gewählter Kombination wird der Pullover sehr luftig-leicht oder eher dick und kuschelig.

Rundstricknadeln Nr. 7
40 und 80 cm lang

Rundstricknadeln Nr. 8
40, 80 und 100/120 cm lang

Stopfnadel zum Vernähen

Maschenmarkierer
8 Ringe für die Raglanlinien, 2 Ringe für das Lochmuster und 1 Ring für den Rundenbeginn.

Maschenprobe
12 M mit Nadelstärke 8 ergeben 10 cm.

9. Schritt: Strickt 13, 13, 14, **14, 14, 15** M (linkes Rückenteil).

Jetzt habt ihr wieder den Beginn der Runde in der hinteren Mitte erreicht. Markiert ihn ggf. mit einem weiteren MM. MM1–8 markieren die Raglanmaschen, an denen ihr die Raglanzunahmen arbeitet.

In der **zweiten Runde** nehmt ihr an den Raglanmaschen zu: Strickt re bis zu MM1. Nehmt 1 M mit **M1R** (s. Seite 181) zu, hebt MM1 ab, strickt die Raglanmasche re, hebt MM2 ab und nehmt 1 M mit **M1L** zu. Wiederholt diese Zunahme an den anderen drei Raglanmaschen in der Runde und nehmt so an vier Stellen in der Runde insgesamt 8 M zu.

Strickt die **dritte Runde** glatt re, ohne Zunahmen.

Wiederholt **Runden 2 und 3**, bis ihr insgesamt 16, 17, 18, **19, 20, 21** Runden mit Zunahmen gearbeitet habt. Strickt gleichzeitig das Lochmuster laut Diagramm über die gesamte Länge des Pullovers. Beachtet, dass ihr in jeder zweiten Runde zunehmt, das Lochmuster dagegen über 3 Runden strickt. Wechselt auf eine längere Rundstricknadel, wenn die Runden zu lang für 40 cm werden.

Am Ende der Zunahmen liegen 196, 204, 216, **224, 232, 244** M auf der Nadel. Strickt zum Schluss noch eine weitere Runde re, ohne Zunahmen.

RUMPF

Jetzt werden die Maschen, die später die Ärmel bilden, auf jeder Seite auf einem Hilfsfaden stillgelegt. Das ist ein Faden in einer Kontrastfarbe, auf den ihr alle Ärmelmaschen auffädelt, um sie zu sichern, während der Rumpf gestrickt wird.

1. Schritt: Strickt re bis zu MM2 (rechtes Rückenteil und die Raglanmasche).

2. Schritt: Legt die nächsten 38, 40, 42, **44, 46, 48** M auf einen Hilfsfaden (rechter Ärmel).

3. Schritt: Schlagt 4 neue M an (unter dem rechten Arm).

4. Schritt: Strickt re weiter bis zu MM6 (die zweite Raglanmasche, das Vorderteil und die dritte Raglanmasche).

5. Schritt: Legt die nächsten 38, 40, 42, **44, 46, 48** M auf einen Hilfsfaden (linker Ärmel).

6. Schritt: Schlagt 4 neue M an (unter dem linken Arm).

7. Schritt: Strickt die Runde re zu Ende (linkes Rückenteil).

Jetzt liegen insgesamt 128, 132, 140, **144, 148, 156** M auf der Nadel (Vorder- und Rückenteil, plus die 8 neuen M unter den Ärmeln). Die Ärmelmaschen liegen auf Hilfsfäden.

Strickt jetzt glatt re in Runden, bis der Rumpf, ab dem Ärmelansatz, 30, 32, 34, **36, 38, 40** cm misst (oder je nach Geschmack). Messt den Pullover dabei auf der Rückseite, da der Pullover durch das Muster vorne länger wird.

VERKÜRZTE REIHEN

Um den Längenunterschied zwischen Vorder- und Rückseite auszugleichen, stricken wir jetzt noch einige verkürzte Reihen. Dadurch wird der Pullover noch einmal 2 cm länger.

Die Runde beginnt wie immer in der hinteren Mitte.

1. Reihe: Strickt re bis 4 M vor Beginn des Lochmusters. Wendet die Arbeit.

2. Reihe: Hebt die erste Masche wie zum li Stricken mit dem Faden vor der Arbeit ab. Zieht den Faden jetzt von vorne über die Nadel nach hinten, sodass die abgehobene Masche langgezogen wird und die beiden Maschenschenkel wie zwei Maschen auf der Nadel liegen (=die Doppelmasche). Zieht den Faden gut an und strickt li li zurück über das ganze Rückenteil, bis 4 M vor Beginn des Lochmusters auf der anderen Seite. Wendet die Arbeit.

3. Reihe: Hebt die erste Masche wieder wie zum li Stricken ab und zieht den Faden über die Nadel nach hinten, um eine Doppelmasche zu erhalten. Strickt re zurück bis 2 M nach der ersten Wendestelle (d.h. 2 M vor Beginn des Musters). Wendet die Arbeit.

4. Reihe: Hebt die erste Masche als Doppelmasche ab und strickt li zurück bis 2 M nach der zweiten Wendemasche (d.h. 2 M vor Beginn des Musters auf der anderen Seite). Wendet die Arbeit.

5. Reihe: Hebt die erste Masche als Doppelmasche ab. Strickt re zurück bis 2 M nach der dritten Wendemasche (d.h. bis zum Beginn des Musters). Wendet die Arbeit.

6. Reihe: Hebt die erste Masche als Doppelmasche ab und strickt li zurück, bis 2 M nach der vierten Wendemasche (d.h. bis zum Beginn des Musters auf der anderen Seite). Wendet die Arbeit.

Jetzt sind die verkürzten Reihen beendet. Strickt re bis zum Rundenbeginn.

Wechselt auf Nadelstärke 7 und strickt eine Runde glatt re. Strickt ein Rippenbündchen wie oben (1 M re verschränkt, 1 M li im Wechsel) über 6 cm. Kettet im Rippenmuster ab.

ÄRMEL

Jetzt werden die Maschen für den ersten Ärmel, die ihr auf einem Hilfsfaden stillgelegt habt, wieder zurück auf Nadeln (Nadelstärke 8) gelegt. Zusätzlich werden aus den Maschen, die ihr unter dem Arm neu angeschlagen habt, 4 M aufgefasst und zu den restlichen Ärmelmaschen auf die Nadel gelegt.

Die erste Runde beginnt nun in der Mitte zwischen den neuen Maschen. Jetzt liegen 42, 44, 46, **48, 50, 52** M auf der Nadel.

Strickt den Ärmel ohne Abnahmen glatt re in Runden bis zu einer Länge von 29, 31, 33, **35, 37, 39** cm. Probiert den Pullover an dieser Stelle am besten noch einmal an, um die für euch perfekte Ärmellänge zu ermitteln.

Wechselt jetzt auf Nadelstärke 7, strickt noch eine weitere Runde glatt re und nehmt dabei gleichmäßig verteilt 10, 10, 10, **12, 12, 14** M ab. Strickt jetzt noch ein Rippenbündchen (1 M re verschränkt, 1 M li im Wechsel), 6 cm lang, und kettet im Rippenmuster ab.

Strickt den zweiten Ärmel gleich.

ABSCHLUSS

Vernäht alle Enden und schließt ggf. die Löcher unter den Armen, wenn vorhanden. Wascht den Pullover entsprechend den Pflegehinweisen auf eurem Garn, zieht ihn auf einem trockenen Handtuch in Form und lasst ihn liegend trocknen.

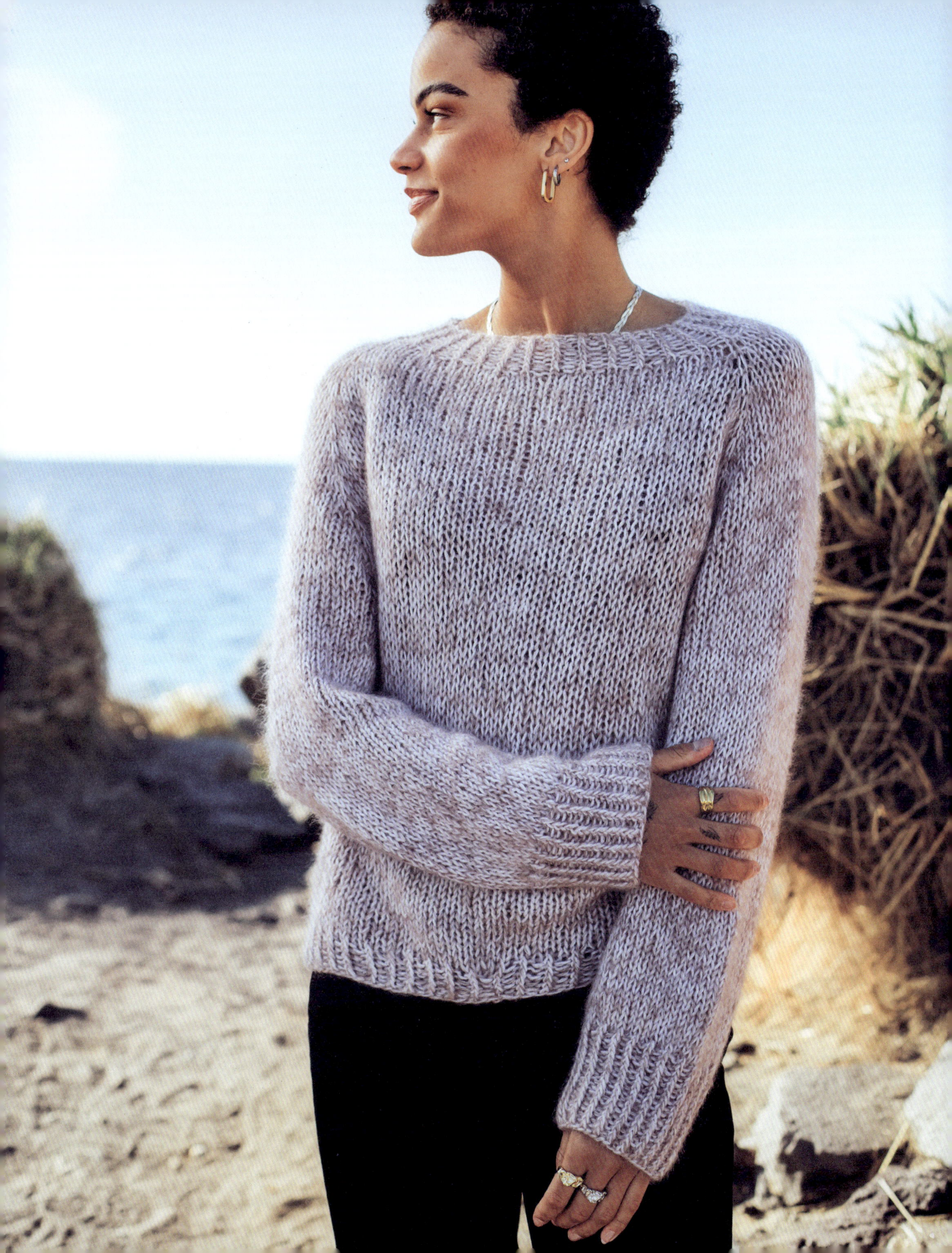

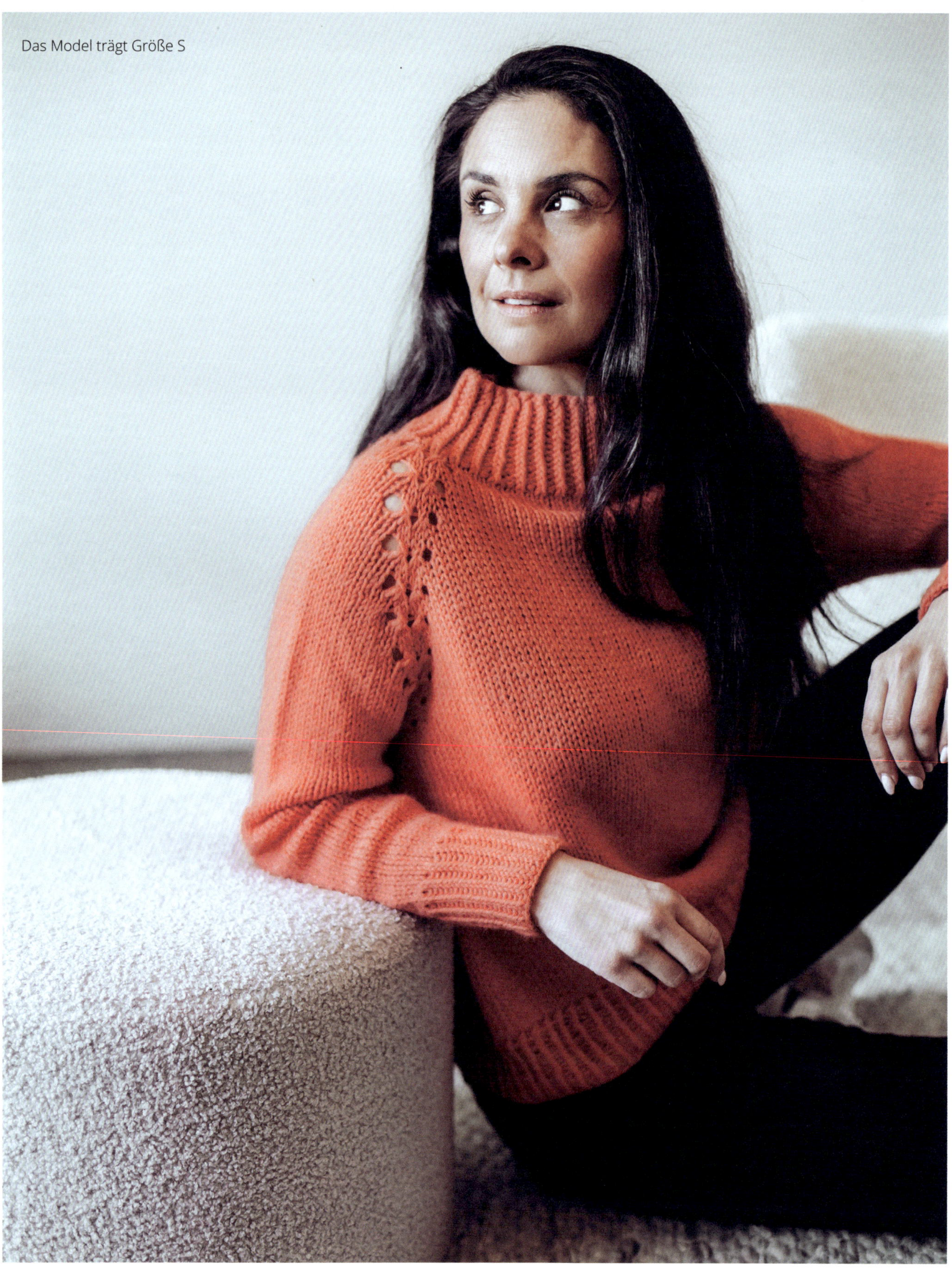
Das Model trägt Größe S

GÖTTIN Damenpullover

GRÖSSENANGABEN UND GARNVERBRAUCH

Größe	Rumpflänge ab Ärmelansatz	Brustumfang	Ärmellänge ab Ärmelansatz	Ärmelumfang	Garnverbrauch
XS	33 cm	100 cm	32 cm	31 cm	400 g (800 m)
S	35 cm	108 cm	34 cm	33,5 cm	450 g (900 m)
M	37 cm	112 cm	36 cm	36 cm	500 g (1000 m)
L	**40 cm**	**115 cm**	**39 cm**	**36 cm**	**550 g (1100 m)**
XL	**42 cm**	**120 cm**	**41 cm**	**38 cm**	**650 g (1300 m)**
2XL	**44 cm**	**127 cm**	**43 cm**	**41 cm**	**700 g (1400 m)**

Bitte beachtet, dass die angegebenen Garnmengen nur ein Richtwert sind.

Dieser Pullover hieß ursprünglich »Grüne Göttin«. Als wir ihn in diesem wunderbaren Korallenrosa gestrickt hatten, wurde der Name etwas kürzer, aber nicht weniger passend!

ANLEITUNG

Der Pullover wird glatt rechts von oben nach unten in Runden gearbeitet. Das Halsbündchen wird mit doppeltem Faden gestrickt, der Rest des Pullovers nur einfädig, mit Raglanzunahmen und kleinem Lochmuster in den Raglanlinien.

BÜNDCHEN

Schlagt 72, 76, 76, **80, 80, 84** M mit doppeltem Faden auf die Rundstricknadel Nr. 6 (40 cm lang) an und schließt zur Runde. Strickt das Halsbündchen im Rippenmuster (1 M re verschränkt, 1 M li im Wechsel) insgesamt 8, 8, 8, **9, 9, 9** cm lang. Ihr strickt rechts verschränkte Maschen, indem ihr nicht wie normal in den vorderen Maschenschenkel einstecht, sondern in den hinteren. Dadurch wirken die Rippen etwas schmaler und markanter.

Ab hier strickt ihr nur noch einfädig. Strickt zuerst eine Runde glatt re (ab hier strickt ihr die rechten Maschen nicht mehr verschränkt) und nehmt gleichmäßig über die Runde verteilt 8 M zu. Jetzt liegen 80, 84, 84, **88, 88, 92** M auf der Nadel.

RAGLANBLENDE

Nach dem Bündchen werden die Raglanzunahmen gearbeitet. Diese Zunahmen bilden die Linien, die Rumpf und Schultern voneinander trennen. Die Runde beginnt in der hinteren Mitte.

1. RUNDE:

1. Schritt: Strickt 17, 18, 18, **19, 19, 20** M re (rechtes Rückenteil). Hängt MM1 auf die Nadel.

2. Schritt: Strickt 5 M re (rechte Schulter). Hängt MM2 auf die Nadel.

3. Schritt: Strickt 35, 37, 37, **39, 39, 41** M re (Vorderteil). Hängt MM3 auf die Nadel.

4. Schritt: Strickt 5 M re (linke Schulter). Hängt MM4 auf die Nadel.

5. Schritt: Strickt 18, 19, 19, **20, 20, 21** M (rechtes Rückenteil).

Jetzt habt ihr wieder den Beginn der Runde in der hinteren Mitte erreicht. Markiert ihn ggf. mit einem weiteren MM. Die vier MM in der Runde markieren die Stellen, an denen ihr ab der nächsten Runde die Raglanzunahmen arbeitet:

2. RUNDE:

Strickt bis 2 M vor MM1. Macht einen Umschlag, strickt die nächsten 2 M re verschränkt zusammen (indem ihr in den hinteren Maschenschenkel einstecht), lasst sie aber nicht von der Nadel gleiten, macht einen Umschlag und strickt die 2 M noch einmal re verschränkt zusammen.

Hebt MM1 ab.

Strickt die nächsten 2 M re zusammen (indem ihr in den vorderen Maschenschenkel einstecht), lasst sie aber nicht von der Nadel gleiten sondern macht einen Umschlag und strickt diese 2 M noch einmal re zusammen. Macht einen zweiten Umschlag. Damit habt ihr an dieser Stelle 4 M zugenommen.

Zu dieser Technik gibt es hier ein Video:
https://bit.ly/goettin-zunahmen

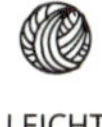

LEICHT

DAS BRAUCHT IHR:

Garn
Sandnes Alpakka ull (100 m/50 g), Drops Lima, Lana Grossa Bingo

oder andere Garne mit passender Maschenprobe.

Wir stricken mit etwas dickeren Nadeln als für das Garn vorgesehen, für ein locker fallendes Strickbild.

Rundstricknadel Nr. 5,5
80/100 cm

Rundstricknadeln Nr. 6
40, 80 und 100/120 cm

Nadelspiel Nr. 5,5

Maschenmarkierer

Stopfnadel
zum Vernähen

Maschenmarkierer
4 Ringe für die Raglanlinien, 1 Ring für den Rundenbeginn.

Maschenprobe
16 M mit Nadelstärke 6 ergeben 10 cm.

Strickt re weiter und wiederholt diese Zunahme an MM2, 3 und 4 und nehmt so in dieser Runde insgesamt 16 M zu.

Runden 3, 4 und 5: Strickt glatt re ohne Zunahmen.

Wiederholt Runden **2, 3, 4** und **5**, bis ihr in insgesamt 10, 11, 12, **12, 13, 14** Runden zugenommen habt. Wechselt auf eine längere Rundstricknadel (80 oder 100/120 cm), wenn die Runden zu lang für die kurze Rundstricknadel werden.

Am Ende der Zunahmen liegen 240, 260, 276, **280, 296, 316** M auf der Nadel. Strickt noch eine weitere Runde glatt re, ohne Zunahmen.

RUMPF

Jetzt werden die Maschen, die später die Ärmel bilden, auf jeder Seite auf einem Hilfsfaden stillgelegt. Das ist ein Faden in einer Kontrastfarbe, auf den ihr alle Ärmelmaschen auffädelt, um sie zu sichern, während der Rumpf gestrickt wird.

1. Schritt: Strickt re bis zu MM1 (rechtes Rückenteil).

2. Schritt: Legt die nächsten 45, 49, 53, **53, 57, 61** M auf einen Hilfsfaden (rechter Ärmel).

3. Schritt: Schlagt 5 neue M an (unter dem rechten Ärmel).

4. Schritt: Strickt re weiter bis MM3 (Vorderteil).

5. Schritt: Legt die nächsten 45, 49, 53, **53, 57, 61** M auf einen Hilfsfaden (linker Ärmel).

6. Schritt: Schlagt 5 neue M an (unter dem linken Ärmel).

7. Schritt: Strickt die Runde re fertig (linkes Rückenteil).

Jetzt liegen insgesamt 160, 172, 180, **184, 192, 204** M auf der Nadel (Vorder- und Rückenteil, plus die 10 neuen M unter den Ärmeln). Die Ärmelmaschen liegen jetzt auf Hilfsfäden.

Strickt jetzt gerade nach unten, bis der Rumpf, ab dem Ärmelansatz, 29, 31, 33, **35, 37, 39** cm misst. Wechselt dann auf Nadelstärke 5,5 (60 oder 80 cm) und strickt eine weitere Runde re.

Strickt dann ein Rippenbündchen wie im Halsbündchen (1 M re verschränkt, 1 M li im Wechsel), 4, 4, 4, **5, 5, 5** cm lang, und kettet im Rippenmuster ab.

ÄRMEL

Jetzt werden die Maschen für den ersten Ärmel, die ihr auf einem Hilfsfaden stillgelegt habt, wieder zurück auf Nadeln (Stärke 6) gelegt. Zusätzlich werden aus den Maschen, die ihr unter dem Arm neu angeschlagen habt, 5 M aufgefasst und zu den restlichen Ärmelmaschen auf die Nadel gelegt. Die Ärmel werden in Runden gestrickt. Damit der Rundenbeginn mittig unter dem Arm liegt, werden die neu aufgefassten Maschen auf Rundenbeginn und -ende verteilt, d.h. es kommen je 3 der Maschen auf die erste und 2 auf die letzte Nadel. Die erste Runde beginnt nun in der Mitte zwischen diesen neuen Maschen. Jetzt liegen 50, 54, 58, **58, 62, 66** M auf der Nadel.

Strickt zunächst 1,5, 1, 3, **2,5, 2, 1,5** cm glatt re in Runden. Nehmt in der nächsten Runde 2 M ab, indem ihr die ersten 2 und die letzten 2 M der Runde zusammenstrickt. Wiederholt diese Abnahme mit 2,5, 2,5, 2, **2,5, 2,5, 2,5** cm Abstand, bis ihr insgesamt 9, 10, 12, **11, 12, 13** Abnahmen gearbeitet, oder um 18, 20, 24, **22, 24, 26** M abgenommen habt. Am Ende der Abnahmen liegen noch 32, 34, 34, **36, 38, 40** M auf der Nadel. Strickt ohne weitere Abnahmen weiter, bis der Ärmel 24, 26, 28, **30, 32, 34** cm lang ist. Probiert den Pullover an dieser Stelle am besten noch einmal an, um die für euch perfekte Ärmellänge zu ermitteln.

Wechselt auf Nadelstärke 5,5 und strickt eine weitere Runde glatt re. Strickt dann ein verschränktes Rippenbündchen wie in Hals und Rumpf über 8, 8, 8, **9, 9, 9** cm und kettet dann im Rippenmuster ab.

Strickt den zweiten Ärmel gleich.

ABSCHLUSS

Vernäht alle Enden und schließt ggf. die Löcher unter den Armen, wenn vorhanden. Wascht den Pullover entsprechend den Pflegehinweisen auf eurem Garn, zieht ihn auf einem trockenen Handtuch in Form und lasst ihn liegend trocknen.

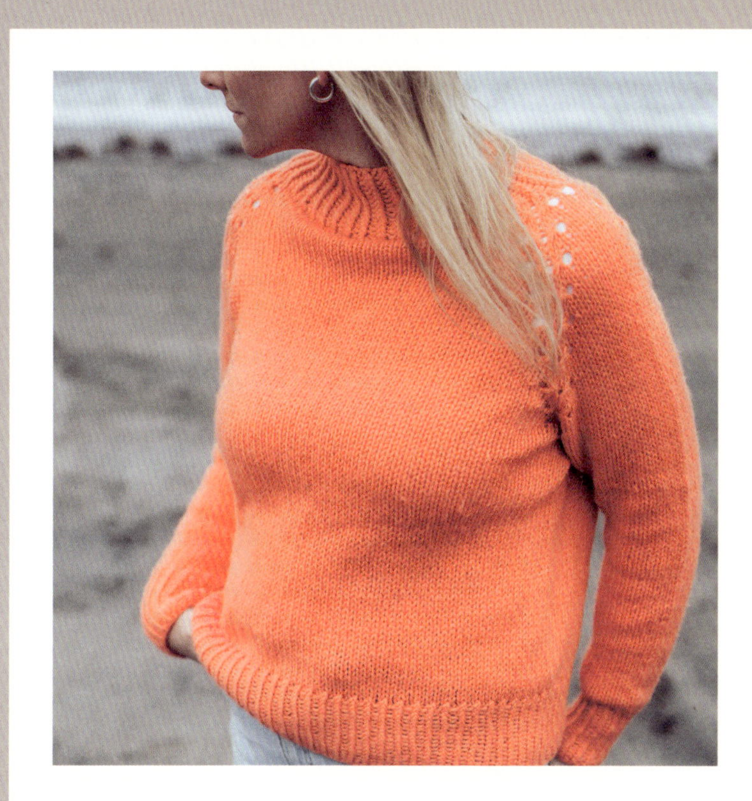

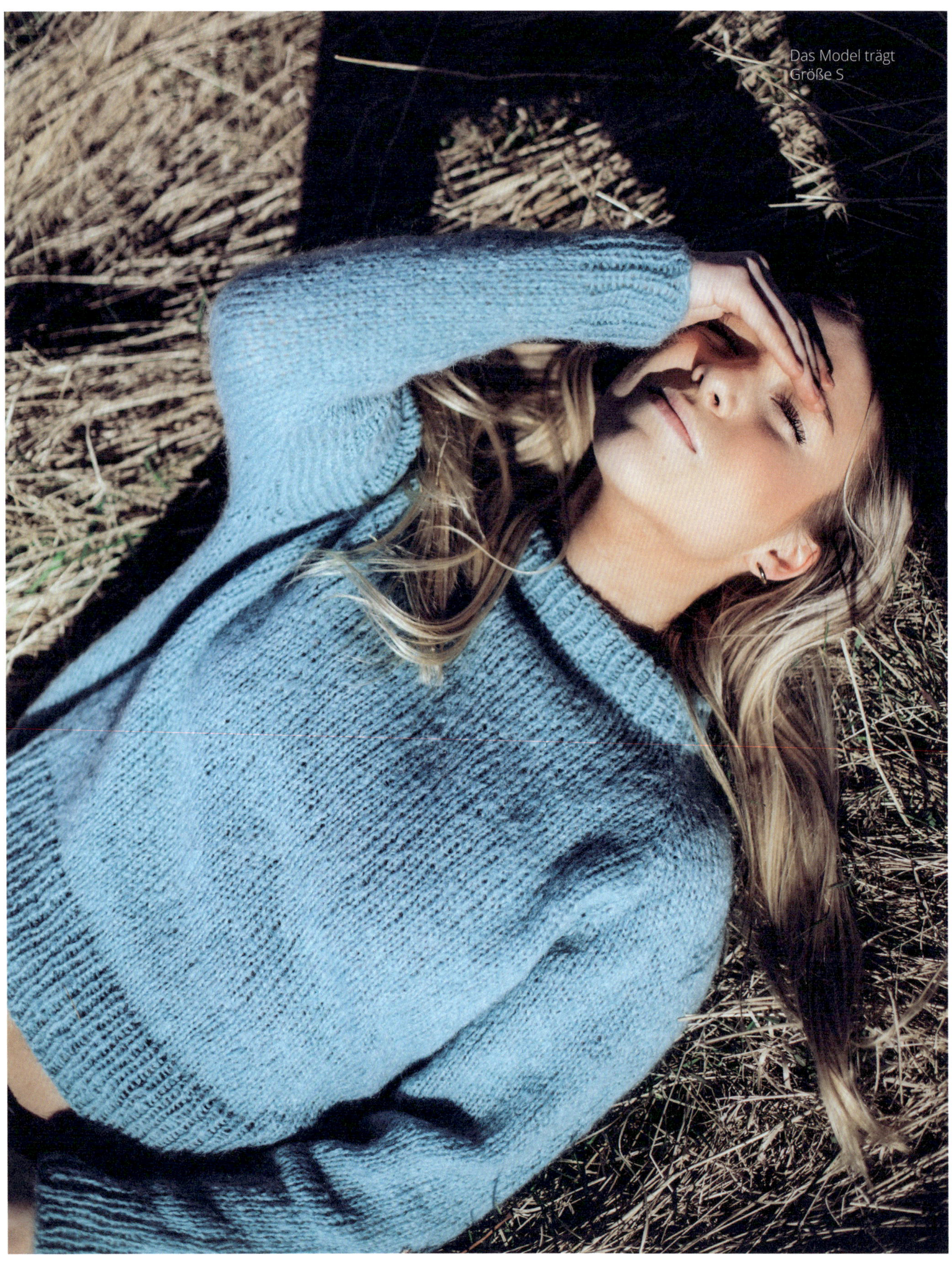

Das Model trägt Größe S

EIN TRAUM VON MOHAIR

GRÖSSENANGABEN UND GARNVERBRAUCH

Größe	Rumpflänge ab Ärmelansatz	Brustumfang	Ärmellänge ab Ärmelansatz	Ärmelumfang	Garnverbrauch
XS	24 cm	100 cm	37 cm	32,5 cm	175 g (1470 m)
S	25 cm	105 cm	38 cm	35 cm	200 g (1680 m)
M	26 cm	110 cm	39 cm	37,5 cm	200 g (1680 m)
L	**28 cm**	**115 cm**	**40 cm**	**39 cm**	**225 g (1890 m)**
XL	**29 cm**	**120 cm**	**41 cm**	**41,5 cm**	**225 g (1890 m)**
2XL	**30 cm**	**125 cm**	**42 cm**	**43,5 cm**	**250 g (2100 m)**

Bitte beachtet, dass die angegebenen Garnmengen nur ein Richtwert sind.

LEICHT

DAS BRAUCHT IHR:

Garn
Lana Grossa Silkhair (210 m/25 g), Angel by Permin, Drops Kid Silk Mohair, Lang Lace

Oder andere Garne aus Mohair und Seide. Der Pullover wird mit drei Fäden gleichzeitig gestrickt.

Rundstricknadeln Nr. 6
40, 80 und 100/120 cm

Rundstricknadeln Nr. 5,5
40 und 80/100 cm

Nadelspiel Nr. 5,5

Stopfnadel
zum Vernähen

Maschenmarkierer
Acht Ringe für die Raglanmaschen und ein Ring für den Rundenbeginn.

Maschenprobe
16 M mit Nadelstärke 6 ergeben 10 cm.

Luftig, fluffig und cool! Ist dieser Pullover nicht wunderbar? Dieses Traumteil hat alle Altersgruppen begeistert – ist aber besonders bei unseren Teenagern beliebt.

ANLEITUNG

Der Pullover wird aus drei Fäden Mohair glatt rechts von oben nach unten in Runden gearbeitet. Er ist recht weit und kurz geschnitten – ihr könnt ihn problemlos verlängern, plant dann aber etwas mehr Garn ein.

Ihr könnt wie bei unserem Modell drei Fäden derselben Farbe verwenden oder verschiedene Farben und Farbtöne mischen.

BÜNDCHEN

Schlagt 68, 68, 68, **72, 72, 72** M auf die Rundstricknadel Nr. 6 (40 cm lang) an und schließt zur Runde. Strickt das Halsbündchen im Rippenmuster (1 M re, 1 M li im Wechsel) insgesamt 8 cm lang.

Klappt das Bündchen dann so um, dass die Anschlagskante innen liegt, und strickt es in der nächsten Runde doppelt fest (s. »Doppeltes Bündchen« auf S. 181): Nehmt für jede Masche, die auf der Nadel liegt, die entsprechende Masche aus der Anschlagskante mit auf und strickt beide zusammen als eine Masche rechts ab.

Wechselt dann auf Nadelstärke 6, strickt eine Runde re und nehmt dabei gleichmäßig über die Runde verteilt 16 M zu. Jetzt liegen 84, 84, 84, **88, 88, 88** M auf der Nadel.

RAGLANBLENDE

Jetzt werden die Raglanzunahmen gearbeitet. Die Runde beginnt in der vorderen Mitte.

In der **ersten Runde** platziert ihr die Maschenmarkierer, die hier zwischen zwei Maschen auf die Nadel gehängt werden:

1. Schritt: Strickt 16, 16, 16, **17, 17, 17** M re (linkes Vorderteil). Hängt MM1 auf die Nadel.

2. Schritt: Strickt 1 M re (Raglanmasche). Hängt MM2 auf die Nadel.

3. Schritt: Strickt 8 M re (linke Schulter). Hängt MM3 auf die Nadel.

4. Schritt: Strickt 1 M re (Raglanmasche). Hängt MM4 auf die Nadel.

5. Schritt: Strickt 32, 32, 32, **34, 34, 34** M re (Rückenteil). Hängt MM5 auf die Nadel.

6. Schritt: Strickt 1 M re (Raglanmasche). Hängt MM6 auf die Nadel.

7. Schritt: Strickt 8 M re (rechte Schulter). Hängt MM7 auf die Nadel.

8. Schritt: Strickt 1 M re (Raglanmasche). Hängt MM8 auf die Nadel.

9. Schritt: Strickt 16, 16, 16, **17, 17, 17** M re (rechtes Vorderteil).

Jetzt habt ihr wieder den Beginn der Runde in der hinteren Mitte erreicht. Markiert ihn ggf. mit einem weiteren MM. Die acht MM in der Runde markieren die Stellen, an denen ihr die Raglanzunahmen arbeitet.

In der **zweiten Runde** beginnen verkürzte Reihen, die den Pullover hinten etwas höher werden lassen als vorne. Wir stricken diese verkürzten Reihen mit **Doppelmasche bzw. German Short Rows** (s. Seite 181).

2. Runde/Reihe (Hinreihe): Strickt die Runde re bis MM1. Nehmt 1 M mit **M1R** (s. Seite 181) zu, hebt MM1 ab, strickt die Raglanmasche re, hebt MM2 ab, nehmt 1 M mit **M1L** zu. Wiederholt diese Zunahme an den anderen drei Raglanmaschen in der Runde und nehmt so an vier Stellen in der Runde insgesamt 8 M zu. Strickt nach der letzten Zunahme nach MM8 noch eine Masche weiter und wendet die Arbeit.

3. Reihe (Rückreihe): Hebt die erste Masche wie zum li Stricken mit dem Faden vor der Arbeit ab. Zieht den Faden jetzt von vorne über die Nadel nach hinten, sodass die abgehobene Masche langgezogen wird und die beiden Maschenschenkel wie zwei Maschen auf der Nadel liegen (= die Doppelmasche). Zieht den Faden gut an und strickt li über alle Maschen bis zur ersten Zunahme bei MM1. Strickt eine Masche weiter und wendet die Arbeit.

4. Reihe (Hinreihe): Hebt die erste Masche wieder wie zum li Stricken ab und zieht den Faden über die Nadel nach hinten, um eine Doppelmasche zu erhalten. Strickt dann rechts über alle Maschen und nehmt wie in der 2. Reihe an den Raglanmaschen zu. Strickt 2 M weiter als die Doppelmasche in Reihe 2. Achtet darauf, die Doppelmaschen immer als eine einzige Masche abzustricken. Wendet die Arbeit.

5. Reihe (Rückreihe): Hebt die erste Masche als Doppelmasche ab und strickt li 2 M weiter als die letzte Wendestelle in Reihe 3. Wendet die Arbeit.

6. Reihe (Hinreihe): Hebt die erste Masche als Doppelmasche ab. Strickt re, mit Raglanzunahmen, 2 M weiter als die letzte Wendestelle in Reihe 4. Wendet die Arbeit.

7. Reihe (Rückreihe): Hebt die erste Masche als Doppelmasche ab und strickt li 2 M weiter als die letzte Wendestelle in Reihe 5. Wendet die Arbeit.

Jetzt habt ihr das Ende der verkürzten Reihen erreicht und dabei auch in drei Hinreihen an den Raglanmaschen zugenommen. Strickt ab hier wieder re in Runden und arbeitet die Raglanzunahmen im Takt mit den bisherigen Zunahmen in jeder zweiten Runde, bis ihr insgesamt, mit den Zunahmen in den verkürzten Reihen, in 20, 22, 24, **25, 27, 29** Reihen/Runden zugenommen habt. Jetzt liegen 244, 260, 276, **288, 304, 320** M auf der Nadel.

Strickt zum Schluss noch eine weitere Runde re, ohne Zunahmen.

RUMPF

Jetzt werden die Maschen, die später die Ärmel bilden, auf jeder Seite auf einem Hilfsfaden stillgelegt.

1. Schritt: Strickt re bis MM2 (linkes Vorderteil).

2. Schritt: Legt die nächsten 48, 52, 56, **58, 62, 66** M auf einen Hilfsfaden (linker Ärmel).

3. Schritt: Schlagt 6 neue M an (unter dem linken Arm).

4. Schritt: Strickt re weiter bis MM6 (Rückenteil).

5. Schritt: Legt die nächsten 48, 52, 56, **58, 62, 66** M auf einen Hilfsfaden (rechter Ärmel).

6. Schritt: Schlagt 6 neue M an (unter dem rechten Arm).

7. Schritt: Strickt die Runde re fertig (rechtes Vorderteil).

Jetzt liegen insgesamt 160, 168, 176, **184, 192, 200** M auf der Nadel (Vorder- und Rückenteil, plus die 12 neuen M unter den Ärmeln). Die Ärmelmaschen liegen auf Hilfsfäden.

Strickt jetzt glatt re in Runden, bis der Rumpf, ab dem Ärmelansatz, 16, 17, 18, **19, 20, 21** cm misst (oder nach Geschmack und Körpergröße). Beendet die letzte Runde in der hinteren Mitte.

Wechselt auf Nadelstärke 5,5 und strickt eine weitere Runde re. Strickt dann ein Rippenbündchen wie im Halsbündchen (1 M re, 1 M li im Wechsel), 7, 7, 7, **8, 8, 8** cm lang, und kettet im Rippenmuster ab.

ÄRMEL

Jetzt werden die Maschen für den ersten Ärmel, die ihr auf einem Hilfsfaden stillgelegt habt, wieder zurück auf die Rundstricknadel Nr. 6 gelegt. Zusätzlich werden aus den Maschen, die ihr unter dem Arm neu angeschlagen habt, 6 M aufgefasst und zu den restlichen Ärmelmaschen auf die Nadel gelegt. Die Ärmel werden in Runden gestrickt. Damit der Rundenbeginn mittig unter dem Arm liegt, werden die neu aufgefassten Maschen auf Rundenbeginn und -ende verteilt, d.h. es kommen je 3 der Maschen an den Anfang und 3 an das Ende der Runde. Die erste Runde beginnt nun in der Mitte zwischen diesen neuen Maschen. Jetzt liegen 54, 58, 62, **64, 68, 72** M auf der Nadel.

Strickt den Ärmel glatt re in Runden. Auf dem Weg nach unten nehmen wir in regelmäßigen Abständen Maschen ab, damit der Ärmel nach unten hin enger wird.

Strickt zunächst 4, 1, 4, **4, 4, 1** cm re in Runden. Nehmt in der nächsten Runde 2 M ab, indem ihr die ersten 2 und die letzten 2 M der Runde zusammenstrickt. Wiederholt diese Abnahme mit 2,5, 2,5, 2, **2, 2, 2** cm Abstand, bis ihr insgesamt 10, 12, 13, **14, 15, 17** Abnahmen gearbeitet, oder um 20, 24, 26, **28, 30, 34** M abgenommen habt. Am Ende der Abnahmen liegen noch 34, 34, 36, **36, 38, 38** M auf der Nadel. Strickt ohne weitere Abnahmen weiter, bis der Ärmel 30, 31, 32, **33, 34, 35** cm lang ist. Probiert den Pullover an dieser Stelle am besten noch einmal an, um die für euch perfekte Ärmellänge zu ermitteln.

Wechselt jetzt auf Nadelstärke 5,5 und strickt eine weitere Runde re. Strickt dann ein Rippenbündchen (1 M re, 1 M li im Wechsel), 7 cm lang, und kettet im Rippenmuster ab.

Strickt den zweiten Ärmel gleich.

ABSCHLUSS

Vernäht alle Enden und schließt ggf. die Löcher unter den Armen, wenn vorhanden. Wascht den Pullover entsprechend den Pflegehinweisen auf eurem Garn (Mohair ist empfindlich, wir empfehlen hier Handwäsche mit kaltem Wasser und speziellem Wollwaschmittel), zieht ihn auf einem trockenen Handtuch in Form und lasst ihn liegend trocknen.

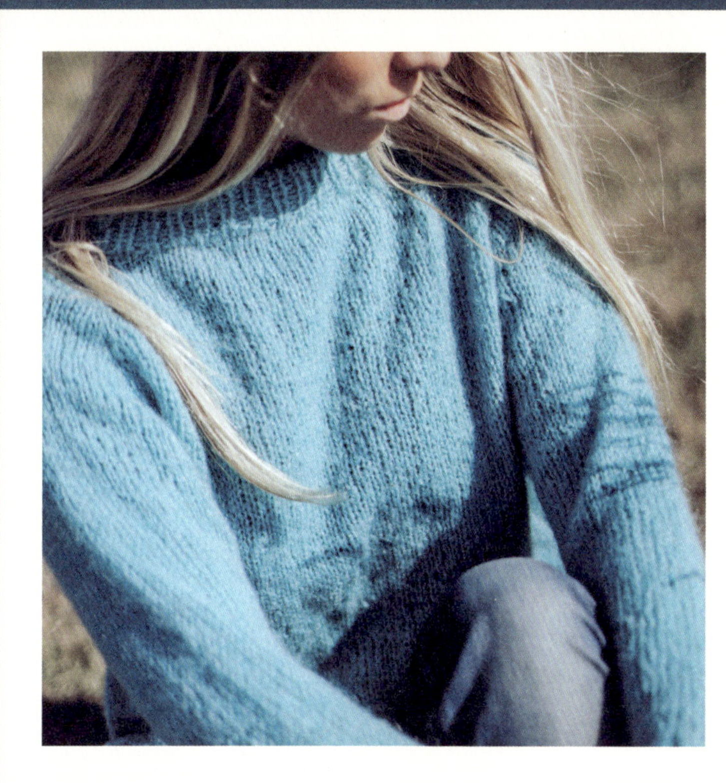

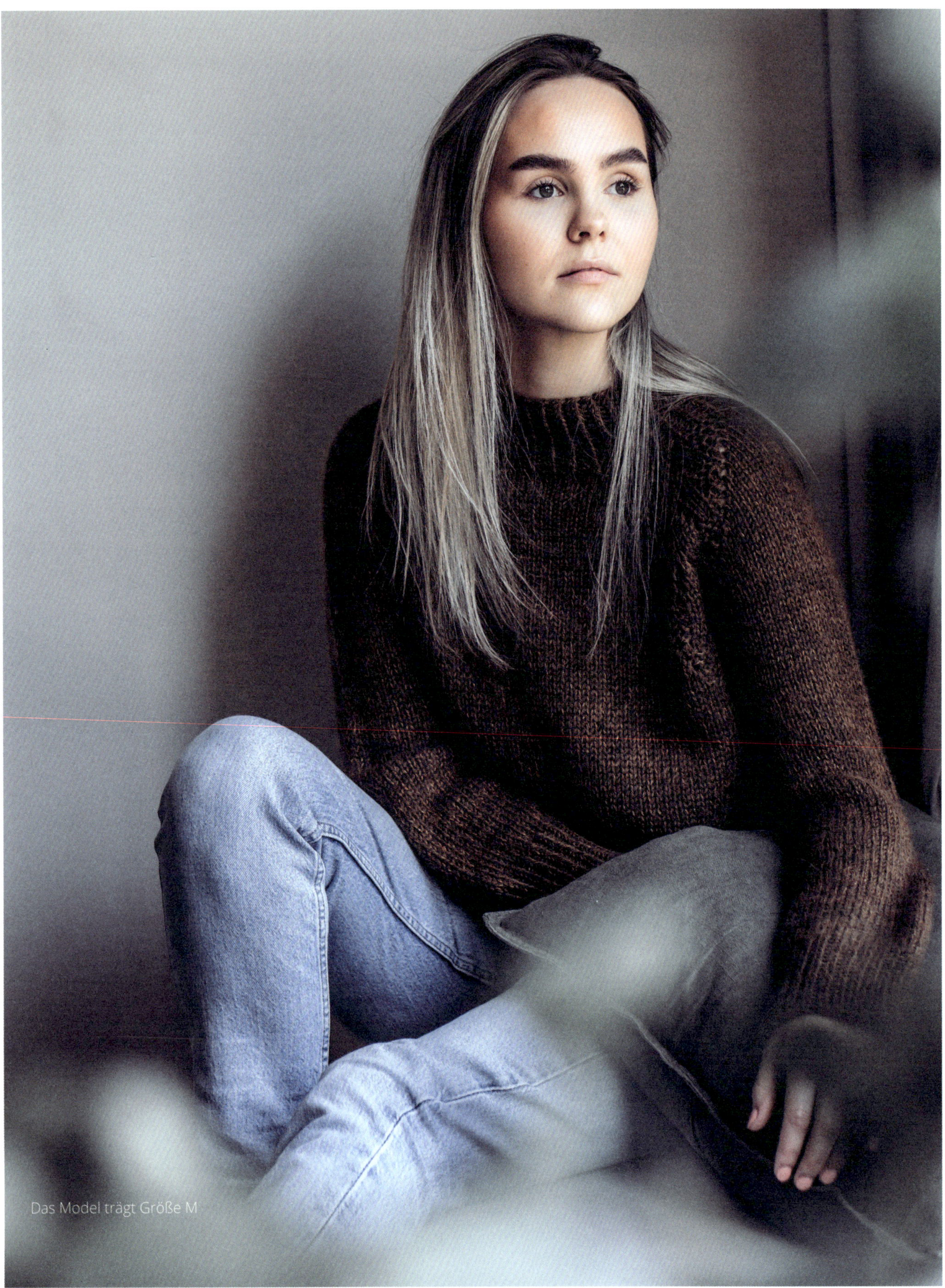

Das Model trägt Größe M

HOFFNUNG Damenpullover

GRÖSSENANGABEN UND GARNVERBRAUCH

Größe	Rumpflänge ab Ärmelansatz	Brustumfang	Ärmellänge ab Ärmelansatz	Ärmelumfang	Garnverbrauch Bingo	Garnverbrauch Mohair
XS	33 cm	95 cm	42 cm	33 cm	500 g (800 m)	100 g (840 m)
S	35 cm	104 cm	43 cm	34 cm	500 g (800 m)	100 g (840 m)
M	37 cm	107 cm	44 cm	35 cm	600 g (960 m)	125 g (1050 m)
L	**39 cm**	**115 cm**	**45 cm**	**37 cm**	**600 g (960 m)**	**150 g (1260 m)**
XL	**41 cm**	**118 cm**	**46 cm**	**38 cm**	**600 g (960 m)**	**150 g (1260 m)**
2XL	**43 cm**	**121 cm**	**47 cm**	**40 cm**	**700 g (1120 m)**	**150 g (1260 m)**

Bitte beachtet, dass die angegebenen Garnmengen nur ein Richtwert sind.

LEICHT

DAS BRAUCHT IHR:

Garn
Ein Faden Lana Grossa Bingo (80 m/50 g), Katia Merino Aran, Katia Merino Sport, Lang Merino+, Schachenmayr Merino 85

+ ein Faden Mohair, z.B. Lana Grossa Silkhair, Angel by Permin oder Drops Kid Silk Mohair

Oder andere Garne mit passender Maschenprobe.

Rundstricknadeln Nr. 7
40, 80 und 100 cm

Rundstricknadeln Nr. 6
40 und 80 cm

Stopfnadel
zum Vernähen

Maschenmarkierer
Acht Ringe für die Raglanmaschen und ein Ring für den Rundenbeginn.

Maschenprobe
14 M mit Nadelstärke 7 ergeben 10 cm.

In Island unser liebster Sommerpullover über Kleidern – für deutsche Verhältnisse ein wunderbarer Kuschelpullover im Herbst!

ANLEITUNG

Der Pullover wird mit doppeltem Faden glatt rechts von oben nach unten in Runden gearbeitet. Die Raglanschrägen werden mit einem Lochmuster gestrickt.

BÜNDCHEN

Schlagt 64, 64, 68, **68, 72, 72** M auf die Rundstricknadel Nr. 6 (40 cm lang) an und schließt zur Runde. Strickt das Halsbündchen im Rippenmuster (1 M re verschränkt, 1 M li im Wechsel) insgesamt 8 cm lang.

Wechselt jetzt auf Nadelstärke 7 und strickt eine Runde glatt re (ab hier strickt ihr die rechten Maschen nicht mehr verschränkt). Nehmt dabei gleichmäßig über die Runde verteilt 14, 14, 10, **10, 6, 6** M zu. Jetzt liegen in in allen Größen 78 M auf der Nadel.

RAGLANBLENDE

Nach dem Bündchen werden die Raglanzunahmen gearbeitet. Die Runde beginnt in der hinteren Mitte. Ab hier wird glatt re gestrickt, mit einem Lochmuster in den Raglanschrägen. Die Maschenmarkierer werden in der ersten Runde jeweils vor und nach den Raglanmaschen auf die Nadel gehängt und nicht direkt in die Maschen gesteckt.

Die **erste Runde** strickt ihr wie folgt:

1. Schritt: Strickt 5 M re (rechtes Rückenteil). Hängt MM1 auf die Nadel.

2. Schritt: Strickt 13 M re (die Raglanmaschen). Hängt MM2 auf die Nadel.

3. Schritt: Strickt 3 M re (rechte Schulter). Hängt MM3 auf die Nadel.

4. Schritt: Strickt 13 M re (Raglanmaschen). Hängt MM4 auf die Nadel.

5. Schritt: Strickt 10 M re (Vorderteil). Hängt MM5 auf die Nadel.

6. Schritt: Strickt 13 M re (Raglanmaschen). Hängt MM6 auf die Nadel.

7. Schritt: Strickt 3 M re (linke Schulter). Hängt MM7 auf die Nadel.

8. Schritt: Strickt 13 M re (Raglanmaschen). Hängt MM8 auf die Nadel.

9. Schritt: Strickt 5 M (linkes Rückenteil).

Jetzt habt ihr wieder den Beginn der Runde in der hinteren Mitte erreicht. Markiert ihn ggf. mit einem weiteren MM. An vier Stellen in der Runde habt ihr jeweils 13 Raglanmaschen markiert.

Die **zweite Runde** strickt ihr glatt re. Die 13 Raglanmaschen, die ihr mit MM markiert habt, strickt ihr ab dieser Runde laut Diagramm im Muster.

In der **dritten Runde** nehmt ihr an den Raglanmaschen zu: Strickt re bis zu MM1. Nehmt 1 M mit **M1R** (s. Seite 181) zu, hebt MM1 ab, strickt die Raglanmaschen re (laut Musterdiagramm), hebt MM2 ab und nehmt 1 M mit **M1L** zu. Strickt weiter bis zu MM3 und wiederholt diese Zunahme dort und an den anderen zwei Raglanschrägen in der Runde und nehmt so in der Runde insgesamt 8 M zu.

Wiederholt **Runden 2 und 3** und strickt die Raglanmaschen durchgehend laut Diagramm, bis ihr in insgesamt 16, 18, 19, **21, 22, 23** Runden zugenommen habt. Wechselt auf eine längere Rundstricknadel, wenn die Runden zu lang für 40 cm werden. Am Ende der Zunahmen liegen 206, 222, 230, **246, 254, 262** M auf der Nadel.

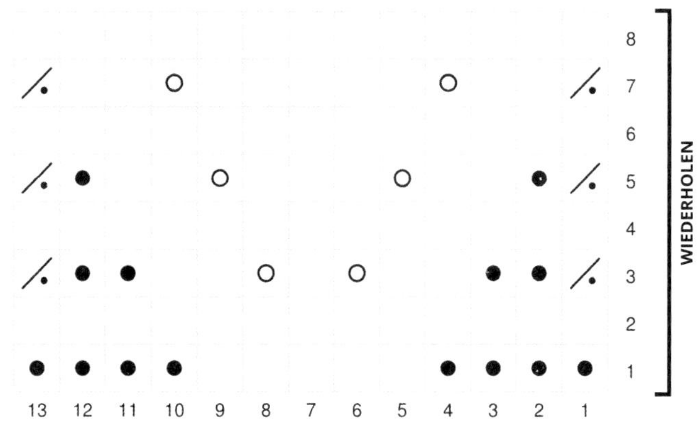

rechte Maschen

● linke Maschen

○ Umschlag

2 M links zusammenstricken

RUMPF

Jetzt werden die Maschen, die später die Ärmel bilden, auf jeder Seite auf einem Hilfsfaden stillgelegt. Das ist ein Faden in einer Kontrastfarbe, auf den ihr die Ärmelmaschen auffädelt, um sie zu sichern, während der Rumpf gestrickt wird. Ab dieser Runde strickt ihr auch die Raglanmaschen nur noch re, ohne Lochmuster.

1. Schritt: Strickt re bis 3, 2, 2, **1, 1, 1** M vor MM2 (rechtes Rückenteil und die ersten 10, 11, 11, **12, 12, 12** Raglanmaschen).

2. Schritt: Legt die nächsten 41, 43, 45, **47, 49, 51** M auf einen Hilfsfaden (rechter Ärmel).

3. Schritt: Schlagt 5 neue M an (unter dem rechten Arm).

4. Schritt: Strickt re weiter bis 3, 2, 2, 1, 1, 1 M vor MM6 (die übrigen 10, 11, 11, **12, 12, 12** Raglanmaschen, das Vorderteil und die nächsten 10, 11, 11, **12, 12, 12** Raglanmaschen).

5. Schritt: Legt die nächsten 41, 43, 45, **47, 49, 51** M auf einen Hilfsfaden (linker Ärmel).

6. Schritt: Schlagt 5 neue M an (unter dem linken Arm).

7. Schritt: Strickt die Runde re zu Ende (linkes Rückenteil).

Jetzt liegen insgesamt 134, 146, 150, **162, 166, 170** M auf der Nadel (Vorder- und Rückenteil, plus die 10 neuen M unter den Ärmeln). Die Ärmelmaschen liegen jetzt auf Hilfsfäden.

Strickt jetzt glatt re in Runden, bis der Rumpf, ab dem Ärmelansatz, 28, 30, 32, **34, 36, 38** cm misst (oder je nach Geschmack).

Wechselt jetzt auf Nadelstärke 6, strickt noch eine Runde glatt re und strickt dann ein Rippenbündchen wie oben (1 M re verschränkt, 1 M li im Wechsel) über 6 cm. Kettet im Rippenmuster ab.

ÄRMEL

Jetzt werden die Maschen für den ersten Ärmel, die ihr auf einem Hilfsfaden stillgelegt habt, wieder zurück auf Nadeln (Nadelstärke 7) gelegt. Zusätzlich werden aus den Maschen, die ihr unter dem Arm neu angeschlagen habt, 5 M aufgefasst und zu den restlichen Ärmelmaschen auf die Nadel gelegt. Die Ärmel werden in Runden gestrickt. Damit der Rundenbeginn mittig unter dem Arm liegt, werden die neu aufgefassten Maschen auf Rundenbeginn und -ende verteilt, d.h. es kommen je 2 der Maschen an den Anfang und 3 an das Ende der Runde. Die erste Runde beginnt nun in der Mitte zwischen diesen neuen Maschen. Jetzt liegen 46, 48, 50, **52, 54, 56** M auf der Nadel.

Strickt zunächst 4, 3, 4, **1, 2, 3** cm ohne Abnahmen. Strickt dann in der nächsten Runde die ersten 2 und die letzten 2 M der Runde zusammen, sodass ihr in dieser Runde 2 M abnehmt. Wiederholt diese Abnahme mit 11, 12, 12, **10, 10, 8** cm Abstand, bis ihr insgesamt 3, 3, 3, **4, 4, 5** Abnahmen gearbeitet und so um 6, 6, 6, **8, 8, 10** M abgenommen habt. Strickt weiter, bis der Ärmel ab dem Ärmelansatz 34, 35, 36, **37, 38, 39** cm lang ist. Am Ende liegen noch 40, 42, 44, **44, 46, 46** M auf der Nadel.

Wechselt auf das Nadelspiel Nr. 6, strickt eine weitere Runde re und strickt dann ein Bündchen im Rippenmuster wie im Rumpf, insgesamt 8 cm lang. Kettet im Muster ab. Achtet darauf, nicht zu fest abzuketten, damit der Pullover nicht zu eng am Handgelenk anliegt.

Strickt den zweiten Ärmel gleich.

ABSCHLUSS

Vernäht alle Enden und schließt ggf. die Löcher unter den Armen, wenn vorhanden. Wascht den Pullover entsprechend den Pflegehinweisen auf eurem Garn, zieht ihn auf einem trockenen Handtuch in Form und lasst ihn liegend trocknen.

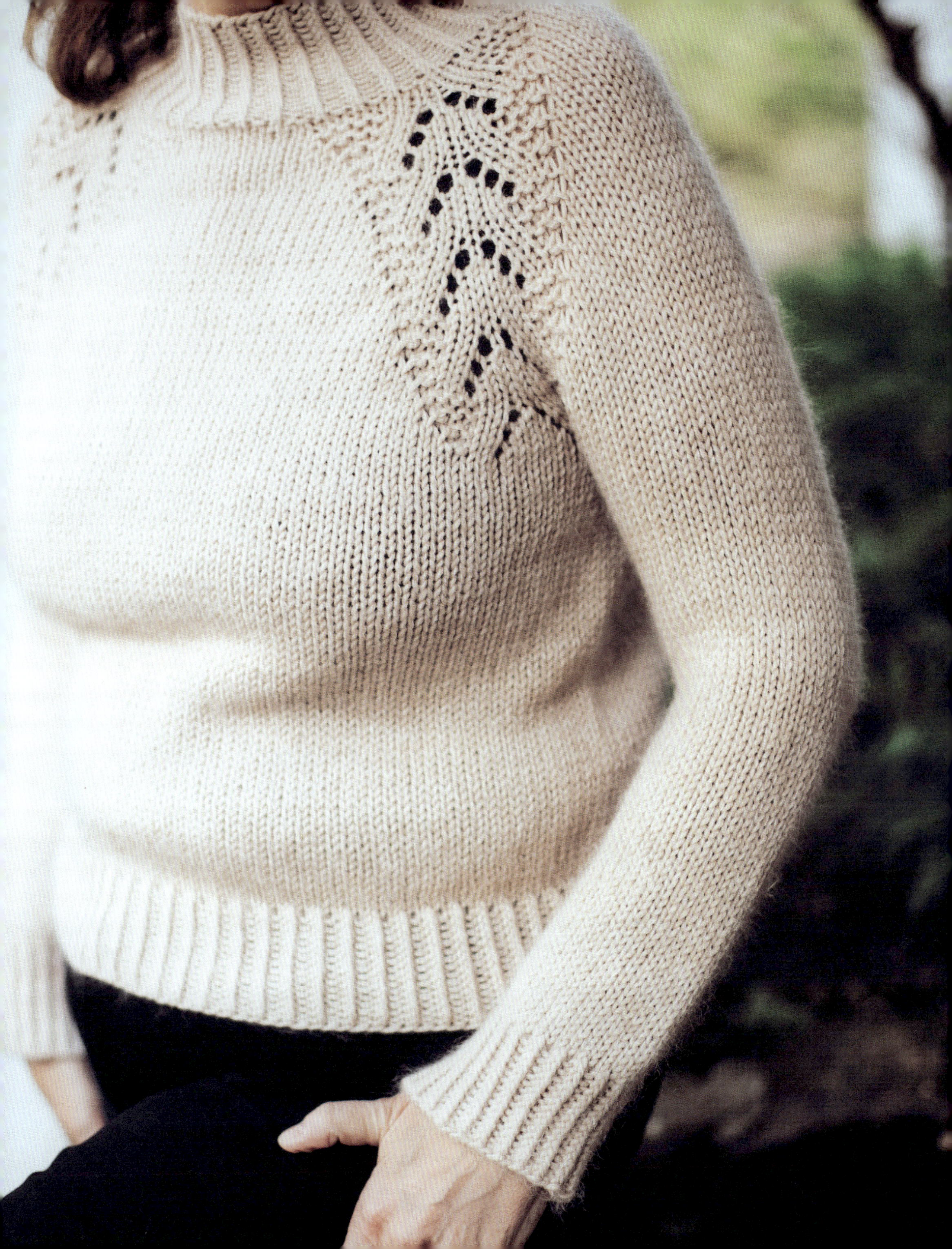

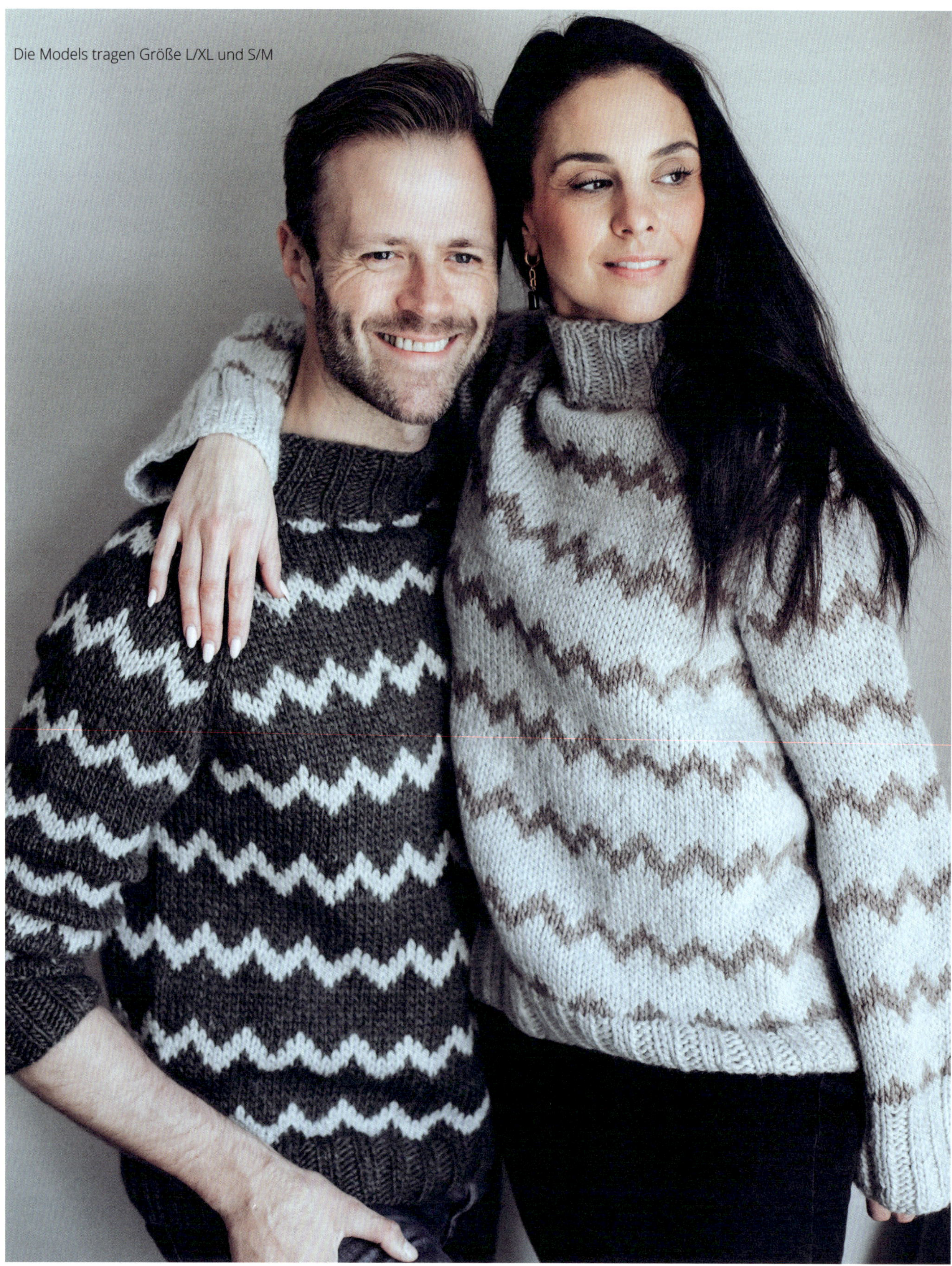

Die Models tragen Größe L/XL und S/M

EISBRECHER Pullover

GRÖSSENANGABEN UND GARNVERBRAUCH

Größe	Rumpflänge ab Ärmelansatz	Brustumfang	Ärmellänge ab Ärmelansatz	Ärmelumfang	Garnverbrauch Hauptfarbe	Garnverbrauch Akzentfarbe
2XS/XS	38 cm	91,5 cm	44 cm	30 cm	400 g (400 m)	200 g (200 m)
S/M	40 cm	103 cm	46 cm	30 cm	400 g (400 m)	200 g (200 m)
L/XL	41 cm	114 cm	47 cm	34,5 cm	500 g (500 m)	200 g (200 m)
2XL	**41 cm**	**125,5 cm**	**47 cm**	**38,5 cm**	**600 g (600 m)**	**300 g (300 m)**
3XL	**42 cm**	**137 cm**	**48 cm**	**43 cm**	**700 g (700 m)**	**300 g (300 m)**

Bitte beachtet, dass die angegebenen Garnmengen nur ein Richtwert sind.

LEICHT

DAS BRAUCHT IHR:

Garn
Einfädig: Álafosslopi (100 m / 100 g) oder Lana Grossa Ecopuno Chunky oder Superbingo

Zweifädig: 1 Faden Lana Grossa Bingo, Katia Merino Sport oder Aran, Drops Nepal

+ 1 Faden Mohair, z.B. Lana Grossa Silkhair oder Drops Kid Silk Mohair

Rundstricknadel Nr. 6
40 cm

Rundstricknadeln Nr. 7
40, 80 und 100/120 cm

Maschenmarkierer
Vier Ringe für die Raglanmaschen und ein Ring für den Rundenbeginn.

Stopfnadel
zum Vernähen

Maschenprobe
14 M mit Nadelstärke 7 ergeben 10 cm.

Dieser Pullover wurde von der isländischen Fernsehserie »Verbúðin« inspiriert, die in einem abgelegenen Fischerdorf in den 1980ern spielt. Definitiv etwas retro (allerdings in zahmeren Farben gehalten) und absolut geeignet für die nächste Angelfahrt – oder die Skipiste.

ANLEITUNG

Der Pullover wird von oben nach unten in Runden gearbeitet, mit Raglanpasse und durchgehend mit einem zweifarbigen Muster laut Diagramm.

BÜNDCHEN

Schlagt mit der Hauptfarbe 64, 64, 64, **68, 68** M auf die Rundstricknadel Nr. 6 (40 cm lang) an und schließt zur Runde. Strickt das Halsbündchen im Rippenmuster (2 M re, 2 M li im Wechsel) insgesamt 8 cm lang. Klappt das Bündchen dann so um, dass die Anschlagskante innen liegt, und strickt es in der nächsten Runde doppelt fest (s. »Doppeltes Bündchen« auf S. 181): Nehmt für jede Masche, die auf der Nadel liegt, die entsprechende Masche aus der Anschlagskante mit auf und strickt beide zusammen als eine Masche rechts ab.

Wechselt jetzt auf die Rundstricknadel Nr. 7 (40 cm), strickt eine weitere Runde rechts und nehmt dabei gleichmäßig verteilt 20, 20, 20, **16, 16** M zu. Jetzt liegen in allen Größen 84 M auf der Nadel.

RAGLANBLENDE

Nach dem Bündchen werden die Raglanzunahmen gearbeitet. Diese Zunahmen bilden die Linien, die Rumpf und Schultern voneinander trennen. Ab hier strickt ihr auch das zweifarbige Zackenmuster laut Diagramm am Ende der Anleitung. Der Rundenbeginn liegt in der hinteren Mitte.

In der **ersten Runde** markiert ihr die Stellen für die Raglanzunahmen mit Maschenmarkierern (MM) und strickt dabei auch die erste Reihe des Musters laut Diagramm. Beachtet dabei: Das Muster wird in den Diagrammen durch eine dicke schwarze Linie abgeteilt. Die Raglanmaschen liegen außerhalb dieser Linie und werden immer in der Hauptfarbe gestrickt.

1. Schritt: Strickt 17 M im Muster laut Diagramm (rechtes Rückenteil – die Runde beginnt in Masche 43). Hängt MM1 auf die Nadel.

2. Schritt: Strickt 9 M im Muster laut Diagramm (rechte Schulter). Hängt MM2 auf die Nadel.

3. Schritt: Strickt 33 M im Muster laut Diagramm (Vorderteil – beginnt jetzt in Masche 27). Hängt MM3 auf die Nadel.

4. Schritt: Strickt 9 M im Muster laut Diagramm (linke Schulter). Hängt MM4 auf die Nadel.

5. Schritt: Strickt 16 M im Muster laut Diagramm (linkes Rückenteil – beginnt wieder in Masche 27).

Jetzt habt ihr wieder den Beginn der Runde in der hinteren Mitte erreicht. Markiert ihn ggf. mit einem weiteren MM.

Die vier MM in der Runde markieren die Stellen, an denen ihr ab der **zweiten Runde** die Raglanzunahmen arbeitet:

Strickt im Muster (Reihe 2 im Musterdiagramm) bis 1 M vor MM1. Nehmt 1 M mit **M1R** (s. Seite 181) zu, strickt 1 M re, hebt MM1 ab, strickt 1 M re und nehmt 1 M mit **M1L** zu. Strickt im Muster weiter, wiederholt diese Zunahme an den anderen drei Maschenmarkierern in der Runde und nehmt so an vier Stellen in der Runde insgesamt 8 M zu. Die Zunahmen werden immer in der

Farbe gestrickt, die im Muster als Nächstes kommen würde.

Strickt die **dritte Runde** (Reihe 3 im Diagramm) ohne Zunahmen.

Wiederholt Runden 2 und 3, bis ihr in insgesamt 14, 16, 18, **22, 24** Runden zugenommen habt. Strickt dabei durchgehend das Muster laut Diagramm. Wechselt auf eine längere Rundstricknadel, wenn die Runden zu lang für 40 cm werden. Am Ende der Zunahmen liegen 196, 212, 228, **260, 276** M auf der Nadel.

RUMPF

Wenn ihr alle Zunahmen gearbeitet habt, werden die Maschen, die später die Ärmel bilden, auf jeder Seite auf einem Hilfsfaden stillgelegt. Das ist ein Faden in einer Kontrastfarbe, auf den ihr alle Ärmelmaschen auffädelt, um sie zu sichern, während der Rumpf gestrickt wird.

1. Schritt: Strickt im Muster bis 0, 1, 2, **1, 0** M über MM1 hinaus (rechtes Rückenteil).

2. Schritt: Legt die nächsten 37, 39, 41, **51, 57** M auf einen Hilfsfaden (rechter Ärmel).

3. Schritt: Schlagt 5, 5, 5, **5, 9** neue M an (unter dem rechten Ärmel).

Kleiner Tipp dazu: Ich schlage die neuen Maschen hier mit Haupt- und Akzentfarbe im Takt des Musters an. Dadurch entsteht unter dem Arm beim Übergang zu Rumpf und Ärmeln keine einfarbige Linie mitten im Muster.

4. Schritt: Strickt im Muster bis 0, 1, 2, **1, 0** M über MM3 hinaus (Vorderteil).

5. Schritt: Legt die nächsten 37, 39, 41, **51, 57** M auf einen Hilfsfaden (linker Ärmel).

6. Schritt: 5, 5, 5, **5, 9** neue M an (unter dem linken Ärmel).

7. Schritt: Strickt die Runde im Muster fertig.

Jetzt liegen insgesamt 132, 144, 156, **168, 180** M auf der Nadel (Vorder- und Rückenteil, plus die neuen M unter den Ärmeln). Die Ärmelmaschen liegen jetzt auf Hilfsfäden.

Das zweifarbige Muster wird nahtlos von der Raglanpasse weitergeführt. Ihr strickt ab hier keine Zunahmen mehr. Die ehemaligen Raglanmaschen werden ins Muster integriert, sodass ihr es jetzt immer über die komplette Runde strickt.

Strickt den Rumpf im Muster, bis er, ab dem Ärmelansatz, 32, 34, 35, **35, 36** cm lang ist – oder probiert den Pullover zwischendurch an, um für euch die perfekte Länge zu ermitteln.

Strickt zum Schluss ein Rippenbündchen (2 M re, 2 M li im Wechsel) über 6 cm und kettet im Rippenmuster ab.

ÄRMEL

Jetzt werden die Maschen für den ersten Ärmel, die ihr auf einem Hilfsfaden stillgelegt habt, wieder zurück auf Nadeln (Stärke 7) gelegt. Zusätzlich werden aus den Maschen, die ihr unter dem Arm neu angeschlagen habt, 5, 3, 7, **3, 3** M aufgefasst und zu den restlichen Ärmelmaschen auf die Nadel gelegt.

Achtung: Ihr fasst hier in den meisten Größen nicht dieselbe Maschenzahl auf, wie ihr am Ende der Raglanpasse angeschlagen habt – nur so geht das Muster unter den Ärmeln auf.

Jetzt liegen 42, 42, 48, **54, 60** M auf der Nadel. Schließt den Ärmel zur Runde und strickt ihn im Muster (achtet darauf, das Muster auch hier ohne Unterbrechung aus den Schultermaschen fortzusetzen), bis er, ab dem Ärmelansatz, 35, 37, 38, **38, 39** cm misst (oder nach Geschmack). Achtet darauf, das Muster an einer guten Stelle zu beenden, z.B. genau in der Mitte oder am Ende eines zweifarbigen Abschnitts.

Wechselt dann auf Nadelstärke 6, strickt eine Runde in der Hauptfarbe und nehmt dabei gleichmäßig verteilt 6, 6, 8, **10, 12** M ab. Jetzt liegen 36, 36, 40, **44, 48** M auf der Nadel. Strickt daraus in der Hauptfarbe ein Bündchen im 2x2 Rippenmuster (2 M re, 2 M li im Wechsel) über 9 cm und kettet locker im Rippenmuster ab.

Strickt den zweiten Ärmel gleich.

ABSCHLUSS

Vernäht alle Enden und schließt ggf. die Löcher unter den Armen, wenn vorhanden. Wascht den Pullover entsprechend den Pflegehinweisen auf eurem Garn, zieht ihn auf einem trockenen Handtuch in Form und lasst ihn liegend trocknen.

	Hauptfarbe
(Feld)	Akzentfarbe
ML	Zunahme mit M1L
MR	Zunahme mit M1R
(Feld)	Raglanmasche (Hauptfarbe)
(Rahmen)	Hier endet die Raglanpasse in Größe 2XS/XS
(Rahmen)	Hier endet die Raglanpasse in Größe S/M
(Rahmen)	Hier endet die Raglanpasse in Größe L/XL
(Rahmen)	Hier endet die Raglanpasse in Größe 2XL
(Rahmen)	Hier endet die Raglanpasse in Größe 3XL

RAGLANPASSE

Vorder- und Rückenteil

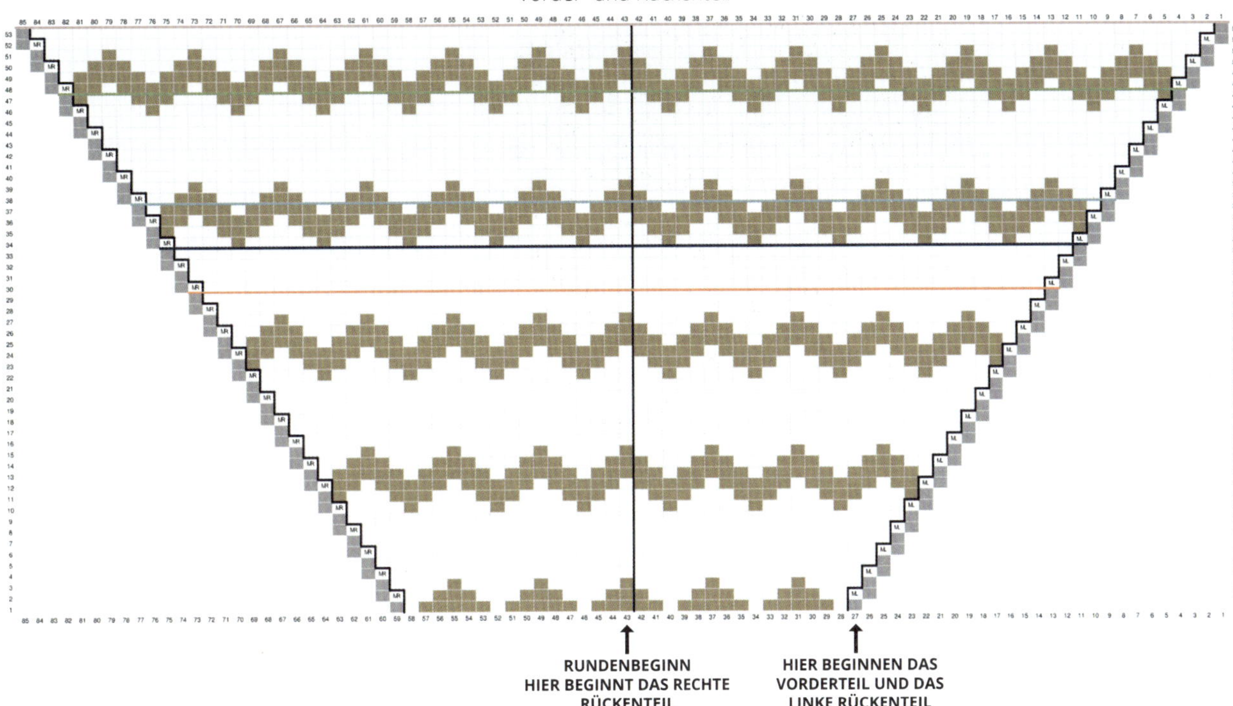

Schultern

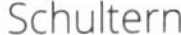

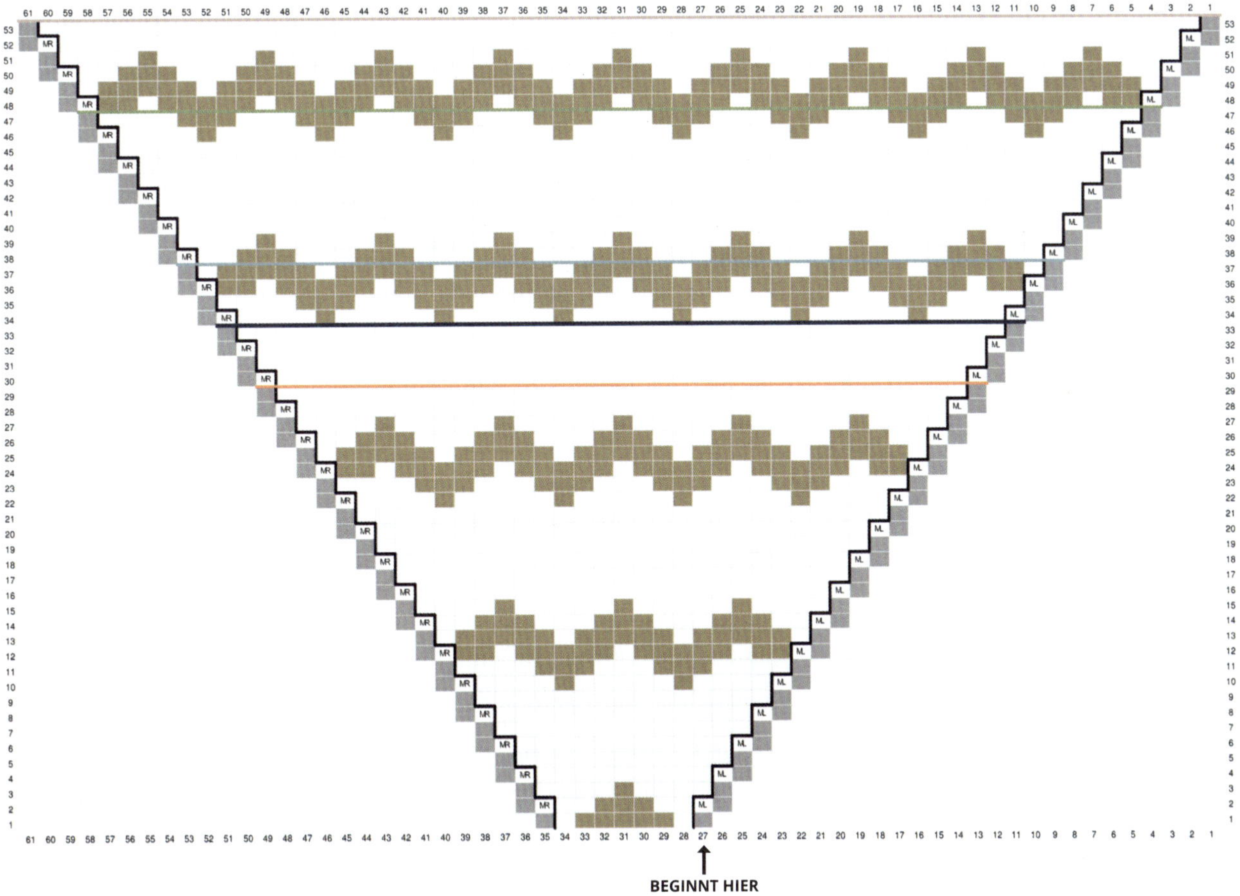

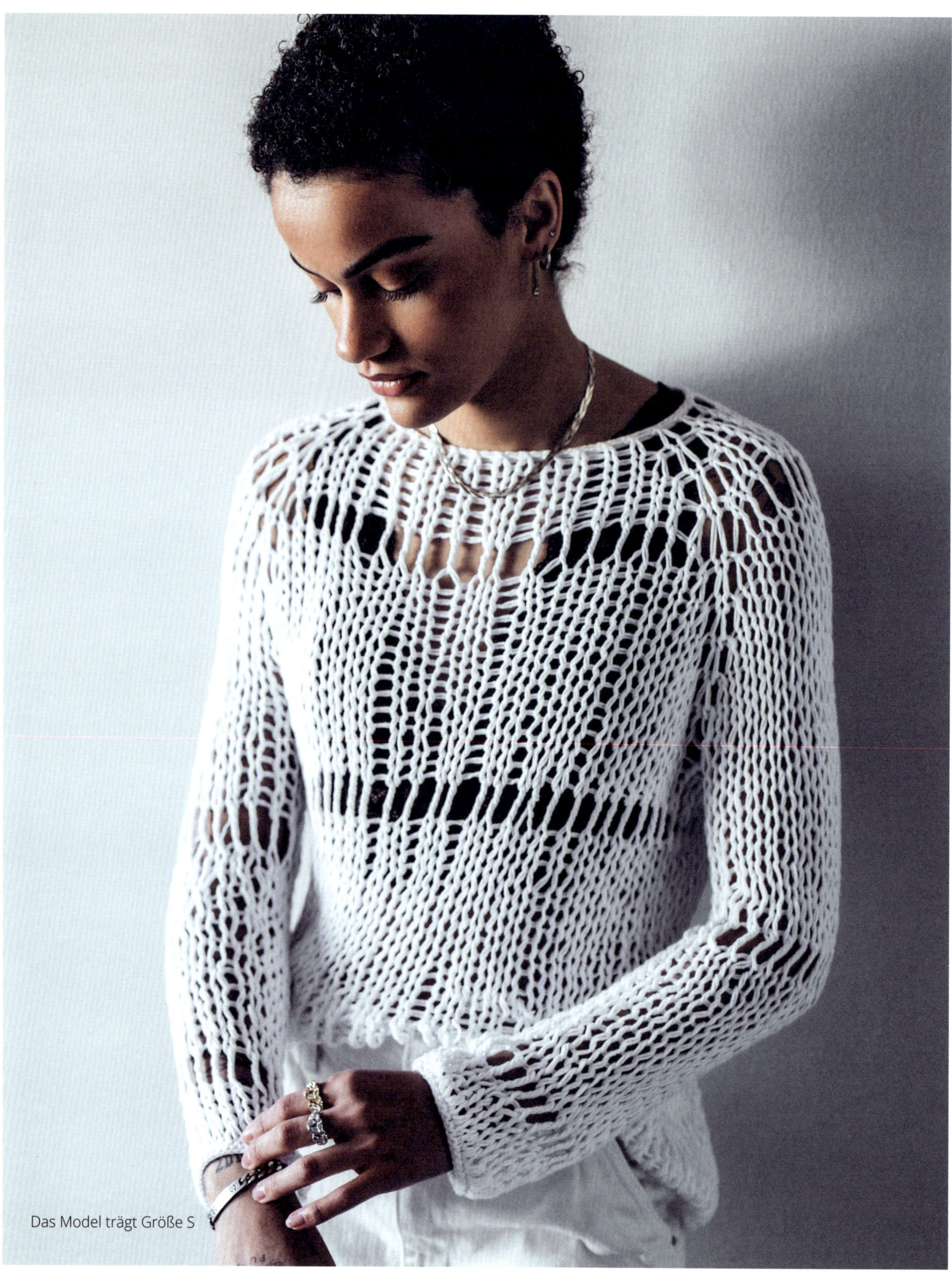

Das Model trägt Größe S

SAGA Top

GRÖSSENANGABEN UND GARNVERBRAUCH

Größe	Rumpflänge ab Ärmelansatz	Brustumfang	Ärmellänge ab Ärmelansatz	Ärmelumfang	Garnverbrauch
XS	42 cm	95 cm	45 cm	28 cm	250 g (625 m)
S	44 cm	100 cm	47 cm	32 cm	300 g (750 m)
M	46 cm	105 cm	49 cm	35 cm	300 g (750 m)
L	**48 cm**	**112 cm**	**51 cm**	**37,5 cm**	**350 g (875 m)**
XL	**50 cm**	**115 cm**	**53 cm**	**37,5 cm**	**400 g (1000 m)**
2XL	**52 cm**	**120 cm**	**55 cm**	**40 cm**	**450 g (1125 m)**

Bitte beachtet, dass die angegebenen Garnmengen nur ein Richtwert sind.

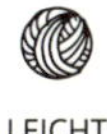

LEICHT

DAS BRAUCHT IHR:

Garn
Lana Grossa Cotone (125 m/50 g) oder Landlust Baumwolle, Katia Cotton 100%, Drops Muskat oder Belle, oder ein anderes Baumwoll- oder Leinengarn mit einer Maschenprobe von ca. 20–22 M auf 10 cm.

Das Top wird bis auf die Bündchen mit doppeltem Faden gestrickt.

Rundstricknadeln Nr. 15
40 und 80 cm

Rundstricknadeln Nr. 4
40 und 80 cm

Nadelspiel Nr. 4

Stopfnadel
zum Vernähen

Maschenmarkierer
Acht Ringe für die Raglanmaschen und ein Ring für den Rundenbeginn.

Maschenprobe
7 M mit Nadelstärke 15 ergeben 10 cm.

Dieses Modell entstand auf Wunsch meiner Tochter Saga. Ich dachte zuerst, sie macht Witze, ich fand ihre Idee so abwegig! Aber natürlich tut man alles für seine Kinder, der Prototyp kam bei ihr (und ihren Freundinnen) gut an – und kaum eine Woche später hatte ich ein zweites Top für mich selbst gestrickt!

ANLEITUNG

Das Top wird glatt rechts von oben nach unten in Runden gearbeitet. Bis auf die Bündchen wird es mit doppeltem Faden auf sehr dicken Nadeln gestrickt und hat deshalb ein extrem lockeres Maschenbild. Die Lochreihen, die durch Fallmaschen entstehen, verstärken diese Optik noch.

FALLMASCHEN

In regelmäßigen Abständen wird eine Runde mit lang gezogenen Maschen (Fallmaschen) gestrickt, um besonders große Löcher zu erhalten. Dafür wickelt ihr für jede Masche in dieser Runde den Faden zweimal um die linke Nadel, vor der Masche, die als Nächstes gestrickt wird, stecht dann mit der rechten Nadel in die Masche und beide Schlaufen ein und strickt sie als eine Masche re ab. Dazu gibt es auch ein Video: *https://bit.ly/langemaschen*

Ihr strickt die erste Runde mit langen Maschen nach 8 Runden in der Raglanpasse und dann immer mit ca. 14 Runden Abstand (oder nach Geschmack). Wir empfehlen, diese Runden nicht in einer Runde mit Raglanzunahmen zu stricken.

In den Ärmeln strickt ihr die erste Runde mit langen Maschen in der 10. Runde und dann wieder mit ca. 14 Runden Abstand oder nach Geschmack.

BÜNDCHEN

Schlagt 68, 68, 68, **68, 72, 72** M mit einfachem Faden auf die Rundstricknadel Nr. 4 (40 cm lang) an und schließt zur Runde. Strickt eine Runde re und eine Runde li. Wechselt dann auf Nadelstärke 15 und strickt jetzt mit doppeltem Faden immer 2 M re zusammen. Am Ende der Runde liegen 34, 34, 34, **34, 36, 36** M mit doppeltem Faden auf der Nadel.

RAGLANBLENDE

Nach dem Bündchen werden die Raglanzunahmen gearbeitet. Die Runde beginnt in der hinteren Mitte. Ihr strickt weiterhin mit Nadelstärke 15 und doppeltem Faden.

1. Schritt: Strickt 7, 7, 7, **7, 7, 7** M (rechtes Rückenteil). Hängt MM1 auf die Nadel.

2. Schritt: Strickt 1 M re (Raglanmasche). Hängt MM2 auf die Nadel.

3. Schritt: Strickt 2 M re (rechte Schulter). Hängt MM3 auf die Nadel.

4. Schritt: Strickt 1 M re (Raglanmasche). Hängt MM4 auf die Nadel.

5. Schritt: Strickt 13, 13, 13, **13, 14, 14** M re (Vorderteil). Hängt MM5 auf die Nadel.

6. Schritt: Strickt 1 M re (Raglanmasche). Hängt MM6 auf die Nadel.

7. Schritt: Strickt 2 M re (linke Schulter). Hängt MM7 auf die Nadel.

8. Schritt: Strickt 1 M re (Raglanmasche). Hängt MM8 auf die Nadel.

9. Schritt: Strickt 6, 6, 6, **6, 7, 7** M re (linkes Rückenteil).

Jetzt habt ihr wieder den Beginn der Runde in der hinteren Mitte erreicht. Markiert ihn ggf. mit einem weiteren MM.

In der **zweiten Runde** beginnen die Zunahmen:

Strickt re bis MM1. Nehmt 1 M mit **M1R** (s. Seite 181) zu, hebt MM1 ab, strickt die Raglanmasche re, hebt MM2 ab, nehmt 1 M mit **M1L** zu. Wiederholt diese Zunahmen an den anderen drei Raglanmaschen in der Runde und nehmt so an vier Stellen in der Runde insgesamt 8 M zu.

Strickt die **dritte Runde** re, ohne Zunahmen.

Wiederholt **Runden 2 und 3**, bis ihr in insgesamt 8, 9, 10, **11, 11, 12** Runden zugenommen habt. Denkt daran, in regelmäßigen Abständen eine Runde mit Fallmaschen zu stricken. Wechselt auf eine längere Rundstricknadel, wenn die Runden zu lang für 40 cm werden. Am Ende der Zunahmen liegen 98, 106, 114, **122, 124, 132** M auf der Nadel. Strickt noch eine weitere Runde re ohne Zunahmen.

RUMPF

Jetzt werden die Maschen, die später die Ärmel bilden, auf jeder Seite auf einem Hilfsfaden stillgelegt. Das ist ein Faden in einer Kontrastfarbe, auf den ihr alle Ärmelmaschen auffädelt, um sie zu sichern, während der Rumpf gestrickt wird.

1. Schritt: Strickt re zu MM2 (rechtes Rückenteil).

2. Schritt: Legt 18, 20, 22, **24, 24, 26** M auf einen Hilfsfaden (rechter Ärmel).

3. Schritt: Schlagt 2 neue M an (unter dem rechten Ärmel).

4. Schritt: Strickt re weiter bis zu MM6 (Vorderteil).

5. Schritt: Legt 18, 20, 22, **24, 24, 26** M auf einen Hilfsfaden (linker Ärmel).

6. Schritt: Schlagt 2 neue M an (unter dem linken Ärmel).

7. Schritt: Strickt die Runde re fertig (linkes Rückenteil).

Jetzt liegen insgesamt 66, 70, 74, **78, 80, 84** M auf der Nadel (Vorder- und Rückenteil, plus die 4 neuen M unter den Ärmeln). Die Ärmelmaschen liegen jetzt auf Hilfsfäden.

Strickt jetzt glatt re weiter, mit Fallmaschenrunden in regelmäßigen Abständen, bis der Rumpf, ab dem Ärmelansatz, 41, 43, 45, **47, 49, 51** cm lang ist (oder nach Geschmack und Körpergröße).

Wechselt wieder auf die Rundstricknadel Nr. 4 (80–100 cm) und strickt eine weitere Runde re. Strickt in dieser Runde nicht mehr mit doppeltem Faden, sondern nur noch einfädig, und stecht in jeden einzelnen Faden auf der Nadel, d.h. ihr strickt aus den Maschen, die ihr in der letzten Runde mit doppeltem Faden gestrickt habt, jetzt jeweils 2 Maschen und verdoppelt so die Maschenzahl. Am Ende der Runde liegen 132, 140, 148, **156, 160, 168** M auf der Nadel. Strickt damit 1 Runde re und 1 Runde li und kettet dann locker re ab.

ÄRMEL

Jetzt werden die Maschen für den ersten Ärmel, die ihr auf einem Hilfsfaden stillgelegt habt, wieder zurück auf die Rundstricknadel Nr. 15 (40 cm) gelegt. Zusätzlich werden aus den Maschen, die ihr unter dem Arm neu angeschlagen habt, 2 M aufgefasst und zu den restlichen Ärmelmaschen auf die Nadel gelegt. Die Ärmel werden in Runden gestrickt. Damit der Rundenbeginn mittig unter dem Arm liegt, werden die neu aufgefassten Maschen auf Rundenbeginn und -ende verteilt. Die erste Runde beginnt nun in der Mitte zwischen diesen neuen Maschen. Jetzt liegen 20, 22, 24, **26, 26, 28** M auf der Nadel.

Strickt den Ärmel glatt re (mit Fallmaschenrunden in regelmäßigen Abständen) in Runden bis zu einer Länge von 44, 46, 48, **50, 52, 54** cm (oder nach Geschmack und Armlänge). Wechselt auf Nadelstärke 4 und strickt, wie im Rumpf, mit einfachem Faden in jeden einzelnen Faden, der auf der Nadel liegt, und verdoppelt so die Maschenanzahl.

Jetzt liegen 40, 44, 48, **52, 52, 56** M auf der Nadel. Strickt damit 1 Runde re und 1 Runde li und kettet dann re ab.

Strickt den zweiten Ärmel gleich.

ABSCHLUSS

Vernäht alle Enden und schließt ggf. die Löcher unter den Armen, wenn vorhanden. Wascht den Pullover entsprechend den Pflegehinweisen auf eurem Garn, zieht ihn auf einem trockenen Handtuch in Form und lasst ihn liegend trocknen. Wir ziehen einen dünnen Gummifaden in die Bündchen ein, damit sie nicht ausleiern.

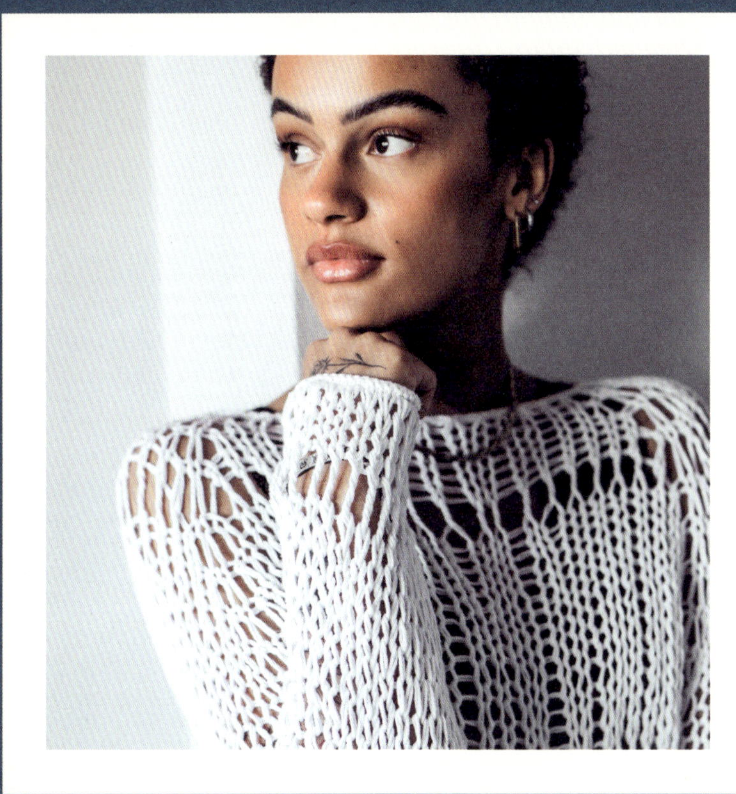

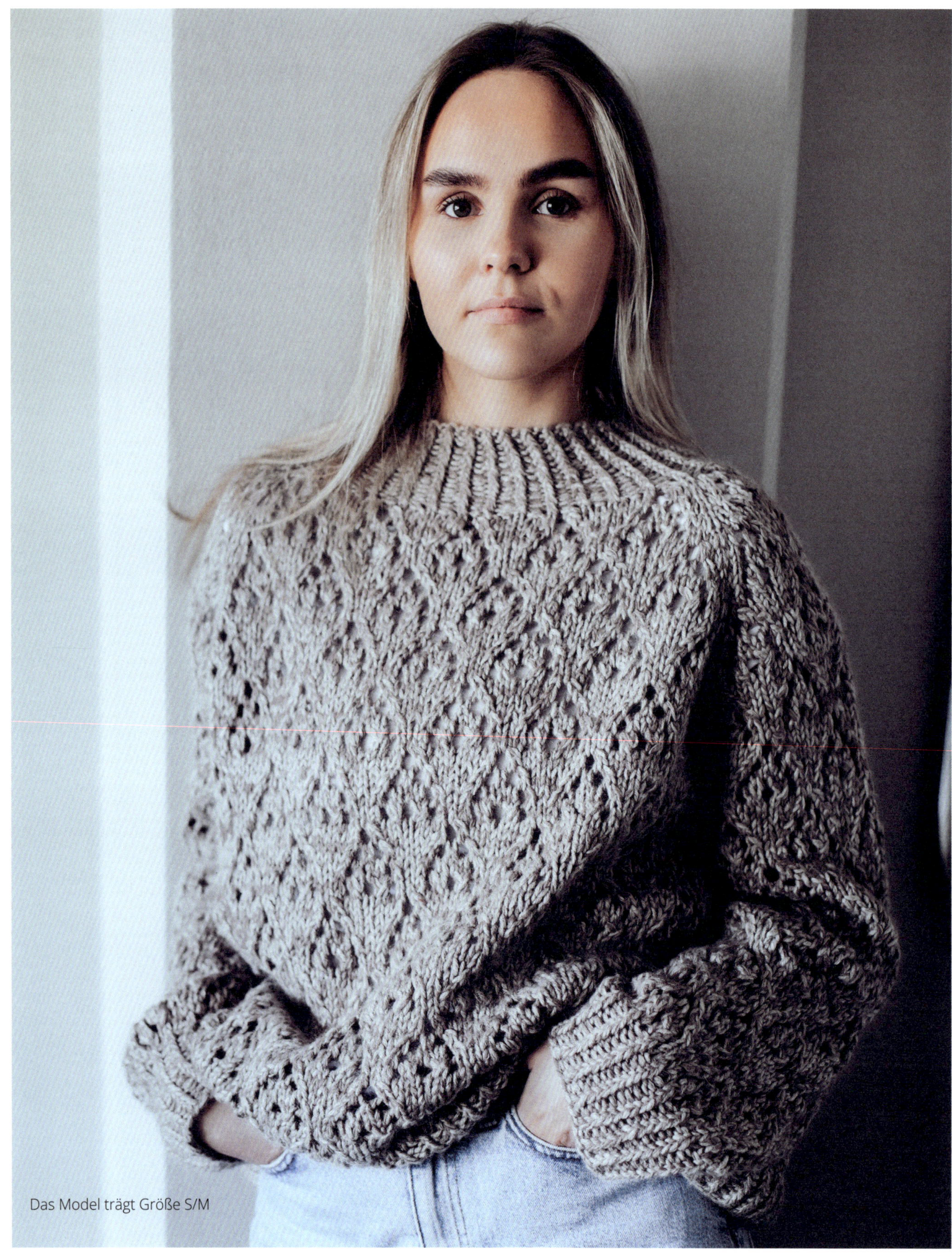
Das Model trägt Größe S/M

AMSEL Damenpullover

GRÖSSENANGABEN UND GARNVERBRAUCH

Größe	Rumpflänge ab Ärmelansatz	Brustumfang	Ärmellänge ab Ärmelansatz	Ärmelumfang	Garnverbrauch Merino	Garnverbrauch Mohair
2XS	38 cm	85,5 cm	45 cm	27 cm	400 g (640 m)	75 g (630 m)
XS	38 cm	96 cm	45 cm	27 cm	450 g (720 m)	100 g (840 m)
S/M	38 cm	106,5 cm	45 cm	32 cm	500 g (800 m)	100 g (840 m)
L/XL	**38 cm**	**117 cm**	**45 cm**	**37 cm**	**550 g (880 m)**	**100 g (840 m)**
2XL/3XL	**42 cm**	**128 cm**	**49 cm**	**43 cm**	**650 g (1040 m)**	**100 g (840 m)**
4XL/5XL	**42 cm**	**138,5 cm**	**49 cm**	**48 cm**	**700 g (1120 m)**	**150 g (1260 m)**

Bitte beachtet, dass die angegebenen Garnmengen nur ein Richtwert sind.

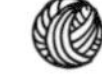  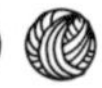

PROFI

DAS BRAUCHT IHR:

Garn
Ein Faden Lana Grossa Bingo (80 m/50 g), Lana Gatto Maxi Soft, Lang Merino Plus oder Katia Merino Sport

Ein Faden Lana Grossa Silkhair (210 m/25 g), Angel by Permin oder Drops Kid Silk Mohair

Oder andere Garne mit passender Maschenprobe. Der Pullover wird zweifädig gestrickt.

Rundstricknadel Nr. 5,5
40 cm

Rundstricknadel Nr. 6,5–7
40 cm

Rundstricknadeln Nr. 6,5–7
80 und 100/120 cm

Maschenmarkierer
Acht Ringe für die Raglanmaschen und ein Ring für den Rundenbeginn.

Stopfnadel
zum Vernähen

Maschenprobe
15 M mit Nadelstärke 6,5–7

Das erste Modell unserer wunderbaren Amsel-Kollektion. Romantisch-verspielt, luftig und dabei kuschelig – und dank dicker Wolle schnell gestrickt: Was will man mehr?!

ANLEITUNG

Der Pullover wird als Raglan von oben nach unten in Runden gearbeitet, durchgehend mit unserem Amsel-Lochmuster. Die Musterdiagramme findet ihr am Ende der Anleitung.

BÜNDCHEN

Schlagt 68, 68, 68, **68, 72, 72** M auf die Rundstricknadel Nr. 5,5 (40 cm lang) an und schließt zur Runde. Strickt das Halsbündchen im Rippenmuster (1 M re verschränkt, 1 M li im Wechsel) insgesamt 8 cm lang.

Wechselt dann auf Nadelstärke 6,5–7 (die Nadelstärke kommt auf eure Maschenprobe an), strickt eine weitere Runde rechts (ab hier strickt ihr die rechten Maschen nicht mehr verschränkt) und nehmt dabei gleichmäßig verteilt 28, 28, 28, **28, 24, 24** M zu. Jetzt liegen in allen Größen 96 M auf der Nadel.

RAGLANBLENDE

Nach dem Bündchen werden die Raglanzunahmen gearbeitet. Diese Zunahmen bilden die Linien, die Rumpf und Schultern voneinander trennen. Die Runde beginnt in der hinteren Mitte.

In der **ersten Runde** markiert ihr die Stellen für die Raglanzunahmen mit MM. In dieser Runde strickt ihr alle Maschen rechts – das Lochmuster beginnt erst in der zweiten Runde.

1. Schritt: Strickt 18 M rechts (rechtes Rückenteil).

2. Schritt: Hängt MM1 auf die Nadel, strickt 1 M re (die Raglanmasche) und hängt dann MM2 auf die Nadel.

3. Schritt: Strickt 11 M rechts (rechte Schulter).

4. Schritt: Hängt MM3 auf die Nadel, strickt 1 M re (die Raglanmasche) und hängt dann MM4 auf die Nadel.

5. Schritt: Strickt 35 M rechts (Vorderteil).

6. Schritt: Hängt MM5 auf die Nadel, strickt 1 M re (die Raglanmasche) und hängt dann MM6 auf die Nadel.

7. Schritt: Strickt 11 M rechts (linke Schulter).

8. Schritt: Hängt MM7 auf die Nadel, strickt 1 M re (die Raglanmasche) und hängt dann MM8 auf die Nadel.

9. Schritt: Strickt 17 M rechts (linkes Rückenteil).

Jetzt habt ihr wieder den Beginn der Runde in der hinteren Mitte erreicht. Markiert ihn ggf. mit einem weiteren MM.

Die acht MM in der Runde markieren die Stellen, an denen ihr ab der **zweiten Runde** die Raglanzunahmen arbeitet. Gleichzeitig beginnt ihr in dieser Runde mit dem Lochmuster laut Diagramm.

Die Runde beginnt mit Masche 48 in **Musterdiagramm A** (rechtes Rückenteil). Ihr strickt zunächst die zweite Hälfte von **Musterdiagramm A**, geht dann zu **Musterdiagramm B** (Schultern), strickt dann die volle Breite von **Musterdiagramm A** (Vorderteil), strickt die Schultermaschen wieder laut **Musterdiagramm B** und strickt zum Schluss die erste Hälfte von **Musterdiagramm A** (linkes Rückenteil).

Strickt laut Musterdiagramm (Reihe 1 im Musterdiagramm) bis zu MM1, der die erste Raglanmasche markiert. Nehmt 1 M mit **M1R** (s. Kasten) zu, hebt MM1 ab, strickt die Raglanmasche re, hebt MM2 ab, nehmt 1 M mit **M1L** zu. Strickt im Muster weiter, wiederholt diese Zunahme an den anderen drei Raglanmaschen in der Runde und nehmt so an vier Stellen in der Runde insgesamt 8 M zu.

Strickt in der **dritten Runde** alle Maschen rechts (Reihe 2 im Diagramm), ohne Zunahmen.

Wiederholt **Runden 2 und 3**, bis ihr in insgesamt 13, 15, 18, **22, 26, 30** Runden zugenommen habt (die entsprechende Runde ist für jede Größe mit einer farbigen Linie im Diagramm markiert). Strickt dabei durchgehend das Lochmuster laut Diagramm. Endet wie im Diagramm gezeigt mit einer Zunahmerunde (Runde 2) mit Lochmuster – es ist einfacher, Rumpf und Ärmel im nächsten Schritt in einer glatt re gestrickten Runde zu trennen. Wechselt auf eine längere Rundstricknadel, wenn die Runden zu lang für 40 cm werden. Am Ende der Zunahmen liegen 200, 216, 240, **272, 304, 336** M auf der Nadel.

RUMPF

Wenn ihr alle Zunahmen gearbeitet habt, werden die Maschen, die später die Ärmel bilden, auf jeder Seite auf einem Hilfsfaden stillgelegt. Das ist ein Faden in einer Kontrastfarbe, auf den ihr alle Ärmelmaschen auffädelt, um sie zu sichern, während der Rumpf gestrickt wird.

Das Lochmuster wird ab hier im selben Rhythmus ohne weitere Zunahmen fortgeführt. Dazu findet ihr ein weiteres Musterdiagramm am Ende der Anleitung. Achtet darauf, in diesem Diagramm an der richtigen Stelle zu beginnen, sodass das Muster hier nahtlos fortgeführt wird und nicht verrutscht.

1. Schritt: Strickt im Muster (alle Maschen rechts) bis 0, 2, 2, 2, **2, 2, 2** M über MM2 hinaus (das rechte Rückenteil, die Raglanmasche und ggf. 2 Schultermaschen).

2. Schritt: Legt die nächsten 37, 37, 43, **51, 59, 67** M auf einen Hilfsfaden (rechter Ärmel).

3. Schritt: Schlagt 1, 1, 3, **3, 3, 3** neue M an (unter dem rechten Ärmel).

4. Schritt: Strickt im Muster bis 0, 2, 2, 2, **2, 2, 2** M über MM6 hinaus (das Vorderteil, die Raglanmaschen und ggf. je 2 Schultermaschen pro Seite).

5. Schritt: Legt die nächsten 37, 37, 43, **51, 59, 67** M auf einen Hilfsfaden (linker Ärmel).

6. Schritt: Schlagt 1, 1, 3, **3, 3, 3** neue M an (unter dem linken Ärmel).

7. Schritt: Strickt die Runde im Muster fertig.

Jetzt liegen insgesamt 128, 144, 160, **176, 192, 208** M auf der Nadel (Vorder- und Rückenteil, plus die neuen M unter den Ärmeln). Die Ärmelmaschen liegen jetzt auf Hilfsfäden. Die 4 Raglanmaschen und ggf. einige Schultermaschen sind jetzt Teil des Rumpfes.

Strickt den Rumpf jetzt im Muster (**Diagramm C**), bis er, ab dem Ärmelansatz, 21, 24, 30, **34, 38, 40** cm lang ist – oder probiert den Pullover zwischendurch an, um für euch die perfekte Länge zu ermitteln. Beendet den letzten Mustersatz, wenn ihr die richtige Länge erreicht habt – endet nicht einfach mitten im Muster.

Strickt zum Schluss ein Rippenbündchen (1 M re verschränkt, 1 M li im Wechsel) über 8 cm und kettet im Rippenmuster ab.

ÄRMEL

Jetzt werden die Maschen für den ersten Ärmel, die ihr auf einem Hilfsfaden stillgelegt habt, wieder zurück auf Nadeln (Stärke 6,5) gelegt. Zusätzlich werden aus den Maschen, die ihr unter dem Arm neu angeschlagen habt, 3, 3, 5, **5, 5, 5** M aufgefasst und zu den restlichen Ärmelmaschen auf die Nadel gelegt. Achtung: Ihr fasst hier nicht dieselbe Maschenzahl auf, wie ihr am Ende der Raglanpasse angeschlagen habt – nur so geht das Muster unter den Ärmeln auf.

Die Ärmel werden in Runden gestrickt. Damit das Muster laut Diagramm aufgeht, werden die neu aufgefassten Maschen auf Rundenbeginn und -ende verteilt:

Linker Ärmel: Hier kommen 2, 2, 3, **3, 3, 3** der neuen Maschen an den Anfang der Runde und 1, 1, 2, **2, 2, 2** M ans Ende der Runde.

Rechter Ärmel: Hier kommen 1, 1, 2, **2, 2, 2** M an den Anfang der Runde und 2, 2, 3, **3, 3, 3** M ans Ende der Runde.

Jetzt liegen 40, 40, 48, **56, 64, 72** M auf der Nadel. Schließt den Ärmel zur Runde und strickt ihn im Lochmuster (**Diagramm C**), bis er, ab dem Ärmelansatz, 38, 38, 38, **38, 42, 42** cm misst. Beendet auch hier den letzten angefangenen Mustersatz.

Strickt eine weitere Runde re und nehmt dabei gleichmäßig verteilt 8, 6, 12, **20, 26, 32** M ab. Jetzt liegen noch 32, 34, 36, **36, 38, 40** M auf der Nadel.

Strickt daraus ein Bündchen im Rippenmuster (1 M re verschränkt, 1 M li im Wechsel) über 7 cm und kettet locker im Rippenmuster ab. Strickt den zweiten Ärmel gleich.

ABSCHLUSS

Vernäht alle Enden und schließt ggf. die Löcher unter den Armen, wenn vorhanden. Wascht den Pullover entsprechend den Pflegehinweisen auf eurem Garn, zieht ihn auf einem trockenen Handtuch in Form und lasst ihn liegend trocknen.

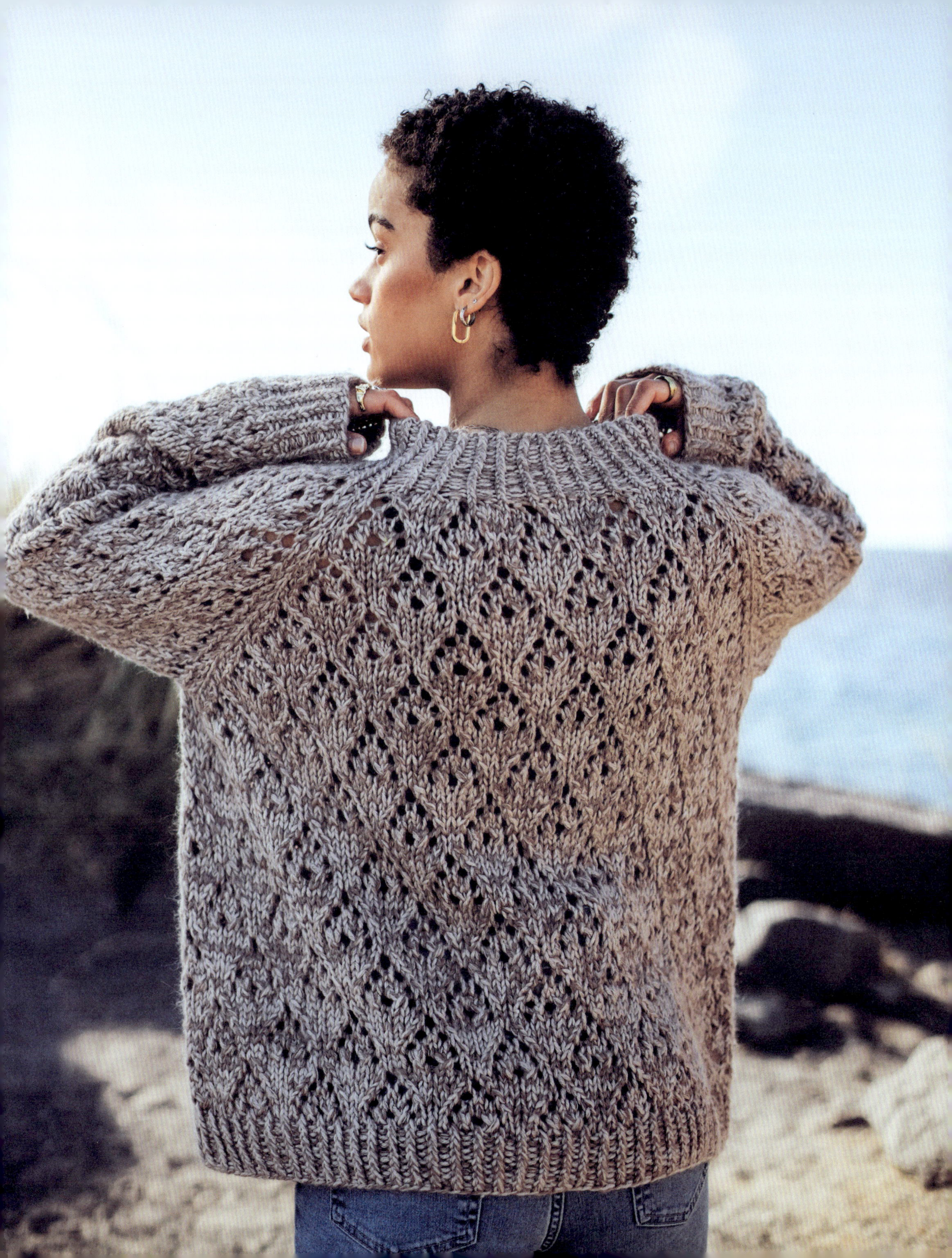

MUSTERDIAGRAMM A: RAGLANPASSE (VORDER- UND RÜCKENTEIL)

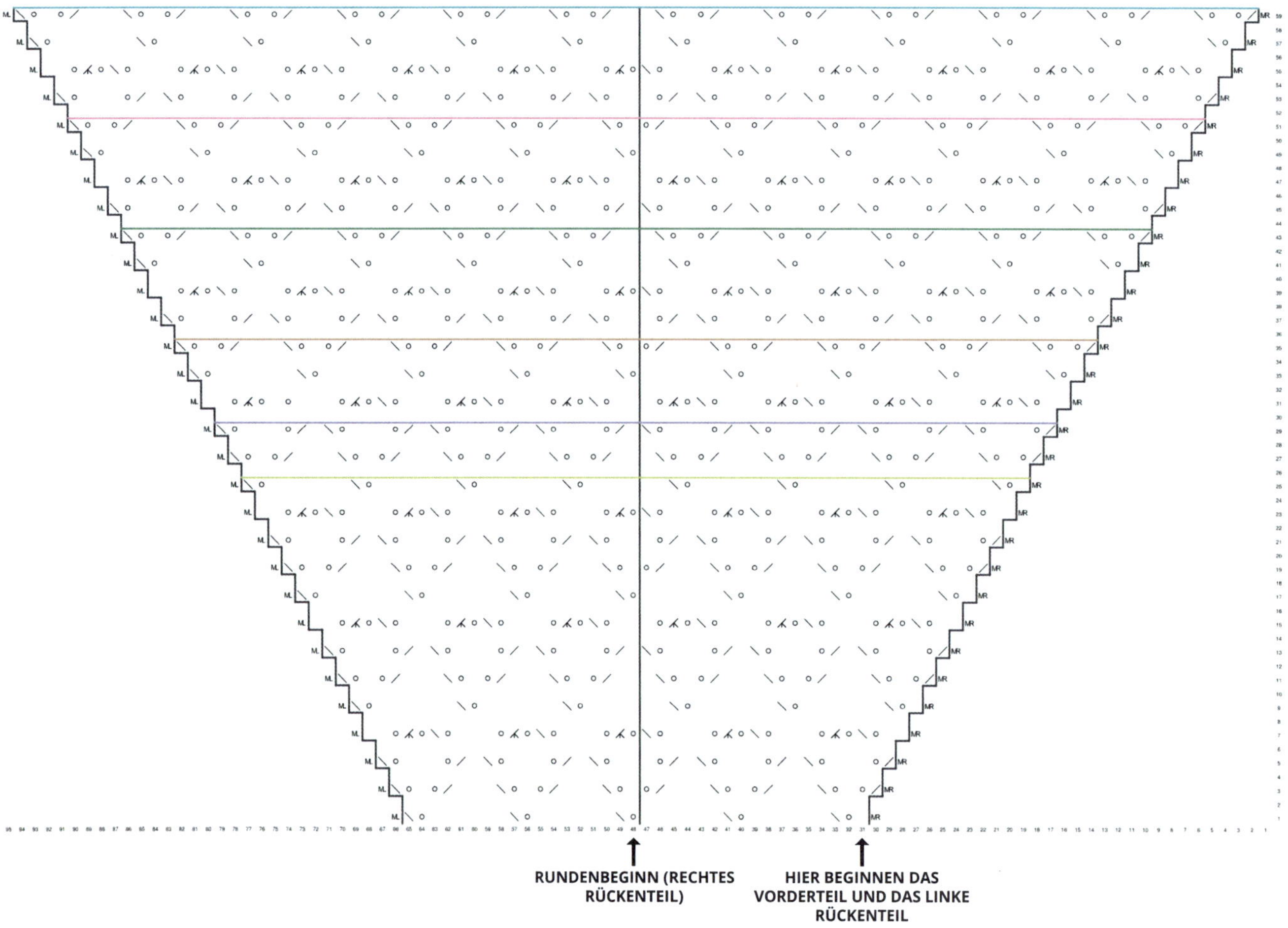

RUNDENBEGINN (RECHTES RÜCKENTEIL)

HIER BEGINNEN DAS VORDERTEIL UND DAS LINKE RÜCKENTEIL

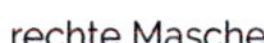

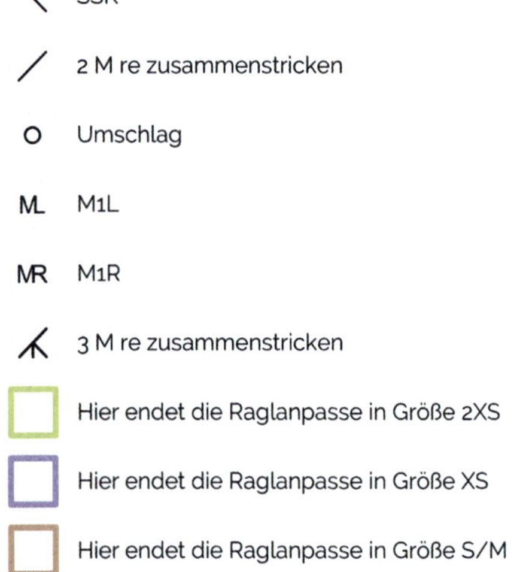

rechte Masche

SSK

2 M re zusammenstricken

Umschlag

M1L

M1R

3 M re zusammenstricken

Hier endet die Raglanpasse in Größe 2XS

Hier endet die Raglanpasse in Größe XS

Hier endet die Raglanpasse in Größe S/M

Hier endet die Raglanpasse in Größe L/XL

Hier endet die Raglanpasse in Größe 2XL/3XL

Hier endet die Raglanpasse in Größe 4XL/5XL

MUSTERDIAGRAMM C: RUMPF

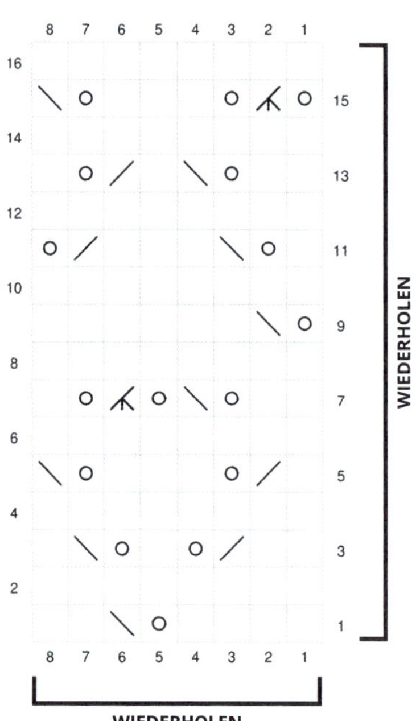

MUSTERDIAGRAMM B: RAGLANPASSE (SCHULTERN)

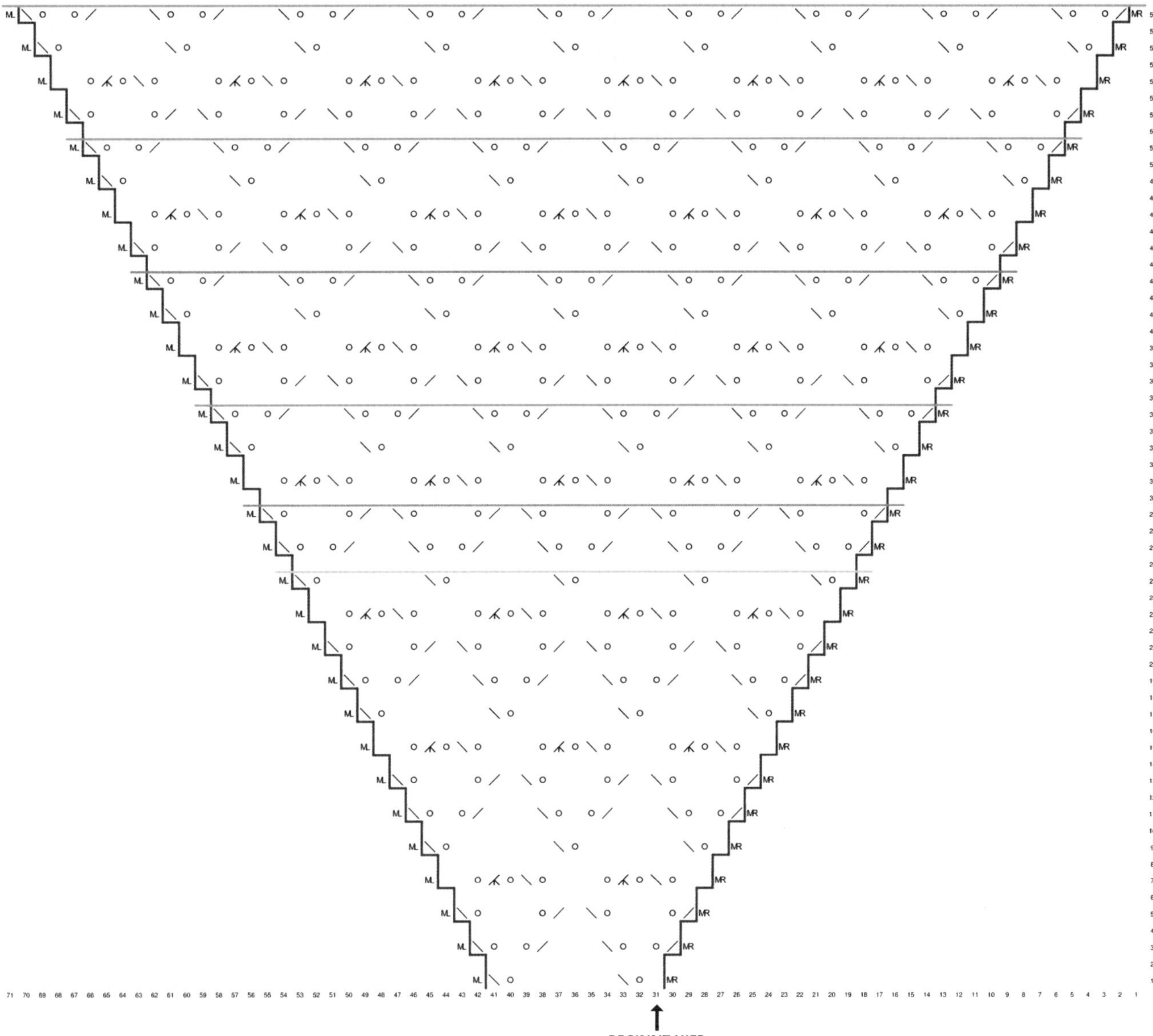

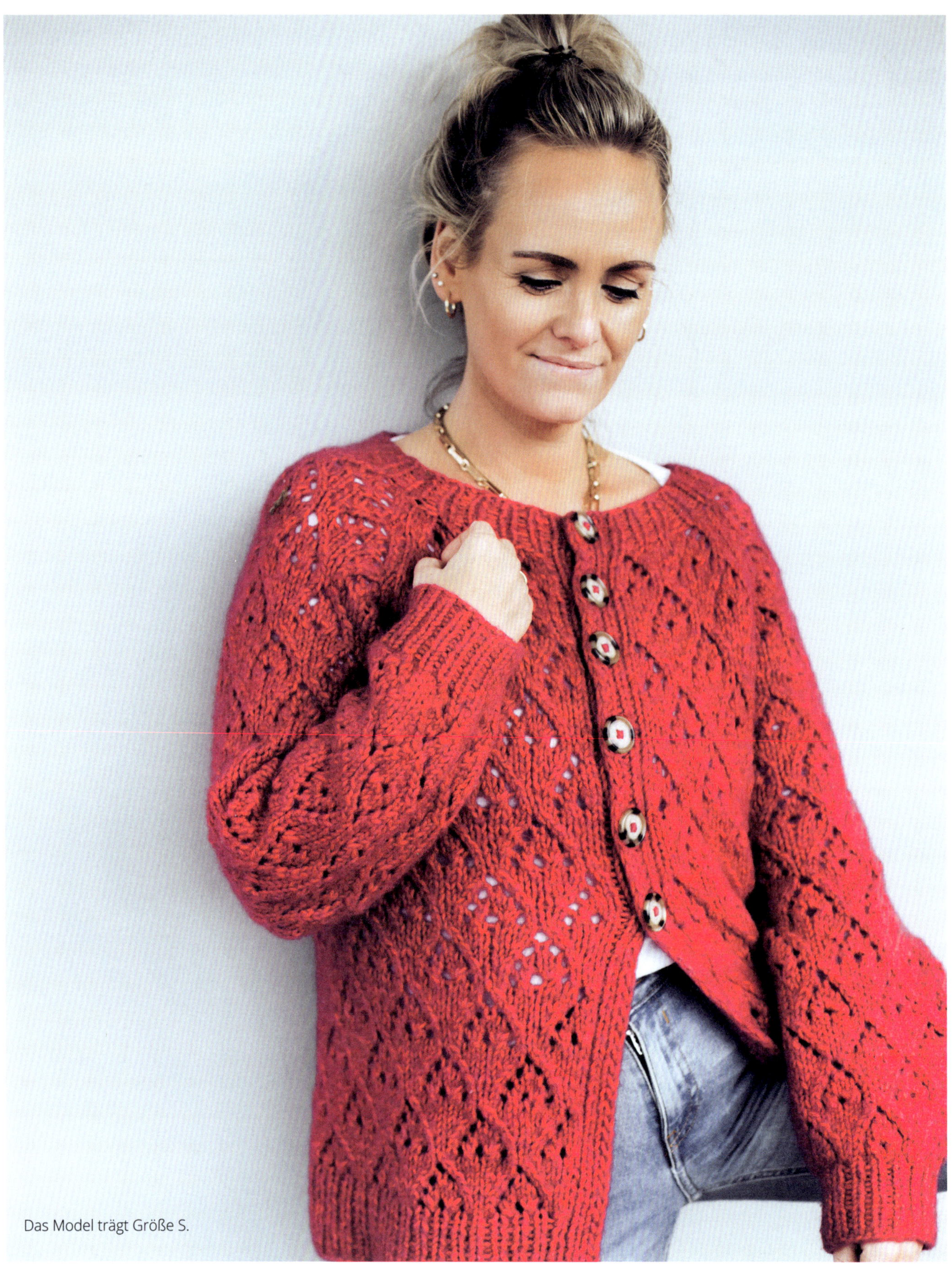

Das Model trägt Größe S.

AMSEL Cardigan

GRÖSSENANGABEN UND GARNVERBRAUCH

Größe	Rumpflänge ab Ärmelansatz	Brustumfang	Ärmellänge ab Ärmelansatz	Ärmelumfang	Garnverbrauch Brigitte No. 2	Garnverbrauch Silkhair	Garnverbrauch Ecopuno Chunky
XS	31 cm	92 cm	41 cm	28,5 cm	300 g (840 m)	100 g (840 m)	600 g (840 m)
S	32 cm	92 cm	42 cm	34,5 cm	300 g (840 m)	100 g (840 m)	600 g (840 m)
M	33 cm	103,5 cm	44 cm	34,5 cm	400 g (1120 m)	125 g (1050 m)	800 g (1120 m)
L	**36 cm**	**103,5 cm**	**47 cm**	**40 cm**	**400 g (1120 m)**	**125 g (1050 m)**	**800 g (1120 m)**
XL	**38 cm**	**115 cm**	**48 cm**	**40 cm**	**500 g (1400 m)**	**150 g (1470 m)**	**1000 g (1400 m)**
2XL	**40 cm**	**115 cm**	**49 cm**	**45,5 cm**	**500 g (1400 m)**	**150 g (1470 m)**	**1000 g (1400 m)**

Bitte beachtet, dass die angegebenen Garnmengen nur ein Richtwert sind.

Manchmal muss es ein Cardigan sein. Geknöpft, wenn es kalt wird, oder offen locker über das Kleid gezogen – das Lieblingsteil für alle Lebenslagen.

ANLEITUNG

Dieser Cardigan wird von oben nach unten in Hin- und Rückreihen gearbeitet, durchgehend mit Lochmuster. Die Knopfleiste wird direkt mitgestrickt.

HALSBÜNDCHEN

Schlagt 67, 67, 67, **69, 69, 69** M auf die Rundstricknadel Nr. 7 (100/120 cm) an.

Strickt ein Bündchen im Rippenmuster (1 M re, 1 M li im Wechsel) insgesamt 4 cm lang, und beachtet dabei die **Randmaschen**, die **I-Cord-Kante** und das erste **Knopfloch** (siehe die nächsten zwei Absätze). Die erste Reihe, die ihr strickt, ist eine Hinreihe.

Die ersten 6 und die letzten 6 M des Bündchens sind **Randmaschen**, die später die Knopfleiste bilden. Sie werden über die gesamte Länge der Jacke im selben Rippenmuster gestrickt wie das Halsbündchen. Die ersten und letzten 2 Maschen jeder Reihe werden dabei als I-Cord-Maschen gestrickt, s. Seite 181.

In diese Randmaschen werden auch direkt die **Knopflöcher** eingestrickt. Wir empfehlen, sie mit einem Abstand von ca. 4 cm, oder nach Geschmack und Knopfgröße, zu arbeiten. Das erste Loch wird direkt in Reihe 3 im Halsbündchen gestrickt. Hier strickt ihr die Knopflöcher immer am Anfang einer Hinreihe: Strickt 4 M (2 I-Cord-Maschen re und 2 M im Rippenmuster), 1 Umschlag, strickt 2 M re zusammen, strickt normal im Muster weiter. In der nächsten Rückreihe strickt ihr den Umschlag links ab, sodass sich ein Loch bildet.

Strickt als letzte Reihe des Bündchens eine Hinreihe. Strickt dann die Rückreihe li zurück (die Randmaschen werden weiterhin im Rippenmuster mit I-Cord gestrickt) und nehmt dabei gleichmäßig verteilt 20, 20, 20, **18, 18, 18** M zu. Nehmt nicht in den Randmaschen zu. Jetzt liegen in allen Größen 87 M auf der Nadel.

RAGLANPASSE

Nach dem Bündchen wird die Raglanpasse mit Lochmuster laut Diagramm gestrickt. Die Musterdiagramme findet ihr am Ende der Anleitung. Die Randmaschen werden über die gesamte Länge der Jacke im Rippenmuster mit I-Cord gestrickt.

In der **ersten Reihe (Hinreihe)** platziert ihr die Markierer für die Raglanzunahmen, arbeitet bereits die ersten Raglanzunahmen und beginnt gleichzeitig mit dem Lochmuster. In dieser Reihe empfehle ich, ganz genau aufzupassen und mitzuzählen, da hier viel auf einmal passiert. Kontrolliert am Ende der Reihe nach, dass alles stimmt.

1. Schritt: Strickt die 6 Randmaschen. Hängt einen Maschenmarkierer auf die Nadel.

2. Schritt: Strickt 11 M im Lochmuster laut **Diagramm A** (linkes Vorderteil – Maschen 38–48). Nehmt 1 M mit M1R (s. Seite 181) zu und hängt MM1 auf die Nadel.

3. Schritt: Strickt 1 M re (Raglanmasche), hängt MM2 auf die Nadel.

4. Schritt: Nehmt 1 M mit M1L (s. Seite 181) zu. Strickt dann 11 M im Lochmuster laut **Diagramm B** (linke Schulter). Nehmt 1 M mit M1R zu und hängt dann MM3 auf die Nadel.

 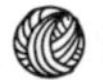 

PROFI

DAS BRAUCHT IHR:

Garn
Einfädig: Ecopuno Chunky (70 m/50 g) oder Superbingo von Lana Grossa

Zweifädig (mit Mohair):

1 Faden Lana Grossa Brigitte No. 2 (140 m/50 g) oder Bingo, Drops Air, Lang Merino+, Katia Merino Aran

+ 1 Faden Mohair, z.B. Lana Grossa Silkhair (210 m/25 g), Lang Lace, Drops Kid Silk

Rundstricknadeln Nr. 7
40, 80 und 100 cm

Stopfnadel
zum Vernähen

Maschenmarkierer
8 Ringe für die Raglanmaschen und 2 Ringe für die Randmaschen

Knöpfe
20–25 mm Durchmesser

Maschenprobe
14 M mit Nadelstärke 7 ergeben 10 cm.

5. Schritt: Strickt 1 M re (Raglanmasche), hängt MM4 auf die Nadel.

6. Schritt: Nehmt 1 M mit M1L zu. Strickt dann 27 M im Lochmuster laut **Diagramm C** (Rückenteil). Nehmt 1 M mit M1R zu und hängt MM5 auf die Nadel.

7. Schritt: Strickt 1 M re (Raglanmasche), hängt MM6 auf die Nadel.

8. Schritt: Nehmt 1 M mit M1L zu. Strickt dann 11 M im Lochmuster laut **Diagramm B** (rechte Schulter). Nehmt 1 M mit M1R zu und hängt MM7 auf die Nadel.

9. Schritt: Strickt 1 M re (Raglanmasche), hängt MM8 auf die Nadel.

10. Schritt: Nehmt 1 M mit M1L zu. Strickt dann 11 M im Lochmuster laut **Diagramm A** (rechtes Vorderteil).

11. Schritt: Markiert euch den Beginn der Randmaschen ggf. mit einem MM. Strickt dann die Randmaschen.

Jetzt habt ihr das Ende der Reihe erreicht. Strickt die **zweite Reihe (Rückreihe)** li zurück (2. Reihe im Lochmuster).

In der **dritten Reihe (Hinreihe)** nehmt ihr wie in der ersten Reihe an den Raglanmaschen zu: Strickt die Randmaschen und das linke Vorderteil laut Diagramm bis MM1. Nehmt 1 M mit M1R zu, hebt MM1 ab, strickt die Raglanmasche, hebt MM2 ab und nehmt 1 M mit M1L zu. Wiederholt diese Zunahme an den anderen drei Raglanmaschen in dieser Reihe und nehmt so 8 M zu.

Wiederholt Reihen 2 und 3 (führt dabei das Lochmuster laut Diagramm weiter), bis ihr insgesamt (mit der ersten Reihe) 14, 16, 18, **20, 22, 24** Hinreihen mit Zunahmen gearbeitet habt. Vergesst nicht, in regelmäßigen Abständen ein Knopfloch einzustricken. Am Ende liegen 199, 215, 231, **247, 263, 279** M auf der Nadel. Die letzte Reihe ist eine Rückreihe.

RUMPF

Jetzt werden die Maschen, die später die Ärmel bilden, auf jeder Seite auf einem Hilfsfaden stillgelegt. Strickt weiterhin das Lochmuster, nutzt dafür jetzt **Musterdiagramm D**. Je nach Größe habt ihr die Raglanpasse an einer anderen Stelle im Muster beendet und beginnt bei **Musterdiagramm D** entsprechend auch je nach Größe in einer anderen Reihe. Achtet darauf, dass das Muster nahtlos von der Raglanpasse in den Rumpf übergeht.

1. Schritt: Strickt die Randmaschen.

2. Schritt: Strickt mit Lochmuster bis MM2 und dann noch 1, 0, 1, **0, 1, 0** Maschen weiter (linkes Vorderteil).

3. Schritt: Legt die nächsten 37, 43, 45, **51, 53, 59** M auf einen Hilfsfaden (linker Ärmel).

4. Schritt: Schlagt 5, 3, 5, **3, 5, 3** neue M an (unter dem linken Ärmel).

5. Schritt: Strickt im Lochmuster bis zu MM6 und dann noch 1, 0, 1, **0, 1, 0** Maschen weiter (Rückenteil).

6. Schritt: Legt die nächsten 37, 43 45, **51, 53, 59** M auf einen Hilfsfaden (rechter Ärmel).

7. Schritt: Schlagt 5, 3, 5, **3, 5, 3** neue M an (unter dem rechten Ärmel).

8. Schritt: Strickt im Lochmuster bis zu den Randmaschen (rechtes Vorderteil).

9. Schritt: Strickt die Randmaschen.

Damit habt ihr das Ende der Reihe erreicht und die Maschen für die Ärmel auf beiden Seiten stillgelegt. Jetzt liegen, mit den neu aufgenommenen Maschen unter den Armen, 135, 135, 151, **151, 167, 167** M auf der Nadel.

Strickt den Rumpf jetzt weiterhin im Lochmuster laut **Musterdiagramm D**, bis er ab dem Ärmelansatz 25, 26, 27, **29, 31, 33** cm lang ist (oder nach Geschmack), und denkt dabei an die Knopflöcher.

Endet in einer Rückreihe. Wir empfehlen, hier nicht mitten im Muster zu enden, sondern lieber den letzten Musterrapport zu beenden (d.h. mit Reihe 8 oder 16 im Diagramm), auch wenn die Jacke dadurch etwas kürzer oder länger wird als angegeben.

Strickt jetzt das Bündchen (1 M re, 1 M li im Wechsel), insgesamt 6, 6, 6, **7, 7, 7** cm lang. Kettet im Rippenmuster ab.

ÄRMEL

Jetzt werden die Maschen für den ersten Ärmel, die ihr auf einem Hilfsfaden stillgelegt habt, auf die kurze Rundstricknadel Nr. 7 gelegt. Zusätzlich werden aus den Maschen, die ihr unter dem Arm neu angeschlagen habt, 3, 5, 3, **5, 3, 5** Maschen aufgefasst und zu den restlichen Ärmelmaschen auf die Nadel gelegt. Ihr nehmt hier nicht dieselbe Maschenanzahl auf, wie ihr bei der Aufteilung in Rumpf und Ärmel angeschlagen habt, damit das Muster aufgeht. Jetzt liegen 40, 48, 48, **56, 56, 64** M auf der Nadel.

Die Ärmel werden in Runden gestrickt, durchgehend im Lochmuster (s. **Diagramm E**). Je nachdem, an welcher Stelle im Muster ihr Rumpf und Ärmel getrennt habt, befindet ihr euch in der ersten Runde an einer anderen Reihe im Diagramm. Achtet hier darauf, dass das Lochmuster nahtlos von den Schultern in die Ärmel übergeht.

Beginnt die erste Runde so, dass der Rundenbeginn bei Masche 1 (d.h. Spalte 1 – die Reihe variiert je nach Größe) im Musterdiagramm liegt. Teilt die neu angeschlagenen Maschen also entsprechend auf Rundenbeginn und -ende auf.

Strickt den Ärmel jetzt mit Lochmuster in Runden, bis er ab dem Ärmelansatz unter dem Arm 35, 36, 38, **40, 41, 42** cm lang ist. Auch hier empfehlen wir, den letzten Musterrapport vollständig zu stricken (als letzte Runde also Reihe 8 oder 16 zu stricken).

Strickt eine weitere Runde re und nehmt dabei gleichmäßig verteilt 4, 10, 10, **16, 16, 22** M ab. Jetzt liegen noch 36, 38, 38, **40, 40, 42** M auf der Nadel. Strickt zum Abschluss ein Rippenbündchen (1 M re, 1 M li im Wechsel) über 6, 6, 6, **7, 7, 7** cm und kettet im Rippenmuster ab.

Strickt den zweiten Ärmel gleich.

ABSCHLUSS

Vernäht alle Enden und befestigt die Knöpfe. Wascht den Cardigan entsprechend den Pflegehinweisen auf eurem Garn, zieht ihn vorsichtig auf einem trockenen Handtuch in Form und messt hier lieber noch einmal nach, dass die Größe stimmt – das Lochmuster glättet und öffnet sich in der Wäsche erheblich. Lasst den Cardigan liegend trocknen.

MUSTERDIAGRAMM A: RAGLANPASSE (VORDERTEIL)

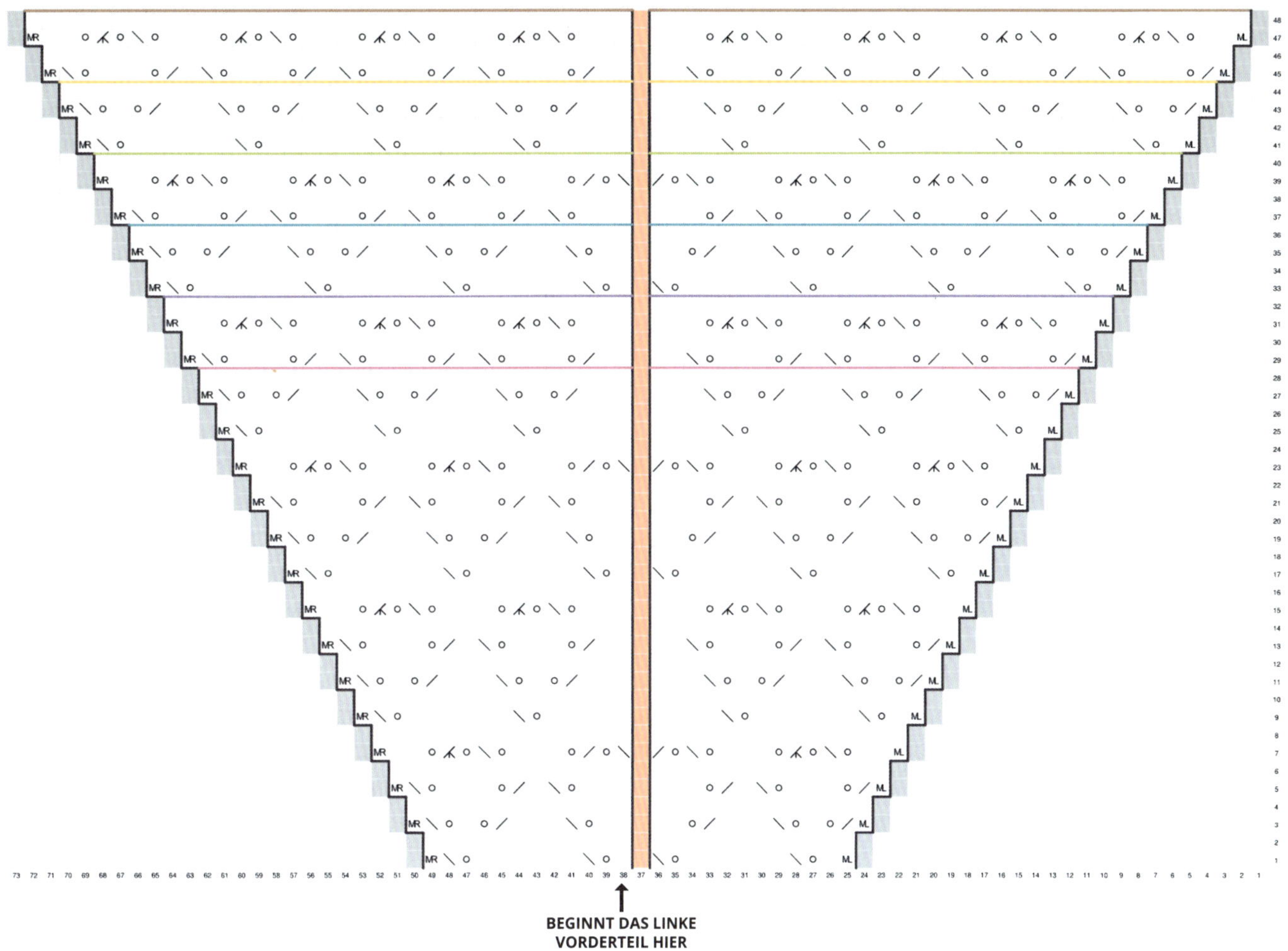

ZEICHENERKLÄRUNG RAGLANPASSE

- re in der Hinreihe, li in der Rückreihe
- ╲ SSK
- ╱ 2 M re zusammenstricken
- o Umschlag
- 3 M re zusammenstricken
- MR M1R (nach rechts geneigte Zunahme)
- ML M1L (nach links geneigte Zunahme)
- Raglanmaschen
- Randmaschen

- Hier endet die Raglanpasse in Größe XS
- Hier endet die Raglanpasse in Größe S
- Hier endet die Raglanpasse in Größe M
- Hier endet die Raglanpasse in Größe L
- Hier endet die Raglanpasse in Größe XL
- Hier endet die Raglanpasse in Größe XXL

MUSTERDIAGRAMM B: SCHULTERN

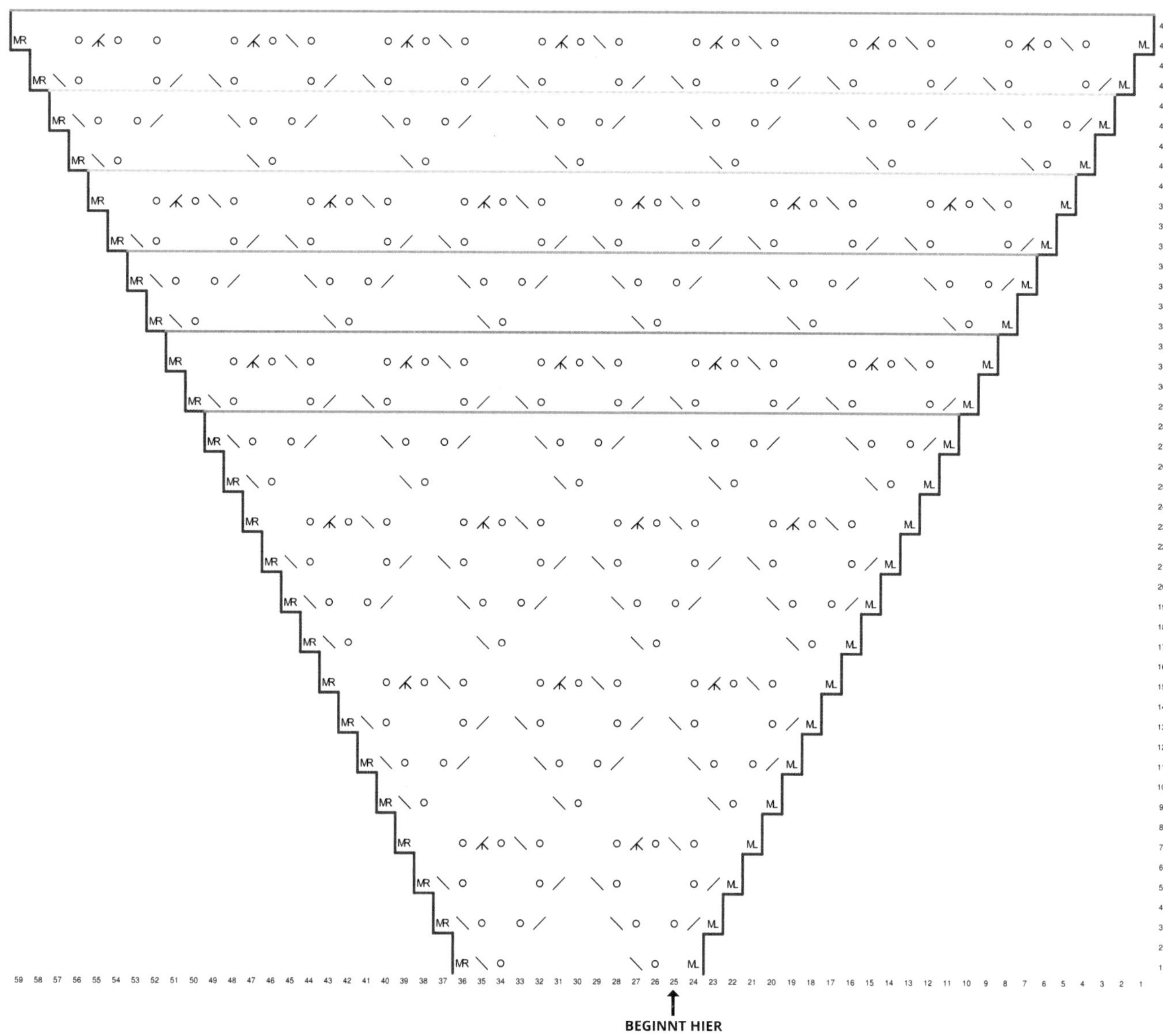

ZEICHENERKLÄRUNG RUMPF UND ÄRMEL

re in der Hinreihe, li in der Rückreihe

\ SSK

/ 2 M re zusammenstricken

o Umschlag

⋏ 3 M re zusammenstricken

MUSTERDIAGRAMM C: RÜCKEN

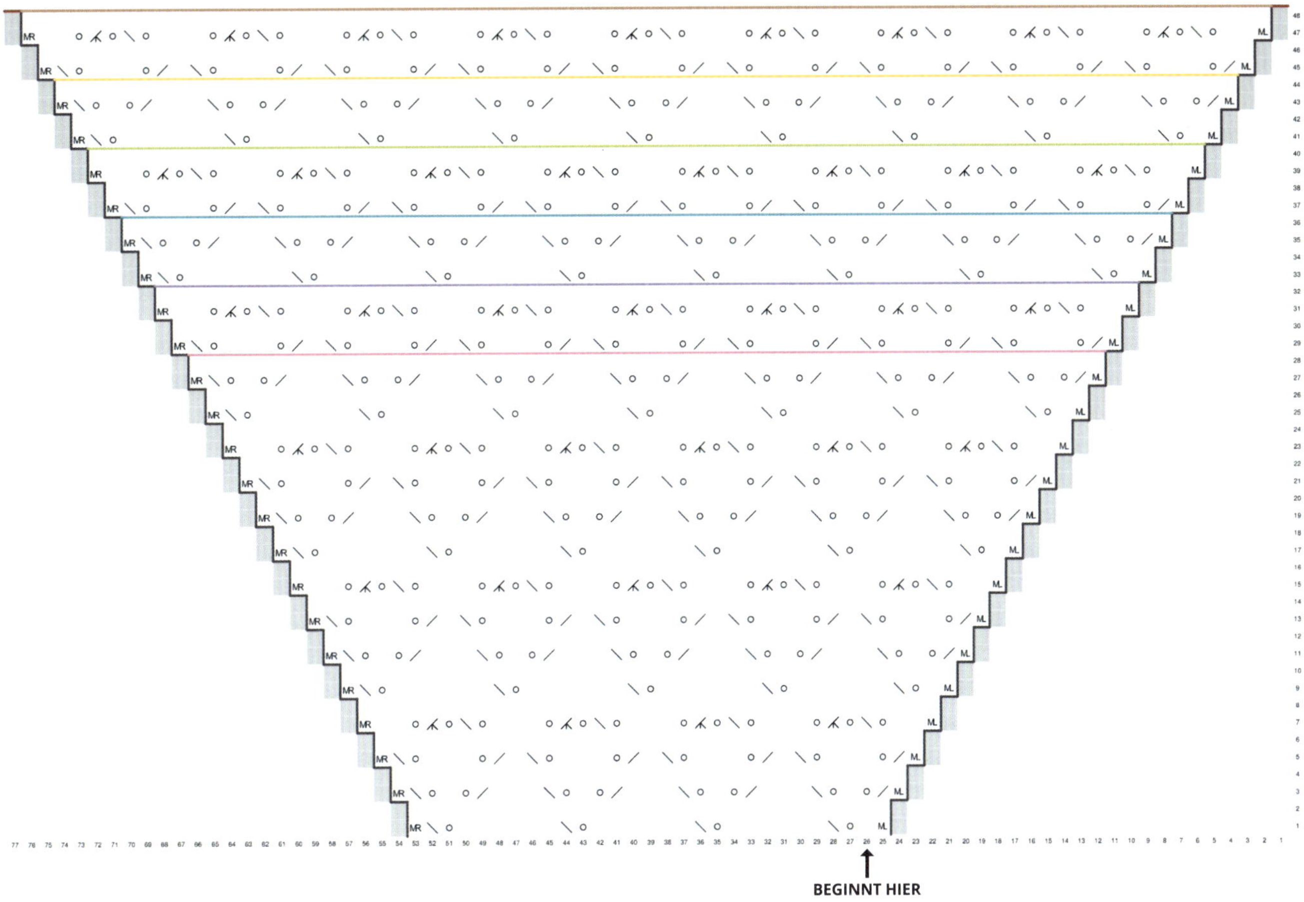

BEGINNT HIER

MUSTERDIAGRAMM D: RUMPF

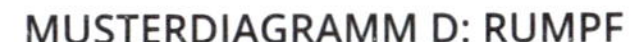

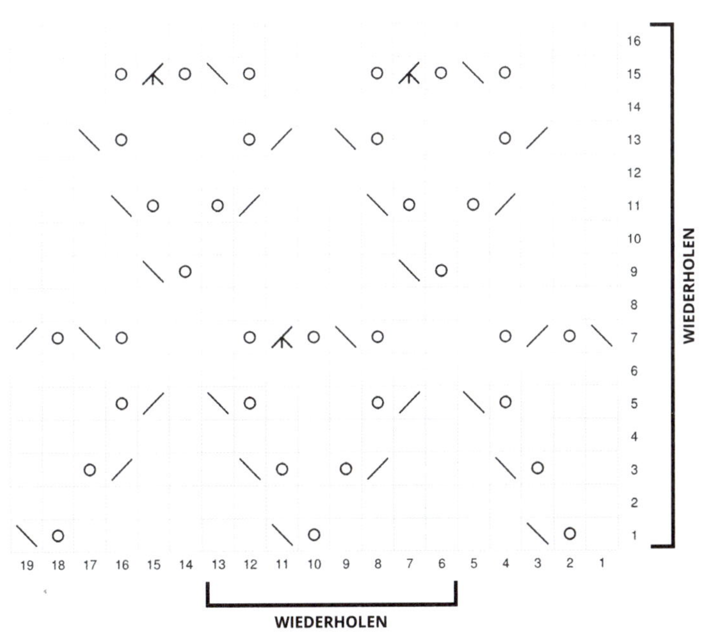

MUSTERDIAGRAMM E – ÄRMEL

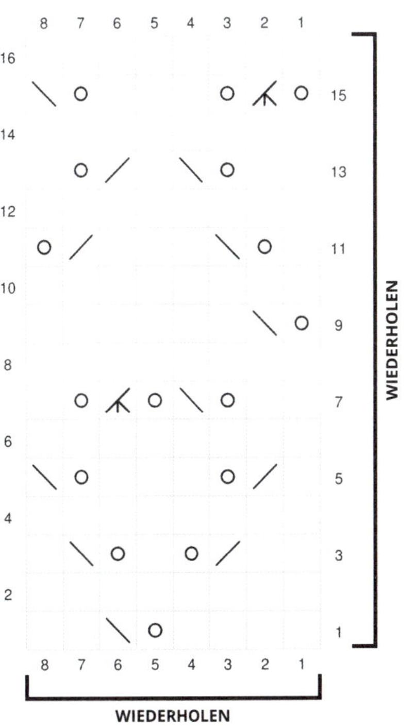

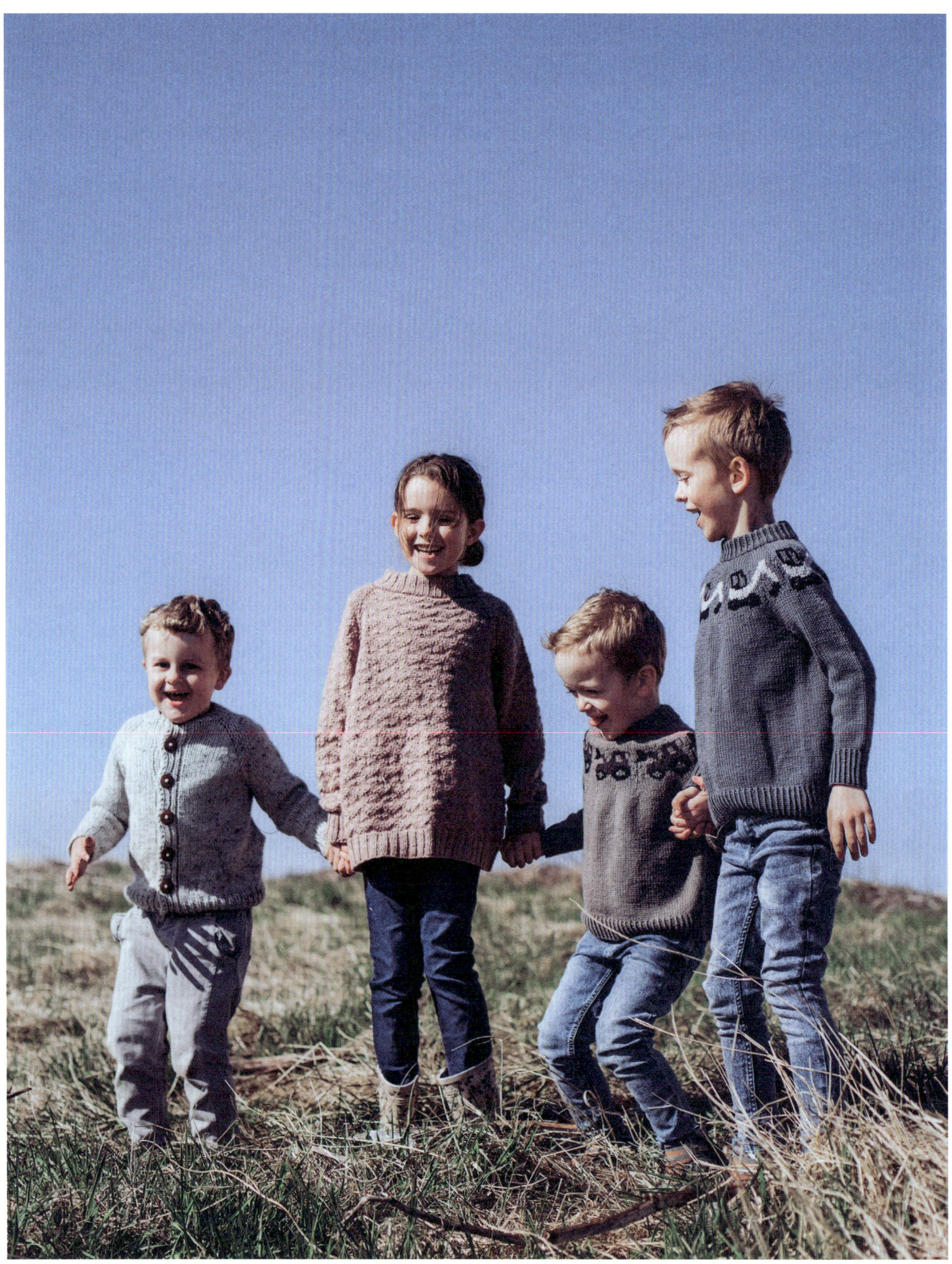

Für Kinder

Einer zu Weihnachten, einer für den Kindergarten, einer für die richtig kalten Tage ... Kinderpullover kann man nie genug haben.

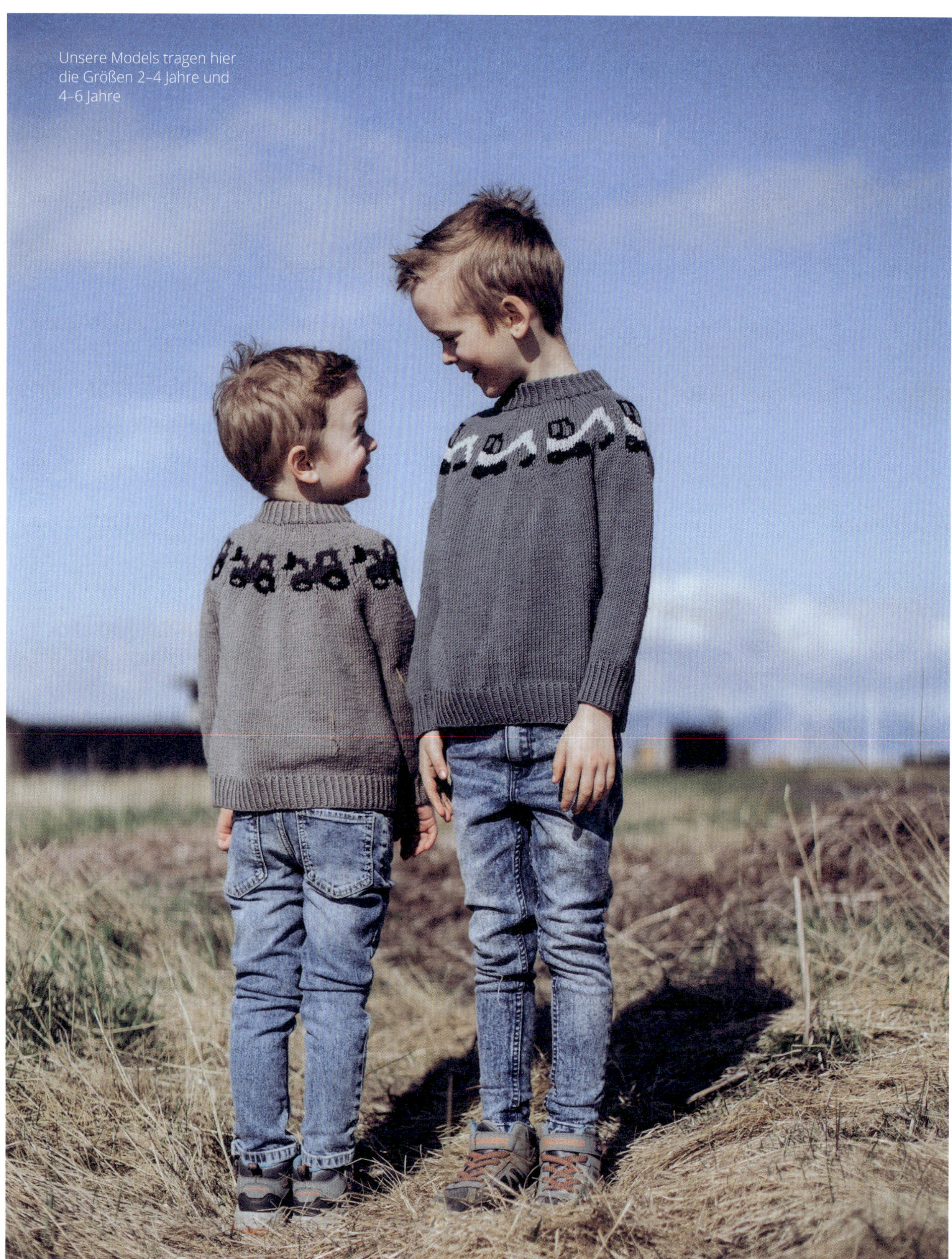

Unsere Models tragen hier die Größen 2–4 Jahre und 4–6 Jahre

BAGGERFAHRER Pullover

GRÖSSENANGABEN UND GARNVERBRAUCH

Größe	Rumpflänge ab Ärmelansatz	Brustumfang	Ärmellänge ab Ärmelansatz	Ärmelumfang	Garnverbrauch Hauptfarbe	Garnverbrauch Akzentfarbe 1	Garnverbrauch Akzentfarbe 2
6–12 Monate	19 cm	62 cm	19 cm	20 cm	200 g (480 m)	50 g (120 m)	50 g (120 m)
1–2 Jahre	22 cm	65 cm	22 cm	21 cm	200 g (480 m)	50 g (120 m)	50 g (120 m)
2–4 Jahre	26 cm	68 cm	27 cm	22 cm	250 g (600 m)	50 g (120 m)	50 g (120 m)
4–6 Jahre	**28 cm**	**73 cm**	**30 cm**	**24 cm**	**250 g (600 m)**	**50 g (120 m)**	**50 g (120 m)**
6–8 Jahre	**31 cm**	**78 cm**	**32 cm**	**26 cm**	**300 g (720 m)**	**50 g (120 m)**	**50 g (120 m)**
8–10 Jahre	**32 cm**	**85 cm**	**34 cm**	**28 cm**	**350 g (840 m)**	**50 g (120 m)**	**50 g (120 m)**

Bitte beachtet, dass die angegebenen Garnmengen nur ein Richtwert sind.

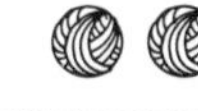

FORTGESCHRITTEN

DAS BRAUCHT IHR:

Garn
Lana Grossa Cool Wool big (120 m/50 g), Katia Merino 100%, Lang Merino 120, Drops Merino extra fine, Sandnes Double Sunday

oder ein vergleichbares Garn mit passender Maschenprobe

Rundstricknadeln Nr. 4
40 und 60/80 cm

Rundstricknadeln Nr. 4,5
40 und 60/80 cm

Nadelspiel Nr. 4

Nadelspiel Nr. 4,5

Stopfnadel
zum Vernähen

Maschenmarkierer

Maschenprobe
21 M mit Nadelstärke 4,5 ergeben 10 cm.

Einen Baggerpullover wollte ich schon lange entwerfen – er sollte aber nicht zu bunt oder zu stark gemustert sein. Hier ist das Ergebnis, das meine kleinen Baggerfahrer glücklich gemacht hat.

ANLEITUNG

Der Pullover wird glatt rechts von oben nach unten in Runden gearbeitet. In die Rundpasse strickt ihr ein mehrfarbiges Muster ein. Diese Anleitung enthält ein Musterdiagramm für einen Traktor sowie für einen Raupenbagger.

ZUNAHMEN

Wenn ihr die Zunahmen in der Rundpasse arbeitet, sollten sie möglichst unauffällig sein und keine Löcher bilden. Wir empfehlen dazu, eine Masche aus dem Querfaden aufzunehmen und sie rechts oder links verschränkt abzustricken (auch M1R/M1L genannt, s. Seite 181). In dieser Anleitung nutzen wir die Abkürzung »M1«, um zu zeigen, dass ihr hier eine Masche zunehmen sollt. Ob ihr die Zunahmen nach rechts oder nach links geneigt strickt, spielt keine Rolle, solange ihr immer dieselbe Methode verwendet und nicht wechselt.

BÜNDCHEN

Schlagt mit der Hauptfarbe 64, 64, 68, **68, 72, 72** M auf die Rundstricknadel Nr. 4 (40 cm) an. Schließt zur Runde und strickt ein verschränktes Rippenbündchen (1 M re verschränkt, 1 M li im Wechsel) über 6, 6, 8, **8, 10, 10** cm.

Klappt das Bündchen dann so um, dass die Anschlagskante innen liegt, und strickt es in der nächsten Runde doppelt fest (s. »Doppeltes Bündchen« auf S. 181): Nehmt für jede Masche, die auf der Nadel liegt, die entsprechende Masche aus der Anschlagskante mit auf und strickt beide zusammen als eine Masche rechts ab.

Wechselt auf Nadelstärke 4,5, strickt eine weitere Runde rechts und nehmt dabei gleichmäßig verteilt 8, 8, 12, **12, 8, 8** M zu. Jetzt liegen 72, 72, 80, **80, 80, 80** M auf der Nadel.

RUNDPASSE

Beginnt jetzt mit der Rundpasse. Ihr strickt den oberen Teil in der Hauptfarbe und nehmt in regelmäßigen Abständen Maschen zu. Dann strickt ihr das Bagger- oder Traktormuster laut Diagramm und strickt zum Schluss wieder einfarbig mit Zunahmen, bis die Rundpasse beendet ist.

OBERHALB DES MUSTERS:

RUNDE 1:
Glatt re.

RUNDE 2:
Größen 6–12 Monate und 1–2 Jahre: 2 M re, *M1, 5 M re* x4. *M1, 4 M re* x7. *M1, 5 M re* x4. M1, 2 M re. Jetzt habt ihr 16 M zugenommen und insgesamt 88 M auf der Nadel.

Größen 2–4 und 4–6 Jahre: 3 M re, *M1, 5 M re* x5. *M1, 6 M re* x4. *M1, 5 M re* x5. M1, 3 M re. Jetzt habt ihr 15 M zugenommen und insgesamt 95 M auf der Nadel.

Größe 6–8 und 8–10 Jahre: 2 M re, *M1, 5 M re* x15. M1, 3 M re. Jetzt habt ihr 16 M zugenommen und insgesamt 96 M auf der Nadel.

RUNDE 3:
Glatt re.

RUNDE 4:
Größen 6–12 Monate und 1–2 Jahre: 3 M re, *M1, 5 M re* x4. *M1, 6 M re* x7. *M1, 5 M re* x4. M1, 3 M re. Jetzt habt ihr 16 M zugenommen und insgesamt 104 M auf der Nadel.

Größen 2–4 Jahre und 4–6 Jahre: 3 M re, *M1, 6 M re* x5. *M1, 7 M re* x4. *M1, 6 M re* x5. M1, 4 M re. Jetzt habt ihr 15 M zugenommen und insgesamt 110 M auf der Nadel.

Größen 6–8 Jahre und 8–10 Jahre: Glatt re.

RUNDE 5:
Größen 6–12 Monate; 1–2, 2–4 und 4–6 Jahre: Glatt re.

Größen 6–8 Jahre und 8–10 Jahre: 3 M re, *M1, 6 M re* x15. M1, 3 M re. Jetzt habt ihr 16 zugenommen und insgesamt 112 M auf der Nadel.

RUNDE 6:
Größen 6–12 Monate und 1–2 Jahre: 3 M re, *M1, 7 M re* x4. *M1, 6 M re* x7. *M1, 7 M re* x4. M1, 3 M re. Jetzt habt ihr 16 M zugenommen und insgesamt 120 M auf der Nadel. In **Größe 6–12 Monate** geht ihr jetzt direkt weiter zum Musterdiagramm.

Größen 2–4 Jahre und 4–6 Jahre: 4 M re, *M1, 7 M re* x5. *M1, 8 M re* x4. *M1, 7 M re* x5. M1, 4 M re. Jetzt habt ihr 15 M zugenommen und insgesamt 125 M auf der Nadel.

Größen 6–8 Jahre und 8–10 Jahre: Glatt re.

RUNDE 7:
Glatt re. In **Größe 1–2 Jahre** geht ihr jetzt direkt weiter zum Musterdiagramm.

RUNDE 8:
Größe 2–4 Jahre: 4 M re, *M1, 8 M re* x5. *M1, 9 M re* x4. *M1, 8 M re* x5. M1, 5 M re. Jetzt habt ihr 15 M zugenommen und insgesamt 140 M auf der Nadel.

Größe 4–6 Jahre: Glatt re.

Größen 6–8 Jahre und 8–10 Jahre: 3 M re, *M1, 7 M re* x15. M1, 4 M re. Jetzt habt ihr 16 M zugenommen und insgesamt 128 M auf der Nadel.

RUNDE 9:
Größe 2–4 Jahre: Glatt re. In dieser Größe geht ihr jetzt direkt weiter zum Musterdiagramm.

Größe 4–6 Jahre: 4 M re, *M1, 8 M re* x5. *M1, 9 M re* x4. *M1, 8 M re* x5. M1, 5 M re. Jetzt habt ihr 15 M zugenommen und insgesamt 140 M auf der Nadel.

Größen 6–8 Jahre und 8–10 Jahre: Glatt re.

RUNDE 10:
Glatt re. In **Größe 4–6 Jahre** geht ihr jetzt direkt weiter zum Musterdiagramm.

RUNDE 11:
Größe 6–8 Jahre: 5 M re, *M1, 11 M re* x4. *M1, 10 M re* x3. *M1, 11 M re* x4. M1, 5 M re. Jetzt habt ihr 12 M zugenommen und insgesamt 140 M auf der Nadel.

Größe 8–10 Jahre: 4 M re, *M1, 8 M re* x15. M1, 4 M re. Jetzt habt ihr 16 M zugenommen und insgesamt 144 M auf der Nadel.

RUNDE 12:
Glatt re. In **Größe 6–8 Jahre** geht ihr jetzt direkt weiter zum Musterdiagramm.

RUNDE 13:
Glatt re.

RUNDE 14:
Größe 8–10 Jahre: 4 M re, *M1, 9 M re* x15. M1, 5 M re. Jetzt habt ihr 16 M zugenommen und insgesamt 160 M auf der Nadel.

RUNDE 15:
Glatt re. Strickt jetzt das Musterdiagramm.

MUSTERDIAGRAMM
Jetzt strickt ihr das mehrfarbige Muster laut Diagramm (die Musterdiagramme befinden am Ende der Anleitung). In dieser Anleitung habt ihr die Wahl zwischen zwei verschiedenen Musterdiagrammen (Traktor oder Raupenbagger). In beiden Mustern werden in 4 Reihen weitere Zunahmen integriert. Wenn ihr das Muster abgeschlossen habt, liegen 144, 144, **168, 168, 192** M auf der Nadel.

Achtet im Muster unbedingt auf eine gute Fadenspannung: Wenn ihr die Spannfäden hinter der Arbeit zu fest anzieht, zieht sich das ganze Muster zusammen. Wir empfehlen, den Spannfaden nach ca. jeder dritten Masche mit der aktiven Farbe zu verkreuzen, damit er nicht lose hängt. Kontrolliert dabei immer wieder nach, dass er locker mitgeführt wird und nicht spannt.

Nach dem Muster strickt ihr in der Hauptfarbe weiter.

RUNDE 1:
Größe 6–12 Monate: 6 M re, *M1, 12 M re* x11. M1, 6 M re. Jetzt habt ihr 12 M zugenommen und habt insgesamt 156 M auf der Nadel.

Größe 1–2 Jahre: 5 M re, *M1, 11 M re* x2. *M1, 10 M re* x9. *M1, 11 M re* x2. M1, 5 M re. Jetzt habt ihr 14 M zugenommen und habt insgesamt 158 M auf der Nadel.

Größe 2–4 Jahre: 7 M re, *M1, 14 M re* x11. M1, 7 M re. Jetzt habt ihr 12 M zugenommen und habt insgesamt 180 M auf der Nadel.

Größe 4–6 Jahre: 8 M re, *M1, 17 M re* x4. M1, 16 M re. *M1, 17 M re* x4. M1, 8 M re. Jetzt habt ihr 10 M zugenommen und habt insgesamt 178 M auf der Nadel.

Größe 6–8 Jahre: 5 M re, *M1, 9 M re* x6. *M1, 10 M re* x5. *M1, 9 M re* x6. M1, 5 M re. Jetzt habt ihr 18 M zugenommen und habt insgesamt 186 M auf der Nadel.

Größe 8–10 Jahre: 8 M re, *M1, 16 M re* x11. M1, 8 M re. Jetzt habt ihr 12 M zugenommen und habt insgesamt 204 M auf der Nadel.

RUNDE 2:
Glatt re.

RUNDE 3:
Größe 6–12 Monate: 6 M re, *M1, 11 M re* x6. M1, 12 M re. *M1, 11 M re* x6. M1, 6 M re. Jetzt habt ihr 14 M zugenommen und habt insgesamt 170 M auf der Nadel.

Größe 1–2 Jahre: 6 M re, *M1, 11 M re* x5. *M1, 12 M re* x3. *M1, 11 M re* x5. M1, 6 M re. Jetzt habt ihr 14 M zugenommen und habt insgesamt 172 M auf der Nadel.

Größe 2–4 Jahre: 9 M re, *M1, 18 M re* x9. M1, 9 M re. Jetzt habt ihr 10 M zugenommen und habt insgesamt 190 M auf der Nadel.

Größe 4–6 Jahre: 9 M re, M1. 17 M re. *M1, 18 M re* x7. M1, 17 M re, M1, 9 M re. Jetzt

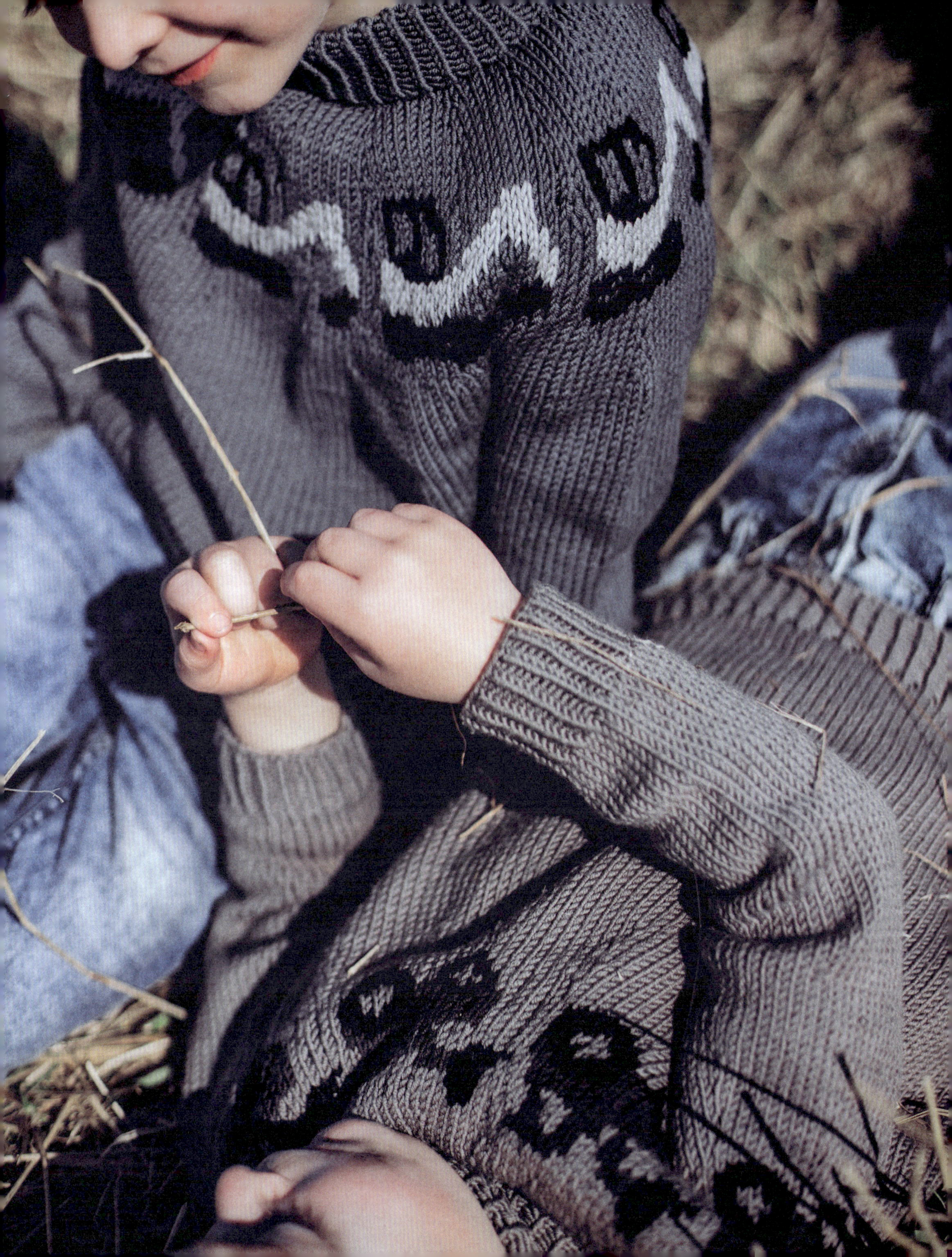

habt ihr 10 M zugenommen und habt insgesamt 188 M auf der Nadel.

Größe 6–8 und 8–10 Jahre: Glatt re.

RUNDE 4:
Größen 6–12 Monate, 1–2, 2–4 und 4–6 Jahre: Glatt re.

Größe 6–8 Jahre: 7 M re, *M1, 13 M re* x5. *M1, 14 M re* x3. *M1, 13 M re* x5. M1, 7 M re. Jetzt habt ihr 14 M zugenommen und habt insgesamt 200 M auf der Nadel.

Größe 8–10 Jahre: 8 M re, *M1, 17 M re* x11. M1, 9 M re. Jetzt habt ihr 12 M zugenommen und habt insgesamt 216 M auf der Nadel.

RUNDE 5:
Größe 6–12 Monate: 8 M re, *M1, 17 M re* x9. M1, 9 M re. Jetzt habt ihr 10 M zugenommen und habt insgesamt 180 M auf der Nadel.

Größe 1–2 Jahre: 6 M re, *M1, 13 M re* x2. *M1, 12 M re* x9. *M1, 13 M re* x2. M1, 6 M re. Jetzt habt ihr 14 M zugenommen und habt insgesamt 186 M auf der Nadel.

Größe 2–4 Jahre: 9 M re, *M1, 19 M re* x9. M1, 10 M re. Jetzt habt ihr 10 M zugenommen und habt insgesamt 200 M auf der Nadel.

Größe 4–6 Jahre: 9 M re, *M1, 19 M re* x4. M1, 18 M re. *M1, 19 M re* x4. M1, 9 M re. Jetzt habt ihr 10 M zugenommen und habt insgesamt 198 M auf der Nadel.

Größe 6–8 und 8–10 Jahre: Glatt re.

RUNDE 6:
Glatt re.

RUNDE 7:
Größe 6–12 Monate: 9 M re, *M1, 18 M re* x9. M1, 9 M re. Jetzt habt ihr 10 M zugenommen und habt insgesamt 190 M auf der Nadel. Hier endet die Rundpasse in dieser Größe. Geht weiter zum Kapitel »Rumpf«.

Größe 1–2 Jahre: 7 M re, *M1, 13 M re* x5. *M1, 14 M re* x3. *M1, 13 M re* x5. M1, 7 M re. Jetzt habt ihr 14 M zugenommen und habt insgesamt 200 M auf der Nadel.

Größe 2–4 Jahre: 10 M re, *M1, 20 M re* x9. M1, 10 M re. Jetzt habt ihr 10 M zugenommen und habt insgesamt 210 M auf der Nadel.

Größe 4–6 Jahre: 10 M re, M1, 19 M re. *M1, 20 M re* x7. M1, 19 M re, M1, 10 M re. Jetzt habt ihr 10 M zugenommen und habt insgesamt 208 M auf der Nadel.

Größe 6–8 Jahre: 7 M re, *M1, 15 M re* x2. *M1, 14 M re* x9. *M1, 15 M re* x2. M1, 7 M re. Jetzt habt ihr 14 M zugenommen und habt insgesamt 214 M auf der Nadel.

Größe 8–10 Jahre: 9 M re, *M1, 18 M re* x11. M1, 9 M re. Jetzt habt ihr 12 M zugenommen und habt insgesamt 228 M auf der Nadel.

RUNDE 8:
Glatt re. Hier endet die Rundpasse in Größe 1–2 Jahre. Geht weiter zum Kapitel »Rumpf«.

RUNDE 9:
Größe 2–4 Jahre: Glatt re. Hier endet die Rundpasse in dieser Größe. Geht weiter zum Kapitel »Rumpf«.

Größe 4–6 Jahre: 10 M re, *M1, 21 M re* x4. M1, 20 M re. *M1, 21 M re* x4. M1, 10 M re. Jetzt habt ihr 10 M zugenommen und habt insgesamt 218 M auf der Nadel.

Größe 6–8 und 8–10 Jahre: Glatt re.

RUNDE 10:
Größe 4–6 Jahre: Glatt re. Hier endet die Rundpasse in dieser Größe. Geht weiter zum Kapitel »Rumpf«.

Größe 6–8 Jahre: 8 M re, *M1, 15 M re* x5. *M1, 16 M re* x3. *M1, 15 M re* x5. M1, 8 M re. Jetzt habt ihr 14 M zugenommen und habt insgesamt 228 M auf der Nadel.

Größe 8–10 Jahre: 9 M re, *M1, 19 M re* x11. M1, 10 M re. Jetzt habt ihr 12 M zugenommen und habt insgesamt 240 M auf der Nadel.

RUNDE 11–12:
Glatt re.

RUNDE 13:
Größe 6–8 Jahre: 9 M re, *M1, 19 M re* x11. M1, 10 M re. Jetzt habt ihr 12 M zugenommen und habt insgesamt 240 M auf der Nadel. Hier endet die Rundpasse in dieser Größe. Geht weiter zum Kapitel »Rumpf«.

Größe 8–10 Jahre: 10 M re, *M1, 20 M re* x11. M1, 10 M re. Jetzt habt ihr 12 M zugenommen und habt insgesamt 252 M auf der Nadel.

RUNDE 14–15:
Glatt re.

RUNDE 16:
Größe 8–10 Jahre: 13 M re, *M1, 25 M re* x4. M1, 26 M re. *M1, 25 M re* x4. M1, 13 M re. Jetzt habt ihr 10 M zugenommen und habt insgesamt 262 M auf der Nadel. Hier endet die Rundpasse in Größe 8–10 Jahre. Geht weiter zum Kapitel »Rumpf«.

RUMPF
Jetzt liegen 190, 200, 210, **218, 240, 262** M auf der Nadel. In der nächsten Runde werden die Maschen, die später die Ärmel bilden, auf jeder Seite auf einem Hilfsfaden stillgelegt. Das ist ein Faden in einer Kontrastfarbe, auf den ihr alle Ärmelmaschen auffädelt, um sie zu sichern, während der Rumpf gestrickt wird.

1. Schritt: Strickt 30, 31, 33, **35, 37, 41** M re (re Rückenteil).

2. Schritt: Legt die nächsten 36, 38, 40, **40, 46, 50** M auf einen Hilfsfaden (rechter Ärmel).

3. Schritt: Schlagt 6, 6, 6, **8, 8, 8** neue M an (unter dem rechten Ärmel).

4. Schritt: Strickt 59, 62, 65, **69, 74, 81** M re (Vorderteil).

5. Schritt: Legt die nächsten 36, 38, 40, **40, 46, 50** M auf einen Hilfsfaden (linker Ärmel).

6. Schritt: Schlagt 6, 6, 6, **8, 8, 8** neue M an (unter dem linken Ärmel).

7. Schritt: Strickt 29, 31, 32, **34, 37, 40** M re (li Rückenteil).

Jetzt liegen insgesamt 130, 136, 142, **154, 164, 178** M auf der Nadel (Vorder- und Rückenteil plus die neuen M unter den Ärmeln). Die Ärmelmaschen liegen jetzt auf Hilfsfäden.

Strickt jetzt glatt re in Runden weiter, bis der Rumpf, ab dem Ärmelansatz, 16, 19, 22, **24, 26, 28** cm lang ist. Probiert den Pullover hier ggf. einmal an, um die Länge zu testen.

Wechselt auf die Rundstricknadel Nr. 4 (80 cm lang) und strickt eine weitere Runde re. Strickt dann ein verschränktes Rippenbündchen wie im Halsbündchen über 3, 3, 4, **4, 5, 5** cm und kettet im Rippenmuster ab.

ÄRMEL

Jetzt werden die Maschen für den ersten Ärmel, die ihr auf einem Hilfsfaden stillgelegt habt, auf das Nadelspiel (Stärke 4,5) gelegt. Zusätzlich werden aus den Maschen, die ihr unter dem Arm angeschlagen habt, 6, 6, 6, **8, 8, 8** M aufgefasst und zu den Ärmelmaschen auf die Nadel gelegt. Die erste Runde beginnt in der Mitte zwischen diesen neuen Maschen. Jetzt liegen 42, 44, 46, **48, 54, 58** M auf der Nadel.

Strickt zunächst 2, 3, 3, **3,5, 3, 2** cm glatt re in Runden. Strickt in der nächsten Runde die ersten 2 und die letzten 2 M der Runde zusammen und nehmt so um 2 M ab. Wiederholt diese Abnahme mit 3,5, 4, 4, **4,5, 3, 3** cm Abstand, bis ihr insgesamt 4, 4, 5, **5, 8, 9** Abnahmen gearbeitet, oder um 8, 8, 10, **10, 16, 18** M abgenommen habt. Jetzt liegen 34, 36, 36, **38, 38, 40** M auf der Nadel. Strickt den Ärmel dann ohne Abnahmen weiter bis zu einer Länge von 16, 19, 23, **26, 27, 29** cm (oder nach Geschmack und Armlänge).

Wechselt dann auf Nadelstärke 4, strickt eine weitere Runde re und strickt dann ein verschränktes Rippenbündchen über 3, 3, 4, **4, 5, 5** cm. Kettet im Rippenmuster ab und strickt den zweiten Ärmel gleich.

ABSCHLUSS

Vernäht alle Enden und schließt ggf. die Löcher unter den Armen, wenn vorhanden. Wascht den Pullover entsprechend den Pflegehinweisen auf eurem Garn, zieht ihn auf einem trockenen Handtuch in Form und lasst ihn liegend trocknen. Das mehrfarbige Muster in der Rundpasse glättet sich in der Wäsche.

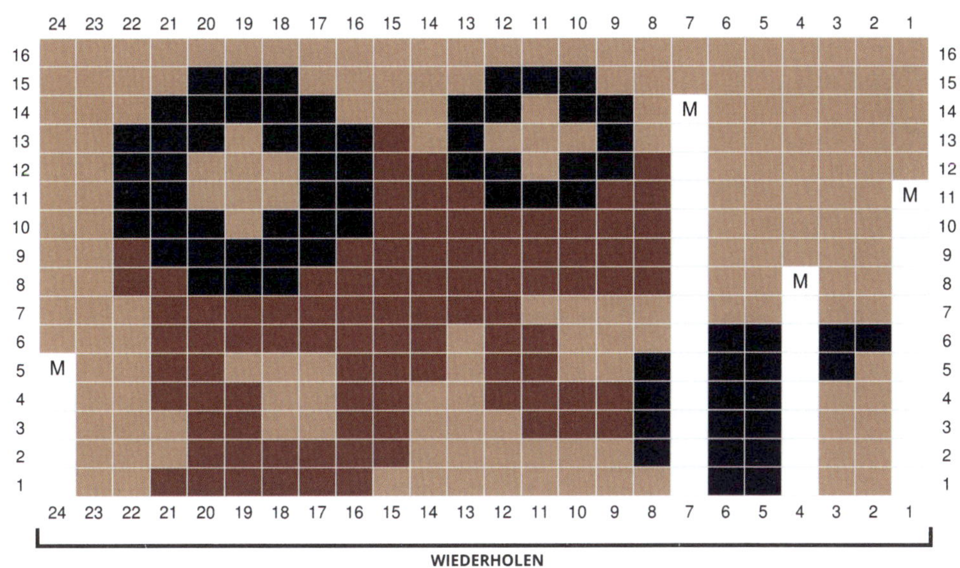

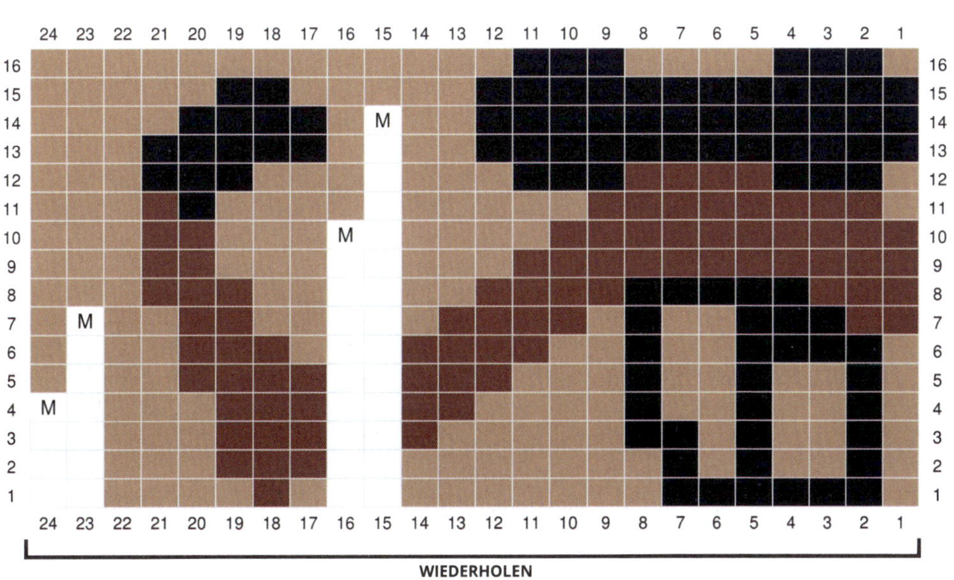

Hauptfarbe
Akzentfarbe 1
Akzentfarbe 2
keine Masche (Platzhalter)
M Zunahme (in der Hauptfarbe)

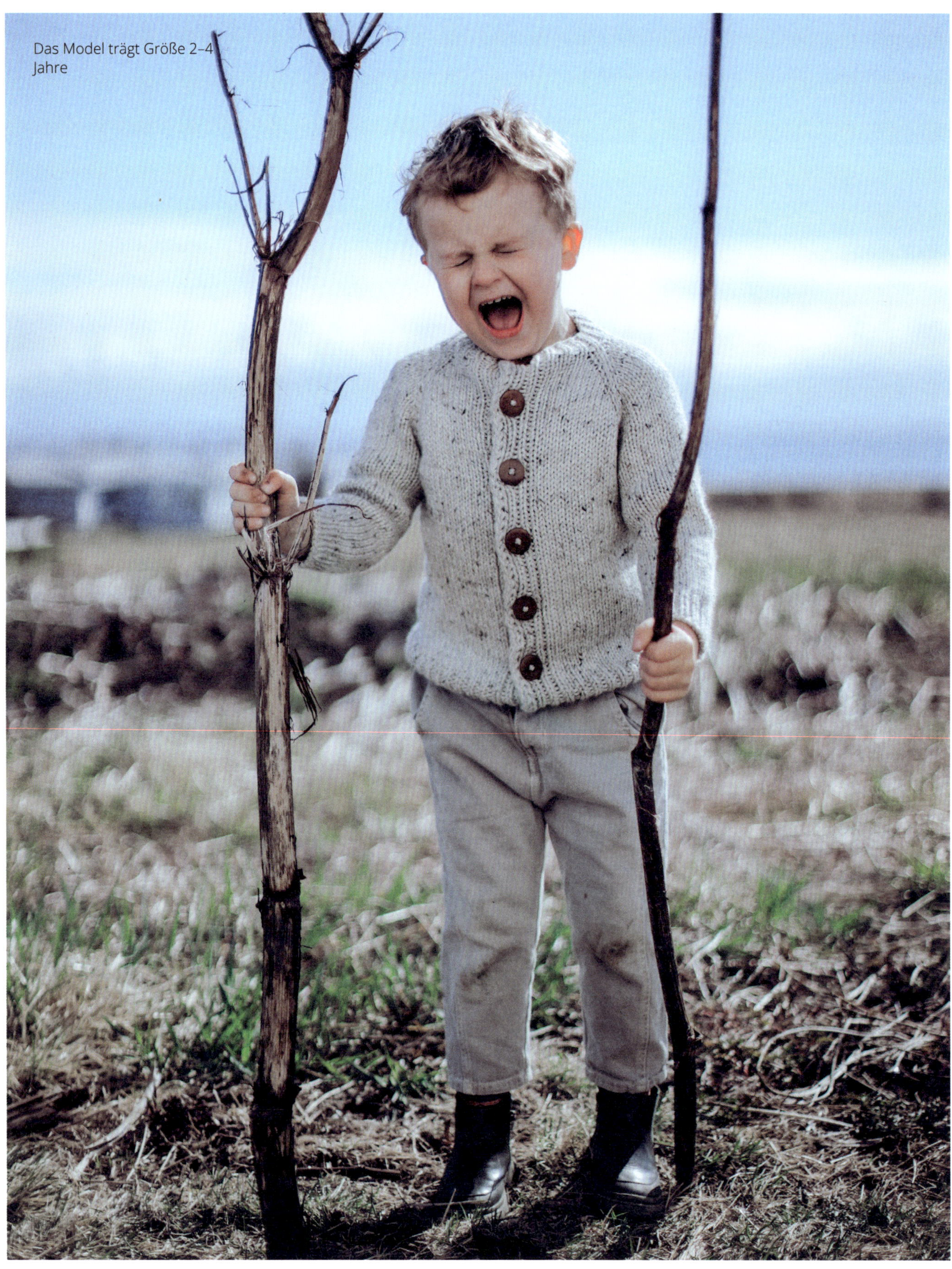
Das Model trägt Größe 2–4 Jahre

KARI Cardigan

GRÖSSENANGABEN UND GARNVERBRAUCH

Größe	Rumpflänge ab Ärmelansatz	Brustumfang	Ärmellänge ab Ärmelansatz	Ärmelumfang	Garnverbrauch
6–12 Monate	18 cm	60 cm	20 cm	20 cm	200 g (320 m)
1–2 Jahre	20 cm	65 cm	22 cm	22 cm	250 g (400 m)
2–4 Jahre	22 cm	70 cm	24 cm	23,5 cm	300 g (480 m)
4–6 Jahre	**26 cm**	**73,5 cm**	**30 cm**	**25 cm**	**350 g (560 m)**
6–8 Jahre	**30 cm**	**78 cm**	**34 cm**	**26,5 cm**	**400 g (640 m)**
8–10 Jahre	**35 cm**	**83,5 cm**	**38 cm**	**28,5 cm**	**450 g (720 m)**

Bitte beachtet, dass die angegebenen Garnmengen nur ein Richtwert sind.

Unser Kari Pullover muss einer der beliebtesten Wollpullover Islands sein – man kann nicht in den Park gehen, ohne mindestens einem davon zu begegnen. Deshalb musste jetzt auch die geknöpfte Version folgen. Wie das Original ist dieser Cardigan ganz schlicht gehalten und eignet sich perfekt für Anfänger-Innen, die ihren ersten Cardigan stricken wollen.

ANLEITUNG

Diese Jacke wird glatt rechts von oben nach unten in Hin- und Rückreihen gestrickt. Die Ärmel werden in Runden gestrickt. Die Knopfleisten werden direkt mitgestrickt.

HALSBÜNDCHEN

Schlagt 49, 51, 53, **57, 59, 61** M auf die Rundstricknadel Nr. 6 (60/80 cm) an. Strickt ein Bündchen im Rippenmuster (1 M re und 1 M li im Wechsel) insgesamt 2, 2, 3, **3, 3, 3,5** cm lang, und beachtet dabei die **Randmaschen**, die **I-Cord-Kante** und das erste **Knopfloch** (siehe die nächsten zwei Absätze). Die erste Reihe, die ihr strickt, ist eine Hinreihe.

Die ersten 6, 6, 6, **8, 8, 8** und die letzten 6, 6, 6, **8, 8, 8** M des Bündchens sind **Randmaschen**, die später die Knopfleiste bilden. Sie werden über die gesamte Länge der Jacke im selben Rippenmuster gestrickt wie das Halsbündchen. Die ersten 2 Randmaschen am Beginn jeder Reihe und die letzten 2 Randmaschen am Ende jeder Reihe werden dabei als **I-Cord-Kante** (s. Seite 181) gestrickt, die einen schönen Abschluss bildet. Dafür werden die ersten 2 M in jeder Reihe immer rechts gestrickt. Die letzten 2 M in jeder Reihe werden mit dem Faden vor der Arbeit ungestrickt abgehoben.

In diese Randmaschen werden auch direkt die **Knopflöcher** eingestrickt. Wir empfehlen, sie mit einem Abstand von ca. 14–18 Reihen zu arbeiten. Das erste Loch wird direkt in Reihe 3 im Halsbündchen gestrickt. Ihr strickt die Knopflöcher immer am Anfang einer Hinreihe: Strickt 4, 4, 4, **5, 5, 5** M, 1 Umschlag, strickt 2 M re zusammen, strickt dann normal weiter. In der nächsten Rückreihe strickt ihr den Umschlag links ab, sodass sich ein Loch bildet.

RAGLANBLENDE

Ab hier wird nur noch glatt re gestrickt, d.h. re in der Hinreihe, li in der Rückreihe. Die Randmaschen strickt ihr weiterhin im Rippenmuster mit I-Cord. Jetzt werden die Stellen markiert, an denen ihr in jeder zweiten Reihe zunehmen werdet. Die MM werden hier immer zwischen zwei Maschen auf die Nadel gehängt und nicht direkt in den Maschen angebracht.

Die **erste Reihe** strickt ihr wie folgt:

1. Schritt: Strickt die Randmaschen im Rippenmuster mit I-Cord.

2. Schritt: Strickt 6, 7, 7, **7, 7, 8** M rechts (linkes Vorderteil). MM1 platzieren.

3. Schritt: Strickt 3 M re (linkes Schulterstück). MM2 platzieren.

4. Schritt: Strickt 19, 19, 21, **21, 23, 23** M re (Rückenteil). MM3 platzieren.

5. Schritt: Strickt 3 M re (rechtes Schulterstück). MM4 platzieren.

6. Schritt: Strickt 6, 7, 7, **7, 7, 8** M re (rechtes Vorderteil).

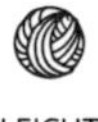

LEICHT

DAS BRAUCHT IHR:

Garn
Katia Merino Tweed (80 m/50 g), Katia Merino Aran, Katia Essential Alpaca, Lana Grossa Bingo, Lang Merino+

oder ein vergleichbares Garn mit passender Maschenprobe

Rundstricknadel Nr. 5,5
60/80 cm

Rundstricknadel Nr. 6
60/80 cm

Nadelspiel Nr. 5,5
für die Ärmelbündchen

Nadelspiel Nr. 6

Stopfnadel
zum Vernähen

Maschenmarkierer
Vier Ringe für die Raglanmaschen, zwei Ringe für die Randmaschen

Knöpfe
15–18 mm Durchmesser

Maschenprobe
16 M mit Nadelstärke 6 ergeben 10 cm.

7. Schritt: Strickt die Randmaschen im Rippenmuster mit I-Cord.

Damit habt ihr wieder das Ende der Reihe erreicht und die 4 MM an den richtigen Stellen angebracht.

Strickt eine **Rückreihe (2. Reihe)** li zurück, mit Randmaschen und I-Cord wie gehabt.

In der **3. Reihe (Hinreihe)** beginnen die Zunahmen: Strickt bis 1 M vor MM1. Nehmt 1 M mit **M1R** (s. Seite 181) zu, strickt 1 M re, hebt MM1 ab, strickt 1 M re, nehmt 1 M mit **M1L** zu. Strickt weiter bis 1 M vor MM2 und wiederholt diese Zunahmen an diesem und allen weiteren MM in dieser Reihe. Strickt die Reihe fertig.

Wiederholt **Reihen 2 und 3**, bis ihr in 12, 14, 15, **16, 17, 19** Hinreihen zugenommen habt. Strickt die Randmaschen durchgehend im Rippenmuster mit I-Cord und denkt an die Knopflöcher. Am Ende der Zunahmen liegen 145, 163, 173, **185, 195, 213** M auf der Nadel. Strickt als letzte Reihe noch eine Rückreihe.

RUMPF

Jetzt werden die Maschen, die später die Ärmel bilden, beidseitig auf einem Hilfsfaden stillgelegt. Das ist ein Faden in einer Kontrastfarbe, auf dem ihr die Ärmelmaschen sichert, während ihr den Rumpf strickt.

1. Schritt: Strickt die Randmaschen und das linke Vorderteil bis zu MM1.

2. Schritt: Legt die nächsten 27, 31, 33, **35, 37, 41** M auf einen Hilfsfaden (linker Ärmel).

3. Schritt: Schlagt 5 neue M unter dem linken Ärmel an.

4. Schritt: Strickt weiter bis zu MM3 (Rückenteil).

5. Schritt: Legt die nächsten 27, 31, 33, **35, 37, 41** M auf einen Hilfsfaden (rechter Ärmel).

6. Schritt: Schlagt 5 neue M unter dem rechten Ärmel an.

7. Schritt: Strickt die Reihe fertig (re Vorderteil).

Jetzt habt ihr wieder das Ende der Reihe erreicht und habt insgesamt 101, 111, 117, **125, 131, 141** M auf der Nadel (mit den neuen M unter den Ärmeln). Die Ärmelmaschen liegen auf Hilfsfäden.

Strickt jetzt den Rumpf weiter, bis er ab dem Ärmelansatz 15, 17, 19, **22, 26, 30** cm misst. Endet mit einer Hinreihe. Lasst den Cardigan ggf. jetzt einmal anprobieren, um die perfekte Länge zu ermitteln.

Wechselt dann auf Nadelstärke 5,5 und strickt damit eine Rückreihe li zurück. Strickt zum Abschluss das Bündchen im Rippenmuster mit I-Cord wie im Halsbündchen 3, 3, 3, **4, 4, 5** cm lang. Kettet im Rippenmuster ab.

ÄRMEL

Jetzt werden die Maschen für den ersten Ärmel, die ihr auf einem Hilfsfaden stillgelegt habt, auf das Nadelspiel Nr. 6 gelegt. Zusätzlich werden aus den Maschen, die ihr unter dem Arm neu angeschlagen habt, 5 M aufgefasst und zu den restlichen Ärmelmaschen auf die Nadel gelegt. Die Ärmel werden in Runden gestrickt. Damit der Rundenbeginn mittig unter dem Arm liegt, werden die neu aufgefassten Maschen auf Rundenbeginn und -ende verteilt, d.h. es kommen je 2 Maschen auf die erste und 3 Maschen auf die letzte Nadel. Die erste Runde beginnt nun in der Mitte zwischen diesen neuen Maschen. Jetzt liegen 32, 36, 38, **40, 42, 46** M auf der Nadel.

Strickt zunächst 5, 4, 3, **5, 6, 5** cm glatt rechts ohne Abnahmen in Runden und nehmt dann in der nächsten Runde 2 M ab, indem ihr die ersten 2 M und die letzten 2 M der Runde zusammenstrickt. Arbeitet diese Abnahmen insgesamt 2, 3, 3, **3, 3, 4** Mal mit 6, 5, 6, **7, 8, 7** cm Abstand und nehmt so insgesamt 4, 6, 6, **6, 6, 8** M ab. Jetzt liegen 28, 30, 32, **34, 36, 38** M auf der Nadel. Strickt den Ärmel ohne Abnahmen weiter, bis er ab dem Ärmelansatz 17, 19, 21, **26, 30, 33** cm misst.

Wechselt dann auf Nadelstärke 5,5 und strickt noch eine weitere Runde re. Strickt zum Schluss noch ein Rippenbündchen (1 M re, 1 M li im Wechsel), 3, 3, 3, **4, 4, 5** cm lang, und kettet locker im Rippenmuster ab. Strickt den zweiten Ärmel gleich.

ABSCHLUSS

Vernäht alle Enden und schließt ggf. die Löcher unter den Armen, wenn vorhanden. Befestigt die Knöpfe. Wascht die Jacke entsprechend den Pflegehinweisen auf eurem Garn, zieht sie auf einem trockenen Handtuch in Form und lasst sie liegend trocknen.

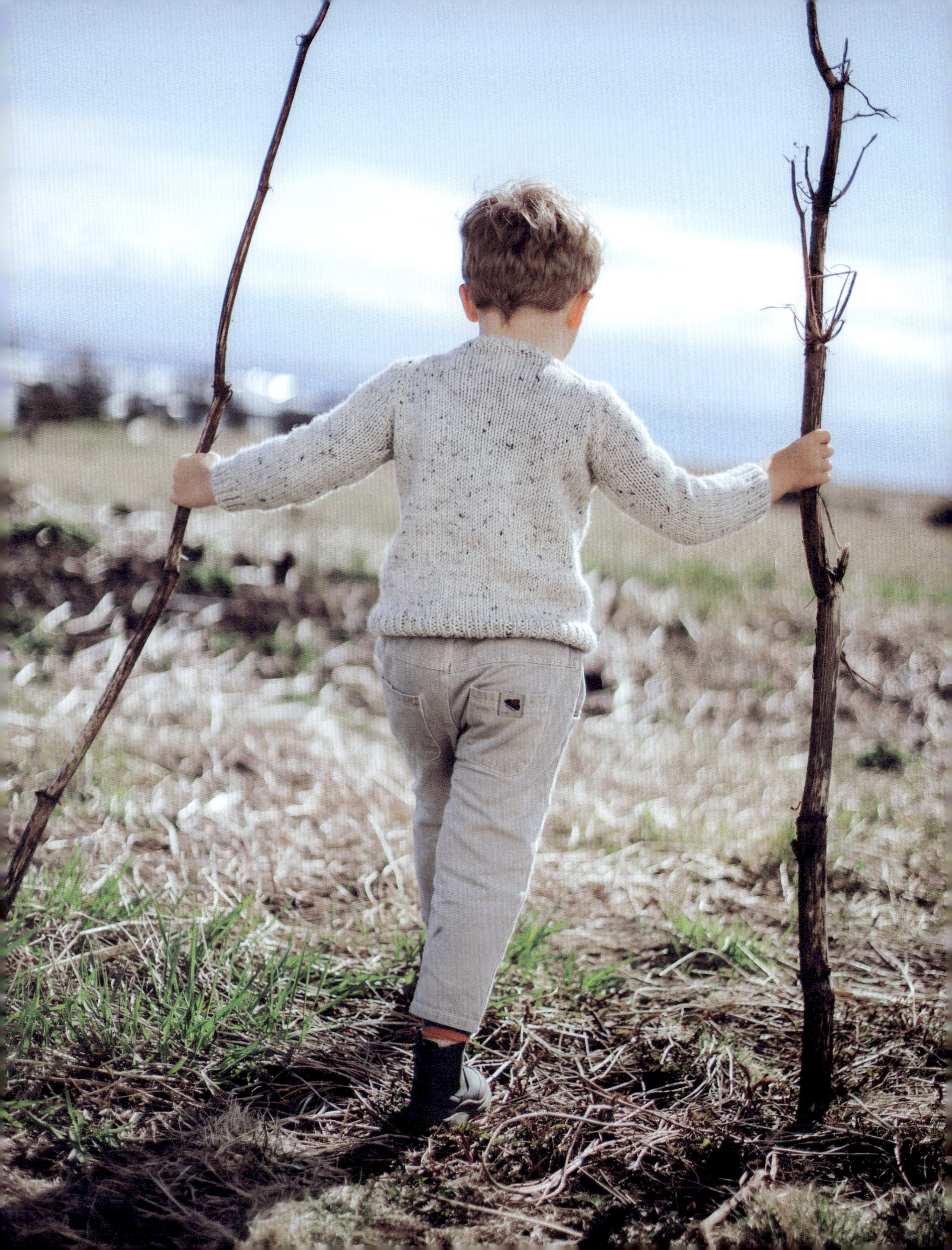

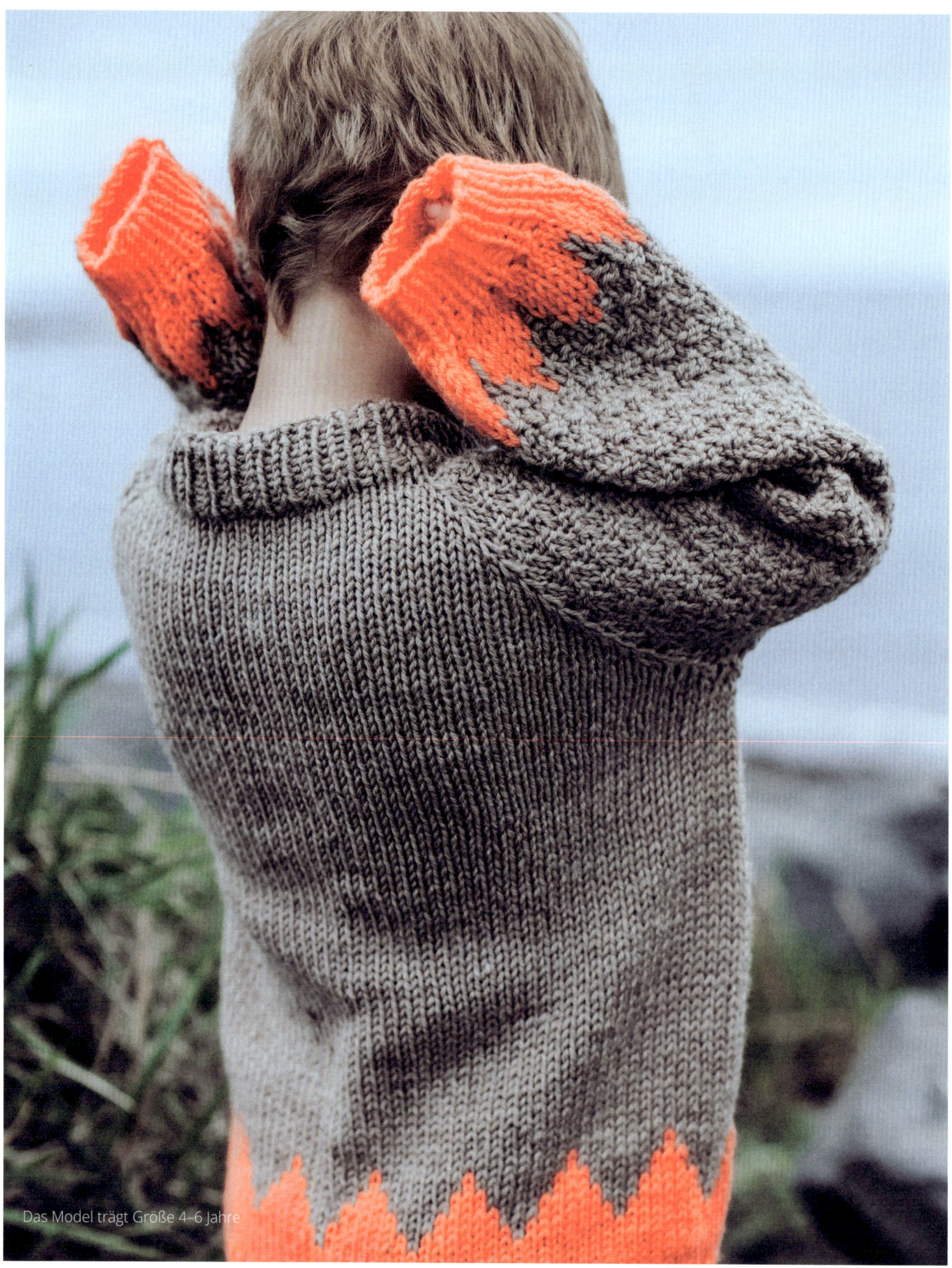
Das Model trägt Größe 4–6 Jahre

MOOS Pullover

GRÖSSENANGABEN UND GARNVERBRAUCH

Größe	Rumpflänge ab Ärmelansatz	Brustumfang	Ärmellänge ab Ärmelansatz	Ärmelumfang	Garnverbrauch Hauptfarbe	Garnverbrauch Akzentfarbe
6–12 Monate	20 cm	60 cm	20 cm	21 cm	150 g (240 m)	100 g (160 m)
1–2 Jahre	24 cm	67 cm	24 cm	23,5 cm	200 g (400 m)	100 g (160 m)
2–4 Jahre	27 cm	73 cm	27 cm	26 cm	200 g (400 m)	100 g (160 m)
4–6 Jahre	**31 cm**	**80 cm**	**33 cm**	**28 cm**	**250 g (560 m)**	**100 g (160 m)**
6–8 Jahre	**33 cm**	**85 cm**	**35 cm**	**30 cm**	**300 g (640 m)**	**100 g (160 m)**
8–10 Jahre	**35 cm**	**90 cm**	**37 cm**	**33 cm**	**350 g (720 m)**	**150 g (240 m)**

Bitte beachtet, dass die angegebenen Garnmengen nur ein Richtwert sind.

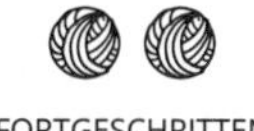

FORTGESCHRITTEN

DAS BRAUCHT IHR:

Garn
Katia Essential Alpaca (80 m/50 g), Katia Arles Merino, Katia Cotton Merino Tweed oder Katia Merino Sport, Lana Grossa Bingo, Lana Grossa Baby Light

Oder andere Garne mit vergleichbarer Maschenprobe

Rundstricknadel Nr. 5
60/80 cm für das untere Bündchen

Rundstricknadeln Nr. 5,5
40 und 60/80 cm lang

Nadelspiel Nr. 5,5

Nadelspiel Nr. 5
für die Ärmelbündchen

Stopfnadel
zum Vernähen

Maschenmarkierer
Acht Ringe für die Raglanmaschen und ein Ring für den Rundenbeginn.

Maschenprobe
17 M mit Nadelstärke 5,5 ergeben 10 cm.

Wie die meisten meiner Kinderpullover habe ich auch diesen hier für meine Jungs entworfen. Ari, mein Großer, ist lang und schmal – für ihn wollte ich einen Pullover stricken, der schmal geschnitten, nicht in Übergröße ist. Daraus wurde dieses Modell.

ANLEITUNG

Dieser Pullover wird von oben nach unten in Runden gearbeitet. Der Hauptteil wird glatt rechts gestrickt, die Schultermaschen und die Ärmel im doppelten Perlmuster. Unten an Rumpf und Ärmeln wird ein kleines zweifarbiges Muster eingestrickt. Lest die Anleitung gut durch, bevor ihr beginnt.

HALSBÜNDCHEN

Schlagt 56, 58, 60, **64, 64, 68** M auf eure Rundstricknadel Nr. 5,5 (40 cm) an. Schließt zur Runde und strickt ein Bündchen im Rippenmuster (1 M re, 1 M li im Wechsel) insgesamt 6, 7, 7, 8, **8, 9, 10** cm lang.

Klappt das Bündchen dann so um, dass die Anschlagskante innen liegt, und strickt es in der nächsten Runde doppelt fest (s. »Doppeltes Bündchen« auf S. 181): Nehmt für jede Masche, die auf der Nadel liegt, die entsprechende Masche aus der Anschlagskante mit auf und strickt beide zusammen als eine Masche rechts ab.

RAGLANPASSE

Nach dem Bündchen werden die Raglanzunahmen gearbeitet. Diese Zunahmen bilden die Linien, die Rumpf und Schultern voneinander trennen. Ab hier strickt ihr den Hauptteil glatt rechts und die Schultern im doppelten Perlmuster. Das große Musterdiagramm für die Schultern findet ihr am Ende der Anleitung.

Die erste Runde beginnt in der hinteren Mitte.

1. Schritt: Strickt 10, 11, 11, **12, 12, 13** M re (rechtes Rückenteil). Hängt MM1 auf die Nadel.

2. Schritt: Strickt 1 M re (Raglanmasche). Hängt MM2 auf die Nadel.

3. Schritt: Strickt 6 M im doppelten Perlmuster – 2 M li, 2 M re, 2 M li (rechte Schulter). Hängt MM3 auf die Nadel.

4. Schritt: Strickt 1 M re (Raglanmasche). Hängt MM4 auf die Nadel.

5. Schritt: Strickt 20, 21, 22, **24, 24, 26** M re (Vorderteil). Hängt MM5 auf die Nadel.

6. Schritt: Strickt 1 M re (Raglanmasche). Hängt MM6 auf die Nadel.

7. Schritt: Strickt 6 M im doppelten Perlmuster – 2 M li, 2 M re, 2 M li (linke Schulter). Hängt MM7 auf die Nadel.

8. Schritt: Strickt 1 M re (Raglanmasche). Hängt MM8 auf die Nadel.

9. Schritt: Strickt 10, 10, 11, **12, 12, 13** M re (linke Rückenteil).

Jetzt habt ihr wieder den Beginn der Runde in der hinteren Mitte erreicht. Markiert ihn ggf. mit einem weiteren MM.

Die acht MM in der Runde markieren die Raglanmaschen, an denen ihr ab der **zweiten Runde** die Raglanzunahmen arbeitet: Strickt re bis MM1. Nehmt 1 M mit **M1R** (s. Seite 181) zu, hebt MM1 ab, strickt die Raglanmasche re, hebt MM2 ab, nehmt 1 M mit **M1L** zu. Wiederholt diese Zunahme an den anderen MM in der Runde und nehmt so an vier Stellen in der Runde insgesamt 8 M zu. Strickt dabei Vorder- und Rückenteil glatt rechts und die Schultern laut Diagramm im doppelten Perlmuster.

Strickt die **dritte Runde** wieder wie die erste, glatt rechts mit Perlmuster in den Schultern, ohne Zunahmen. Achtet darauf, die Schultermaschen, die ihr in der Vorrunde zugenommen habt, in dieser Runde ins Perlmuster zu integrieren.

Wiederholt Runden 2 und 3, bis ihr in insgesamt 13, 15, 16, **18, 20, 22** Runden zugenommen habt. Wechselt auf eine längere Rundstricknadel, wenn die Runden zu lang für 40 cm werden. Jetzt liegen 160, 178, 188, **208, 224, 244** M auf der Nadel.

RUMPF

Jetzt werden die Maschen, die später die Ärmel bilden, auf jeder Seite auf einem Hilfsfaden stillgelegt. Das ist ein Faden in einer Kontrastfarbe, auf den ihr alle Ärmelmaschen auffädelt, um sie zu sichern, während ihr den Rumpf strickt.

1. Schritt: Strickt re bis zu MM2 (rechtes Rückenteil plus die Raglanmasche).

2. Schritt: Legt die nächsten 32, 36, 38, **42, 46, 50** M auf einen Hilfsfaden (rechter Ärmel).

3. Schritt: Schlagt 4, 4, 6, **6, 6, 4** neue M an (unter dem rechten Ärmel).

4. Schritt: Strickt re bis zu MM6 (Raglanmasche, Vorderteil, Raglanmasche).

5. Schritt: Legt die nächsten 32, 36, 38, **42, 46, 50** M auf einen Hilfsfaden (linker Ärmel).

6. Schritt: Schlagt 4, 4, 6, **6, 6, 4** neue M an (unter dem linken Ärmel).

7. Schritt: Strickt die Runde re fertig (linkes Rückenteil).

Jetzt liegen insgesamt 104, 114, 124, **136, 144, 152** M auf der Nadel (Vorder- und Rückenteil, plus die 8, 8, 12, **12, 12, 8** neuen M unter den Ärmeln). Die Ärmelmaschen liegen jetzt auf Hilfsfäden.

Strickt jetzt glatt re weiter, bis der Rumpf, ab dem Ärmelansatz, 10, 12, 15, **17, 20, 24** cm misst. Strickt eine weitere Runde rechts und nehmt 0, 2, 4, **0, 0, 0** M ab, damit das Muster im nächsten Schritt aufgeht.

MUSTER IM RUMPF

Strickt jetzt das zweifarbige Muster laut Diagramm. Falls ihr das Muster weglassen und den Pullover lieber einfarbig stricken wollt, strickt ihr jetzt noch 5 cm in der Hauptfarbe weiter.

Nach dem Muster strickt ihr noch 2, 3, 4, **5, 6, 7** Runden glatt re in der Akzentfarbe. Wechselt dann auf Nadelstärke 5 und strickt eine weitere Runde glatt re. Strickt zum Schluss mit der Akzentfarbe ein Rippenbündchen wie im Halsbündchen, 3, 3, 4, **4, 5, 5** cm lang, und kettet im Rippenmuster ab.

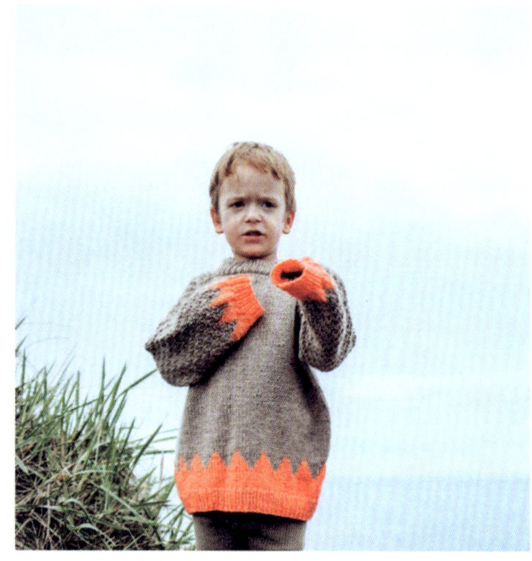

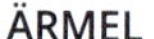

ÄRMEL

Jetzt werden die Maschen für den ersten Ärmel, die ihr auf einem Hilfsfaden stillgelegt habt, wieder zurück auf Nadeln (Stärke 5,5) gelegt. Zusätzlich werden aus den Maschen, die ihr unter dem Arm neu angeschlagen habt, 4, 4, 6, **6, 6, 6** M aufgefasst und zu den restlichen Ärmelmaschen auf die Nadel gelegt. Die Ärmel werden in Runden gestrickt. Die neu aufgefassten Maschen werden auf Rundenbeginn und -ende verteilt, d.h. es kommen je 2, 2, 3, **3, 3, 3** der Maschen auf die erste und 2, 2, 3, **3, 3, 3** Maschen auf die letzte Nadel. Die erste Runde beginnt nun in der Mitte zwischen diesen neuen Maschen. Jetzt liegen 36, 40, 44, **48, 52, 56** M auf der Nadel.

Strickt den Ärmel im doppelten Perlmuster in Runden, bis zu einer Länge von 11, 15, 19, **22, 24, 26** cm. Strickt eine weitere Runde glatt re und nehmt dabei 0, 4, 2, **0, 4, 2** M ab, damit das Muster im nächsten Schritt aufgeht. Jetzt liegen 36, 36, 42, **48, 48, 54** M auf der Nadel.

MUSTER IN DEN ÄRMELN

Strickt jetzt das zweifarbige Muster laut Diagramm. Achtet darauf, die Maschen der Hauptfarbe weiterhin im Perlmuster zu stricken. Die Akzentfarbe strickt ihr nur noch glatt re. Falls ihr die Ärmel lieber einfarbig, ohne Muster, stricken wollt, strickt ihr im Perlmuster noch 3,5 cm weiter.

Wenn ihr das Muster beendet habt, wechselt ihr auf Nadelstärke 5, strickt mit der Akzentfarbe eine weitere Runde glatt re und nehmt dabei gleichmäßig verteilt 8, 6, 10, **14, 12, 16** M ab. Jetzt liegen 28, 30, 32, **34, 36, 38** M auf der Nadel. Strickt jetzt noch ein Rippenbündchen wie im Hauptteil (1 M re, 1 M li im Wechsel) über 3, 3, 4, **4, 5, 5** cm. Kettet im Rippenmuster ab und strickt den zweiten Ärmel gleich.

ABSCHLUSS

Vernäht alle Enden und schließt ggf. die Löcher unter den Armen, wenn vorhanden. Wascht den Pullover entsprechend den Pflegehinweisen auf eurem Garn, zieht ihn auf einem trockenen Handtuch in Form und lasst ihn liegend trocknen.

MUSTERDIAGRAMM FÜR DIE SCHULTERN

Die farbigen Linien zeigen, wann die Raglanpasse in der jeweiligen Größe beendet ist.

- Hier endet die Raglanpasse in Größe 6–12 Monate.
- Hier endet die Raglanpasse in Größe 1–2 Jahre.
- Hier endet die Raglanpasse in Größe 2–4.
- Hier endet die Raglanpasse in Größe 4–6.
- Hier endet die Raglanpasse in Größe 6–8.
- Hier endet die Raglanpasse in Größe 8–10.

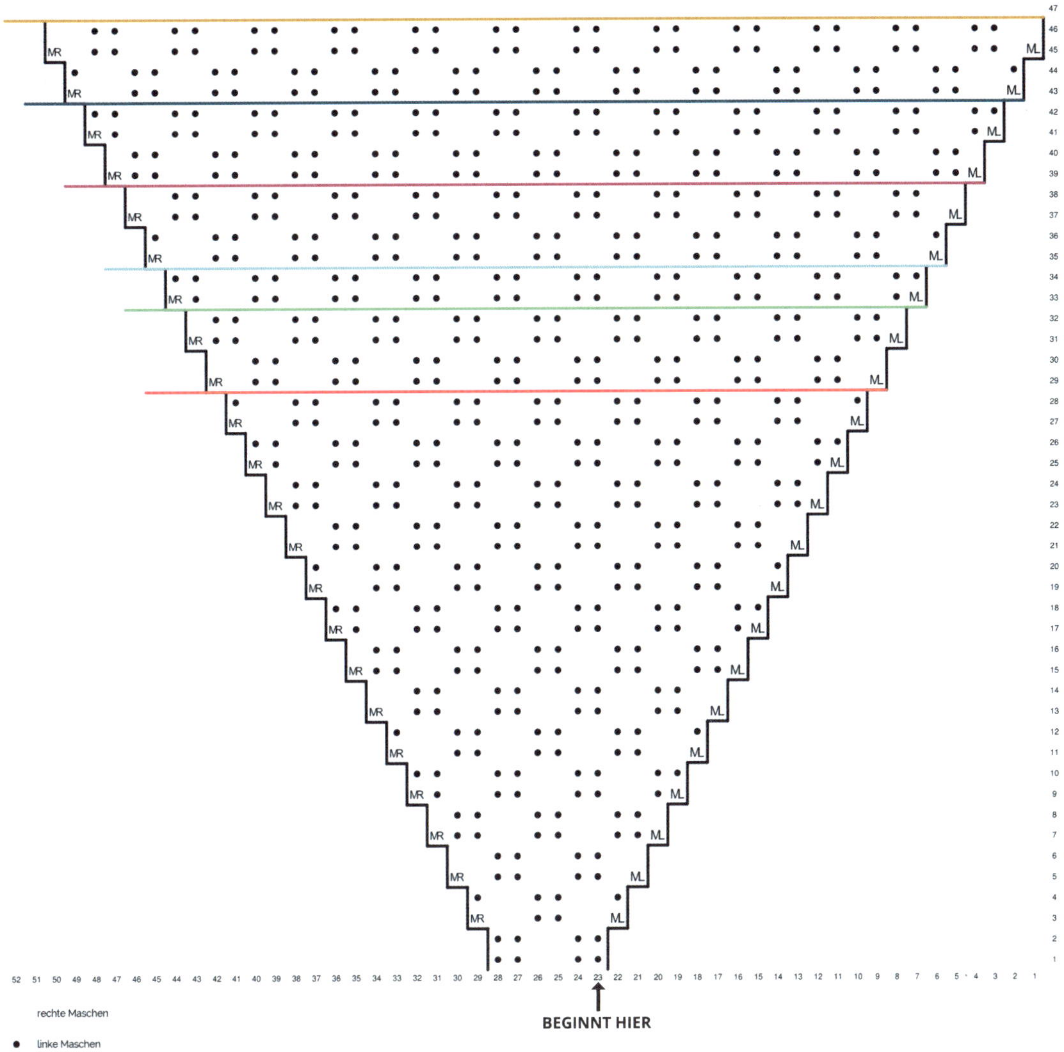

BEGINNT HIER

rechte Maschen

• linke Maschen

MUSTER IM RUMPF

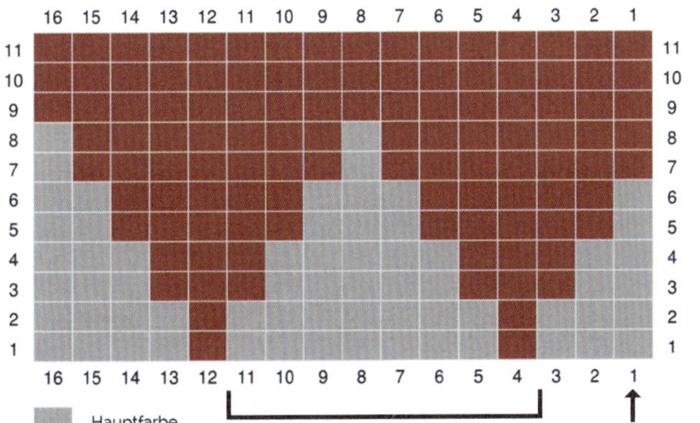

WIEDERHOLEN

BEGINNT HIER

Hauptfarbe

Akzentfarbe

MUSTER IN DEN ÄRMELN

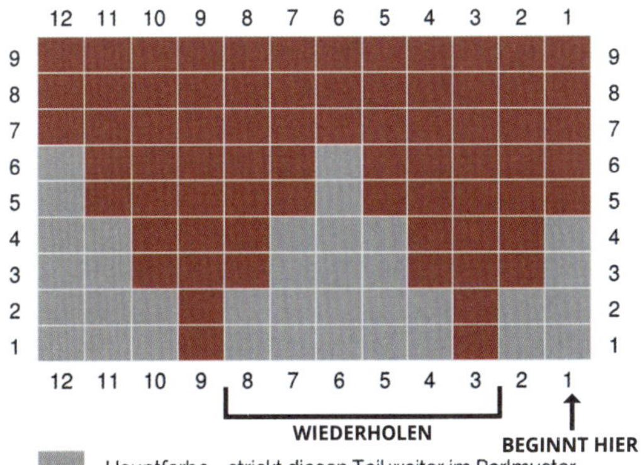

WIEDERHOLEN

BEGINNT HIER

Hauptfarbe - strickt diesen Teil weiter im Perlmuster

Akzentfarbe - strickt diese Maschen rechts

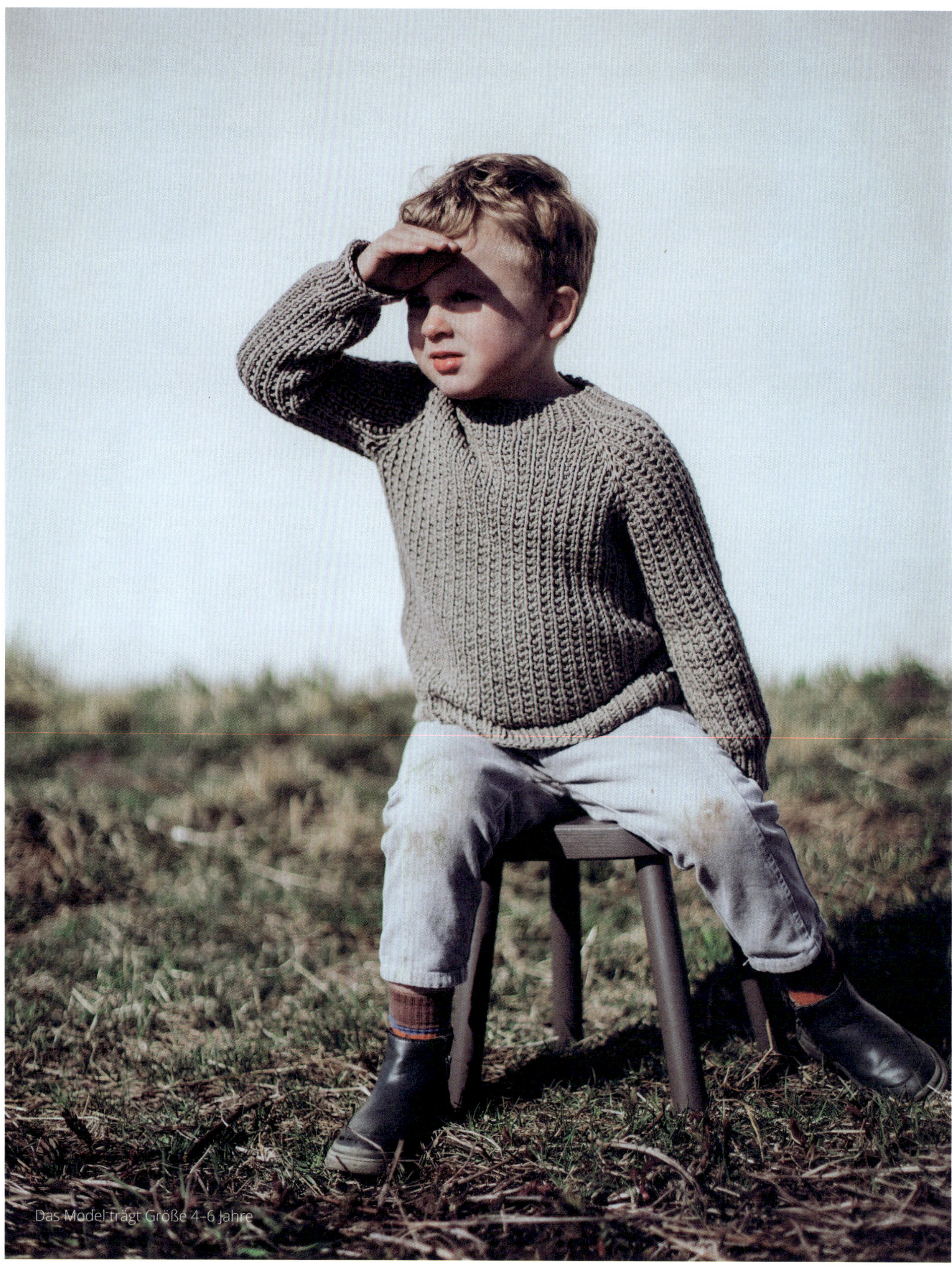

Das Model trägt Größe 4–6 Jahre

GLUT Baumwollpullover

GRÖSSENANGABEN UND GARNVERBRAUCH

Größe	Rumpflänge ab Ärmelansatz	Brustumfang	Ärmellänge ab Ärmelansatz	Ärmelumfang	Garnverbrauch
6–12 Monate	21 cm	52 cm	22 cm	18 cm	250 g (600 m)
1–2 Jahre	24 cm	57 cm	25 cm	19 cm	300 g (720 m)
2–4 Jahre	27 cm	62 cm	28 cm	20 cm	350 g (840 m)
4–6 Jahre	30 cm	67 cm	31 cm	25 cm	400 g (960 m)
6–8 Jahre	**32 cm**	**71 cm**	**33 cm**	**27 cm**	**450 g (1080 m)**
8–10 Jahre	**34 cm**	**75 cm**	**36 cm**	**29 cm**	**500 g (1200 m)**
10–12 Jahre	**36 cm**	**82 cm**	**39 cm**	**31 cm**	**550 g (1320 m)**
12–14 Jahre	**28 cm**	**87 cm**	**43 cm**	**33 cm**	**600 g (1440 m)**

Bitte beachtet, dass die angegebenen Garnmengen nur ein Richtwert sind.

Habt ihr auch so ein Kind, dem jede Wolle kratzt? Diesen Pullover trägt mein Kleiner (meistens) freiwillig!

Für weniger empfindliche Kinder könnt ihr ihn selbstverständlich auch aus Wolle stricken.

ANLEITUNG

Der Pullover wird von oben nach unten in Runden gearbeitet. Er wird durchgängig im gebrochenen Rippenmuster gestrickt.

GEBROCHENES RIPPENMUSTER

1. Runde: Strickt alle M re.

2. Runde: Strickt 1 M re, 1 M li im Wechsel.

Wiederholt Runden 1 und 2 nach dem Bündchen über die ganze Länge des Pullovers.

HALSBÜNDCHEN

Schlagt 48, 52, 56, 56, **60, 60, 64, 64** M auf die Rundstricknadel Nr. 5 (30/40 cm lang) an und schließt zur Runde. Strickt das Bündchen im Rippenmuster (1 M re, 1 M li im Wechsel) insgesamt 2, 2,5, 3, 3, **3,5, 3,5, 4, 4** cm lang.

RAGLANBLENDE

Nach dem Halsbündchen werden die Raglanzunahmen gearbeitet. Diese Zunahmen bilden die Linien, die Rumpf und Schultern voneinander trennen. Die Runde beginnt in der hinteren Mitte. Ab hier wird der Pullover im gebrochenen Rippenmuster gestrickt. Wechselt jetzt auf Nadelstärke 5,5.

Die **erste Runde** strickt ihr laut Runde 1 im Muster nur rechts:

1. Schritt: Strickt 8, 10, 10, 10, **12, 12, 12, 12** M re (rechtes Rückenteil). Hängt MM1 auf die Nadel.

2. Schritt: Strickt 1 M re (Raglanmasche). Hängt MM2 auf die Nadel.

3. Schritt: Strickt 5 M (rechte Schulter). Hängt MM3 auf die Nadel.

4. Schritt: Strickt 1 M re (Raglanmasche). Hängt MM4 auf die Nadel.

5. Schritt: Strickt 17, 19, 21, 21, **23, 23, 25, 25** M re (Vorderteil). Hängt MM5 auf die Nadel.

6. Schritt: Strickt 1 M re (Raglanmasche). Hängt MM6 auf die Nadel.

7. Schritt: Strickt 5 M re (linke Schulter). Hängt MM7 auf die Nadel.

8. Schritt: Strickt 1 M re (Raglanmasche). Hängt MM8 auf die Nadel.

9. Schritt: Strickt 9, 9, 11, 11, **11, 11, 13, 13** M re (linkes Rückenteil).

Jetzt habt ihr wieder den Beginn der Runde in der hinteren Mitte erreicht. Markiert ihn ggf. mit einem weiteren MM.

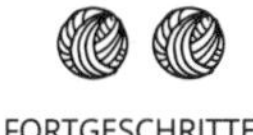

FORTGESCHRITTEN

DAS BRAUCHT IHR:

Garn
2 Fäden Cotton 100% von Katia (120 m/50 g) oder 1 Faden Drops Paris

Alternativ auch andere Garnqualitäten mit passender Maschenprobe, z.B. Lana Grossa Bingo, Katia Merino Sport, Lang Merino+ oder Schachenmayr Merino 85.

Der Garnverbrauch wird mit Cotton 100% berechnet, das zweifädig gestrickt wird. Wenn ihr den Pullover einfädig aus dickerem Garn stricken wollt, halbiert ihr die angegebene Lauflänge und erhaltet so die benötigte Garnmenge.

Rundstricknadeln Nr. 5
30/40 und 60 cm

Rundstricknadeln Nr. 5,5
30/40 und 60/80/100 cm

Nadelspiel Nr. 4,5
für die Ärmelbündchen

Nadelspiel Nr. 5,5
für die Ärmel

Stopfnadel
zum Vernähen

Maschenmarkierer
Acht Ringe für die Raglanmaschen und ein Ring für den Rundenbeginn

Maschenprobe
17 M mit Nadelstärke 5,5 ergeben 10 cm im gebrochenen Rippenmuster

Strickt die **2. Runde** laut Runde 2 im Muster, d.h. 1 M re, 1 M li im Wechsel. Beginnt mit einer rechten Masche. Achtet darauf, die 4 Raglanmaschen re zu stricken.

Die **3. Runde** wird wieder glatt rechts gestrickt. Hier beginnen die Raglanzunahmen: Strickt re bis zu MM1. Nehmt 1 M mit **M1R** (s. Seite 181) zu, hebt MM1 ab, strickt die Raglanmasche re, hebt MM2 ab, nehmt 1 M mit **M1L** zu. Wiederholt diese Zunahme an den anderen drei Raglanmaschen in der Runde und nehmt so an vier Stellen in der Runde insgesamt 8 M zu.

Wiederholt **Runden 2 und 3** und nehmt auf diese Weise in jeder zweiten Runde an den Raglanmaschen zu, bis ihr in 10, 11, 12, 14, **15, 17, 19, 21** Runden zugenommen habt. Wechselt auf eine längere Rundstricknadel, wenn die Runden zu lang für 40 cm werden. Am Ende der Zunahmen liegen 128, 140, 152, 168, **180, 196, 216, 232** M auf der Nadel. Strickt zum Abschluss noch eine weitere Runde ohne Zunahmen im Muster.

RUMPF

Jetzt werden die Maschen, die später die Ärmel bilden, auf jeder Seite auf einem Hilfsfaden stillgelegt. Das ist ein Faden in einer Kontrastfarbe, auf den ihr alle Ärmelmaschen auffädelt, um sie zu sichern, während der Rumpf gestrickt wird. Ihr strickt weiterhin im gebrochenen Rippenmuster.

1. Schritt: Strickt re bis zu MM1 (rechtes Rückenteil und die Raglanmasche).

2. Schritt: Legt die nächsten 25, 27, 29, 33, **35, 39, 43, 47** M auf einen Hilfsfaden (rechter Ärmel).

3. Schritt: Schlagt 5 neue M an (unter dem rechten Arm).

4. Schritt: Strickt re bis zu MM6 (Raglanmasche, Vorderteil und die nächste Raglanmasche).

5. Schritt: Legt 25, 27, 29, 33, **35, 39, 43, 47** M auf einen Hilfsfaden (linker Ärmel).

6. Schritt: Schlagt 5 neue M an (unter dem linken Arm).

7. Schritt: Strickt die Runde re fertig (Raglanmasche und linkes Rückenteil).

Jetzt liegen insgesamt 88, 96, 104, 112, **120, 128, 140, 148** M auf der Nadel (Vorder- und Rückenteil, plus die 10 neuen M unter den Ärmeln). Die Ärmelmaschen liegen jetzt auf Hilfsfäden.

Strickt im gebrochenen Rippenmuster weiter, bis der Rumpf, ab dem Ärmelansatz, 18, 20,5, 23, 26, **27,5, 29,5, 31, 33** cm misst, oder nach Geschmack und Größe des Kindes. Beendet das Muster in Runde 2 (1 M re, 1 M li im Wechsel). Wechselt dann auf Nadelstärke 5 und strickt eine weitere Runde re. Strickt zum Schluss ein Rippenbündchen wie im Halsbündchen (1 M re, 1 M li im Wechsel), 3, 3,5, 4, 4, **4,5, 4,5, 5, 5** cm lang und kettet im Muster ab.

ÄRMEL

Jetzt werden die Maschen für den ersten Ärmel, die ihr auf einem Hilfsfaden stillgelegt habt, wieder zurück auf Nadeln gelegt. Zusätzlich werden aus den Maschen, die ihr unter dem Arm neu angeschlagen habt, 5 M aufgefasst und zu den restlichen Ärmelmaschen auf die Nadel gelegt. Die Ärmel werden in Runden gestrickt. Damit der Rundenbeginn mittig unter dem Arm liegt, werden die neu aufgefassten Maschen auf Rundenbeginn und -ende verteilt, d.h. es kommen je 2 der Maschen auf die erste und 3 auf die letzte Nadel. Die erste Runde beginnt nun in der Mitte zwischen diesen neuen Maschen. Jetzt liegen 30, 32, 34, 38, **40, 44, 48, 52** M auf der Nadel.

Strickt den Ärmel mit Nadelstärke 5,5 im gebrochenen Rippenmuster in Runden, bis zu einer Länge von 19, 21,5, 24, 27, **28,5, 31,5, 34, 38** cm (ich empfehle hier, die Armlänge des Empfängers von Achsel zu Handgelenk zu messen, wenn möglich, um die Länge ggf. anzupassen). Endet auch hier in Runde 2 des Musters (1 M re, 1 M li im Wechsel). Wechselt auf Nadelstärke 4,5, strickt eine Runde glatt re und reduziert die Maschen dabei gleichmäßig verteilt um 6, 6, 6, 8, **8, 12, 14, 18** M. Jetzt liegen noch 24, 26, 28, 30, **32, 32, 34, 34** M auf der Nadel. Strickt daraus ein Bündchen im Rippenmuster wie im Rumpf, insgesamt 3, 3,5, 4, 4, **4,5, 4,5, 5, 5** cm lang. Kettet im Muster ab. Achtet darauf, nicht zu fest abzuketten, damit der Pullover nicht zu eng am Handgelenk anliegt.

Strickt den zweiten Ärmel gleich.

ABSCHLUSS

Alle Enden gut vernähen und ggf. die Löcher unter den Armen schließen, wenn vorhanden. Wascht den Pullover entsprechend den Pflegehinweisen auf eurem Garn, zieht ihn auf einem trockenen Handtuch in Form und lasst ihn liegend trocknen.

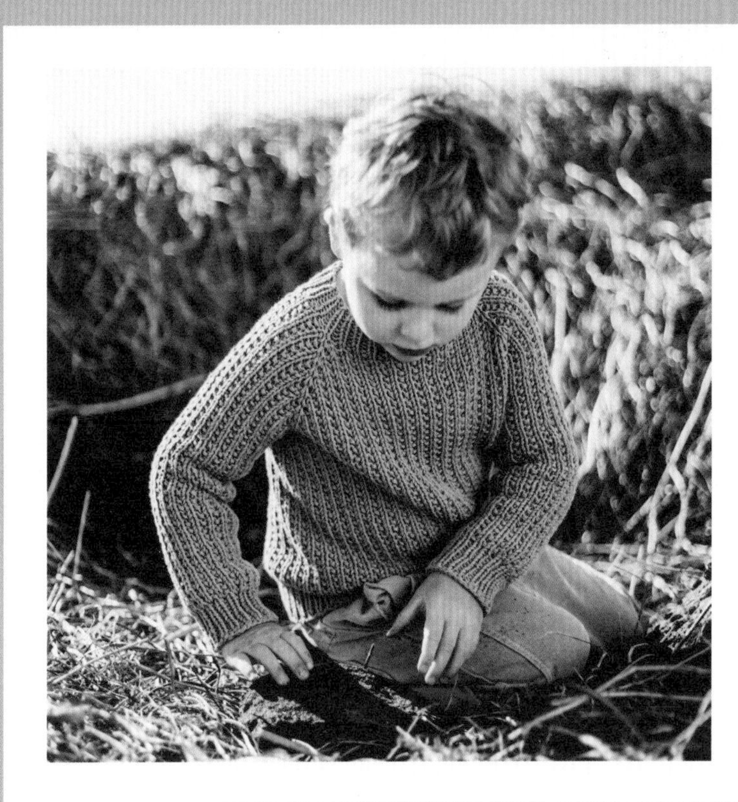

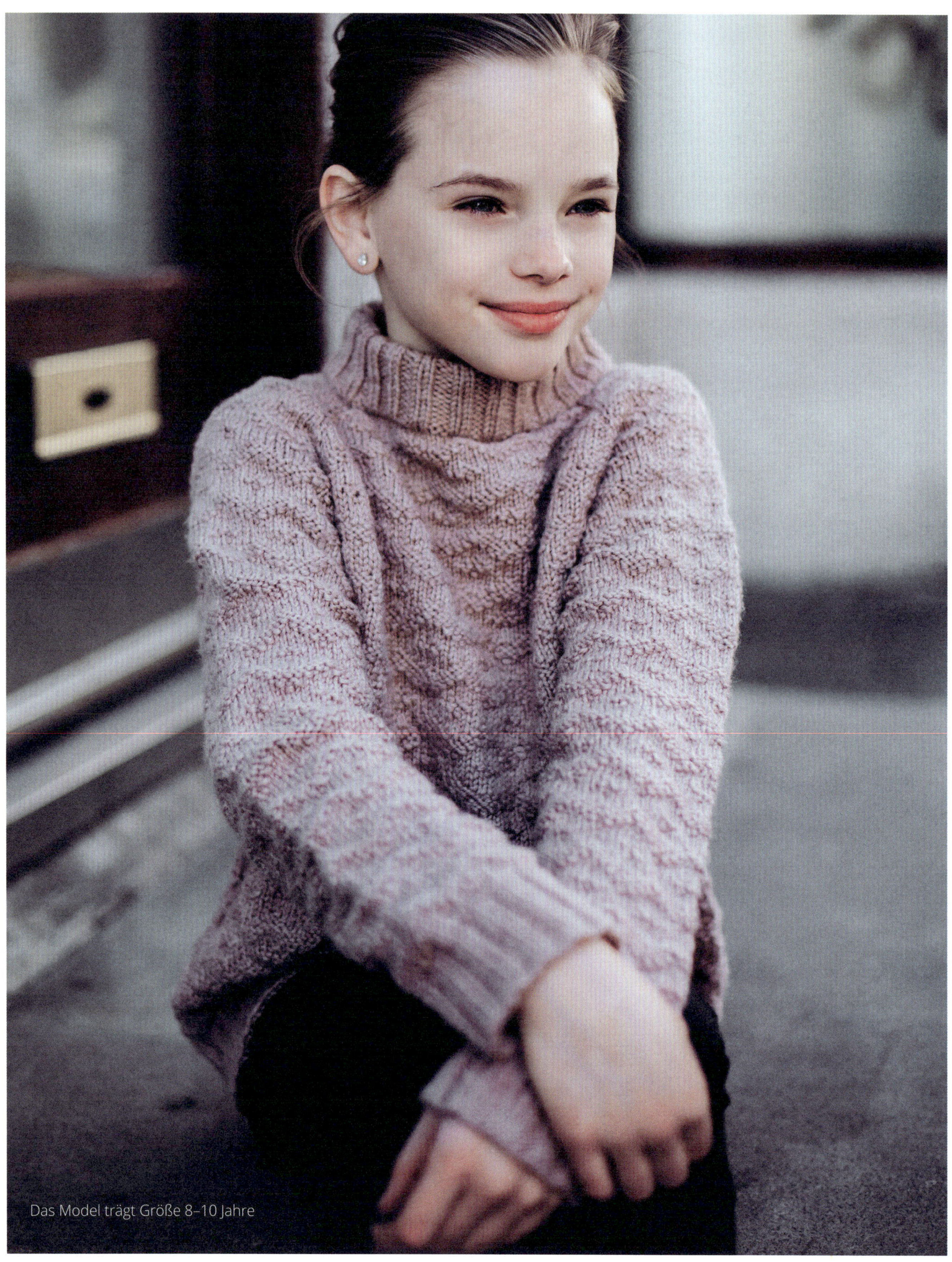
Das Model trägt Größe 8–10 Jahre

AVA Kinderpullover

GRÖSSENANGABEN UND GARNVERBRAUCH

Größe	Rumpflänge ab Ärmelansatz	Brustumfang	Ärmellänge ab Ärmelansatz	Ärmelumfang	Garnverbrauch
6–12 Monate	18 cm	60 cm	18 cm	18 cm	150 g (480 m)
1–2 Jahre	20 cm	66,5 cm	20 cm	22 cm	200 g (640 m)
2–4 Jahre	22 cm	66.5 cm	22 cm	25 cm	250 g (800 m)
4–6 Jahre	23 cm	73,5 cm	23 cm	28 cm	250 g (800 m)
6–8 Jahre	**26 cm**	**80 cm**	**26 cm**	**30 cm**	**300 g (960 m)**
8–10 Jahre	**28 cm**	**80 cm**	**28 cm**	**32 cm**	**300 g (960 m)**
10–12 Jahre	**30 cm**	**86,5 cm**	**30 cm**	**34 cm**	**350 g (1120 m)**

Bitte beachtet, dass die angegebenen Garnmengen nur ein Richtwert sind.

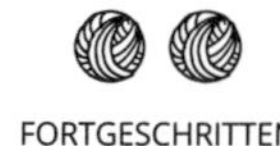

FORTGESCHRITTEN

DAS BRAUCHT IHR:

Garn
Lana Grossa Cool Wool (160 m/50 g) oder Ecopuno, Katia Merino 100%, Lang Merino 120%, Drops Merino Extra Fine

Oder andere Garne mit passender Maschenprobe.

Rundstricknadeln Nr. 4
60 und 80 cm 40 cm für das Halsbündchen

Nadelspiel Nr. 4
für die Ärmelbündchen

Stopfnadel
zum Vernähen

Maschenmarkierer
Acht Ringe für die Raglanmaschen und ein Ring für den Rundenbeginn.

Maschenprobe
24 M mit Nadelstärke 4 ergeben 10 cm.

Zuerst kam der Damenpullover, in den ich das Muster einer alten Jacke eingestrickt habe. Der passende Kinderpullover und der Herrenpullover vervollständigen die AVA-Kollektion für den Familienlook.

ANLEITUNG

Der Pullover wird von oben nach unten in Runden gearbeitet, mit doppeltem Bündchen, Raglanpasse und durchgehend mit einem Strukturmuster aus rechten und linken Maschen. Die Musterdiagramme für das Strukturmuster findet ihr am Ende der Anleitung.

BÜNDCHEN

Schlagt 72, 72, 76, 76, **80, 84, 84** M auf die Rundstricknadel Nr. 4 (40 cm lang) an und schließt zur Runde. Strickt das Halsbündchen im Rippenmuster (2 M re, 2 M li im Wechsel) insgesamt 6, 6, 8, 8, **9, 9, 10** cm lang. Klappt das Bündchen dann so um, dass die Anschlagskante innen liegt, und strickt es in der nächsten Runde doppelt fest (s. »Doppeltes Bündchen« auf S. 181): Nehmt für jede Masche, die auf der Nadel liegt, die entsprechende Masche aus der Anschlagskante mit auf und strickt beide zusammen als eine Masche rechts ab.

Strickt dann eine weitere Runde rechts und nehmt dabei gleichmäßig verteilt 8, 8, 4, 4, **12, 8, 8** M zu. Jetzt liegen 80, 80, 80, 80, **92, 92, 92** M auf der Nadel.

RAGLANBLENDE

Nach dem Bündchen werden die Raglanzunahmen gearbeitet. Diese Zunahmen bilden die Linien, die Rumpf und Schultern voneinander trennen. Die Runde beginnt in der hinteren Mitte. Ab hier strickt ihr das Strukturmuster laut Diagramm am Ende der Anleitung.

In der **ersten Runde** markiert ihr die Stellen für die Raglanzunahmen mit MM und strickt dabei auch die erste Reihe des Musters laut Diagramm.

1. Schritt: Strickt 16, 16, 16, 16, **18, 18, 18** M im Strukturmuster laut Diagramm (rechtes Rückenteil – die Runde beginnt in der Mitte des Diagramms).

2. Schritt: Hängt MM1 auf die Nadel, strickt 1 M re (die Raglanmasche) und hängt dann MM2 auf die Nadel.

3. Schritt: Strickt 7, 7, 7, 7, **9, 9, 9** M im Strukturmuster laut Diagramm (rechte Schulter).

4. Schritt: Hängt MM3 auf die Nadel, strickt 1 M re (die Raglanmasche) und hängt dann MM4 auf die Nadel.

5. Schritt: Strickt 31, 31 31, 31, **35, 35, 35** M im Strukturmuster laut Diagramm (Vorderteil).

6. Schritt: Hängt MM5 auf die Nadel, strickt 1 M re (die Raglanmasche) und hängt dann MM6 auf die Nadel.

7. Schritt: Strickt 7, 7, 7, 7, **9, 9, 9** M im Strukturmuster laut Diagramm (linke Schulter).

8. Schritt: Hängt MM7 auf die Nadel, strickt 1 M re (die Raglanmasche) und hängt dann MM8 auf die Nadel.

9. Schritt: Strickt 15, 15, 15, 15, **17, 17, 17** M im Strukturmuster laut Diagramm (linkes Rückenteil).

Jetzt habt ihr wieder den Beginn der Runde in der hinteren Mitte erreicht. Markiert ihn ggf. mit einem weiteren MM.

Die acht MM in der Runde markieren die Stellen, an denen ihr ab der **zweiten Runde** die Raglanzunahmen arbeitet:

Strickt im Muster (Reihe 2 im Musterdiagramm) bis zu MM1, der die erste Raglanmasche markiert. Nehmt 1 M mit **M1R** (s. Seite 181) zu, hebt MM1 ab, strickt die Raglanmasche re, hebt MM2 ab, nehmt 1 M mit **M1L** zu. Strickt im Muster weiter, wiederholt diese Zunahme an den anderen drei Raglanmaschen in der Runde und nehmt so an vier Stellen in der Runde insgesamt 8 M zu.

Strickt die **dritte Runde** im Strukturmuster (Reihe 3 im Diagramm) ohne Zunahmen.

Wiederholt Runden 2 und 3, bis ihr in insgesamt 18, 21, 22, 25, **26, 27, 30** Runden zugenommen habt. Strickt dabei durchgehend das Strukturmuster laut Diagramm. Wechselt auf eine längere Rundstricknadel, wenn die Runden zu lang für 40 cm werden. Am Ende der Zunahmen liegen 224, 248, 256, 280, **300, 308, 332** M auf der Nadel.

RUMPF

Wenn ihr alle Zunahmen gearbeitet habt, werden die Maschen, die später die Ärmel bilden, auf jeder Seite auf einem Hilfsfaden stillgelegt. Das ist ein Faden in einer Kontrastfarbe, auf den ihr alle Ärmelmaschen auffädelt, um sie zu sichern, während der Rumpf gestrickt wird.

Das Strukturmuster wird ab hier im selben Rhythmus ohne weitere Zunahmen fortgeführt. Achtet darauf, dass das Muster hier nahtlos fortgeführt wird und ihr nicht verrutscht.

1. Schritt: Strickt im Muster bis MM2 (das rechte Rückenteil und die Raglanmasche).

2. Schritt: Legt die nächsten 43, 49, 51, 57, **61, 63, 69** M auf einen Hilfsfaden (rechter Ärmel).

3. Schritt: Schlagt 3, 5, 3, 5, **7, 5, 7** neue M an (unter dem rechten Ärmel).

4. Schritt: Strickt im Muster bis MM6 (das Vorderteil plus die Raglanmaschen).

5. Schritt: Legt die nächsten 43, 49, 51, 57, **61, 63, 69** M auf einen Hilfsfaden (linker Ärmel).

6. Schritt: Schlagt 3, 5, 3, 5, **7, 5, 7** neue M an (unter dem linken Ärmel).

7. Schritt: Strickt die Runde im Muster fertig.

Jetzt liegen insgesamt 144, 160, 160, 176, **192, 192, 208** M auf der Nadel (Vorder- und Rückenteil, plus die neuen M unter den Ärmeln). Die Ärmelmaschen liegen jetzt auf Hilfsfäden. Die 4 Raglanmaschen sind jetzt Teil des Rumpfes. Strickt den Rumpf jetzt im Muster, bis er, ab dem Ärmelansatz, 15, 17, 18, 19, **21, 23, 24** cm lang ist – oder nach Geschmack und Größe des Kindes.

Strickt zum Schluss ein Rippenbündchen (2 M re, 2 M li im Wechsel) über 3, 3, 4, 4, **5, 5, 6** cm und kettet im Rippenmuster ab.

ÄRMEL

Jetzt werden die Maschen für den ersten Ärmel, die ihr auf einem Hilfsfaden stillgelegt habt, wieder zurück auf Nadeln (Stärke 4) gelegt. Zusätzlich werden aus den Maschen, die ihr unter dem Arm neu angeschlagen habt, 5, 7, 5, 7, **3, 9, 3** M aufgefasst und zu den restlichen Ärmelmaschen auf die Nadel gelegt. Achtung: Ihr fasst hier nicht dieselbe Maschenzahl auf, wie ihr am Ende der Raglanpasse angeschlagen habt – nur so geht das Muster unter den Ärmeln auf.

Die Ärmel werden in Runden gestrickt. Damit der Rundenbeginn mittig unter dem Arm liegt, werden die neu aufgefassten Maschen auf Rundenbeginn und -ende verteilt.

Jetzt liegen 48, 56, 56, 64, **64, 72, 72** M auf der Nadel. Schließt den Ärmel zur Runde und strickt ihn im Strukturmuster weiter. Achtet darauf, das Muster in der ersten Runde so zu beginnen, dass es sich nicht verschiebt oder unterbrochen wird.

Jetzt habt ihr zwei Möglichkeiten, den Ärmel zu stricken:

METHODE 1 – OHNE ABNAHMEN

Strickt den Ärmel im Muster, ohne Abnahmen, bis er 15, 19, 21, 24, **25, 27, 28** cm lang ist. Strickt dann eine weitere Runde re und nehmt dabei gleichmäßig verteilt 12, 16, 16, 20, **20, 28, 24** M ab. Geht weiter zum Bündchen.

METHODE 2 – MIT ABNAHMEN

Strickt zunächst 3, 3, 1, 3, **3, 4, 4** cm lang im Muster. Nehmt in der nächsten Runde 2 M ab, indem ihr die ersten 2 M und die letzten 2 M der Runde zusammenstrickt. Wiederholt diese Abnahme mit 2, 2, 2,5, 2, **2, 1,5, 2** cm Abstand, bis ihr insgesamt 6, 8, 8, 10, **10, 14, 12** Abnahmen gearbeitet habt,

Achtung: Das Muster wird dabei unter dem Arm nicht mehr genau aufgehen.

Am Ende liegen noch 36, 40, 40, 40, **44, 44, 48** M auf der Nadel. Strickt ohne Abnahmen weiter, bis der Ärmel 15, 19, 21, 24, **25, 27, 28** cm lang ist. Strickt zum Schluss noch eine Runde re.

BÜNDCHEN

Strickt ein Rippenbündchen (2 M re, 2 M li im Wechsel) über 3, 3, 4, 4, **5, 5, 6** cm. Kettet elastisch im Rippenmuster ab und strickt den zweiten Ärmel gleich.

ABSCHLUSS

Vernäht alle Enden und schließt ggf. die Löcher unter den Armen, wenn vorhanden. Wascht den Pullover entsprechend den Pflegehinweisen auf eurem Garn, zieht ihn auf einem trockenen Handtuch in Form und lasst ihn liegend trocknen.

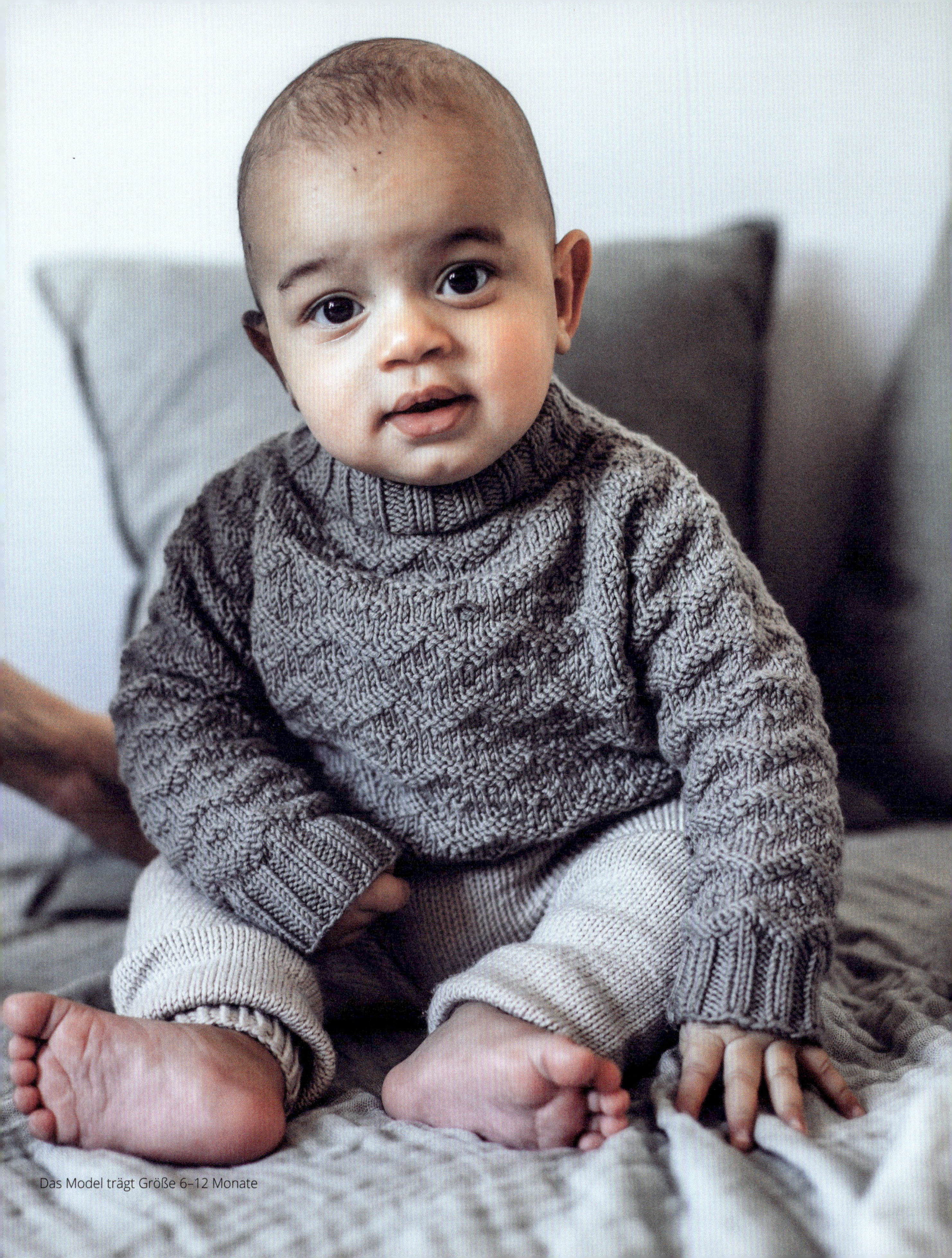

Das Model trägt Größe 6–12 Monate

MUSTERDIAGRAMM 1, RAGLANPASSE (VORDER- UND RÜCKENTEIL)

Größen 6–12 Monate, 1–2 Jahre, 2–4 Jahre und 4–6 Jahre

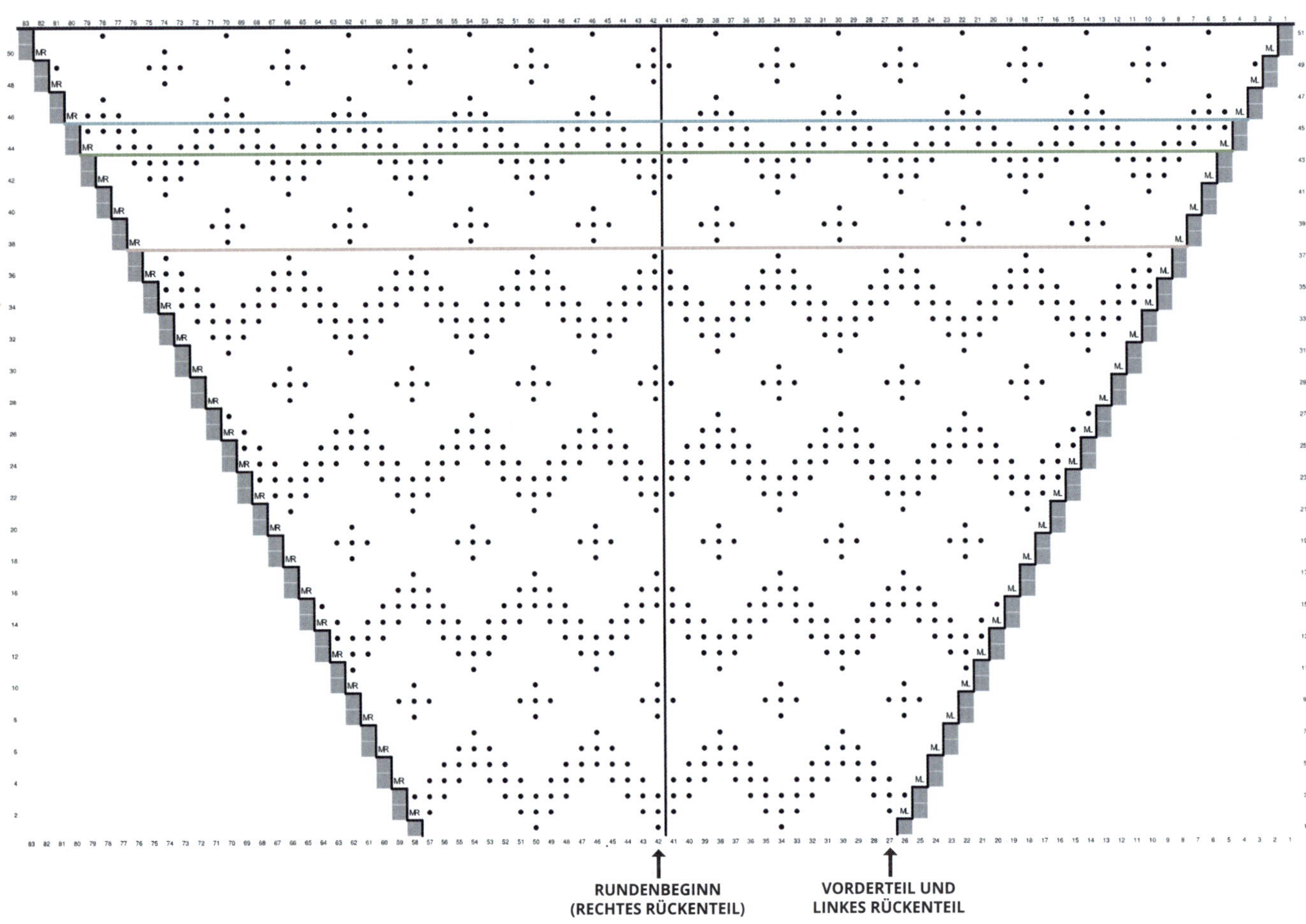

ZEICHENERKLÄRUNG

rechte Maschen

ML M1L

MR M1R

● linke Maschen

Raglanmasche

Hier endet die Raglanpasse in Größe 6-12 Monate

Hier endet die Raglanpasse in Größe 1-2 Jahre

Hier endet die Raglanpasse in Größe 2-4 Jahre

Hier endet die Raglanpasse in Größe 4-6 Jahre

Hier endet die Raglanpasse in Größe 6-8 Jahre

Hier endet die Raglanpasse in Größe 8-10 Jahre

Hier endet die Raglanpasse in Größe 10-12 Jahre

MUSTERDIAGRAMM 2 (SCHULTERN)

Größen 6–12 Monate, 1–2 Jahre, 2–4 Jahre und 4–6 Jahre

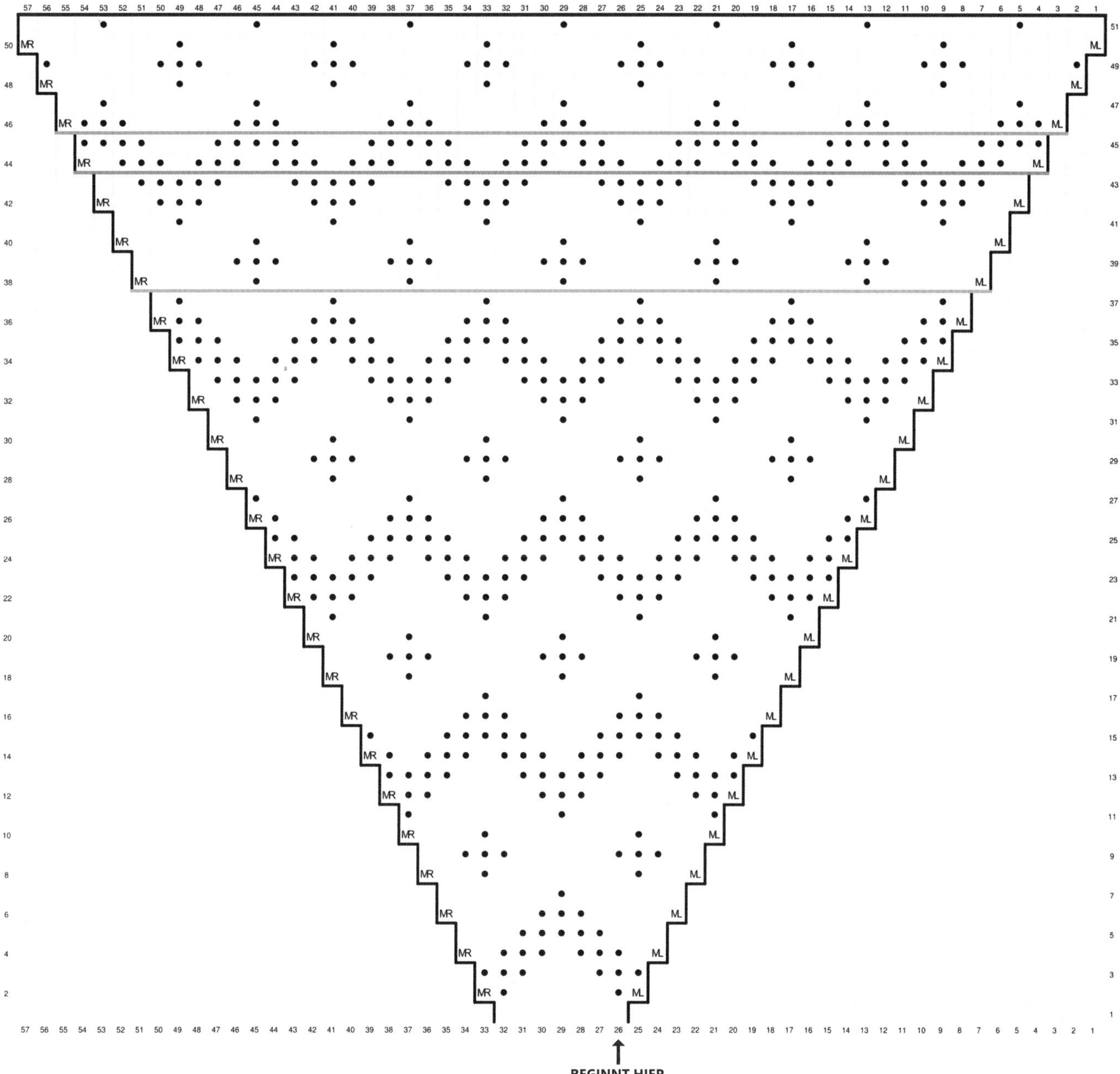

MUSTERDIAGRAMM 1, RAGLANPASSE (VORDER- UND RÜCKENTEIL)

Größen 6–8 Jahre, 8–10 Jahre und 10–12 Jahre

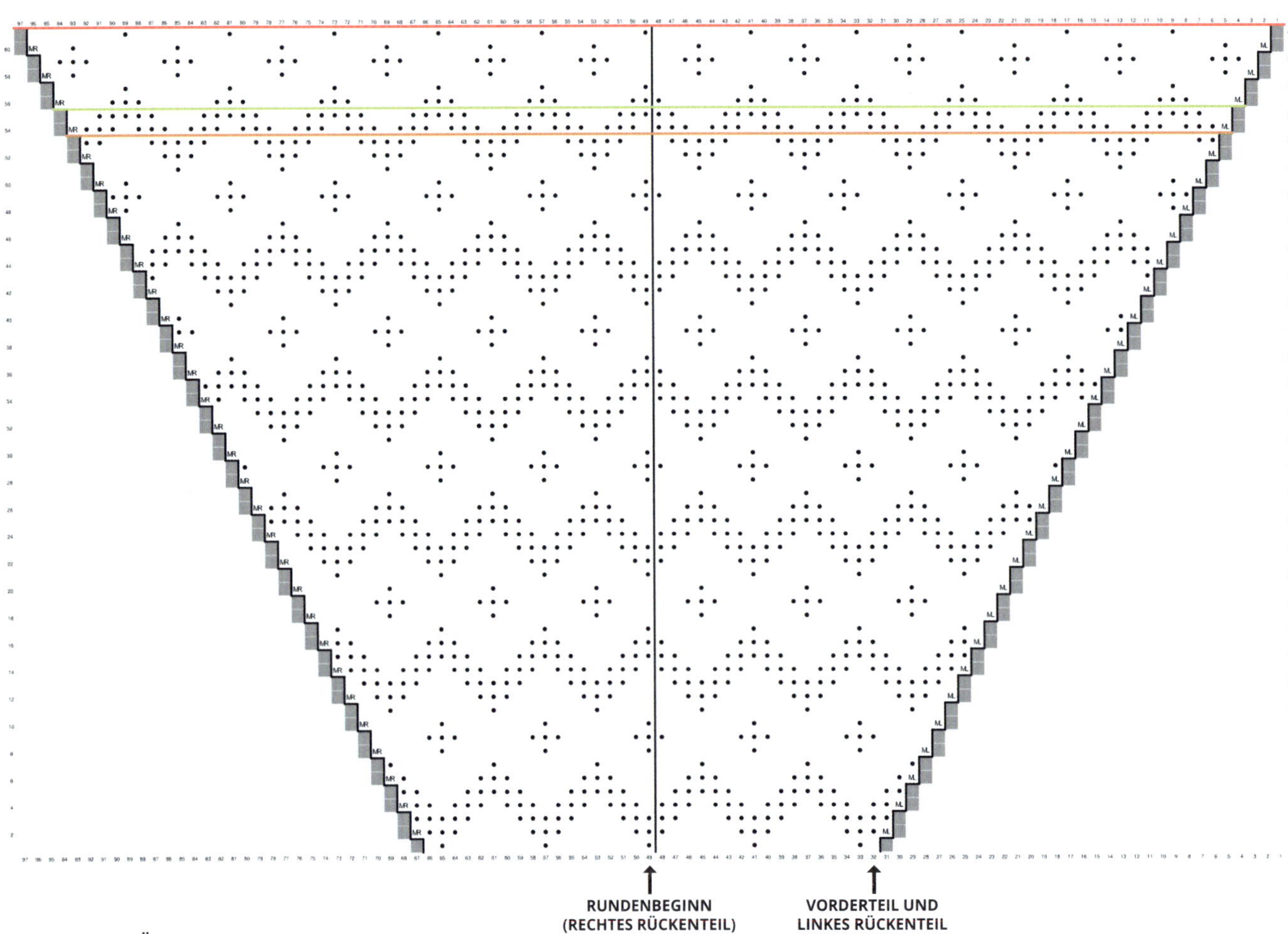

ZEICHENERKLÄRUNG

rechte Maschen

ML M1L

MR M1R

● linke Maschen

Raglanmasche

Hier endet die Raglanpasse in Größe 6-12 Monate

Hier endet die Raglanpasse in Größe 1-2 Jahre

Hier endet die Raglanpasse in Größe 2-4 Jahre

Hier endet die Raglanpasse in Größe 4-6 Jahre

Hier endet die Raglanpasse in Größe 6-8 Jahre

Hier endet die Raglanpasse in Größe 8-10 Jahre

Hier endet die Raglanpasse in Größe 10-12 Jahre

MUSTERDIAGRAMM 2 (SCHULTERN)

Größen 6–8 Jahre, 8–10 Jahre und 10–12 Jahre

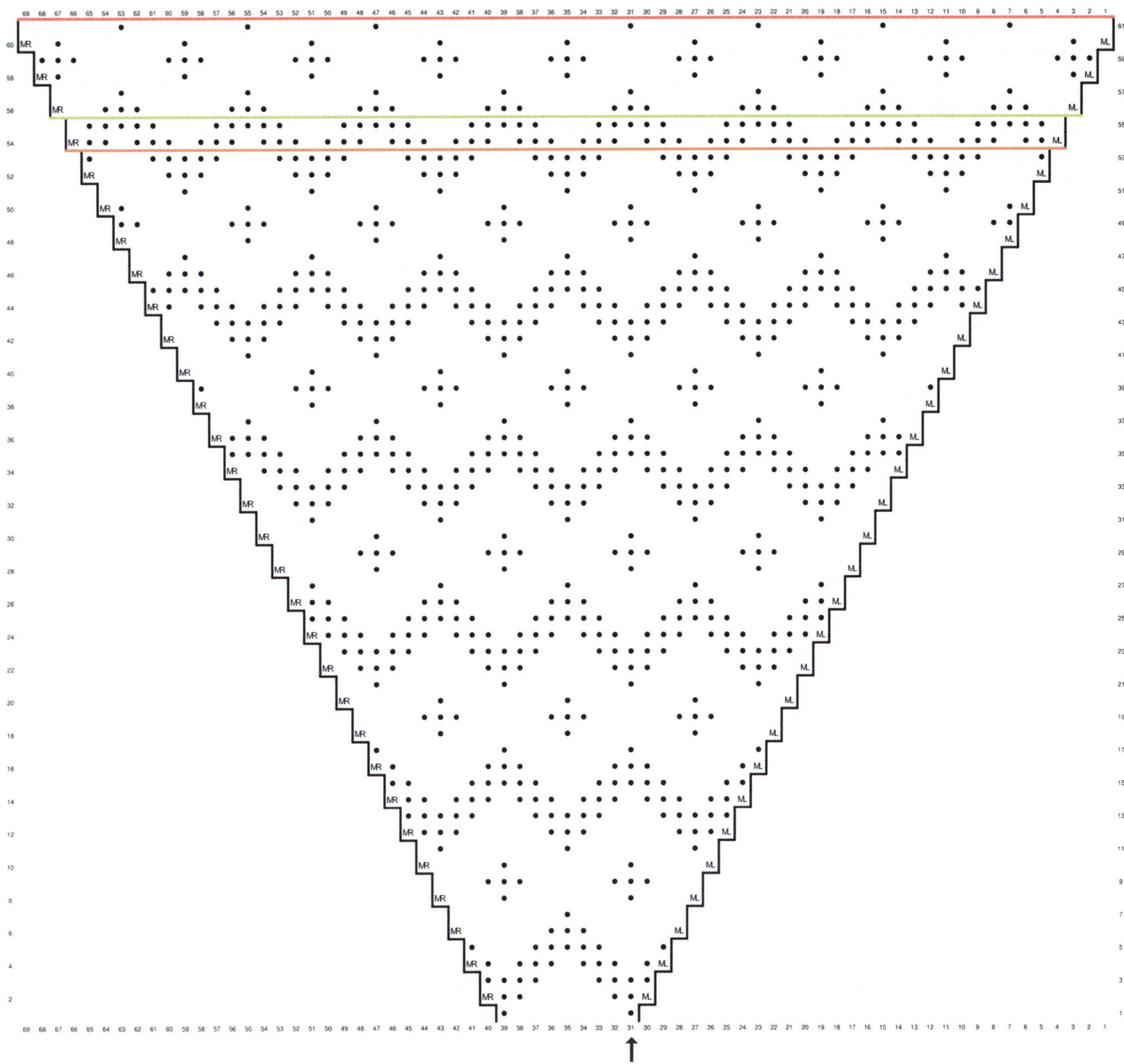

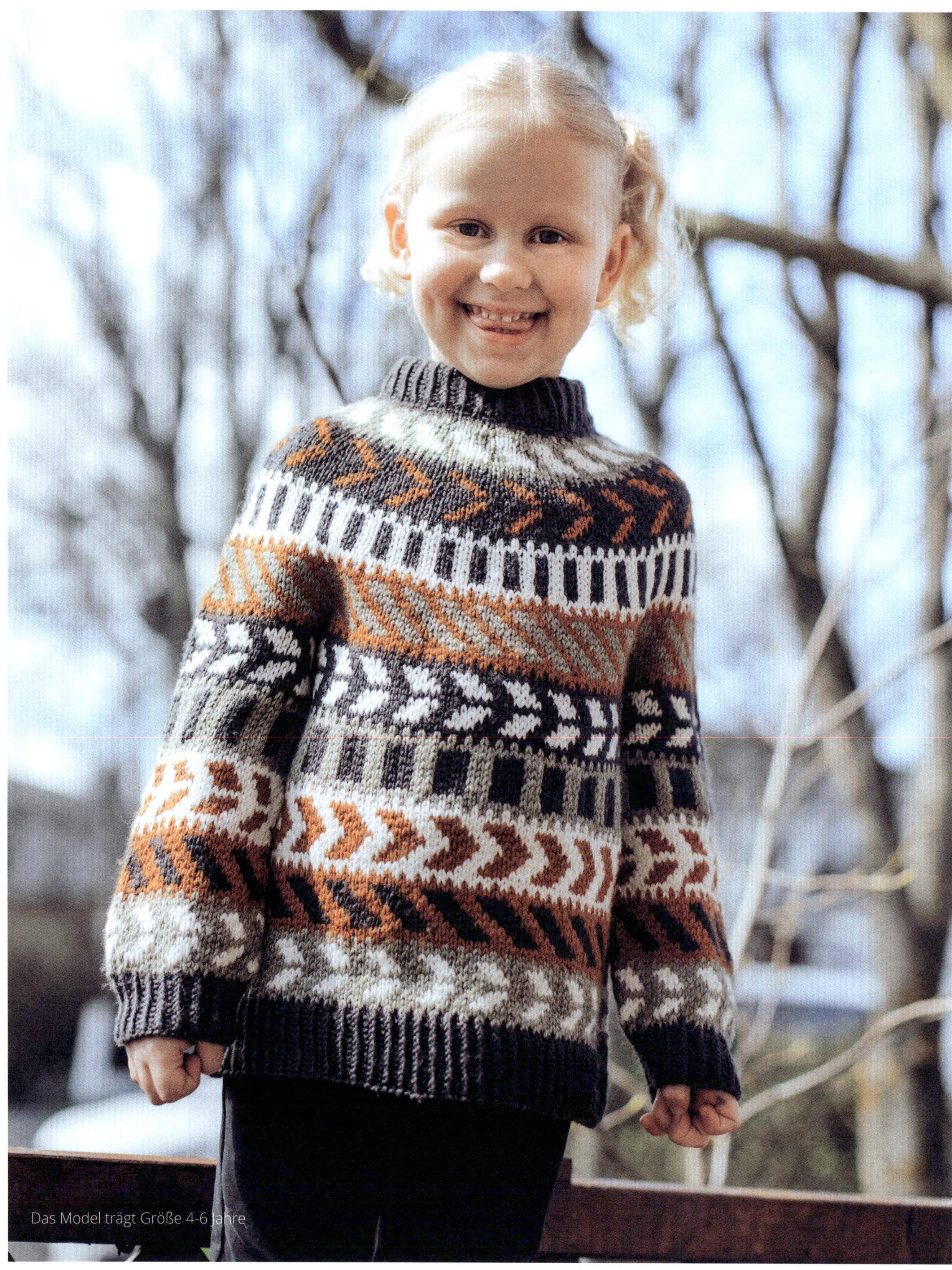

Das Model trägt Größe 4-6 Jahre

MIKADO Kinderpullover

GRÖSSENANGABEN UND GARNVERBRAUCH

Größe	Rumpflänge ab Ärmelansatz	Brustumfang	Ärmellänge ab Ärmelansatz	Ärmelumfang	Garnverbrauch Hauptfarbe & Bündchen	Garnverbrauch pro Akzentfarbe (5 Farben)	Gesamtmenge
1–2 Jahre	24 cm	62,5 cm	24 cm	24 cm	100 g (240 m)	50 g (120 m)	250 g (600 m)
2–4 Jahre	26 cm	65.5 cm	26 cm	26 cm	100 g (240 m)	50 g (120 m)	250 g (600 m)
4–6 Jahre	29 cm	71 cm	29 cm	29 cm	100 g (240 m)	50 g (120 m)	300 g (720 m)
6–8 Jahre	**31 cm**	**76,5 cm**	**31 cm**	**31 cm**	**150 g (360 m)**	**50 g (120 m)**	**350 g (840 m)**
8–10 Jahre	**35 cm**	**80 cm**	**35 cm**	**35 cm**	**150 g (360 m)**	**50 g (120 m)**	**400 g (960 m)**

Bitte beachtet, dass die angegebenen Garnmengen nur ein Richtwert sind.

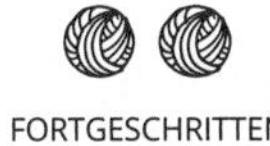

FORTGESCHRITTEN

DAS BRAUCHT IHR:

Garn
Lana Grossa Cool Wool big (120 m/50 g), Katia Merino 100%, Lang Merino 120, Drops Merino extra fine

Oder ähnliche Garne mit passender Maschenprobe.

Rundstricknadeln Nr. 4,5
40 und 60/80 cm

Rundstricknadeln Nr. 4,
60/80 cm für das Bündchen

Nadelspiel Nr. 4,5
für die Ärmel

Nadelspiel Nr. 4
für die Ärmelbündchen

Stopfnadel
zum Vernähen

Maschenmarkierer
1 Markierer für den Rundenbeginn.

Maschenprobe
22 M mit Nadelstärke 4,5 ergeben 10 cm.

Was macht man, wenn man sich nicht für eine Farbe entscheiden kann? Klar, man nimmt alle! Dieser Pullover ist ein wunderschönes Resteprojekt und bietet schier unzählige Möglichkeiten! Wir haben ihn bis jetzt zwei-, vier- und sechsfarbig gestrickt und sind immer wieder neu begeistert.

ANLEITUNG

Der Pullover wird von oben nach unten glatt rechts in Runden gearbeitet, mit doppeltem Bündchen, Rundpasse und durchgehend mit einem mehrfarbigen Muster. Die Musterdiagramme findet ihr am Ende der Anleitung.

Die Farben sind hier nicht klar festgelegt, sondern können je nach Geschmack variiert werden. Der Pullover kann z.B. ganz schlicht zweifarbig gestrickt werden: Eine Farbe ist die Hintergrundfarbe, die zweite die Musterfarbe, und in jedem Streifen wird gewechselt. Wir haben für den abgebildeten Pullover vier Farben verwendet und immer neu kombiniert. Nach oben sind praktisch keine Grenzen gesetzt – hier können auch gut alle Reste verstrickt werden.

STRICKEN MIT MEHREREN FARBEN

Das Stricken mit mehreren Farben gleichzeitig ist für Ungeübte eine Herausforderung. Hier ist einmal eine gute Organisation gefragt – achtet streng darauf, die Fäden beim Stricken immer gleich zu halten. Bei mir liegt die Hintergrundfarbe (die Hauptfarbe des jeweiligen Streifens) immer zuoberst, die Akzentfarbe darunter. Wenn ihr eine Farbe über mehr als 4 Maschen nicht verwendet, wickelt ihr sie nach ca. 2–3 Maschen einmal um die Farbe, mit der ihr gerade strickt, um lange Spannfäden zu vermeiden.

Gleichzeitig müsst ihr auf die Fadenspannung achten: Besonders Anfänger ziehen die Spannfäden (die Farbe, die gerade nicht verwendet wird) gerne zu fest an, sodass sich die Rundpasse zusammenzieht. Das lässt sich später auch durch Waschen nicht mehr beheben. Zieht die gerade gestrickten Maschen bei jedem Farbwechsel deshalb auf der Nadel etwas auseinander, damit die Spannfäden locker auf der Rückseite mitlaufen.

BÜNDCHEN

Schlagt 64, 68, 68, **72, 72** M in der Hauptfarbe auf die Rundstricknadel Nr. 4,5 (40 cm lang) an und schließt zur Runde. Strickt das Halsbündchen im Rippenmuster (1 M re verschränkt, 1 M li im Wechsel) insgesamt 6, 8, 8, **10, 10** cm lang.

Klappt das Bündchen dann so um, dass die Anschlagskante innen liegt, und strickt es in der nächsten Runde doppelt fest (s. »Doppeltes Bündchen« auf S. 181): Nehmt für jede Masche, die auf der Nadel liegt, die entsprechende Masche aus der Anschlagskante mit auf und strickt beide zusammen als eine Masche rechts ab.

Strickt dann eine weitere Runde rechts (ab hier strickt ihr die rechten Maschen nicht mehr verschränkt) und nehmt dabei gleichmäßig verteilt 8, 8, 12, **16, 20** M zu. Jetzt liegen 72, 76, 80, **88, 92** M auf der Nadel. Der Rundenbeginn liegt hinten an der rechten Schulter.

RUNDPASSE

Ab jetzt strickt ihr das mehrfarbige Muster laut Musterdiagramm. Das Muster beginnt in der ersten Runde mit 4 Maschen, die über die Runde wiederholt werden.

Die Zunahmen werden an den angegebenen Stellen in das Muster integriert. Da sie fast immer in einfarbigen Runden gestrickt werden, nehmt ihr mit der Farbe zu, mit der die Runde gestrickt wird. Die letzte Zunahme der Rundpasse in einer zweifarbigen Runde (Reihe 35 in Größe 8–10 Jahre – hier ist es die zweitletzte Zunahme) wird in der »Akzentfarbe« des Musters gestrickt, die im Musterdiagramm grau dargestellt wird. Wir empfehlen, die Zunahmen mit M1R (s. Seite 181) aus dem Querfaden zu stricken, damit sich keine Löcher bilden.

Wechselt auf eine längere Rundstricknadel, wenn die Runden zu lang für 40 cm werden. Am Ende der Zunahmen liegen 198, 209, 220, **242, 253** M auf der Nadel.

RUMPF

Wenn ihr alle Zunahmen gearbeitet habt, werden die Maschen, die später die Ärmel bilden, auf jeder Seite auf einem Hilfsfaden stillgelegt. Das ist ein Faden in einer Kontrastfarbe, auf den ihr alle Ärmelmaschen auffädelt, um sie zu sichern, während der Rumpf gestrickt wird.

Ihr strickt die erste Reihe laut Reihe 1 im Musterdiagramm für den Rumpf (dies ist in allen Größen eine einfarbige Runde).

1. Schritt: Legt die ersten 36, 39, **44, 46, 52** M auf einem Hilfsfaden still (rechter Ärmel).

2. Schritt: Schlagt 6, 6, **10, 9, 9** neue Maschen an (unter dem rechten Ärmel).

3. Schritt:
a) Größen 1–2 Jahre und 6–8 Jahre: Strickt 63, **75** Maschen laut Musterdiagramm (rechtes Vorderteil).

b) Größen 2–4, 4–6 und 8–10 Jahre: Strickt die nächsten 65, 66, **74** Maschen laut Musterdiagramm und nehmt zusätzlich gleichmäßig verteilt 1, 2, **5** M zu. Jetzt habt ihr in diesem Abschnitt 66, 68, **79** M auf der Nadel (rechtes Vorderteil).

4. Schritt: Legt die nächsten 36, 39, **44, 46, 52** M auf einem Hilfsfaden still (linker Ärmel).

5. Schritt: Schlagt 6, 6, **10, 9, 9** neue Maschen an (unter dem linken Ärmel).

6. Schritt:
a) Größen 1–2 Jahre, 2–4 Jahre und 6–8 Jahre: Strickt 63, 66, **75** Maschen laut Musterdiagramm (Rückenteil).

b) Größen 4–6 und 8–10 Jahre: Strickt die nächsten 66, **75** Maschen laut Musterdiagramm und nehmt zusätzlich gleichmäßig verteilt 2, **4** Maschen zu. Jetzt liegen in diesem Abschnitt 68, **79** Maschen auf der Nadel (Rückenteil).

Jetzt liegen insgesamt 138, 144, 156, **168, 176** M auf der Nadel (Vorder- und Rückenteil, plus die neuen M unter den Ärmeln). Die Ärmelmaschen liegen jetzt auf Hilfsfäden.

Strickt den Rumpf jetzt im Muster, bis er, ab dem Ärmelansatz, 19, 21, 23, **25, 28** cm lang ist. Wenn ihr das Muster fertig gestrickt habt, bevor ihr die gewünschte Endlänge erreicht habt, fangt ihr einfach wieder in Reihe 1 an (wählt dann als neue Farbe der letzten Runde dieselbe Farbe, mit der ihr auch Reihe 1 stricken wollt). Beendet vor dem Bündchen einen kompletten Musterstreifen und wählt dann als neue Farbe in der letzten Reihe die Farbe, in der das Bündchen gestrickt wird (Hauptfarbe).

Wechselt auf Nadelstärke 4 und strickt in der Bündchenfarbe eine Runde rechts. Strickt dann ein Rippenbündchen (1 M re verschränkt, 1 M li im Wechsel) über 5, 5, 6, **6, 7** cm und kettet im Rippenmuster ab.

ÄRMEL

Jetzt werden die Maschen für den ersten Ärmel, die ihr auf einem Hilfsfaden stillgelegt habt, wieder zurück auf Nadeln (Stärke 4,5) gelegt. Zusätzlich werden aus den Maschen, die ihr unter dem Arm neu angeschlagen habt, 6, 9, 10, **10, 8** M aufgefasst und zu den restlichen Ärmelmaschen auf die Nadel gelegt.

Achtung: Ihr fasst hier nicht immer dieselbe Maschenzahl auf, wie ihr am Ende der Rundpasse neu angeschlagen habt – nur so geht das Muster unter den Ärmeln auf. Ihr beginnt die erste Runde in der Mitte der neu aufgefassten Maschen.

Jetzt liegen 42, 48, 54, **56, 60** M auf der Nadel. Schließt den Ärmel zur Runde und strickt ihn laut Musterdiagramm, bis er, ab dem Ärmelansatz, 19, 21, 23, **25, 28** cm misst (oder nach Geschmack/Armlänge). Auch hier könnt ihr nach dem kompletten Musterdiagramm wieder von vorne beginnen, wenn ihr die gewünschte Endlänge noch nicht erreicht habt. Endet auch hier mit der Bündchenfarbe als neue Farbe in der letzten Runde.

Wechselt jetzt auf Nadelstärke 4 und strickt in der Bündchenfarbe eine Runde rechts. Strickt dann ein Rippenbündchen (1 M re verschränkt, 1 M li im Wechsel) über 5, 5, 6, **6, 7** cm und kettet dann locker im Rippenmuster ab. Strickt den zweiten Ärmel gleich.

ABSCHLUSS

Vernäht alle Enden und schließt die Löcher unter den Armen, wenn vorhanden. Wascht den Pullover entsprechend den Pflegehinweisen auf eurem Garn, zieht ihn auf einem trockenen Handtuch in Form und lasst ihn liegend trocknen.

MUSTERDIAGRAMM 1, RUNDPASSE

Größe 1–2 Jahre

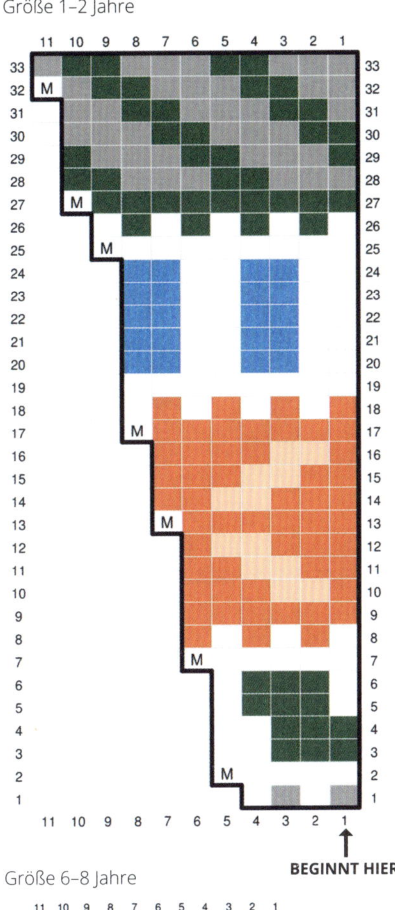

Größe 2–4 Jahre

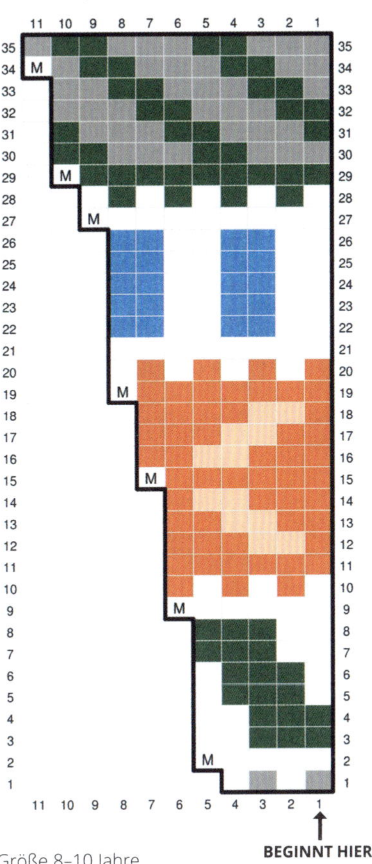

Größe 4–6 Jahre

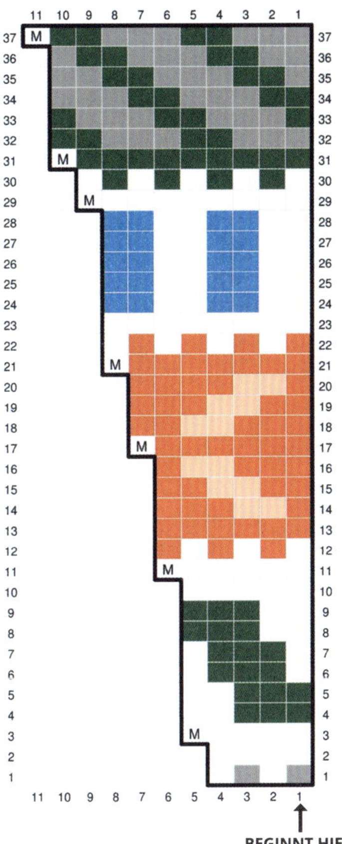

Größe 6–8 Jahre

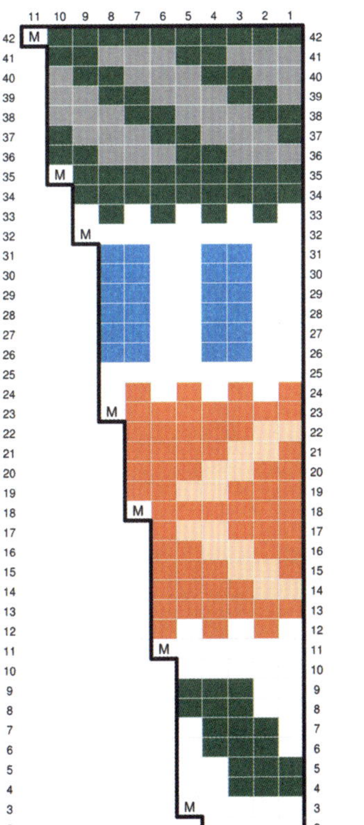

Größe 8–10 Jahre

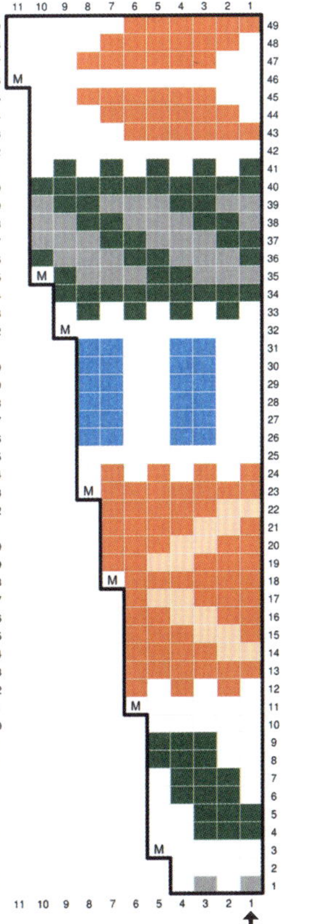

ZEICHENERKLÄRUNG

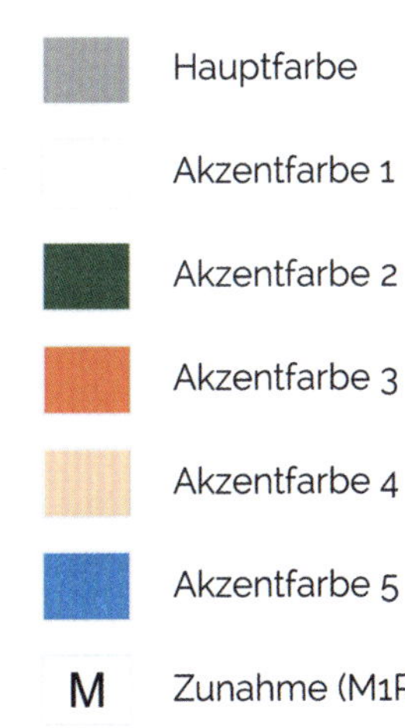

MUSTERDIAGRAMM 2, RUMPF UND ÄRMEL

Rumpf: Größen 1–2 und 4–6 Jahre

Ärmel: Größen 1–2, 4–6 und 8–10 Jahre

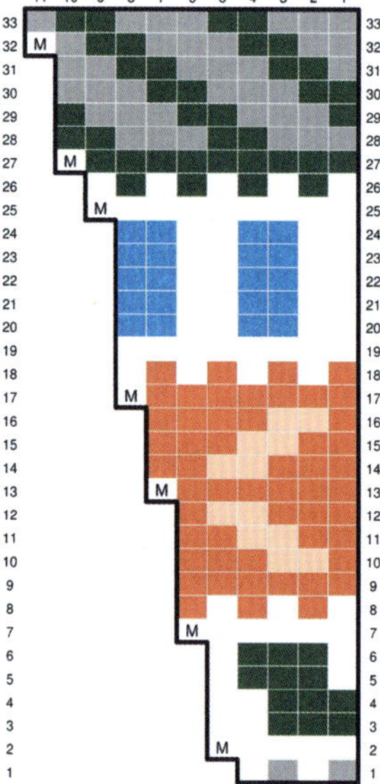

BEGINNT HIER

Rumpf: Größen 2–4, 6–8 und 8–10 Jahre

Ärmel:

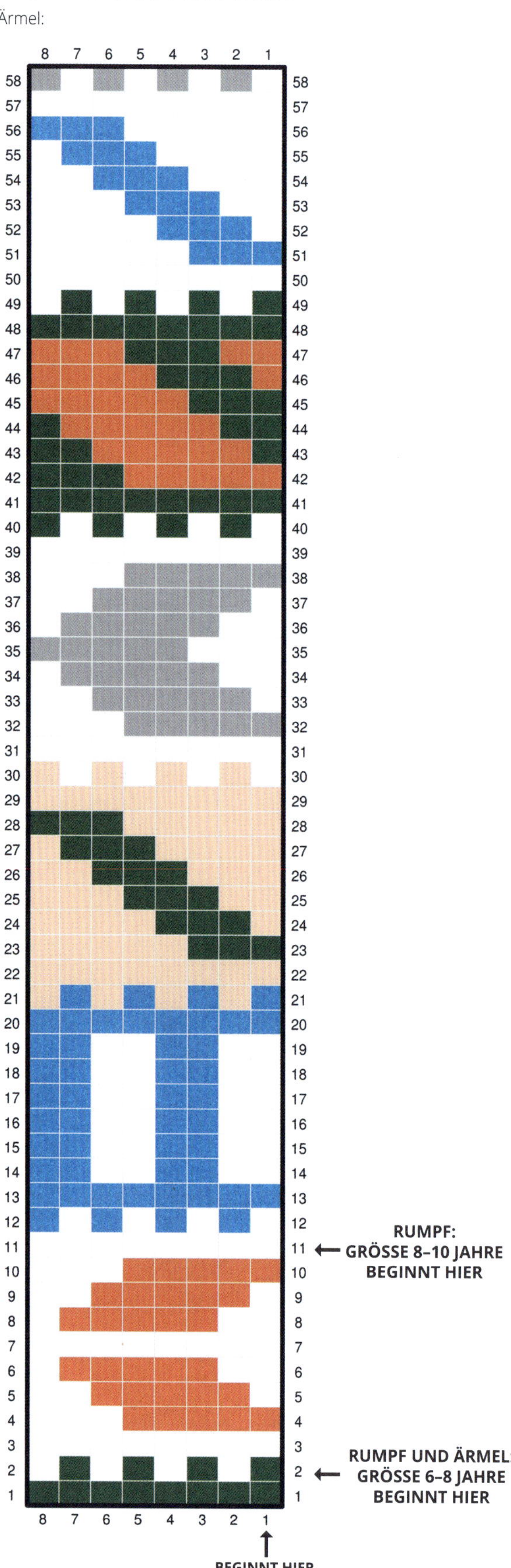

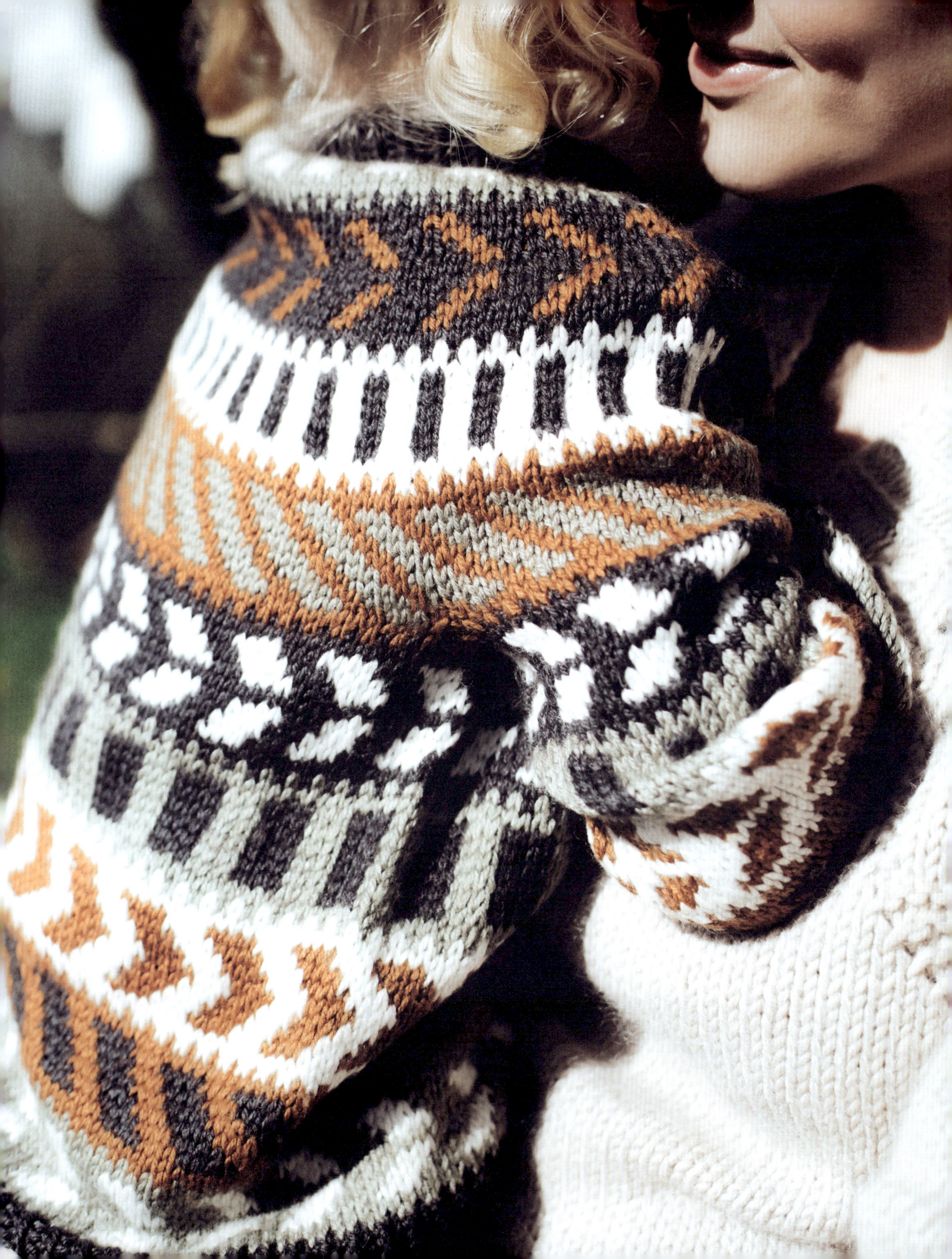

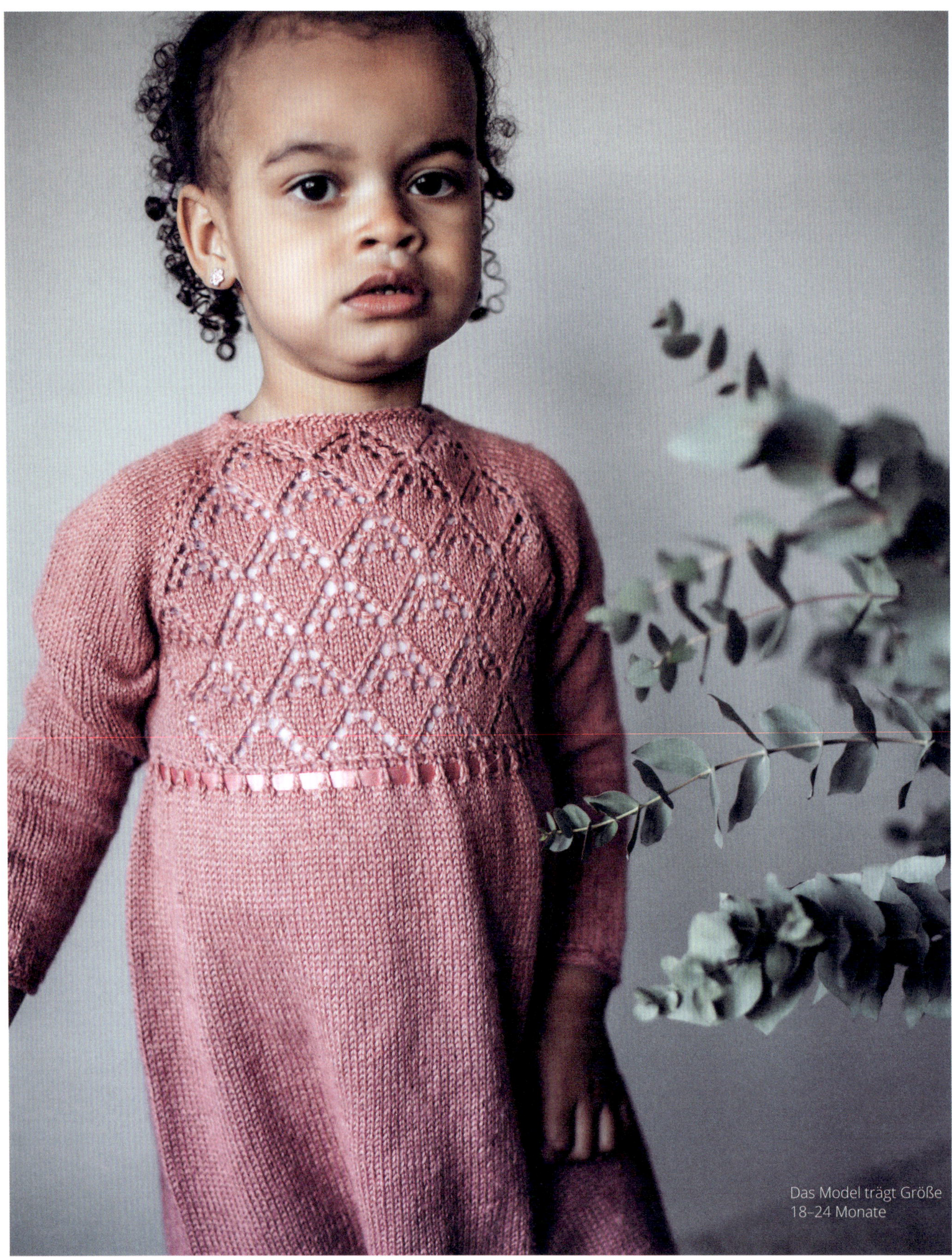

Das Model trägt Größe
18–24 Monate

HASELSTRAUCH Kleid

GRÖSSENANGABEN UND GARNVERBRAUCH

Größe	Brustumfang	Ärmelumfang	Garnverbrauch
3–6 Monate	45 cm	15 cm	100 g (440 m)
6–12 Monate	48 cm	16,5 cm	150 g (660 m)
12–18 Monate	51 cm	18,5 cm	150 g (660 m)
18–24 Monate	**52 cm**	**19 cm**	**150–200 g (660–880 m)**
2–4 Jahre	**55 cm**	**20,5 cm**	**200 g (880 m)**

Bitte beachtet, dass die angegebenen Garnmengen nur ein Richtwert sind.

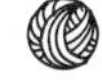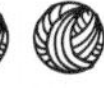

PROFI

DAS BRAUCHT IHR:

Garn
Cool Wool baby von Lana Grossa (220 m/50 g), Merino oder Cotton Merino von Knitting for Olive, Lanett oder Sunday von Sandnes, Merino Baby von Pascuali

Oder andere Garne mit derselben Maschenprobe.

Rundstricknadel Nr. 3
60 cm

Nadelspiel Nr. 3

Zopfnadel (optional)

Stopfnadel
zum Vernähen

Knöpfe
12 mm, 5–10 Stück

Maschenmarkierer
8 Ringe für die Raglanmaschen, 2 Ringe für die Randmaschen, 1 Ring für den Rundenbeginn

Seidenband
6 mm breit – für die Taille

Maschenprobe
28 M mit Nadelstärke 3 ergeben 10 cm.

Ein zartes Kleid für kleine Elfen. Es ist dünn, leicht und ganz besonders schön für festliche Anlässe.

ANLEITUNG

Dieses Kleid wird von oben nach unten gestrickt, zunächst in Hin- und Rückreihen und ab der Taille in Runden. Vorne wird ein Lochmuster gestrickt, hinten wird es geknöpft. Die Knopfleiste wird direkt mitgestrickt. Der Rock und die Ärmel werden glatt re in Runden gestrickt. Lest euch die Anleitung gut durch, bevor ihr beginnt.

HALSBÜNDCHEN

Schlagt 69, 71, 73, **75, 75** M auf die Rundstricknadel Nr. 3 an.

Die ersten 7 und die letzten 7 Maschen in jeder Reihe sind Randmaschen (RM). Sie werden über die gesamte Länge des oberen Teils (bis das Kleid zur Runde geschlossen wird) im Rippenmuster mit I-Cord-Abschlüssen (über 3 Maschen) gestrickt (s. Seite 181). Die übrigen 4 Randmaschen werden im Rippenmuster (re, li, re, li) gestrickt.

Die **erste Reihe (Hinreihe)** strickt ihr also wie folgt: Strickt die ersten 3 M re (I-Cord). Strickt dann ein Rippenmuster (1 M re, 1 M li im Wechsel) bis 3 M vor Ende der Reihe. Hebt diese 3 M als I-Cord-Maschen mit dem Faden vor der Arbeit ab.

In der **zweiten Reihe (Rückreihe)** strickt ihr wieder die ersten 3 M re (I-Cord), dann die 4 Randmaschen im Rippenmuster (li, re, li, re). Hängt einen MM auf die Nadel, um die Randmaschen zu markieren. Strickt jetzt li bis 7 M vor Ende der Reihe und nehmt dabei gleichmäßig verteilt 2, 0, 2, **0, 0** M zu. Hängt einen zweiten MM auf die Nadel, um die Randmaschen zu markieren. Strickt 4 M im Rippenmuster (re, li, re, li) und hebt die letzten 3 M als I-Cord-Maschen mit dem Faden vor der Arbeit ab.

RAGLANPASSE

Nach dem Bündchen wird glatt rechts gestrickt, d.h. re in der Hinreihe und li in der Rückreihe, mit einem Lochmuster im Vorderteil. Die 7 Randmaschen auf jeder Seite werden weiterhin im Rippenmuster mit I-Cord gestrickt.

Ab hier werden auch in regelmäßigen Abständen Knopflöcher eingestrickt: Strickt die ersten 4 M einer Hinreihe re, macht einen Umschlag, strickt die nächsten 2 M re zusammen. Strickt den Rest der Reihe normal weiter. In der Rückreihe wird der Umschlag re abgestrickt, damit sich hier ein Loch bildet. Das erste Knopfloch wird direkt in der ersten Reihe der Raglanpasse gestrickt, danach immer mit ca. 2,5–3,5 cm Abstand in einer Hinreihe.

In der **ersten Reihe (Hinreihe)** platziert ihr die Markierer für die Raglanzunahmen:

1. Schritt: Strickt die 7 Randmaschen (mit Knopfloch).

2. Schritt: Strickt 9, 9, 9, **9, 9** M re (rechtes Rückenteil) und hängt MM1 auf die Nadel.

3. Schritt: Strickt 1 M re (Raglanmasche), hängt MM2 auf die Nadel.

4. Schritt: Strickt 5, 5, 7, **7, 7** M re (rechte Schulter). Hängt MM3 auf die Nadel.

5. Schritt: Strickt 1 M re (Raglanmasche), hängt MM4 auf die Nadel.

6. Schritt: Strickt 25, 25, 25, **25, 25** M re (Vorderteil). Hängt MM5 auf die Nadel.

7. Schritt: Strickt 1 M re (Raglanmasche), hängt MM6 auf die Nadel.

8. Schritt: Strickt 5, 5, 7, **7, 7** M re (linke Schulter). Hängt MM7 auf die Nadel.

9. Schritt: Strickt 1 M re (Raglanmasche), hängt MM8 auf die Nadel.

10. Schritt: Strickt 9, 9, 9, **9, 9** M re (linkes Rückenteil).

11. Schritt: Strickt die 7 Randmaschen.

Jetzt habt ihr das Ende der Reihe erreicht. Strickt die **zweite Reihe (Rückreihe)** li zurück, mit Randmaschen und I-Cord.

In der **dritten Reihe (Hinreihe)** beginnen die Raglanzunahmen und das Lochmuster. Das Muster beginnt in allen Größen gleich, wird aber an unterschiedlichen Stellen beendet. Achtet deshalb darauf, das Digramm für die richtige Größe zu verwenden.

1. Schritt: Strickt die Randmaschen. Strickt re bis zu MM1 (rechtes Rückenteil). Nehmt 1 M mit M1R (s. Kasten) zu, hebt MM1 ab, strickt 1 M re (Raglanmasche), hebt MM2 ab, nehmt 1 M mit M1L zu.

2. Schritt: Strickt re weiter zu MM3 (rechte Schulter), nehmt mit M1R zu, hebt MM3 ab, strickt 1 M re, hebt MM4 ab, nehmt mit M1L zu.

3. Schritt: Strickt mit Lochmuster laut Musterdiagramm bis MM5 (Vorderteil), nehmt mit M1R zu, hebt MM5 ab, strickt 1 M re, hebt MM6 ab, nehmt mit M1L zu.

4. Schritt: Strickt re bis MM7 (linke Schulter), nehmt mit M1R zu, hebt MM7 ab, strickt 1 M re, hebt MM8 ab, nehmt mit M1L zu. Strickt die Runde re fertig, mit den Randmaschen wie gehabt.

Auf diese Weise habt ihr in dieser Reihe an den Raglanmaschen insgesamt 8 M zugenommen.

Die **vierte Reihe (Rückreihe)** wird wieder li, ohne Zunahmen, aber mit Randmaschen und I-Cord gestrickt.

Wiederholt **Reihen 3 und 4** (und führt dabei das Lochmuster im Vorderteil laut Diagramm weiter), bis ihr insgesamt 17, 19, 21, **22, 24** Hinreihen mit Zunahmen gearbeitet habt. Denkt daran, in regelmäßigen Abständen ein Knopfloch einzustricken. Jetzt solltet ihr euch an der pinken Linie im Musterdiagramm befinden. Am Ende der Zunahmen liegen 207, 223, 243, **251, 267** M auf der Nadel.

RUMPF

Jetzt werden die Maschen, die später die Ärmel bilden, auf jeder Seite auf einem Hilfsfaden stillgelegt. Das ist ein Faden in einer Kontrastfarbe, auf den ihr alle Ärmelmaschen auffädelt, um sie zu sichern, während der Rumpf gestrickt wird. Das geht folgendermaßen:

1. Schritt: Strickt die Randmaschen. Strickt re bis zu MM2 (rechtes Rückenteil).

2. Schritt: Legt die nächsten 39, 43, 49, **51, 55** M auf einen Hilfsfaden (rechter Ärmel).

3. Schritt: Schlagt 7 neue M an (unter dem rechten Ärmel).

4. Schritt: Strickt laut Musterdiagramm bis zu MM6 (Vorderteil).

5. Schritt: Legt die nächsten 39, 43, 49, **51, 55** M auf einen Hilfsfaden (linker Ärmel).

6. Schritt: Schlagt 7 neue M an (unter dem linken Ärmel),

7. Schritt: Strickt die Reihe fertig.

Damit habt ihr das Ende der Reihe erreicht und die Maschen für die Ärmel auf beiden Seiten stillgelegt. Jetzt liegen, mit den neu aufgenommenen Maschen unter den Armen, 143, 151, 159, **163, 171** M auf der Nadel.

Strickt den Rumpf jetzt glatt rechts ohne Zunahmen weiter. Führt auf dem Vorderteil das Lochmuster weiter bis zum Ende (d.h. bis zur oberen pinken Linie).

In der letzten Hinreihe des Musterdiagramms wird die Arbeit zur Runde geschlossen: Strickt dafür zunächst die 7 Randmaschen am Anfang der Reihe wie immer und legt sie dann auf einer Hilfsnadel still. Strickt die Reihe normal weiter (mit Lochmuster laut Diagramm im Vorderteil) bis zu den 7 Randmaschen am Ende der Reihe. Legt die stillgelegten Randmaschen vom Beginn der Reihe jetzt auf diese 7 Randmaschen und strickt jede Randmasche auf der Nadel mit der entsprechenden stillgelegten Randmasche zusammen als eine Masche ab (d.h. die erste M auf der Nadel mit der ersten Masche vom Reihenbeginn, dann die zweite M mit der zweiten Randmasche, die dritte M mit der dritten Randmasche usw.), sodass die Leisten sauber aufeinander fixiert sind und die Leiste mit den Knopflöchern oben liegt.

Das Kleid wird ab hier in Runden weitergestrickt. Der Rundenbeginn liegt in der Mitte der ehemaligen Randmaschen, die ab hier re gestrickt werden. Strickt eine Runde re und beendet damit auch das Musterdiagramm (die letzte Reihe wird re gestrickt).

Die nächste Runde wird wie folgt gestrickt: *legt 1 M auf der Zopfnadel vor die Arbeit, strickt 1 M re, strickt die M von der Zopfnadel re*. Wiederholt *–* über die gesamte Runde und verkreuzt so immer 2 Maschen.

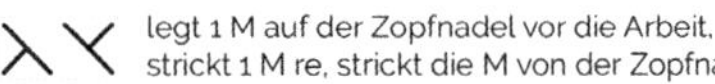

Strickt dann eine Runde re.

In der nächsten Runde wird eine Reihe mit Löchern gestrickt, durch die ihr später das Satinband ziehen könnt. Gleichzeitig werden Maschen für den Rock zugenommen: *Strickt 1 M re, macht 1 Umschlag, strickt 2 M re zusammen, macht 1 Umschlag*. Wiederholt *–* über die gesamte Runde. So habt ihr jetzt insgesamt 181, 192, 202, **208, 218** M auf der Nadel.

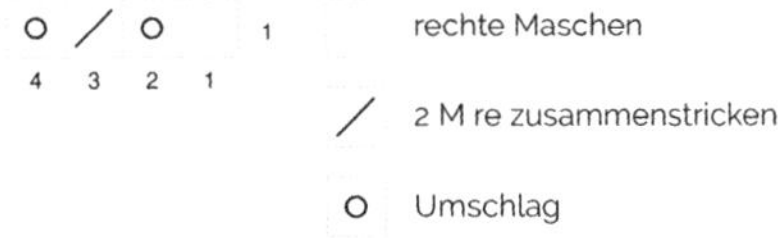

Strickt jetzt glatt re in Runden, bis das Kleid, ab dem Ärmelansatz, 27, 37, 39, **42, 48** cm (oder nach Geschmack) lang ist.

In der nächsten Runde verkreuzt ihr wieder die Maschen: *legt 1 M auf der Zopfnadel vor die Arbeit, strickt 1 M re, strickt die M von der Zopfnadel re*. Wiederholt *–* über die gesamte Runde.

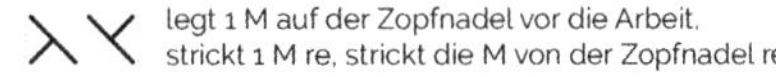

Strickt eine weitere Runde re und kettet dann mit einem I-Cord ab: Schlagt 3 M am

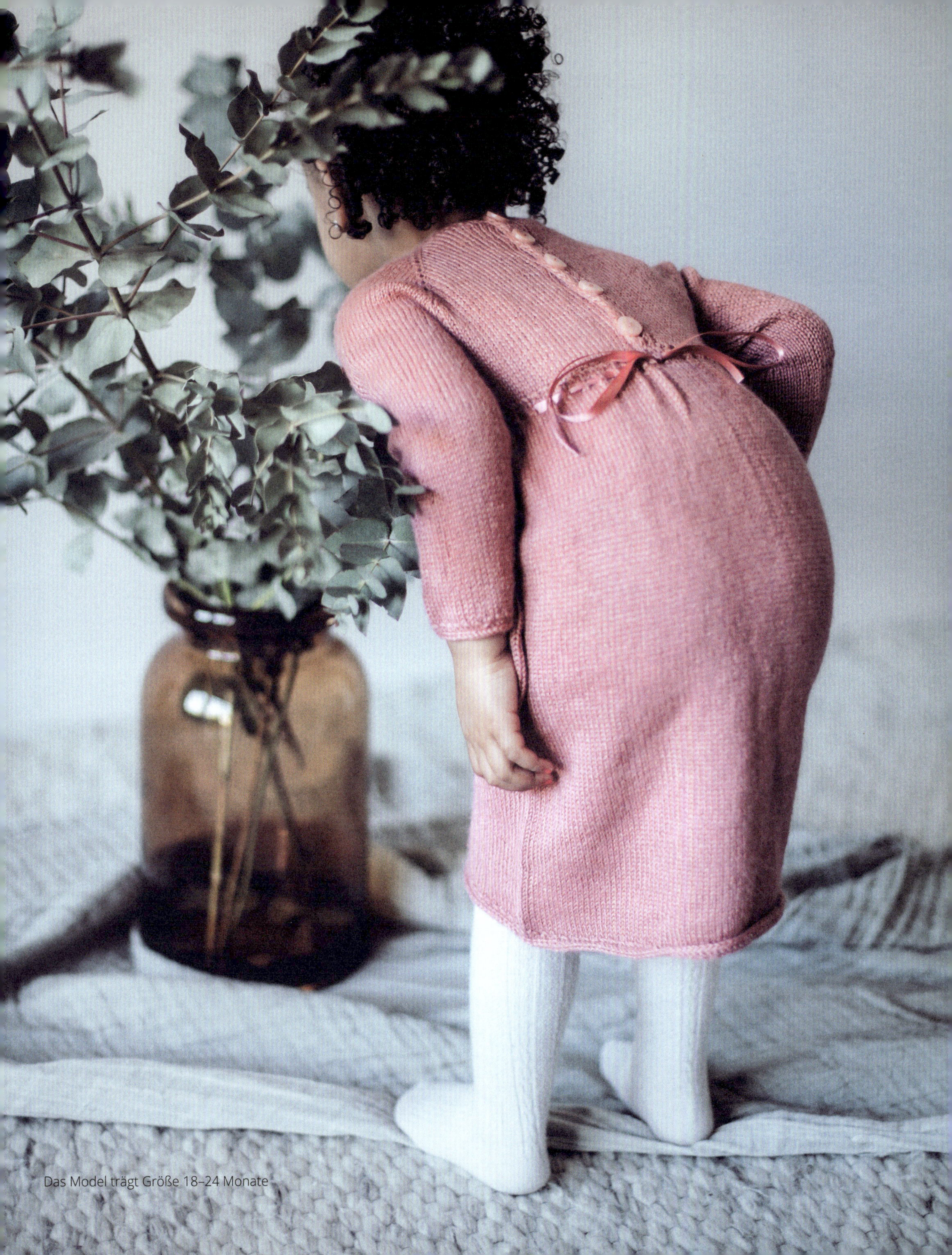

Das Model trägt Größe 18–24 Monate

Beginn der Runde an. *Strickt 2 M re, strickt 2 M durch den hinteren Maschenschenkel zusammen. Legt diese 3 M wieder auf die linke Nadel.* Wiederholt *–* über die ganze Runde. Wenn ihr nur noch 2 M auf der Nadel habt, hebt ihr die zweite Masche über die erste, zieht das Fadenende durch die letzte Masche und vernäht das Ende mit dem Beginn der Abkettkante.

ÄRMEL

Jetzt werden die Maschen für den ersten Ärmel, die ihr auf einem Hilfsfaden stillgelegt habt, auf das Nadelspiel Nr. 3 gelegt. Zusätzlich werden aus den Maschen, die ihr unter dem Arm neu angeschlagen habt, 7 Maschen aufgefasst und zu den restlichen Ärmelmaschen auf die Nadel gelegt. Jetzt liegen 46, 50, 56, **58, 62** M auf der Nadel.

Die Ärmel werden in Runden gestrickt. Die erste Runde beginnt in der Mitte zwischen den neuen Maschen.

Strickt zunächst 1, 1,5, 2, **1, 3,5** cm glatt re in Runden. Nehmt dann in der nächsten Runde 2 M ab, indem ihr die ersten 2 M und die letzten 2 M der Runde zusammenstrickt. Wiederholt diese Abnahme mit 3, 3,5, 3,5, **4, 3,5** cm Abstand, bis ihr insgesamt 5, 5, 6, **6, 7** Abnahmen gearbeitet, oder um 10, 10, 12, **12, 14** M abgenommen habt. Jetzt liegen 36, 40, 44, **46, 48** M auf der Nadel. Strickt in Runden ohne Abnahmen weiter, bis der Ärmel, ab dem Ärmelansatz, 16, 19, 23, **25, 28** cm lang ist (oder nach Geschmack – wir stricken das Kleid mit ca. 7/8-Ärmeln, ihr könnt sie aber auch problemlos verlängern).

In der nächsten Runde werden die Maschen wieder verkreuzt: *Legt 1 M auf der Zopfnadel vor die Arbeit, strickt 1 M re, strickt die M von der Zopfnadel re*. Wiederholt *–* über die ganze Runde.

XX legt 1 M auf der Zopfnadel vor die Arbeit, strickt 1 M re, strickt die M von der Zopfnadel re.

Strickt 1 Runde re. Kettet dann mit einem I-Cord ab, diesmal nur mit 2 Maschen: Schlagt am Beginn der Runde noch 1 M an. *Strickt 1 M re, strickt 2 M durch den hinteren Maschenschenkel zusammen, legt die 2 M wieder auf die linke Nadel*. Wiederholt *–* über die gesamte Runde. Wenn ihr nur noch 2 M auf der Nadel habt, hebt ihr die zweite Masche über die erste, zieht das Fadenende durch die letzte Masche und vernäht das Ende mit dem Beginn der Abkettkante.

ABSCHLUSS

Vernäht alle Fäden. Schließt die Löcher unter den Armen, wenn vorhanden, und näht die Knöpfe an. Wascht das Kleid entsprechend den Pflegehinweisen auf eurem Garn, zieht es auf einem trockenen Handtuch in Form und lasst es liegend trocknen. Das Lochmuster glättet sich in der Wäsche erheblich. Zieht zum Schluss das Satinband durch die Löcher in der Taille.

MUSTERDIAGRAMME

GRÖSSE 3–6 MONATE

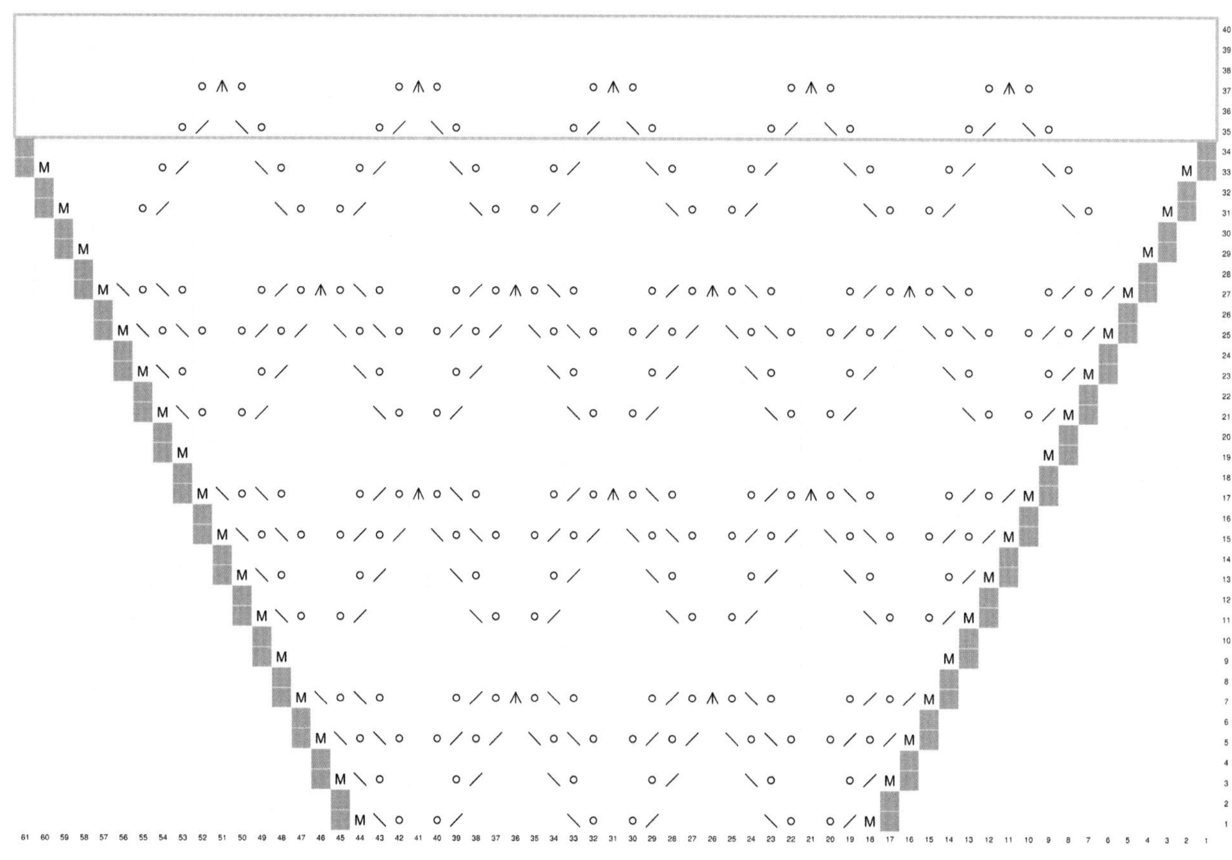

GRÖSSE 6–12 MONATE

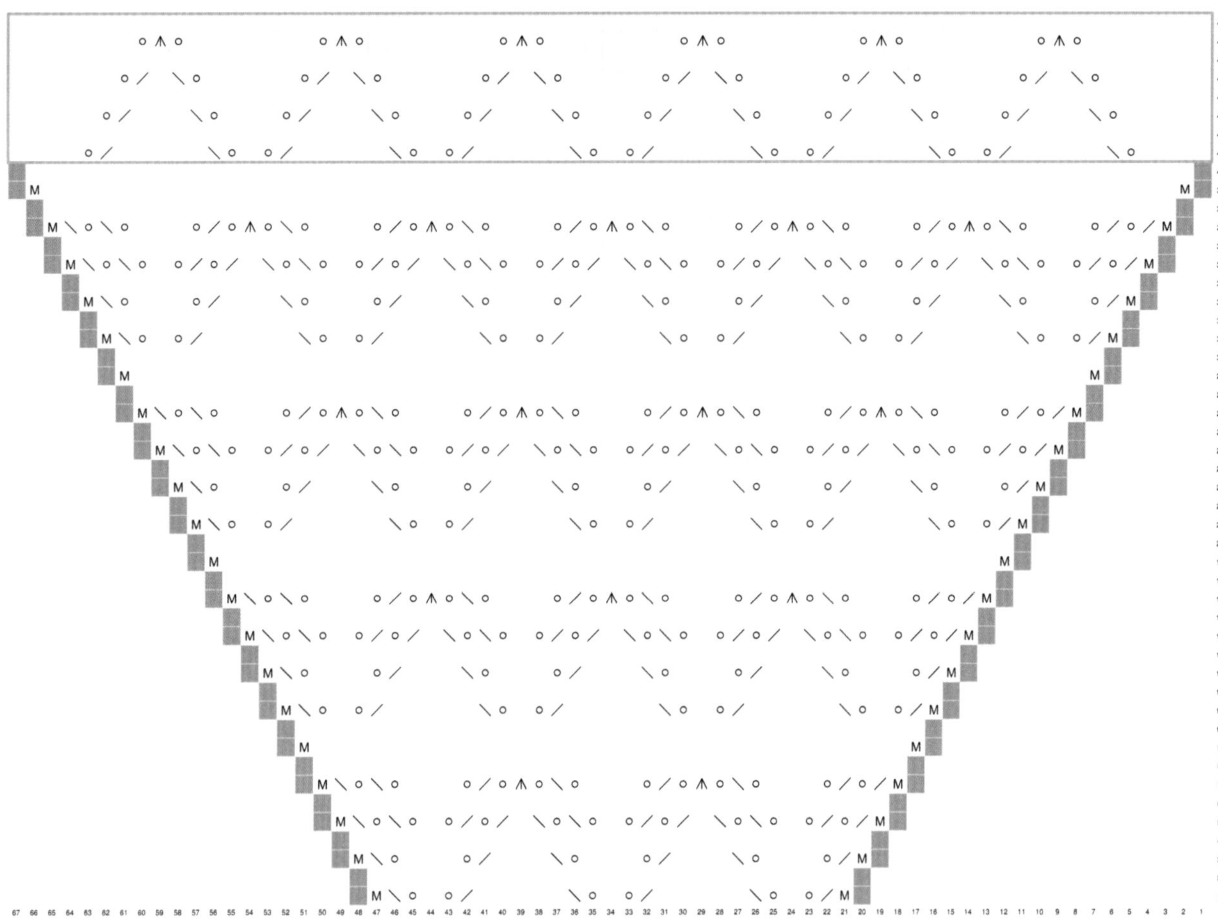

re in der Hinreihe, li in der Rückreihe

╲ SSK (Slip, slip, knit)

╱ 2 M re zusammenstricken

⩚ 1 M re, 2 M re zusammenstricken, die ungestrickte M darüberziehen

o Umschlag

Raglanmasche

M Zunahme (M1R)

Hier endet die Raglanpasse. Führt das Muster im Vorderteil weiter.

GRÖSSE 12–18 MONATE

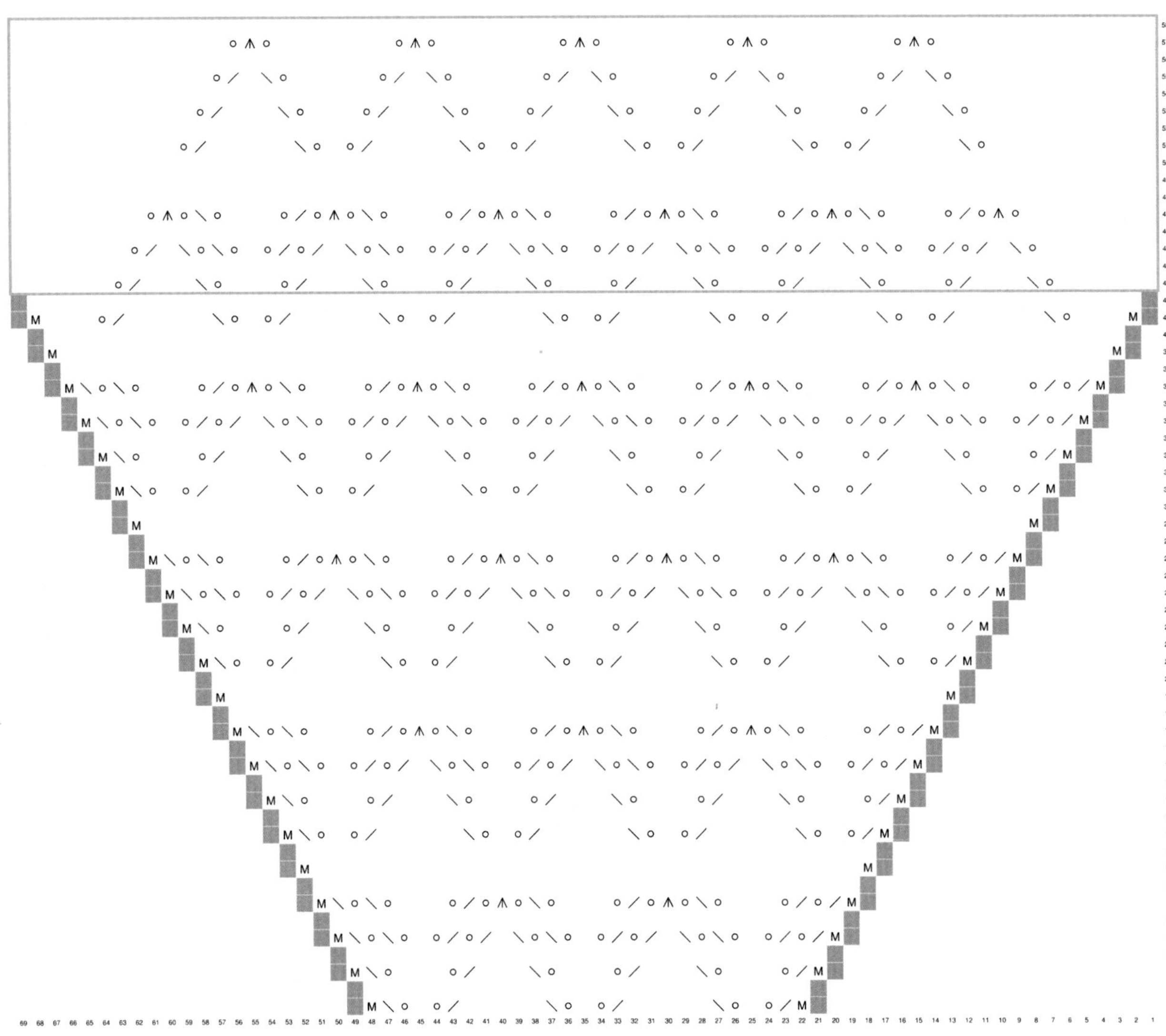

re in der Hinreihe, li in der Rückreihe

╲ SSK (Slip, slip, knit)

╱ 2 M re zusammenstricken

⋀ 1 M re, 2 M re zusammenstricken, die ungestrickte M darüberziehen

O Umschlag

■ Raglanmasche

M Zunahme (M1R)

□ Hier endet die Raglanpasse. Führt das Muster im Vorderteil weiter.

GRÖSSE 18–24 MONATE

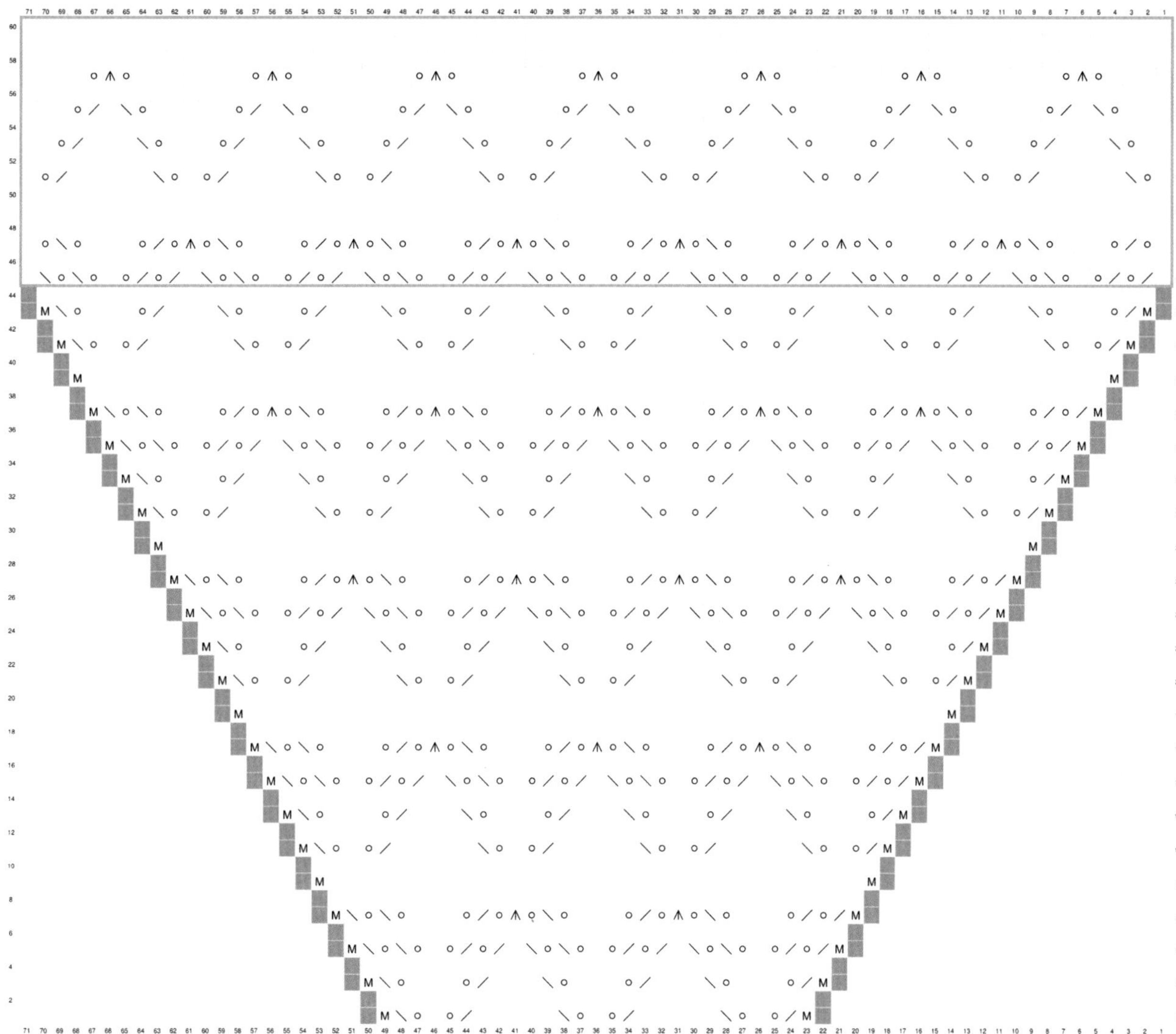

GRÖSSE 2–4 JAHRE

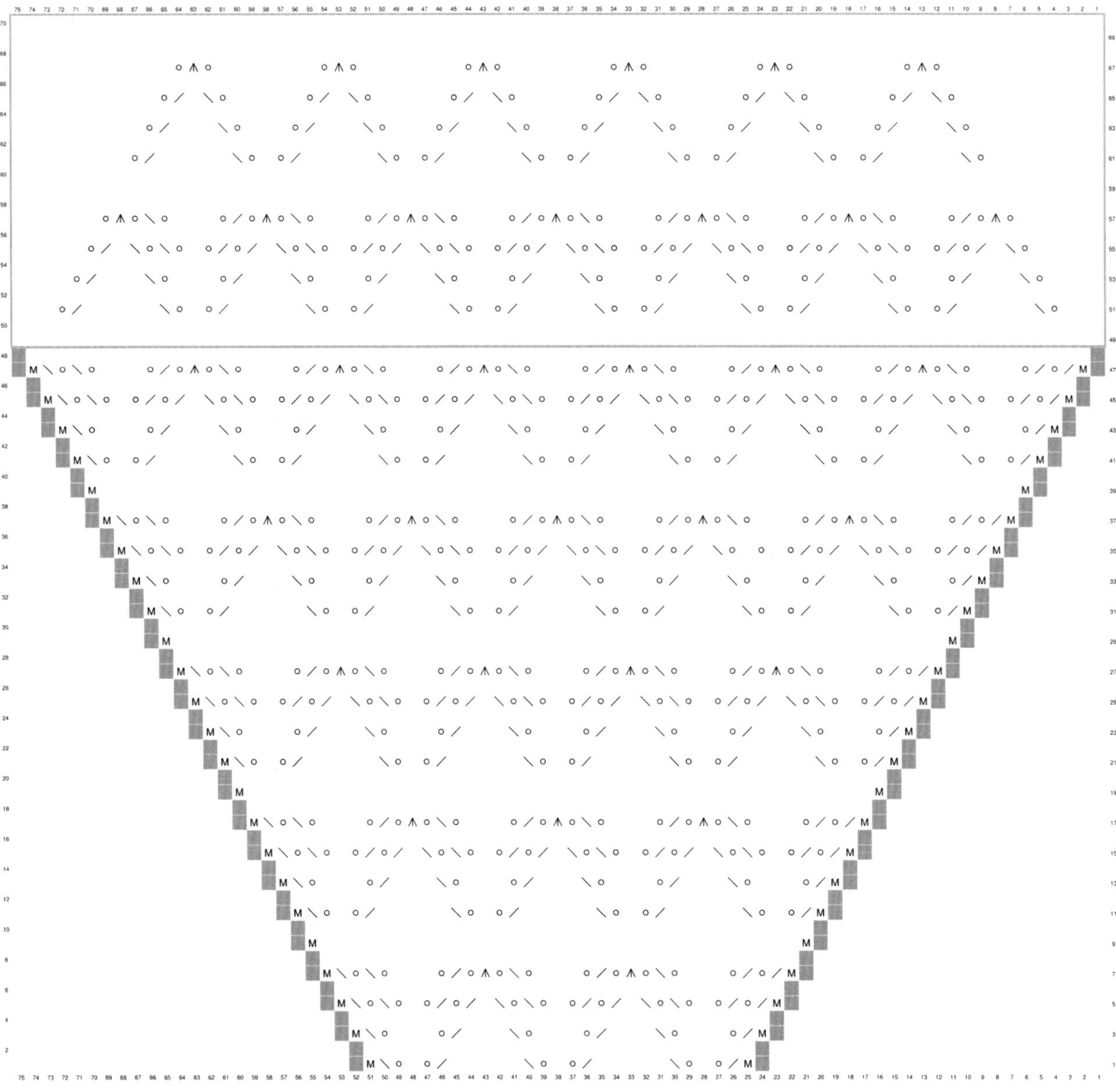

re in der Hinreihe, li in der Rückreihe

╲ SSK (Slip, slip, knit)

╱ 2 M re zusammenstricken

⋀ 1 M re, 2 M re zusammenstricken, die ungestrickte M darüberziehen

o Umschlag

Raglanmasche

M Zunahme (M1R)

Hier endet die Raglanpasse. Führt das Muster im Vorderteil weiter.

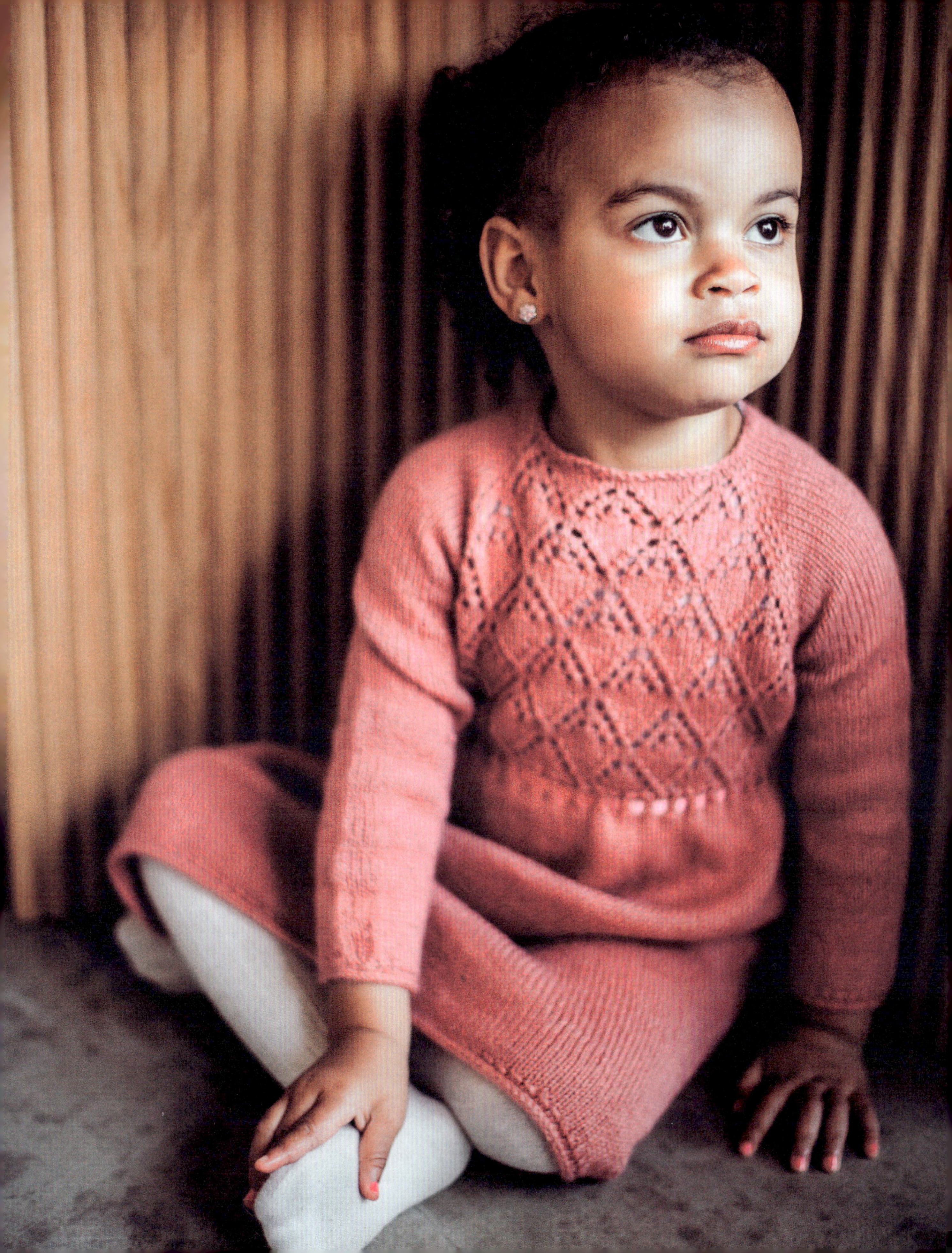

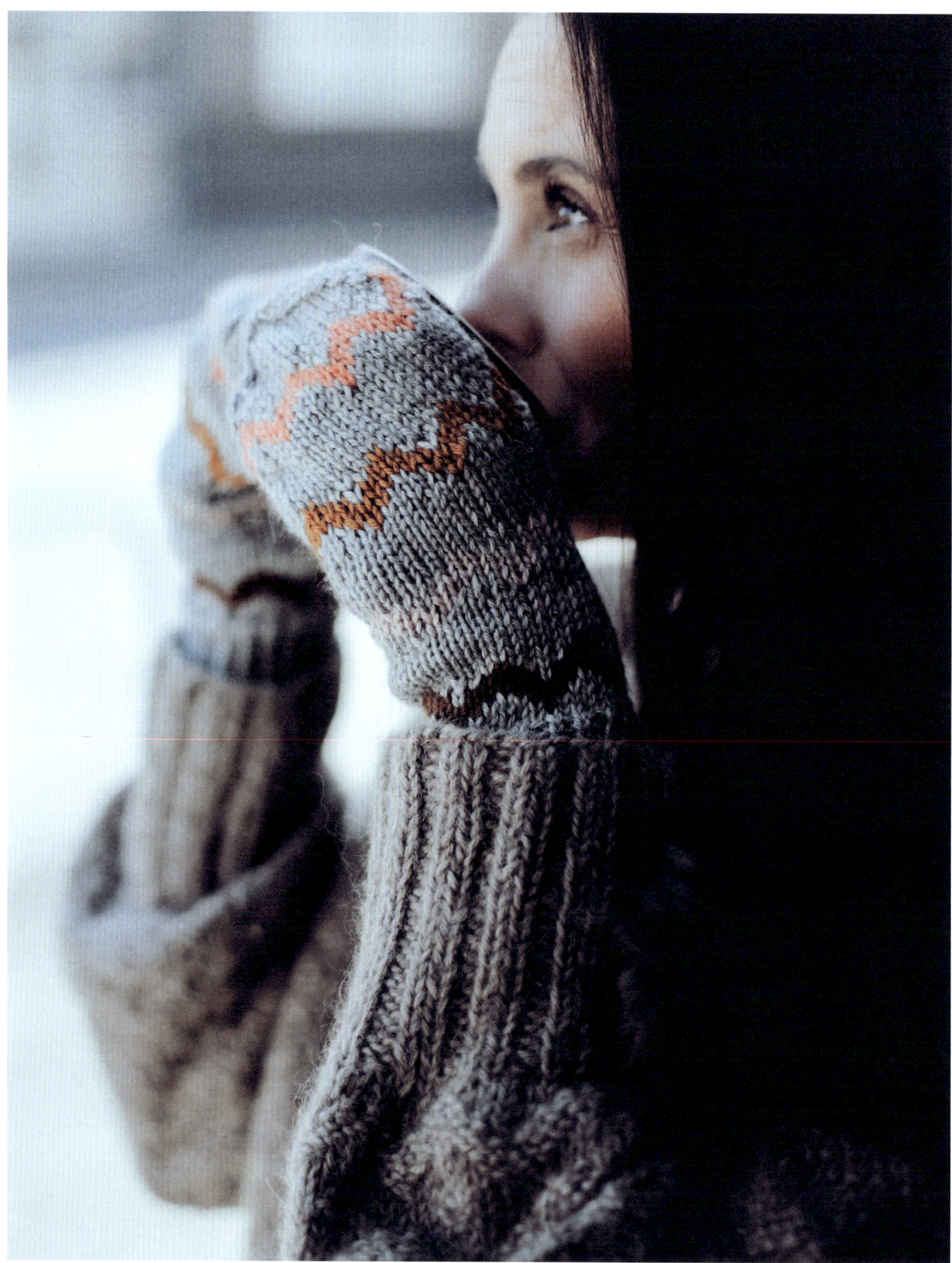

Socken und Handschuhe

Ein schnelles Projekt für Zwischendurch, das Geschenk auf den letzten Drücker oder einfach eine gute Verwendung für unsere Wollreste: Dafür sind diese Accessoires genau richtig.

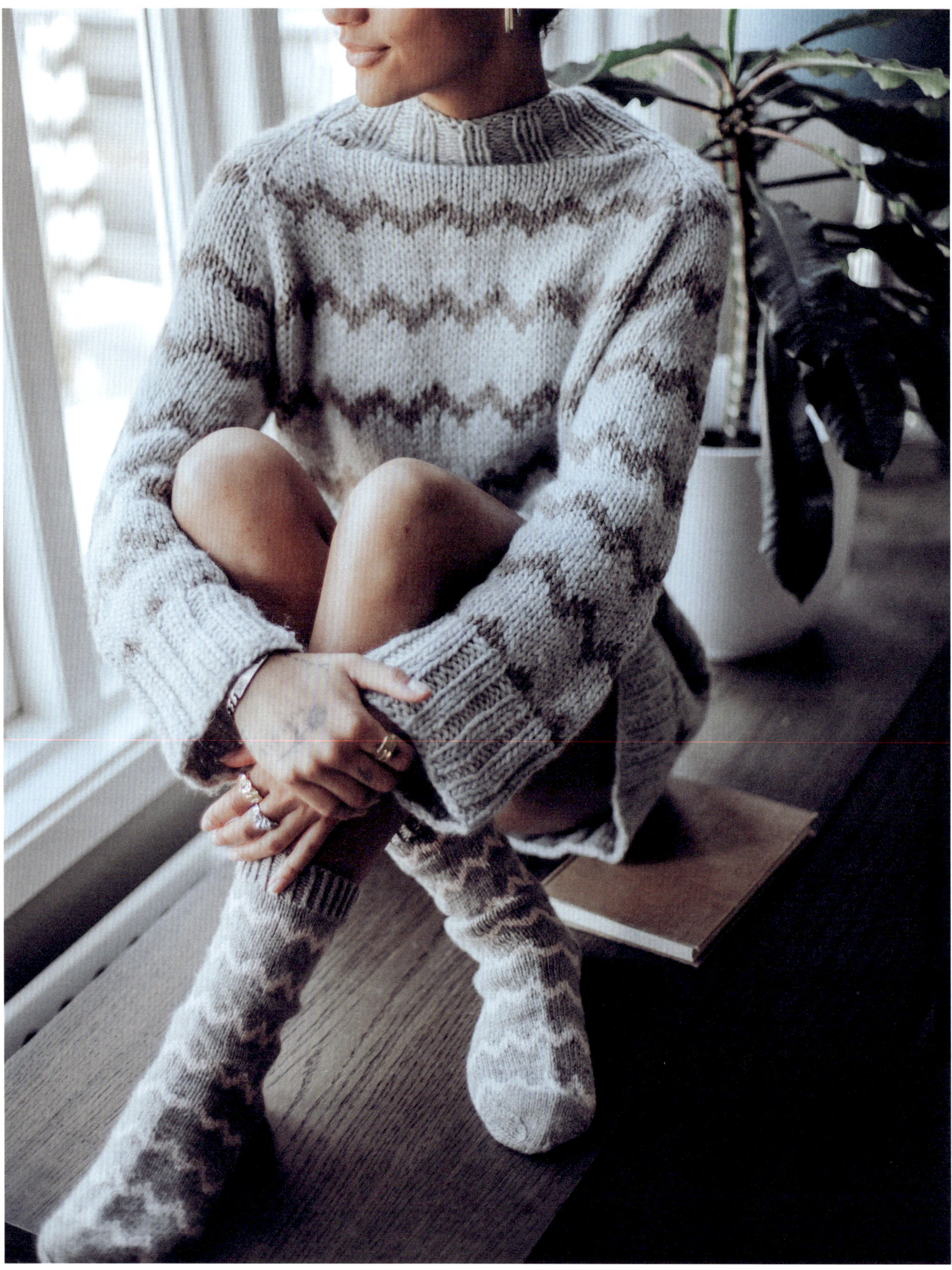

EISBRECHER Socken

GRÖSSENANGABEN UND GARNVERBRAUCH

Größe	Umfang	Garnverbrauch Hauptfarbe	Garnverbrauch Akzentfarbe
34–36	19,5 cm	100 g (400 m)	50 g (200 m)
37–39	19,5 cm	100 g (400 m)	50 g (200 m)
40–42	**19,5 cm**	**100 g (400 m)**	**50 g (200 m)**
43–46	**19,5 cm**	**100 g (400 m)**	**50 g (200 m)**

Bitte beachtet, dass die angegebenen Garnmengen nur ein Richtwert sind.

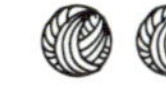
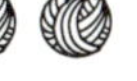

FORTGESCHRITTEN

DAS BRAUCHT IHR:

Garn
Vierfädige Sockenwolle mit einer Maschenprobe von ca. 30 Maschen auf 10 cm. Wir empfehlen z.B. Lana Grossa Meilenweit oder Cool Wool 4 Socks, Regia Premium Silk oder Merino Yak, oder jedes andere vierfädige Sockengarn.

Nadelspiel
Nr. 3,5

Stopfnadel
zum Vernähen

Maschenprobe
28 M mit Nadelstärke 3,5 ergeben 10 cm.

Bei mehrfarbigen Socken müsst ihr gut auf die Maschenprobe achten und im Zweifelsfall sogar eher eine größere Nadelstärke wählen, da die Socke durch die Spannfäden der zweiten Farbe deutlich weniger dehnbar ist als einfarbige Socken.

Sockenliebe! Sie hat uns in diesem Jahr wahrlich gepackt. Aber kann man jemals genug Wollsocken haben? Meine Antwort: »Niemals!«

Herbstabende mit der Kaffeetasse in der Hand und die Füße in warmen Wollsocken – beste Voraussetzung für einen gemütlichen Abend.

ANLEITUNG

Diese Socken werden in Runden von oben nach unten mit einer klassischen Käppchenferse gearbeitet, durchgehend im zweifarbigen Muster laut Diagramm.

MEHRFARBIGES STRICKEN

Achtet auf eine sehr lockere Fadenspannung bei den Spannfäden in der ungenutzten Farbe, die hinter den Maschen mitlaufen. Wenn diese Fäden zu straff liegen, ist die Socke nicht dehnbar und wird nicht über die Ferse passen. Probiert sie zur Sicherheit mehrfach an, bevor ihr die Ferse erreicht. Spannfäden, die über bis zu 4 Maschen gehen, lassen wir einfach lose mitlaufen. Bei 5 Maschen fangen wir sie in der dritten Masche einmal ein, indem wir die zwei Fäden verkreuzen.

Achtet darauf, die Fäden richtig zu sortieren: Der Faden der dominantem Farbe (in diesem Fall die Akzentfarbe) liegt näher an den Maschen, dadurch hebt sich dieses Muster deutlicher ab. Die »Hintergrundfarbe« wird dahinter einsortiert. Dazu findet ihr Videos, wenn ihr online nach »dominante Farbe stricken« sucht.

BÜNDCHEN UND SCHAFT

Schlagt 54 M auf das Nadelspiel Nr. 3,5 an. Verteilt die Maschen auf drei Nadeln (18 M pro Nadel) und strickt mit der vierten. Schließt zur Runde und strickt ein verschränktes Rippenbündchen (1 M re verschränkt, 1 M li im Wechsel) über 3 cm.

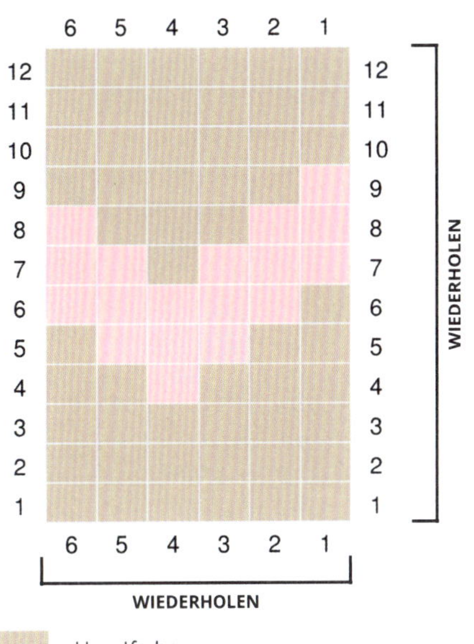

Strickt dann das zweifarbige Muster laut Musterdiagramm. Strickt insgesamt 4, 4, **5, 5** Musterrapports oder bis die Socke die gewünschte Länge erreicht hat. Beendet den letzten Rapport in Reihe 9 des Diagramms und beginnt dann mit der Ferse.

FERSE

Die Ferse wird einfarbig mit der Hauptfarbe gestrickt. Verteilt die Maschen zunächst wie folgt um:

1. Nadel (Ferse/Sohle): 27 Maschen.

2. Nadel (Spann): 14 Maschen

3. Nadel (Spann): 13 Maschen

Strickt jetzt die Fersenwand nur mit den Maschen der ersten Nadel in Hin- und Rückreihen in der Hauptfarbe.

1. Reihe (Hinreihe): Hebt 1 M ungestrickt wie zum re Stricken, mit dem Faden hinter der Arbeit, ab. Strickt die Reihe re zu Ende.

2. Reihe (Rückreihe): Hebt 1 M ungestrickt wie zum li Stricken, mit dem Faden vor der Arbeit, ab. Strickt die Reihe li zu Ende.

Wiederholt Reihen 1 und 2, bis ihr insgesamt 26 Reihen (je 13 Hin- und Rückreihen) gearbeitet habt.

KÄPPCHEN

Jetzt bilden wir durch Abnahmen das Fersenkäppchen. Dafür teilen wir die 28 M der Fersenwand auf der ersten Nadel noch einmal in drei Teile auf:

9 M – rechte Seite des Käppchens

9 M – Mitte

9 M – linke Seite des Käppchens

Die Abnahmen werden wie folgt gestrickt:

1. Reihe (Hinreihe): Strickt 18 M re. Wendet die Arbeit.

2. Reihe (Rückreihe): Hebt die erste M ungestrickt, wie zum li Stricken, mit dem Faden vor der Arbeit ab. Strickt 8 M li und wendet die Arbeit.

3. Reihe (Hinreihe): Hebt die erste M ungestrickt, wie zum re Stricken, mit dem Faden hinter der Arbeit ab. Strickt bis 1 M vor der letzten Wendestelle. Strickt die nächsten zwei M mit SSK zusammen. Wendet die Arbeit.

4. Reihe (Rückreihe): Hebt die erste M ungestrickt, wie zum li Stricken, mit dem Faden vor der Arbeit ab. Strickt weiter bis 1 M vor der letzten Wendestelle und strickt die nächsten 2 M li zusammen. Wendet die Arbeit.

Wiederholt Reihen 3 und 4, bis nur noch 9 M auf der Nadel liegen. Endet mit einer Rückreihe.

ZWICKEL

Jetzt fasst ihr an den Seiten der Fersenwand neue Maschen auf, um das Stück wieder zur Runde zu schließen.

1. Schritt: Strickt die ersten 5 M der Fersenwand re.

2. Schritt: Strickt die übrigen 4 M der Fersenwand auf eine neue Nadel. Fasst dann mit derselben Nadel an der Seite der Fersenwand 13 M aus den Randmaschen auf und strickt sie re. Falls ihr an dieser Stelle mehr Maschen aufnehmen müsst, um Löcher zu vermeiden, achtet darauf, die Maschen in der nächsten Runde durch Zusammenstricken wieder zu reduzieren, damit ihr die richtige Maschenzahl erhaltet. Diese Nadel ist jetzt Nadel 1.

3. Schritt: Strickt die nächsten 27 M (Fußoberseite) re auf Nadel 2.

4. Schritt: Fasst an der anderen Seite der Fersenwand 13 M aus den Randmaschen auf (bzw. dieselbe Anzahl wie im 2. Schritt) und strickt sie re. Strickt dann die nächsten 5 Maschen des Käppchens. Diese Nadel ist jetzt Nadel 3. Der Rundenwechsel liegt jetzt in der Mitte der Fußsohle.

Jetzt liegen insgesamt ca. 62 Maschen auf der Nadel.

Um wieder auf die ursprünglichen 54 Maschen zu kommen, aus denen der Fuß gestrickt wird, nehmt ihr jetzt an beiden Seiten der Sohle ab. Strickt dabei das Muster wieder laut Diagramm (ihr habt gerade Runde 10 gestrickt und befindet euch jetzt in Runde 11). Strickt die Maschen von Nadel 1 re bis 2 M vor Ende der Nadel. Strickt diese zwei M re zusammen. Strickt die 27 Maschen auf Nadel 2 re. Strickt die ersten 2 M von Nadel 3 mit SSK zusammen und strickt die Runde re zu Ende.

Wiederholt diese Abnahmen in jeder Runde, bis ihr wieder 14/27/13 Maschen auf den Nadeln habt.

Strickt jetzt ohne weitere Abnahmen in Runden laut Musterdiagramm, bis der Fuß, ab der Fersenkante (s. Bild), 14, 15,5, **17, 18** cm lang ist.

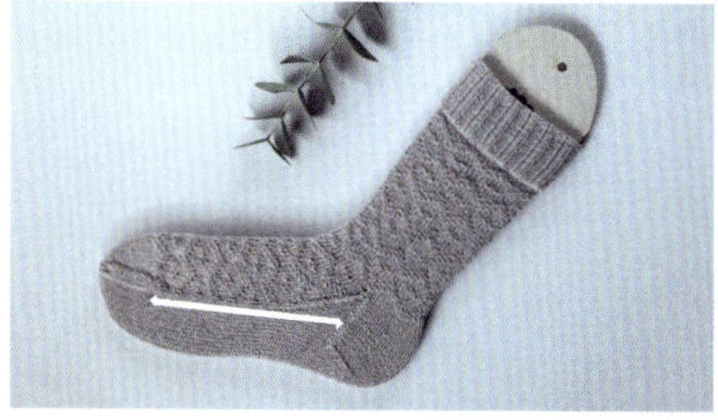

ABNAHMEN

Wenn der Fuß die richtige Länge erreicht hat, beginnen die Abnahmen. Ab hier strickt ihr die Socke in der Hauptfarbe fertig.

In der ersten Runde nehmt ihr Maschen ab:

1. Nadel (Sohle): Strickt re bis 3 M vor Ende der Nadel, strickt die nächsten 2 M re zusammen und strickt die letzte M re.

2. Nadel (Spann): Strickt 1 M re, strickt 2 M mit SSK zusammen, strickt re bis 3 M vor Ende der Nadel, strickt die nächsten 2 M re zusammen, strickt die letzte M re.

3. Nadel (Sohle): Strickt 1 M re. Strickt 2 M mit SSK zusammen und strickt alle weiteren M re.

Die zweite Runde strickt ihr ohne Abnahmen.

Strickt noch einmal eine Runde mit und eine Runde ohne Abnahmen. Strickt danach jede Runde mit Abnahmen, bis ihr nur noch ca. 14 M auf der Nadel (7 M auf der Sohle und 7 Maschen im Spann) habt.

Schneidet den Faden ab und näht die übrigen Maschen mit dem Maschenstich (s. Seite 181) zusammen. Strickt die zweite Socke gleich.

ABSCHLUSS

Vernäht alle Enden und wascht die Socke entsprechend den Angaben des Garnherstellers. Kleine Stücke wie diese kann man einfach unter kaltem Wasser ausspülen, leicht auswringen und in Form gelegt trocknen lassen.

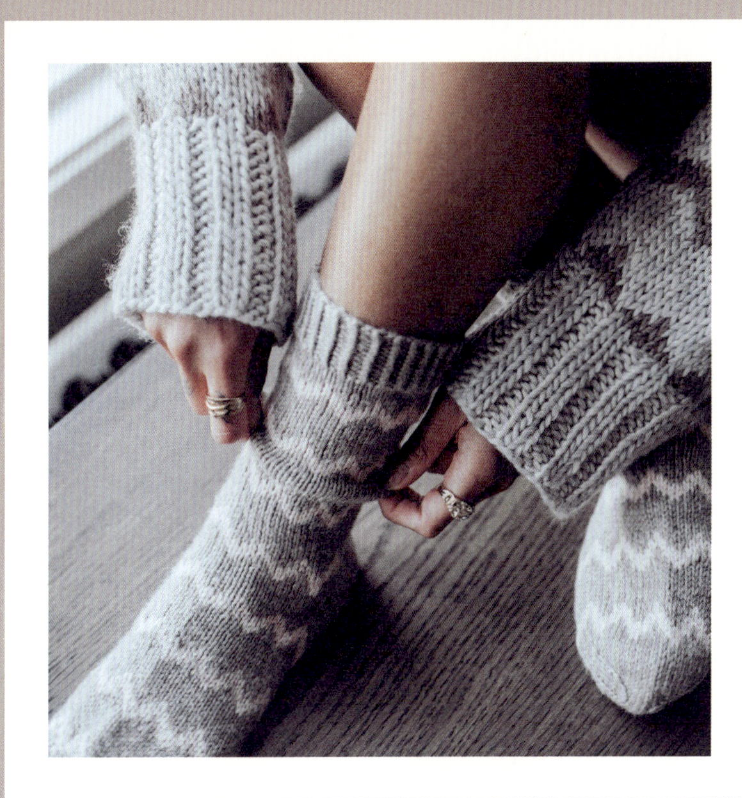

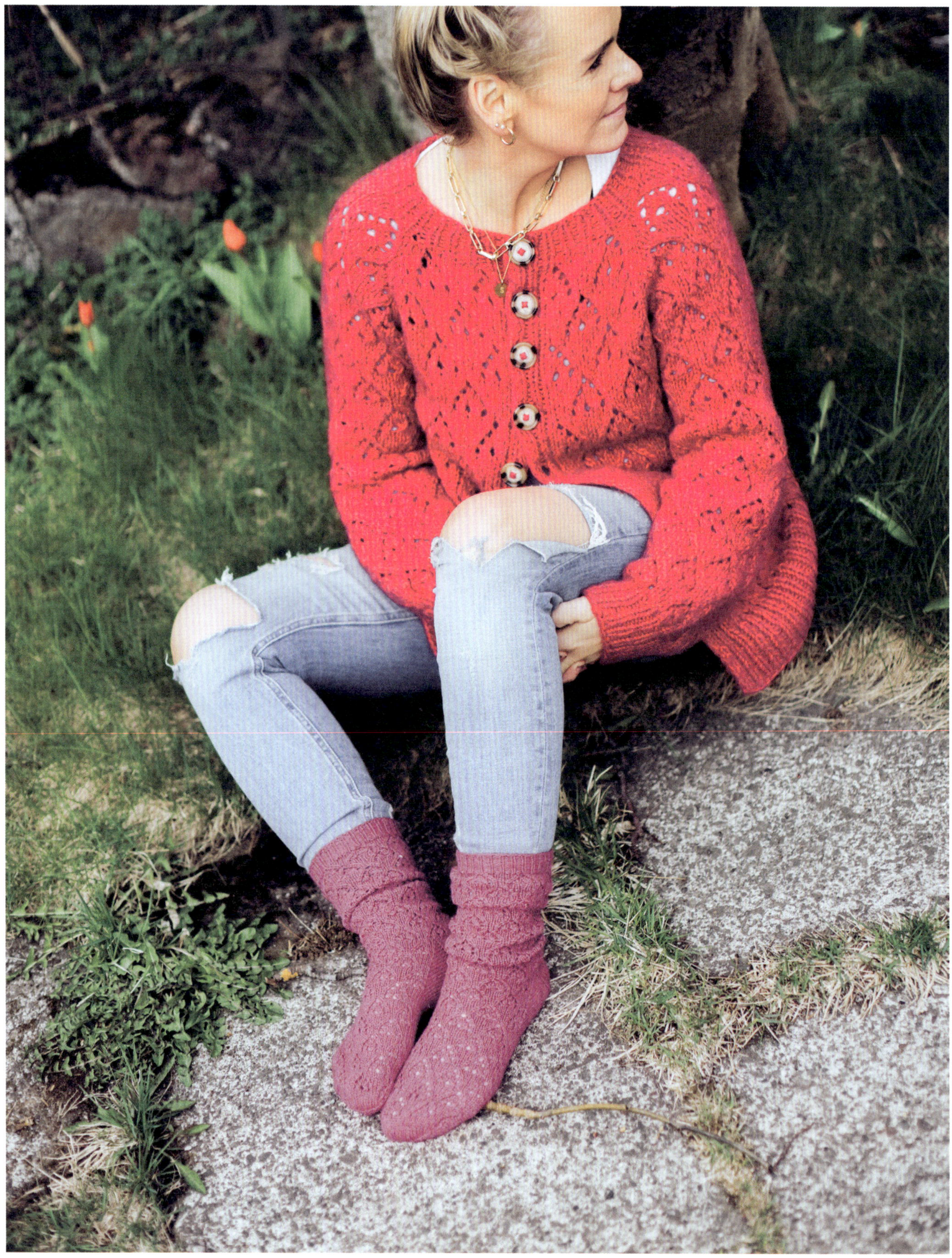

AMSEL Socken

GRÖSSENANGABEN UND GARNVERBRAUCH

Größe	Umfang Nadelstärke 3:	Umfang Nadelstärke 2,5:	Garnverbrauch
34–36	18,5 cm	17,5 cm	100 g (400 m)
37–39	18,5 cm	17,5 cm	100 g (400 m)
40–42	**18,5 cm**	**17,5 cm**	**100 g (400 m)**
43–46	**18,5 cm**	**17,5 cm**	**100 g (400 m)**

Bitte beachtet, dass die angegebenen Garnmengen nur ein Richtwert sind. Der Umfang ist etwas kleiner bemessen als der tatsächliche Beinumfang, da das Lochmuster sehr elastisch ist.

FORTGESCHRITTEN

DAS BRAUCHT IHR:

Garn
Vierfädige Sockenwolle mit einer Maschenprobe von ca. 30 Maschen auf 10 cm.

Wir haben bei dieser Anleitung Schachenmayr Merino Yak (400 m/100 g) verwendet.

Ihr könnt praktisch jede vierfädige Sockenwolle verwenden, wir empfehlen aber eher einfarbige oder höchstens ganz zart gemusterte Garne, damit das Lochmuster gut zur Geltung kommt.

Nadelspiel
Nr. 2,5 oder 3

Stopfnadel
zum Vernähen

Maschenprobe
30 M mit Nadelstärke 3 ergeben 10 cm.

32 M mit Nadelstärke 2,5 ergeben 10 cm.

Denkt dran, Socken kann man nie genug haben! Besonders mit diesem zauberhaften, leicht verschlungenen Muster, das ihr bei diesen Socken übrigens wunderbar üben könnt, bevor ihr an die großen Modelle der Amsel-Kollektion geht.

ANLEITUNG

Diese Socken werden in Runden von oben nach unten mit einer klassischen Herzchenferse gearbeitet. Der Schaft und die Fußoberseite werden mit dem Lochmuster aus unserer Amsel-Kollektion gestrickt. Ferse, Fußsohle und Spitze werden dann glatt re gestrickt.

Wir stricken die Socken als kuschelige Wollsocken, die etwas locker sitzen dürfen, mit Nadelstärke 3 (30 M auf 10 cm). Wenn ihr die Socken lieber eng anliegend tragen wollt, nutzt ihr Nadelstärke 2,5 (32 M auf 10 cm), oder je nach eigener Maschenprobe. Die Maschenzahl muss gleich bleiben, damit das Muster aufgeht.

SCHAFT

Schlagt sehr locker 56 M auf das Nadelspiel Nr. 2,5 oder 3 an. Schließt zur Runde und strickt ein Rippenbündchen (1 M re, 1 M li im Wechsel) über 3 cm.

Verteilt die Maschen jetzt wie folgt auf drei Nadeln des Nadelspiels:

Nadel 1: 24 Maschen

Nadel 2: 16 Maschen

Nadel 3: 16 Maschen

So liegen immer 2–4 komplette Musterrapporte auf einer Nadel. Ihr strickt mit der vierten Nadel des Nadelspiels.

Strickt jetzt das Muster laut Musterdiagramm A insgesamt 5, 5, **6, 6** Mal, oder nach Geschmack – ihr könnt das Muster bis zur gewünschten Länge beliebig oft wiederholen. Beendet das letzte Muster in Reihe 15 des Diagramms, d.h. ihr endet mit einer Lochmusterrunde und strickt nicht die letzte glatt re gestrickte Runde, sondern geht direkt weiter zur Ferse.

MUSTERDIAGRAMM A – SCHAFT

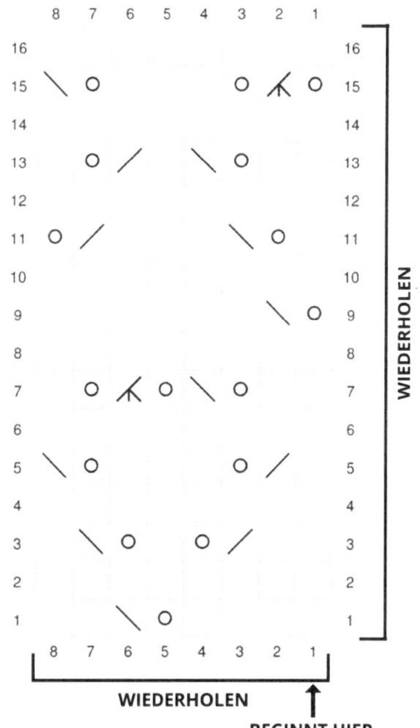

rechte Maschen

o Umschlag

\ SSK

/ 2 M re zusammenstricken

3 M re zusammenstricken

MUSTERDIAGRAMM B – FUSS

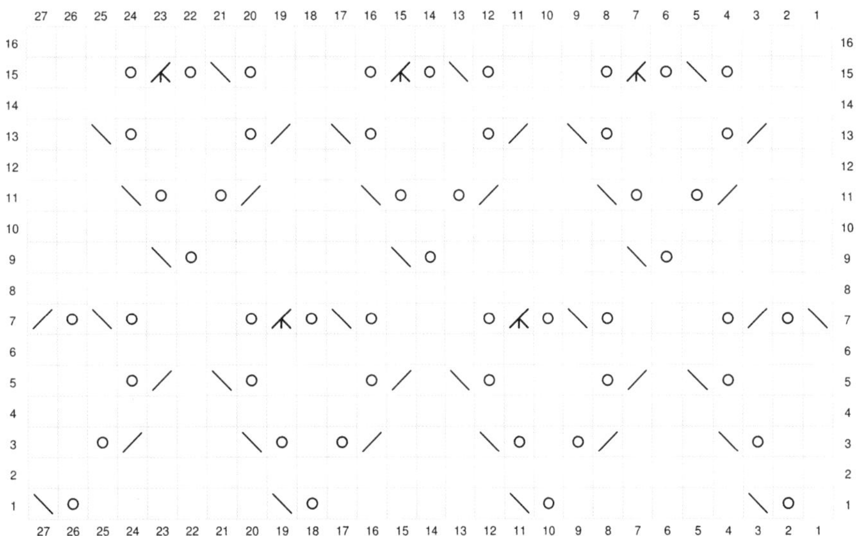

- (leeres Kästchen) rechte Maschen
- O Umschlag
- \ SSK
- / 2 M re zusammenstricken
- Λ 3 M re zusammenstricken

VERSCHIEBEN DES RUNDENBEGINNS

Damit das Muster auf der Fußoberseite auf beiden Seiten gleich beginnt und endet, verschiebt ihr jetzt den Rundenbeginn: Strickt die ersten 3 Maschen der nächsten Runde re und legt sie zu den restlichen Maschen auf Nadel 3. Der Rundenbeginn liegt jetzt an dieser Stelle, 3 Maschen weiter.

FERSENWAND

Strickt die nächsten 27 M re (Fußoberseite) und lasst sie auf Nadel 1 liegen. Strickt jetzt die Fersenwand aus den übrigen 29 Maschen auf Nadel 2 und 3 in Reihen:

1. Reihe (Hinreihe): Hebt 1 M ungestrickt wie zum re Stricken, mit dem Faden hinter der Arbeit, ab. Strickt die Reihe re zu Ende.

2. Reihe (Rückreihe): Hebt 1 M ungestrickt wie zum li Stricken, mit dem Faden vor der Arbeit, ab. Strickt die Reihe li zu Ende.

Wiederholt **Reihen 1 und 2**, bis ihr insgesamt 26 Reihen (je 13 Hin- und Rückreihen) gearbeitet habt. Endet mit einer Rückreihe.

KÄPPCHEN

Das Käppchen wird wie folgt gestrickt:

1. Reihe (Hinreihe): Strickt 19 M re. Wendet die Arbeit.

2. Reihe (Rückreihe): Hebt die erste M ungestrickt, wie zum li Stricken, mit dem Faden vor der Arbeit, ab. Strickt 8 M li und wendet die Arbeit.

3. Reihe (Hinreihe): Hebt die erste M ungestrickt, wie zum re Stricken, mit dem Faden hinter der Arbeit, ab. Strickt bis 1 M vor der letzten Wendestelle. Strickt die nächsten zwei M mit SSK zusammen und strickt eine M re. Wendet die Arbeit.

4. Reihe (Rückreihe): Hebt die erste M ungestrickt, wie zum li Stricken, mit dem Faden vor der Arbeit, ab. Strickt weiter bis 1 M vor der letzten Wendestelle und strickt die nächsten 2 M li zusammen. Strickt eine M li. Wendet die Arbeit.

Wiederholt **Reihen 3 und 4**, bis nur noch 19 M auf der Nadel liegen. Endet mit einer Rückreihe.

ZWICKEL

Jetzt fasst ihr an den Seiten der Fersenwand neue Maschen auf, um das Stück wieder zur Runde zu schließen:

1. Schritt: Strickt die 19 M des Käppchens re.

2. Schritt: Fasst an der Seite der Fersenwand 13 M aus den Randmaschen auf und strickt sie re. Falls ihr an dieser Stelle mehr Maschen aufnehmen müsst, um Löcher zu vermeiden, achtet darauf, die Maschen in der nächsten Runde durch Zusammenstricken wieder zu reduzieren, damit ihr die richtige Maschenzahl erhaltet.

3. Schritt: Strickt die 27 M auf der Fußoberseite wieder im Lochmuster, jetzt laut **Musterdiagramm B**.

4. Schritt: Fasst an der anderen Seite der Fersenwand 13 M aus den Randmaschen auf (bzw. dieselbe Anzahl wie im 2. Schritt) und strickt sie re.

Jetzt liegen insgesamt ca. 72 Maschen auf der Nadel. Ihr befindet euch jetzt wieder vor den 19 Maschen des Käppchens. Die Runde beginnt jetzt in der Mitte dieser 19 Maschen. Strickt also die ersten 9 Maschen des Käppchens re und teilt die Maschen dann wie folgt auf:

Nadel 1: Die nächsten 10 Maschen des Käppchens und die 13 Maschen der Fersenwand (insgesamt 23 M)

Nadel 2: Die 27 Maschen der Fußoberseite (Spann)

Nadel 3: Die 13 Maschen der Fersenwand und die 9 Maschen des Käppchens (insgesamt 22 M)

Um wieder auf die ursprünglichen 56 Maschen zu kommen, aus denen der Fuß gestrickt wird, nehmt ihr jetzt an beiden Seiten der Sohle ab:

Runde 1: Strickt die Maschen von Nadel 1 re bis 2 M vor Ende der Nadel. Strickt diese zwei M re zusammen, strickt dann die 27 Maschen auf Nadel 2 laut **Musterdiagramm B** und strickt die ersten 2 M von Nadel 3 mit SSK zusammen. Strickt die Runde re zu Ende.

Runde 2: Strickt ohne Abnahmen. Strickt die 27 Maschen im Spann laut **Muster-**

diagramm B (Reihe 2 im Diagramm, also glatt re).

Wiederholt **Runden 1 und 2**, bis ihr 15/27/14 Maschen auf den Nadeln habt (8 Abnahmerunden).

Strickt jetzt ohne weitere Abnahmen in Runden, bis der Fuß, ab der Fersenkante (s. Bild), 14, 15,5, **17, 18** cm lang ist. Strickt die 27 Maschen des Spanns weiterhin im Lochmuster laut **Diagramm B**. Beendet den Fuß mit einem vollständigen Musterrapport (Reihen 1–8 oder 9–16) und hört nicht mitten im Muster auf.

ABNAHMEN

Wenn die Socke die richtige Länge erreicht hat, beginnen die Abnahmen. Ab hier strickt ihr nur noch re, ohne Lochmuster.

In der ersten Runde nehmt ihr Maschen ab:

1. Nadel (Sohle): Strickt re bis 3 M vor Ende der Nadel, strickt die nächsten 2 M re zusammen und strickt die letzte M re.

2. Nadel (Spann): Strickt 1 M re, strickt 2 M mit SSK zusammen, strickt re bis 3 M vor Ende der Nadel, strickt die nächsten 2 M re zusammen, strickt die letzte M re.

3. Nadel (Sohle): Strickt 1 M re. Strickt 2 M mit SSK zusammen und strickt alle weiteren M re.

Die zweite Runde strickt ihr re ohne Abnahmen.

Strickt die dritte Runde wie die erste mit Abnahmen.

In der vierten Runde nehmt ihr nur in der Fußsohle ab (Nadeln 1 und 3), aber nicht im Spann (Nadel 2), damit ihr auf Nadeln 1+3 und Nadel 2 wieder jeweils dieselbe Maschenzahl habt.

Strickt ab jetzt jede Runde mit Abnahmen (wie Runde 1 oder 3), bis ihr nur noch 18 M auf der Nadel habt (9 Maschen auf Nadeln 1+3 und 9 Maschen auf Nadel 2).

Schneidet den Faden ab und näht die übrigen Maschen mit dem Maschenstich zusammen (s. auch dieses Video: *https://bit.ly/stroff-maschenstich*). Strickt die zweite Socke gleich.

ABSCHLUSS

Vernäht alle Enden und wascht die Socke entsprechend den Angaben des Garnherstellers. Kleine Stücke wie diese kann man einfach unter kaltem Wasser ausspülen, leicht auswringen und in Form gelegt trocknen lassen.

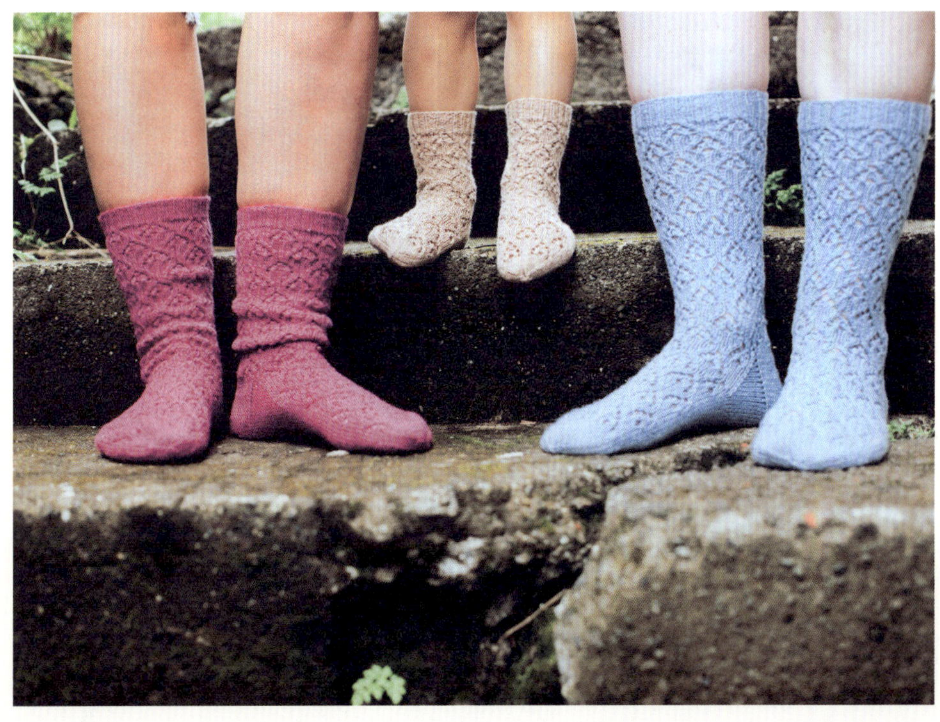

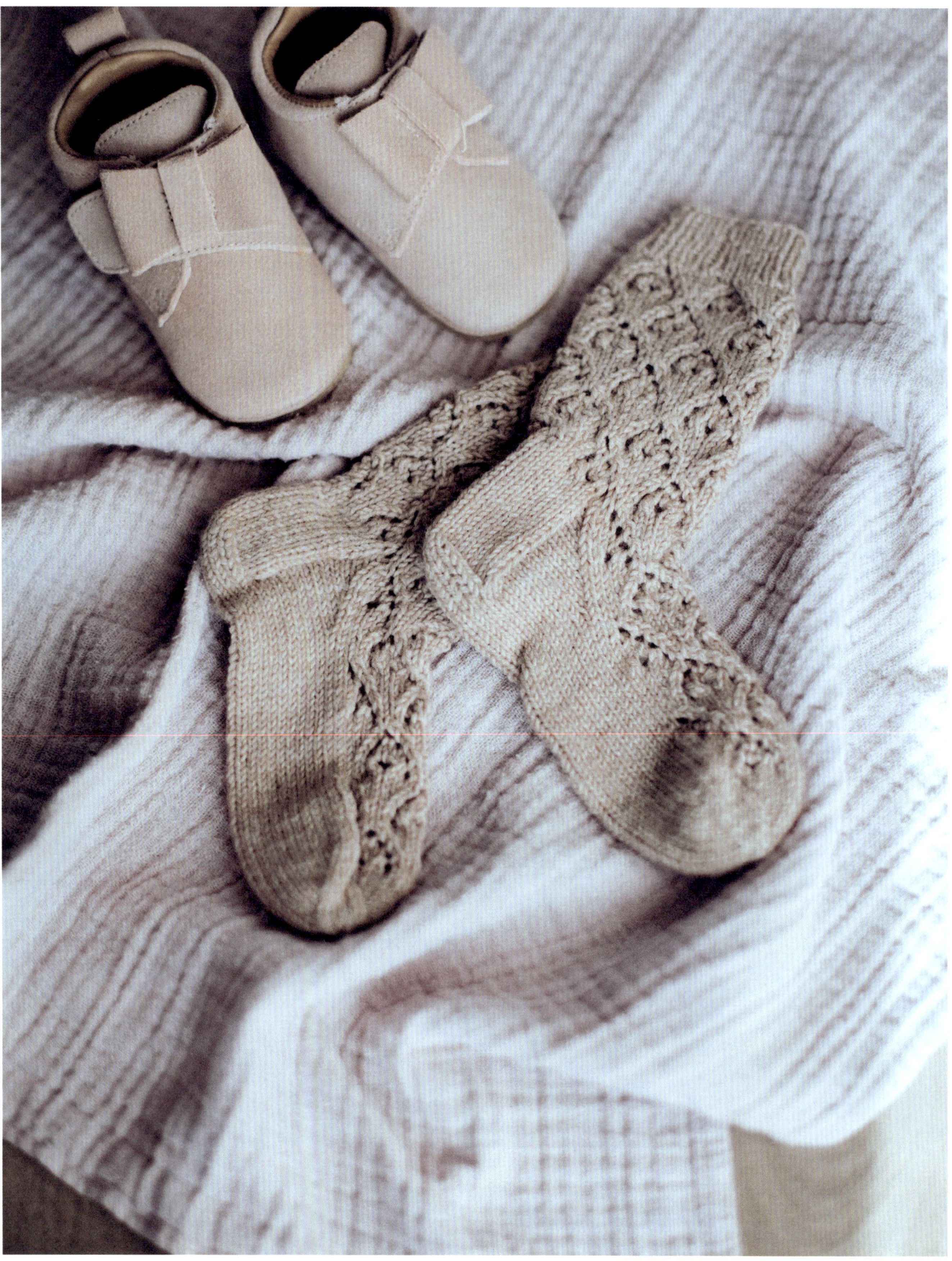

AMSEL Kindersocken

GRÖSSENANGABEN UND GARNVERBRAUCH

Alter (Schuhgröße)	Nadelstärke	Umfang	Garnverbrauch
3-6 Monate (16–17)	2,5 mm	10 cm	15 g
6-12 Monate (18–20)	3 mm	11 cm	25 g
1-2 Jahre (20–21	2,5 mm	13 cm	40 g
2-4 Jahre (22–26)	3 mm	14 cm	50 g
4-6 Jahre (27–31)	**2,5 mm**	**16 cm**	**50 g**
6-8 Jahre (32–34)	**3 mm**	**17 cm**	**60 g**
8-10 Jahre (35–37)	**2,5 mm**	**18 cm**	**70 g**

Bitte beachtet, dass die angegebenen Garnmengen nur ein Richtwert sind. Der Umfang ist etwas kleiner bemessen, da das Lochmuster sehr elastisch ist

Natürlich brauchen auch kleine Kinderfüßchen feine Söckchen. Diese hier eignen sich ganz besonders gut als Beigabe zum Amsel Kinderset.

ANLEITUNG

Diese Socken werden in Runden von oben nach unten mit einer klassischen Herzchenferse gearbeitet. Der Schaft und die Fußoberseite werden mit dem Lochmuster aus unserer Amsel-Kollektion gestrickt. Ferse, Fußsohle und Spitze werden dann glatt re gestrickt.

Da die Maschenzahl in allen Größen durch 8 teilbar sein muss, nutzen wir je nach Größe Nadelstärke 2,5 oder 3,0. So kommen wir bei gleicher Maschenzahl auf verschiedene Beinumfänge und das Muster geht auf.

SCHAFT

Schlagt sehr locker 32, 32, 40, 40, **48, 48, 56** M auf das Nadelspiel Nr. 2,5 oder 3 an (verwendet hier die Nadelstärke, die für eure gewählte Größe angegeben wird und zu eurer Maschenprobe passt). Schließt zur Runde und strickt ein Rippenbündchen (1 M re, 1 M li im Wechsel) über 1,5, 2, 2, 2,5, **2,5, 2,5, 3** cm.

Verteilt die Maschen jetzt wie folgt auf drei Nadeln des Nadelspiels:

Nadel 1: 16, 16, 16, 16, **16, 16, 24** Maschen

Nadel 2: 8, 8, 16, 16, **16, 16, 16** Maschen

Nadel 3: 8, 8, 8, 8, **16, 16, 16** Maschen

So liegen immer 1–3 komplette Musterrapporte auf jeder Nadel, ihr müsst das Muster also nicht über den Nadelwechsel stricken. Ihr strickt mit der vierten Nadel des Nadelspiels.

Strickt jetzt das Muster laut Musterdiagramm A insgesamt 2, 2, 2, 3, **3, 4, 5** Mal, oder nach Geschmack – ihr könnt das Muster bis zur gewünschten Länge beliebig oft wiederholen. Beendet das letzte Muster in Reihe 15 des Diagramms, d.h. ihr endet mit einer Lochmusterrunde und strickt nicht die letzte glatt re gestrickte Runde, sondern geht direkt weiter zur Ferse.

MUSTERDIAGRAMM A – SCHAFT

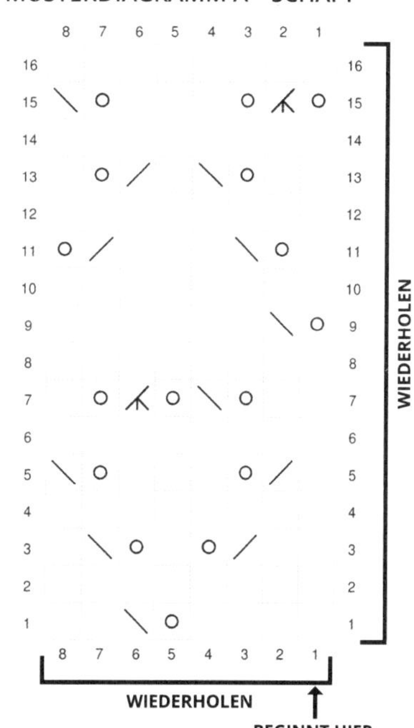

rechte Maschen

o Umschlag

╲ SSK

╱ 2 M re zusammenstricken

⋏ 3 M re zusammenstricken

FORTGESCHRITTEN

DAS BRAUCHT IHR:

Garn
Vierfädige Sockenwolle mit einer Maschenprobe von ca. 30 Maschen auf 10 cm. Wir haben bei dieser Anleitung Schachenmayr Merino Yak (400 m/100 g) verwendet.

Nadelspiel
Nr. 2,5 oder 3

Da die Maschenzahl in allen Größen durch 8 teilbar sein muss, nutzen wir je nach Größe Nadelstärke 2,5 oder 3,0 – so kommen wir bei derselben Maschenzahl auf verschiedene Beinumfänge und das Muster geht auf.

Stopfnadel
zum Vernähen

Maschenprobe
30 M mit Nadelstärke 3 ergeben 10 cm.

32 M mit Nadelstärke 2,5 ergeben 10 cm.

VERSCHIEBEN DES RUNDENBEGINNS

Wenn ihr das Muster auf der Fußoberseite fortführen wollt, muss der Rundenbeginn an dieser Stelle verschoben werden, damit das Muster an beiden Seiten gleich beginnt und endet. Wenn ihr den Fuß lieber glatt rechts, ohne Muster, stricken wollt, lasst ihr den nächsten Schritt weg und beginnt direkt mit der Fersenwand.

Größen 3–6 und 6–12 Monate: Verschiebt den Rundenbeginn um 1 Masche weiter.

Größen 1–2 Jahre, 2–4 Jahre und 8–10 Jahre: Verschiebt den Rundenbeginn um 3 Maschen weiter.

Größen 4–6 und 6–8 Jahre: Verschiebt den Rundenbeginn um 3 Maschen zurück.

Den Rundenbeginn um 1/3 Maschen weiter verschieben: Beendet die Runde (Reihe 15 im Musterdiagramm) und strickt noch 1 bzw. 3 Maschen re weiter. Hier ist jetzt der neue Rundenbeginn.

Den Rundenbeginn um 3 Maschen zurück verschieben: Beendet die letzte Runde (Reihe 15 im Diagramm) 3 M vor Ende der Runde. Hier liegt jetzt euer neuer Rundenwechsel.

Strickt jetzt die nächsten 15, 15, 19, 19, **23, 23, 27** M laut Musterdiagramm (Reihe 16, d.h. nur rechts). In **Größen 4–6 und 6–8 Jahre** (hier wurde der Rundenwechsel um 3 M zurück verschoben) strickt ihr die ersten drei Maschen noch so, wie ihr sie in Reihe 15 beendet hättet – d.h. 1 M re, 1 Umschlag, SSK. Danach strickt ihr re weiter.

Lasst diese Maschen auf einer Nadel liegen und strickt die Fersenwand.

FERSENWAND

Die Fersenwand wird aus den restlichen 17, 17, 21, 21, **25, 25, 29** Maschen in Hin- und Rückreihen gestrickt.

1. Reihe (Hinreihe): Hebt 1 M ungestrickt wie zum re Stricken, mit dem Faden hinter der Arbeit, ab. Strickt die Reihe re zu Ende.

2. Reihe (Rückreihe): Hebt 1 M ungestrickt wie zum li Stricken, mit dem Faden vor der Arbeit, ab. Strickt die Reihe li zu Ende.

Wiederholt Reihen 1 und 2, bis ihr insgesamt 18, 18, 22, 22, **26, 26, 30** Reihen (je 9, 9, 11, 11, **13, 13, 15** Hin- und Rückreihen) gearbeitet habt. Endet mit einer Rückreihe.

MUSTERDIAGRAMM B – FUSS

Musterdiagramm B ist das Muster für den Spann. Aufgrund der unterschiedlichen Maschenzahlen in den verschiedenen Größen haben wir es hier in vier Größen aufgeteilt:

Größen 3–6 und 6–12 Monate

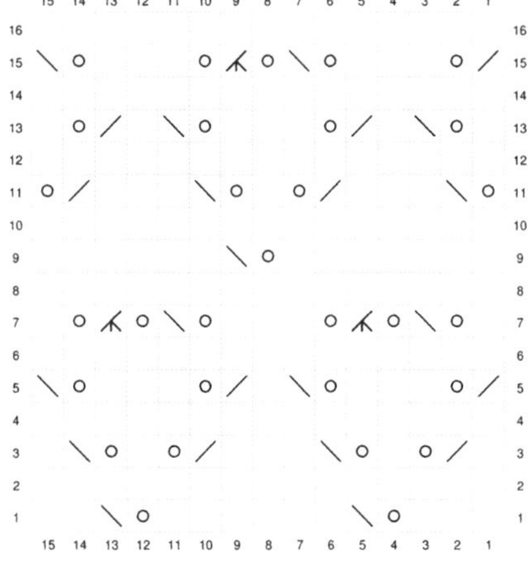

Größen 1–2 und 2–4 Jahre

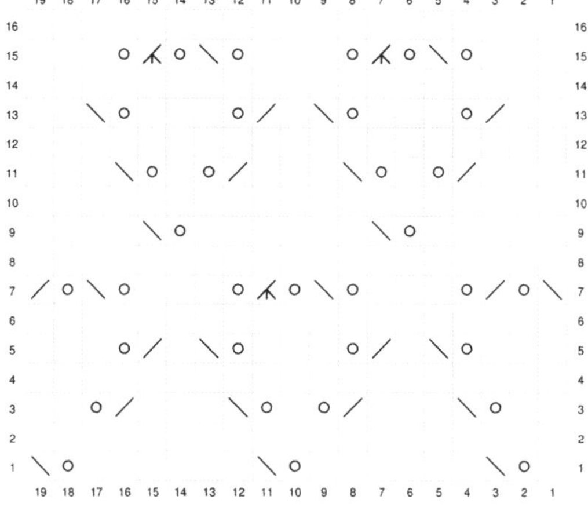

- rechte Maschen
- o Umschlag
- \ SSK
- / 2 M re zusammenstricken
- ⋏ 3 M re zusammenstricken

Größen 4–6 und 6–8 Jahre

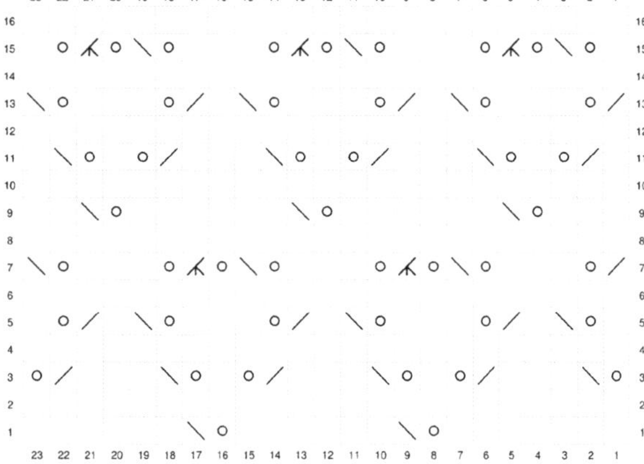

Größe 8–10 Jahre

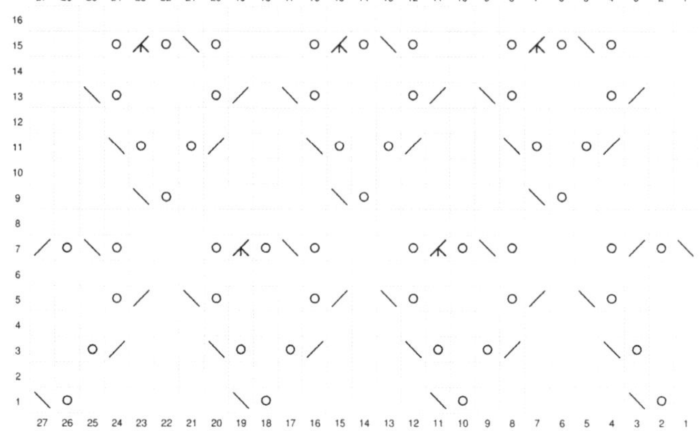

KÄPPCHEN

Jetzt bilden wir durch Abnahmen das Fersenkäppchen:

1. Reihe (Hinreihe): Strickt 11, 11, 14, 14, **17, 17, 19** M re. Wendet die Arbeit.

2. Reihe (Rückreihe): Hebt die erste M ungestrickt, wie zum li Stricken, mit dem Faden vor der Arbeit, ab. Strickt 4, 4, 6, 6, **8, 8, 8** M li und wendet die Arbeit.

3. Reihe (Hinreihe): Hebt die erste M ungestrickt, wie zum re Stricken, mit dem Faden hinter der Arbeit, ab. Strickt bis 1 M vor der letzten Wendestelle. Strickt die nächsten zwei M mit SSK zusammen und strickt eine M re. Wendet die Arbeit.

4. Reihe (Rückreihe): Hebt die erste M ungestrickt, wie zum li Stricken, mit dem Faden vor der Arbeit, ab. Strickt weiter bis 1 M vor der letzten Wendestelle und strickt die nächsten 2 M li zusammen. Strickt eine M li. Wendet die Arbeit.

Wiederholt **Reihen 3 und 4**, bis nur noch 11, 11, 11, 11, **17, 17, 19** M auf der Nadel liegen. Endet mit einer Rückreihe.

ZWICKEL

Jetzt fasst ihr an den Seiten der Fersenwand neue Maschen auf, um das Stück wieder zur Runde zu schließen:

1. Schritt: Strickt die 11, 11, 11, 11, **17, 17, 19** M des Käppchens re.

2. Schritt: Fasst an der Seite der Fersenwand 9, 9, 11, 11, **13, 13, 15** M aus den Randmaschen auf und strickt sie re. Falls ihr an dieser Stelle mehr Maschen aufnehmen müsst, um Löcher zu vermeiden, achtet darauf, die Maschen in der nächsten Runde durch Zusammenstricken wieder zu reduzieren, damit ihr die richtige Maschenzahl erhaltet.

3. Schritt: Strickt die 15, 15, 19, 19, **23, 23, 27** stillgelegten M auf der Fußoberseite im Lochmuster laut Musterdiagramm B am Ende der Anleitung in der entsprechenden Größe (oder alternativ einfach rechts, wenn ihr den Fuß ohne Muster stricken wollt).

4. Schritt: Fasst an der anderen Seite der Fersenwand wieder 9, 9, 11, 11, **13, 13, 15** M aus den Randmaschen auf (bzw. dieselbe Anzahl wie im 2. Schritt) und strickt sie re.

Jetzt liegen insgesamt ca. 44, 44, 52, 52, **66, 66, 76** Maschen auf der Nadel. Ihr befindet euch jetzt wieder vor den 11, 11, 11, 11, **17, 17, 19** Maschen des Käppchens. Die Runde beginnt jetzt in der Mitte dieser Maschen. Strickt also die ersten 5, 5, 5, 5, **8, 8, 9** Maschen des Käppchens re und teilt die Maschen dann wie folgt auf:

Nadel 1: Die nächsten 6, 6, 6, 6, **9, 9, 10** Maschen des Käppchens und die 9, 9, 11, 11, **13, 13, 15** Maschen der Fersenwand (insgesamt 15, 15, 17, 17, **22, 22, 25** M)

Nadel 2: Die 15, 15, 19, 19, **23, 23, 27** Maschen der Fußoberseite (Spann)

Nadel 3: Die 9, 9, 11, 11, **13, 13, 15** Maschen der Fersenwand und die übrigen 5, 5, 5, 5, **8, 8, 9** Maschen des Käppchens (insgesamt 16, 16, 18, 18, **23, 23, 26** M)

Um wieder auf die ursprünglichen 32, 32, 40, 40, **48, 48, 56** Maschen zu kommen, aus denen der Fuß gestrickt wird, nehmt ihr jetzt an beiden Seiten der Sohle ab:

Runde 1: Strickt die Maschen von Nadel 1 re bis 2 M vor Ende der Nadel. Strickt diese zwei M re zusammen, strickt die Maschen auf Nadel 2 (Spann) im Lochmuster laut **Musterdiagramm B** und strickt die ersten 2 M von Nadel 3 mit SSK zusammen. Strickt die Runde re zu Ende.

Runde 2: Strickt ohne Abnahmen. Strickt die Maschen im Spann im Lochmuster laut **Musterdiagramm B**.

Wiederholt Runden 1 und 2, bis ihr 32, 32, 40, 40, **48, 48, 56** Maschen auf den Nadeln habt, d.h. 17, 17, 21, 21, **25, 25, 29** Maschen auf der Sohle und 15, 15, 19, 19, **23, 23, 27** Maschen im Spann (6, 6, 6, 6, **9, 9, 10** Abnahmerunden).

Strickt zum Schluss noch eine weitere Abnahmerunde, damit ihr in Spann und Sohle dieselbe Maschenanzahl erhaltet (je 15, 15, 19, 19, **23, 23, 27** Maschen).

Strickt jetzt ohne weitere Abnahmen in Runden, bis der Fuß, ab der Fersenkante (s. Bild) 6, 7, 9, 10, **11, 12, 14** cm lang ist. Strickt die Maschen des Spanns weiterhin im Lochmuster laut **Diagramm B** und die Maschen auf der Fußsohle nur rechts. Beendet den Fuß mit einem vollständigen Musterrapport (Reihen 1–8 oder 9–16) und hört nicht mitten im Muster auf.

ABNAHMEN

Wenn die Socke die richtige Länge erreicht hat, beginnen die Abnahmen. Ab hier strickt ihr nur noch re, ohne Lochmuster.

In der ersten Runde nehmt ihr Maschen ab:

1. Nadel (Sohle): Strickt re bis 3 M vor Ende der Nadel, strickt die nächsten 2 M re zusammen und strickt die letzte M re.

2. Nadel (Spann): Strickt 1 M re, strickt 2 M mit SSK zusammen, strickt re bis 3 M vor Ende der Nadel, strickt die nächsten 2 M re zusammen, strickt die letzte M re.

3. Nadel (Sohle): Strickt 1 M re. Strickt 2 M mit SSK zusammen und strickt alle weiteren M re.

Die zweite Runde strickt ihr re ohne Abnahmen.

Strickt die dritte Runde mit Abnahmen (wie Runde 1) und die vierte Runde wieder ohne Abnahmen.

Strickt ab jetzt jede Runde mit Abnahmen, bis ihr nur noch ca. 10 M auf der Nadel habt (5 Maschen auf Nadeln 1+3 und 5 Maschen auf Nadel 2).

Schneidet den Faden ab, fädelt das Ende durch die übrigen Maschen und schließt so die Socke. Strickt die zweite Socke gleich.

ABSCHLUSS

Vernäht alle Enden und wascht die Socke entsprechend den Angaben des Garnherstellers. Kleine Stücke wie diese kann man einfach unter kaltem Wasser ausspülen, leicht auswringen und in Form gelegt trocknen lassen. Das Lochmuster glättet sich in der Wäsche erheblich.

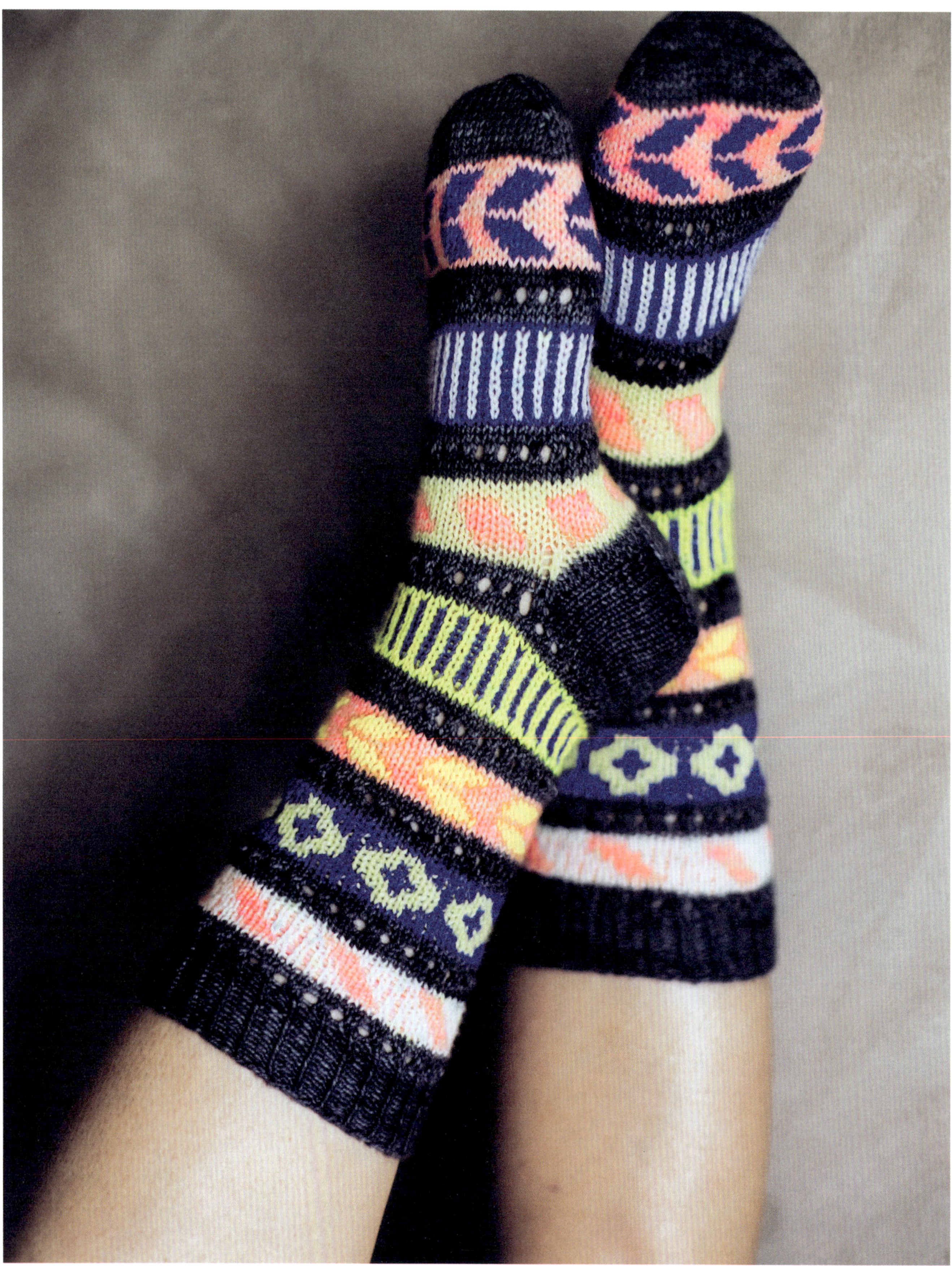

MIKADO Socken

GRÖSSENANGABEN UND GARNVERBRAUCH

Größe	Umfang	Garnverbrauch Hauptfarbe	Garnverbrauch Akzentfarben (insgesamt)
34–36	19,5 cm	50 g (200 m)	50 g (200 m)
37–39	19,5 cm	50 g (200 m)	50 g (200 m)
40–42	**19,5 cm**	**50 g (200 m)**	**50 g (200 m)**
43–46	**19,5 cm**	**50 g (200 m)**	**50 g (200 m)**

Bitte beachtet, dass die angegebenen Garnmengen nur ein Richtwert sind.

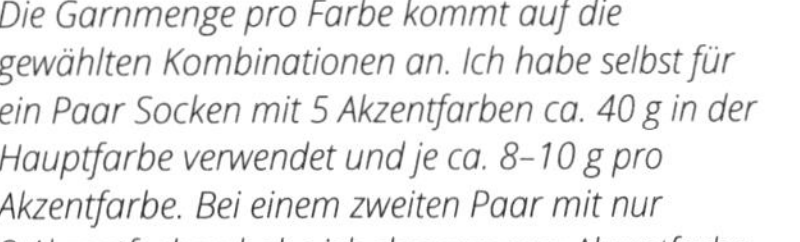

Die Garnmenge pro Farbe kommt auf die gewählten Kombinationen an. Ich habe selbst für ein Paar Socken mit 5 Akzentfarben ca. 40 g in der Hauptfarbe verwendet und je ca. 8–10 g pro Akzentfarbe. Bei einem zweiten Paar mit nur 2 Akzentfarben habe ich dagegen pro Akzentfarbe ca. 20 g verwendet.

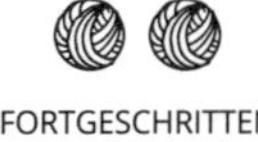

FORTGESCHRITTEN

DAS BRAUCHT IHR:

Garn
Vierfädige Sockenwolle, z.B. Lana Grossa Cool Wool 4 Socks, Regia Premium Silk oder Merino Yak, oder jedes andere vierfädige Sockengarn. Wir haben bei dieser Anleitung handgefärbte Sockenwolle verwendet.

Nadelspiel
Nr. 2,5–3,5 (je nach Maschenprobe)

Stopfnadel
zum Vernähen

Maschenprobe
28 M mit Nadelstärke 2,5–3,5 ergeben 10 cm.

Diese Socken erinnern mich so an Mikado, das ich als Kind so oft gespielt habe! Hier könnt ihr eurer Fantasie freien Lauf lassen und alle möglichen Farben (oder Garnreste) verwenden oder die Socken ganz schlicht zweifarbig halten. Wie ihr wollt!

ANLEITUNG

Diese Socken werden in Runden von oben nach unten mit einer klassischen Käppchenferse gearbeitet, durchgehend im mehrfarbigen Muster laut Musterdiagramm und kleinen Lochmusterrunden dazwischen.

FARBWAHL UND MUSTERDIAGRAMME

Wir zeigen die Socke hier in Dunkelgrau mit 5 Kontrastfarben. Die Musterdiagramme zeigen das Muster mit 4 Kontrastfarben. Ihr seid selbst völlig frei in der Farbwahl: Ihr könnt die Socken zweifarbig stricken oder jedes einzelne Kapitel in ganz neuen Farben oder alles dazwischen. Ihr müsst die einzelnen Muster natürlich nicht genau in der angegebenen Reihenfolge stricken: Wenn ihr wollt, könnt ihr Mustersätze austauschen, weglassen oder sogar neue hinzufügen. Wir empfehlen aber, die Anzahl der Reihen für die jeweilige Größe im Fuß einzuhalten. Diese Anleitung zeigt euch eine Möglichkeit von vielen.

MEHRFARBIGES STRICKEN

Achtet auf eine sehr lockere Fadenspannung bei den Spannfäden in der ungenutzten Farbe, die hinter den Maschen mitlaufen. Wenn diese Fäden zu straff liegen, ist die Socke nicht dehnbar und wird nicht über die Ferse passen. Probiert sie daher lieber mehrfach an, bevor ihr die Ferse erreicht, um sicherzugehen, dass sie passt. Spannfäden, die über bis zu 4 Maschen gehen, lassen wir einfach lose mitlaufen. Bei 5 Maschen fangen wir sie in der dritten Masche einmal ein, indem wir die zwei Fäden verkreuzen.

Achtet darauf, die Fäden richtig zu sortieren: Der Faden der dominantem Farbe (in diesem Fall die Akzentfarbe, nicht die »Hintergrundfarbe« in jedem Kapitel) liegt näher an den Maschen, dadurch hebt sich dieses Muster deutlicher ab. Die »Hintergrundfarbe« wird dahinter einsortiert. Dazu findet ihr weitere Informationen, wenn ihr online nach »dominante Farbe stricken« sucht.

BÜNDCHEN UND SCHAFT

Schlagt 56 M auf das Nadelspiel Nr. 2,5–3,5 an. Verteilt die Maschen auf drei Nadeln und strickt mit der vierten. Schließt zur Runde und strickt ein verschränktes Rippenbündchen (1 M re verschränkt, 1 M li im Wechsel) über 3, 3, **4, 4** cm.

Strickt dann das mehrfarbige Muster laut Musterdiagramm A (Schaft). Ihr könnt die Schaftlänge nach Wunsch variieren, indem ihr Musterabschnitte weglasst oder wiederholt. Wenn ihr das Muster nach Diagramm strickt, misst es (ohne das Bündchen) ca. 15, 15, **16,5, 16,5** cm.

FERSE

Verteilt die Maschen jetzt wie folgt um:

1. Nadel (Ferse/Sohle): 28 Maschen

2. Nadel (Spann): 14 Maschen

3. Nadel (Spann): 14 Maschen

Strickt jetzt die Fersenwand nur mit den 28 Maschen der ersten Nadel in Hin- und Rückreihen in der Hauptfarbe:

1. Reihe (Hinreihe): Hebt 1 M ungestrickt wie zum re Stricken, mit dem Faden hinter der Arbeit, ab. Strickt die Reihe re zu Ende.

2. Reihe (Rückreihe): Hebt 1 M ungestrickt wie zum li Stricken, mit dem Faden vor der Arbeit, ab. Strickt die Reihe li zu Ende.

Wiederholt Reihen 1 und 2, bis ihr insgesamt 26 Reihen (je 13 Hin- und Rückreihen) gearbeitet habt.

KÄPPCHEN

Jetzt bilden wir durch Abnahmen das Fersenkäppchen. Die Abnahmen werden wie folgt gestrickt:

1. Reihe (Hinreihe): Strickt 19 M re. Wendet die Arbeit.

2. Reihe (Rückreihe): Hebt die erste M ungestrickt, wie zum li Stricken, mit dem Faden vor der Arbeit, ab. Strickt 9 M li und wendet die Arbeit.

3. Reihe (Hinreihe): Hebt die erste M ungestrickt, wie zum re Stricken, mit dem Faden hinter der Arbeit ab. Strickt bis 1 M vor der letzten Wendestelle. Strickt die nächsten zwei M mit SSK zusammen. Wendet die Arbeit.

4. Reihe (Rückreihe): Hebt die erste M ungestrickt, wie zum li Stricken, mit dem Faden vor der Arbeit, ab. Strickt weiter bis 1 M vor der letzten Wendestelle und strickt die nächsten 2 M li zusammen. Wendet die Arbeit.

Wiederholt **Reihen 3 und 4**, bis nur noch 10 M auf der Nadel liegen. Endet mit einer Rückreihe.

ZWICKEL

Jetzt fasst ihr an den Seiten der Fersenwand neue Maschen auf, um das Stück wieder zur Runde zu schließen. Ihr strickt diese Runde weiter in der Hauptfarbe (Reihe 1 in **Musterdiagramm B**).

1. Schritt: Strickt die 10 M des Käppchens re.

2. Schritt: Fasst an der Seite der Fersenwand 12 M aus den Randmaschen auf und strickt sie re. Falls ihr an dieser Stelle mehr Maschen aufnehmen müsst, um Löcher zu vermeiden, achtet darauf, die Maschen in der nächsten Runde durch Zusammenstricken wieder zu reduzieren, damit ihr die richtige Maschenzahl erhaltet.

3. Schritt: Strickt die 28 M, die auf Nadel 2 und 3 stillgelegt waren, rechts.

4. Schritt: Fasst an der anderen Seite der Fersenwand 12 M aus den Randmaschen auf (bzw. dieselbe Anzahl wie im 2. Schritt) und strickt sie re. Strickt dann die ersten 5 Maschen des Käppchens. An dieser Stelle liegt ab jetzt der Rundenbeginn.

Jetzt liegen insgesamt ca. 62 Maschen auf der Nadel. In den nächsten Runden reduzieren wir die Maschen wieder auf die ursprünglichen 56. Dafür teilt ihr die Maschen zunächst neu auf:

Nadel 1: Die 5 Maschen des Käppchens und die 12 Maschen der Fersenwand (insgesamt 17 M)

Nadel 2: Die 28 Maschen des Spanns

Nadel 3: Die 12 Maschen der Fersenwand und die 5 Maschen des Käppchens (insgesamt 17 M)

Um wieder auf die ursprünglichen 56 Maschen zu kommen, aus denen der Fuß gestrickt wird, nehmt ihr jetzt an beiden Seiten der Sohle ab. Strickt dabei das Muster laut **Musterdiagramm B** (wenn ihr der Anleitung genau gefolgt seid, seid ihr wieder bei der ursprünglichen Maschenzahl angekommen, bevor die erste zweifarbige Runde kommt): Strickt die Maschen von Nadel 1 re bis 2 M vor Ende der Nadel. Strickt diese zwei M re zusammen, strickt die 28 Maschen auf Nadel 2 re und strickt die ersten 2 M von Nadel 3 mit SSK (s. Seite 181) zusammen. Strickt die Runde re zu Ende. Wiederholt diese Abnahmen in jeder Runde, bis ihr wieder 14/28/14 Maschen auf den Nadeln habt.

Strickt jetzt ohne weitere Abnahmen in Runden laut Musterdiagramm, bis der Fuß, ab der Fersenkante (s. Bild), 14, 15,5, **17, 18** cm lang ist.

ABNAHMEN

Wenn der Fuß die richtige Länge erreicht hat, beginnen die Abnahmen. Ab hier strickt ihr die Socke in der Hauptfarbe fertig.

In der ersten Runde nehmt ihr Maschen ab:

1. Nadel (Sohle): Strickt re bis 3 M vor Ende der Nadel, strickt die nächsten 2 M re zusammen und strickt die letzte M re.

2. Nadel (Spann): Strickt 1 M re, strickt 2 M mit SSK zusammen, strickt re bis 3 M vor Ende der Nadel, strickt die nächsten 2 M re zusammen, strickt die letzte M re.

3. Nadel (Sohle): Strickt 1 M re. Strickt 2 M mit SSK zusammen und strickt alle weiteren M re.

Die zweite Runde strickt ihr re ohne Abnahmen.

Strickt noch einmal eine Runde mit und eine Runde ohne Abnahmen. Strickt danach jede Runde mit Abnahmen, bis ihr nur noch 16 M auf der Nadel (8 M auf der Sohle und 8 Maschen im Spann) habt.

Schneidet den Faden ab und näht die übrigen Maschen mit dem Maschenstich zusammen. Strickt die zweite Socke gleich.

ABSCHLUSS

Vernäht alle Enden und wascht die Socke entsprechend den Angaben des Garnherstellers. Kleine Stücke wie diese kann man einfach unter kaltem Wasser ausspülen, leicht auswringen und in Form gelegt trocknen lassen.

MUSTERDIAGRAMME – SCHAFT

Größen 34–36 und 37–39

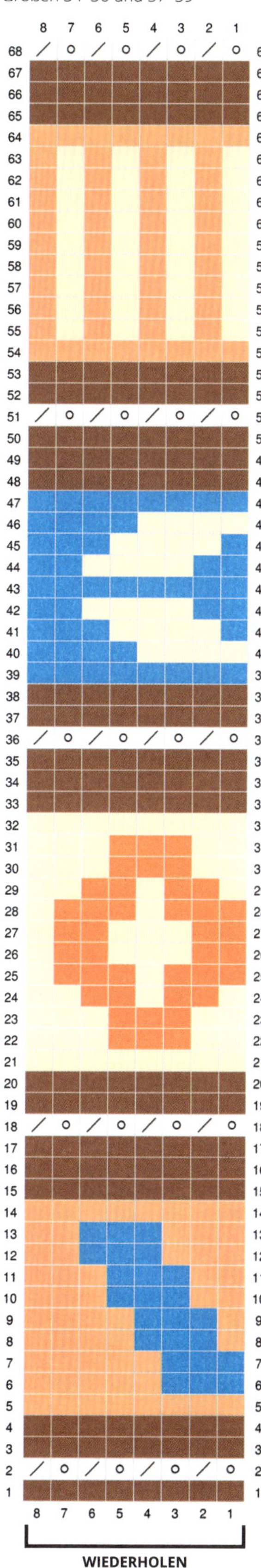

Größen 40–42 und 43–46

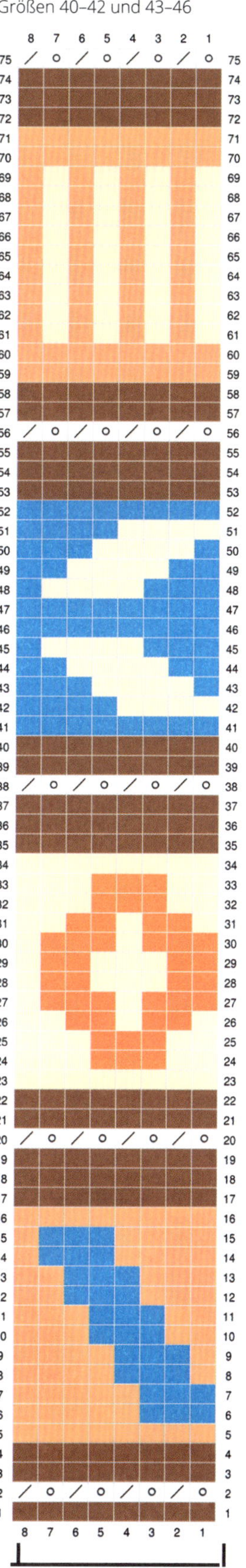

/ 2 M re zusammenstricken

o Umschlag

Hauptfarbe

Akzentfarbe 1

Akzentfarbe 2

Akzentfarbe 3

Akzentfarbe 4

MUSTERDIAGRAMME – FUSS

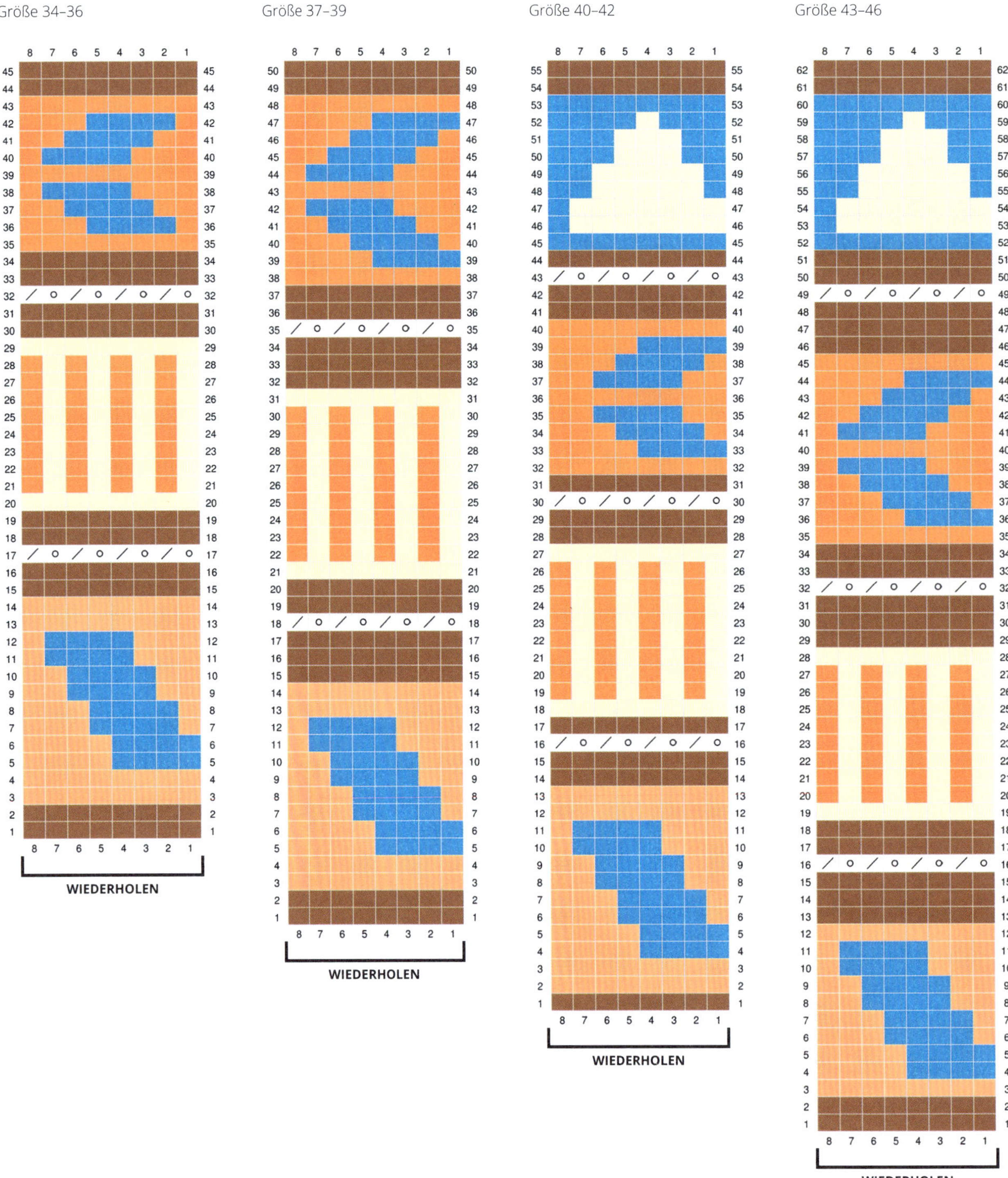

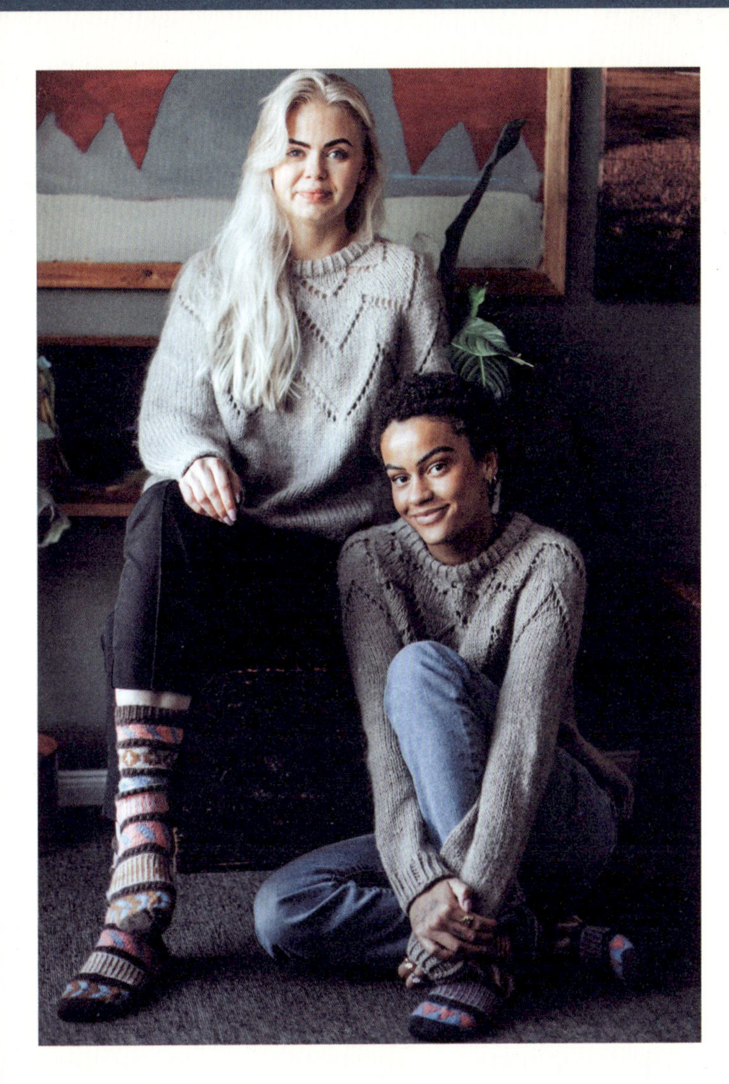

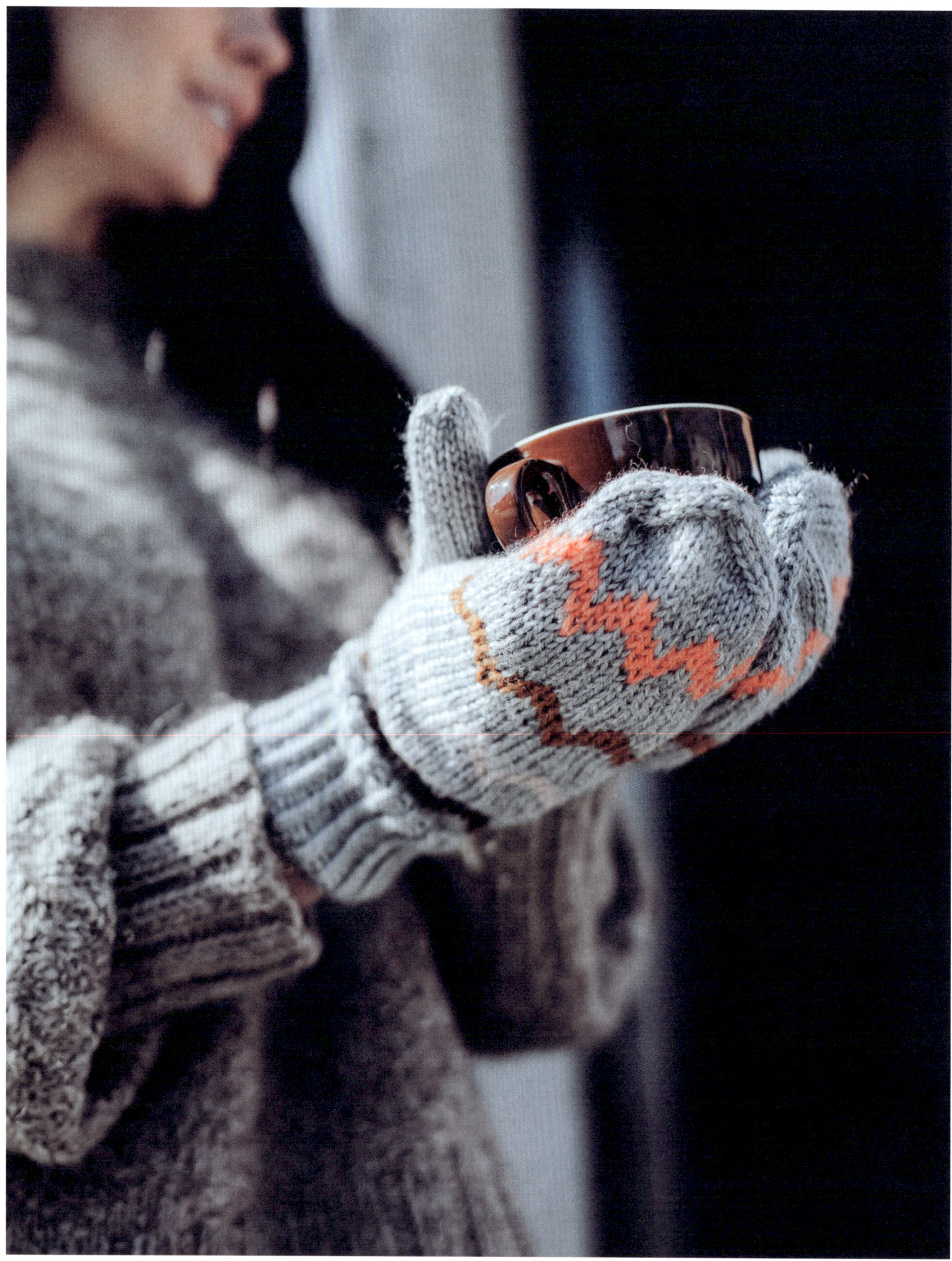

EISBRECHER Handschuhe

GRÖSSENANGABEN UND GARNVERBRAUCH

Größe	Umfang um die Hand	Umfang am Handgelenk	Garnverbrauch Hauptfarbe	Garnverbrauch Akzentfarbe
XS	17 cm	14 cm	50 g (120 m)	50 g (120 m)
S	18 cm	15 cm	50 g (120 m)	50 g (120 m)
M	**19 cm**	**16 cm**	**50 g (120 m)**	**50 g (120 m)**
L	**20 cm**	**17 cm**	**50 g (120 m)**	**50 g (120 m)**

Bitte beachtet, dass die angegebenen Garnmengen nur ein Richtwert sind.

Passend zum Eisbrecher Pullover und den Socken mussten noch die richtigen Handschuhe her. Hier wurde ich etwas farbenfroh, weil ich bunte Handschuhe zur ansonten eher schwarzen Winterkleidung liebe!

ANLEITUNG

Diese Handschuhe werden zweifarbig in Runden gestrickt. Der Daumen wird mit einem Hilfsfaden vorbereitet und zum Schluss in den fertigen Handschuh eingestrickt.

BÜNDCHEN

Schlagt mit der Hauptfarbe 34, 38, **42, 44** M auf das Nadelspiel Nr. 3,5 an. Schließt zur Runde und strickt ein Rippenbündchen (1 M re verschränkt, 1 M li im Wechsel), insgesamt 6, 7, **7, 8** cm lang.

HAUPTTEIL

Strickt dann eine weitere Runde glatt re (ab hier strickt ihr die rechten Maschen nicht mehr verschränkt) und nehmt dabei gleichmäßig über die Runde verteilt 8, 4, **6, 4** M zu. Jetzt liegen 42, 42, **48, 48** M auf der Nadel. Teilt die Maschen dann in der nächsten Runde wie folgt auf drei Nadeln auf:

1. Nadel: 10, 10, **12, 12** Maschen (Handrücken)

2. Nadel: 11, 11, **12, 12** Maschen (Handrücken)

3. Nadel: 21, 21, **24, 24** Maschen (Handfläche)

Strickt jetzt das zweifarbige Muster laut Diagramm, bis der Handschuh ab der ersten Runde nach dem Bündchen 5,5, 6, **6, 7** cm misst.

MUSTERDIAGRAMM

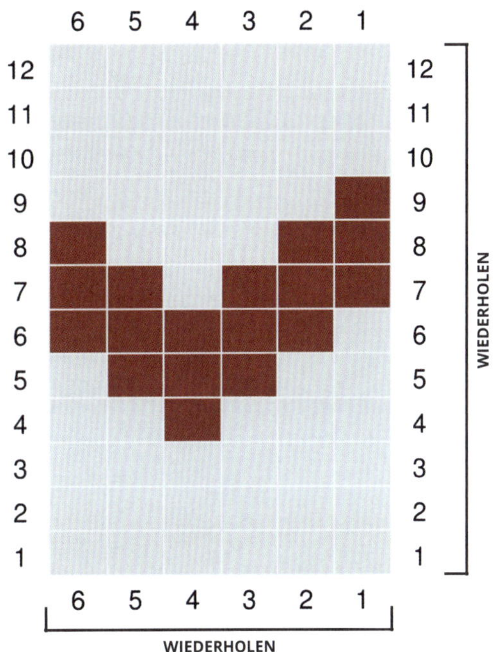

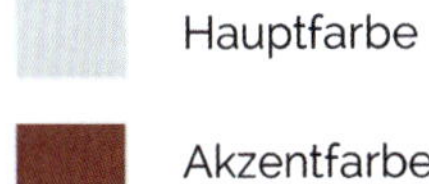

LEICHT

DAS BRAUCHT IHR:

Garn
Lana Grossa Cool Wool (160 m/50 g) oder Cool Wool big (120 m/50 g), Katia Merino 100% oder Merino Baby, Drops Merino extra fine oder Baby Merino, Lang Merino 120 oder 150

Je nachdem, ob ihr die dickere oder die dünnere Wolle verwendet, werden die Handschuhe fester oder luftiger. Die Maschenprobe sollte sich nicht verändern.

Nadelspiel
Nr. 3,5

Stopfnadel
zum Vernähen

Maschenprobe
25 M mit Nadelstärke 3,5 ergeben 10 cm.

Jetzt strickt ihr einen Hilfsfaden für den Daumen ein. Das macht ihr bei Nadel 3:

Linker Handschuh: Strickt die Maschen auf Nadel 1 und 2 normal im Muster. Strickt die ersten 3 M der dritten Nadel im Muster, nehmt dann einen Hilfsfaden und strickt damit die nächsten 7, 8, **8, 9** M re. Schiebt diese Maschen wieder zurück auf die linke Nadel und strickt sie noch einmal mit dem Hauptfaden im Muster. Damit ist der Hilfsfaden fest eingestrickt. Strickt dann die Runde im Muster fertig.

Eine detaillierte Erklärung zu diesem Daumen findet ihr hier: *www.bit.ly/stroffdaumen*

Rechter Handschuh: Strickt die Maschen auf Nadel 1 und 2 normal im Muster. Strickt die Maschen auf Nadel 3 im Muster, bis 10, 11, **11, 12** M vor Ende der Runde. Strickt die nächsten 7, 8, **8, 9** M mit einem Hilfsfaden re, legt sie wieder zurück auf die linke Nadel und strickt sie noch einmal mit dem Hauptfaden im Muster. Strickt die Runde im Muster fertig.

Strickt jetzt im Muster weiter, bis der Handschuh ab der ersten Runde im Muster 15, 16, **17, 18** cm lang ist.

ABNAHMEN

Jetzt nehmt ihr an den Seiten des Handschuhs ab. Strickt das Muster so lange weiter wie möglich und strickt den Handschuh dann in der Hauptfarbe fertig.

1. Runde:

1. Nadel: Strickt 1 M re. Strickt die nächsten 2 M mit SSK zusammen. Strickt im Muster weiter.

2. Nadel: Strickt im Muster bis 3 M vor Ende der Nadel. Strickt die nächsten 2 M re zusammen. Strickt die letzte M re.

3. Nadel: Strickt 1 M re. Strickt die nächsten 2 M mit SSK zusammen, strickt im Muster bis 3 M vor Ende der Nadel. Strickt die nächsten 2 M re zusammen. Strickt die letzte M re.

2. Runde:

Strickt das Muster ohne Abnahmen (achtet darauf, durch die Abnahmen in der Runde davor nicht im Muster zu verrutschen).

Wiederholt Runden 1 und 2 noch einmal. Nehmt danach in jeder Runde ab, bis nur noch insgesamt 8–10 M auf den Nadeln liegen. Schneidet den Faden ab, fädelt das Ende durch diese Maschen und schließt so den Handschuh.

Strickt den zweiten Handschuh gleich, denkt aber daran, den Hilfsfaden für den Daumen auf der anderen Seite zu platzieren.

DAUMEN

Entfernt den Hilfsfaden und legt die offenen Maschen auf beiden Seiten auf zwei Nadeln (NS 3,5). Nehmt auf jeder Seite noch je 1 M extra auf, damit das Daumenloch etwas breiter wird und sich keine Löcher an den Seiten bilden. Strickt eine Runde glatt re und strickt dabei die zusätzlich aufgenommenen Maschen wieder mit den Maschen daneben zusammen. Jetzt habt ihr 14, 16, **16, 18** M auf der Nadel. Strickt den Daumen einfarbig in Runden, bis er 5,5, 6, **6, 6,5** cm lang ist. Strickt dann über die ganze Runde immer 2 M re zusammen. Schneidet den Faden ab, zieht ihn durch diese Maschen und schließt so den Daumen. Strickt den zweiten Daumen gleich.

ABSCHLUSS

Vernäht alle Fäden. Wascht die Handschuhe anhand der Angaben des Wollherstellers, zieht sie auf einem trockenen Handtuch in Form und lasst sie trocknen.

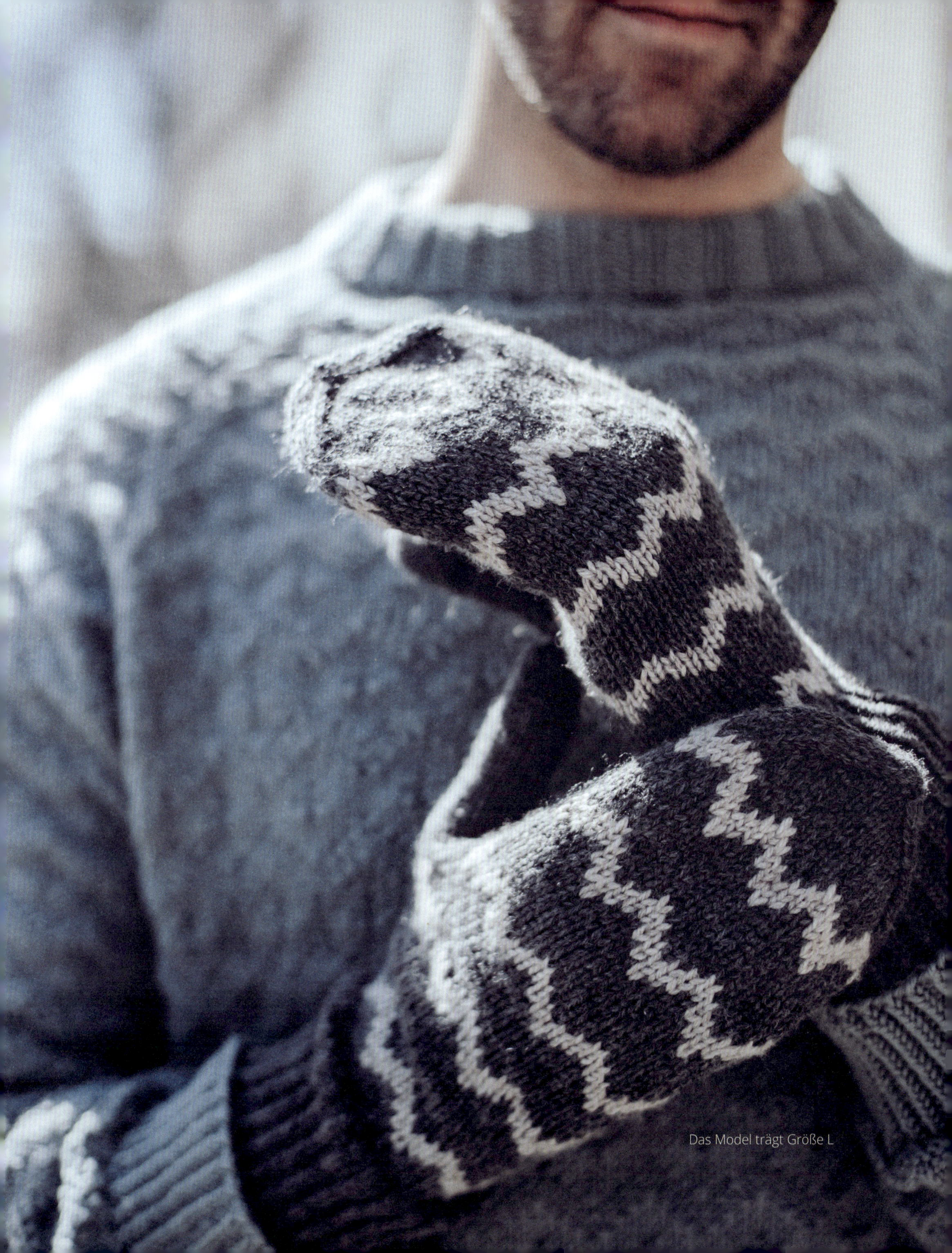

Das Model trägt Größe L

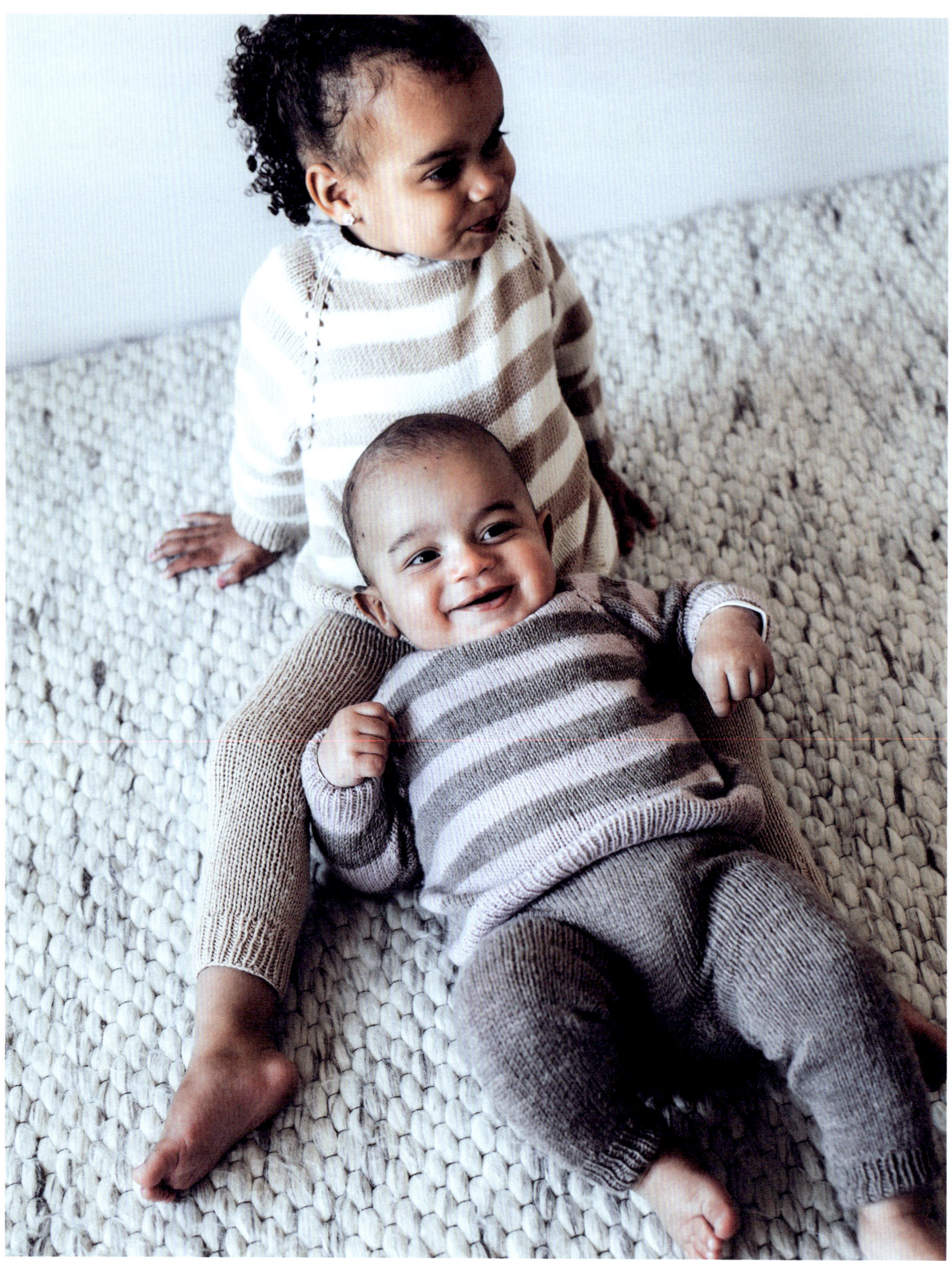

Sets für Babys und Kinder

Das erste Set für Neugeborene oder ein passendes Outfit für den Kindergarten? Hier findet ihr beides.

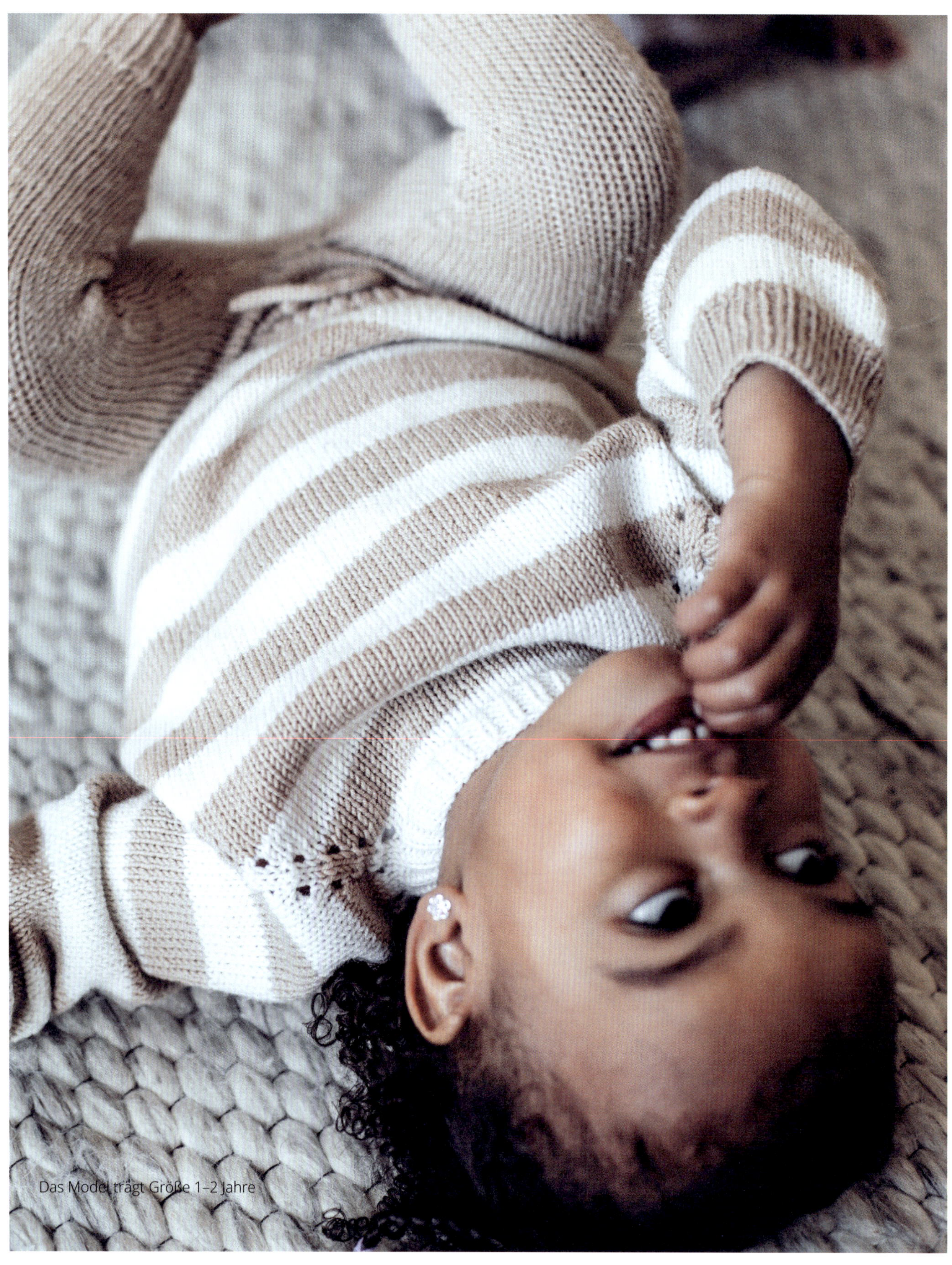

Das Model trägt Größe 1–2 Jahre

HYGGE Kinderpullover

GRÖSSENANGABEN UND GARNVERBRAUCH

Größe	Rumpflänge ab Ärmelansatz	Brustumfang	Ärmellänge ab Ärmelansatz	Ärmelumfang	Garnverbrauch Farbe 1	Garnverbrauch Farbe 2
0–3 Monate	14,5 cm	47 cm	11,5 cm	16 cm	50 g (160 m)	50 g (160 m)
3–6 Monate	17 cm	51 cm	13 cm	18 cm	100 g (320 m)	100 g (320 m)
6–12 Monate	19 cm	57 cm	15 cm	19 cm	100 g (320 m)	100 g (320 m)
1–2 Jahre	21,5 cm	64 cm	17,5 cm	22 cm	100 g (320 m)	100 g (320 m)
2–4 Jahre	**25 cm**	**68 cm**	**21 cm**	**23,5 cm**	**150 g (480 m)**	**150 g (480 m)**
4–6 Jahre	**29 cm**	**73 cm**	**27 cm**	**25 cm**	**150 g (480 m)**	**150 g (480 m)**
6–8 Jahre	**33 cm**	**80 cm**	**32 cm**	**26 cm**	**150 g (480 m)**	**150 g (480 m)**

Bitte beachtet, dass die angegebenen Garnmengen nur ein Richtwert sind.

Der Name ist Programm, dieses Set aus Pullover und Hose ist besonders kuschelig und weich. Er wärmt an kalten Wintertagen im Kindergarten und liegt so gut an, dass er auch wunderbar unter Regenkleidung passt.

ANLEITUNG

Der Pullover wird von oben nach unten gestrickt, zunächst in Reihen, um ihn hinten mit einem Knopf schließen zu können, und dann in Runden. Die Zunahmen in der Raglanschräge werden auf zweierlei Art gearbeitet, immer abwechselnd mit Umschlägen und durch verschränkte Zunahmen aus dem Querfaden, damit sich ein Lochmuster ergibt.

FARBWECHSEL

Die Streifen bestehen jeweils aus 8 Reihen/Runden in Farbe 1 und 8 Reihen/Runden in Farbe 2. Am Hals strickt ihr zunächst das Bündchen und dann noch die nächsten 4 Reihen in einer Farbe und wechselt dann die Farbe. Am unteren Bündchen strickt ihr den letzten Streifen über 4 Runden und dann das Bündchen in derselben Farbe.

HALSBÜNDCHEN

Schlagt 57, 59, 63, 65, **69, 73, 77** M in Farbe 1 (weiß) auf die Rundstricknadel Nr. 3,5 an. Strickt in Reihen ein Bündchen im Rippenmuster (1 M re, 1 M li im Wechsel) über 1, 1,5, 1,5, 1,5, **2, 2, 2** cm und strickt dabei die ersten 2 und die letzten 2 M in jeder Reihe als I-Cord-Maschen (s. Seite 181). Strickt als letzte Reihe eine Rückreihe.

RAGLANPASSE

Jetzt werden die Stellen markiert, an denen ihr in jeder Hinreihe zunehmen werdet. Ihr strickt zunächst in Hin- und Rückeihen, mit I-Cord-Abschlüssen.

Die **erste Reihe (Hinreihe)** strickt ihr wie folgt:

1. Schritt: Strickt 12, 12, 13, 14, **15, 16, 17** M re (rechtes Rückenteil).

2. Schritt: Hängt MM1 auf die Nadel.

3. Schritt: Strickt 5 M re (rechte Schulter).

4. Schritt: Hängt MM2 auf die Nadel.

5. Schritt: Strickt 24, 25, 27, 28, **30, 32, 34** M re (Vorderteil).

6. Schritt: Hängt MM3 auf die Nadel.

7. Schritt: Strickt 5 M re (linke Schulter).

8. Schritt: Hängt MM4 auf die Nadel.

9. Schritt: Strickt 9, 10, 11, 11, **12, 13, 14** M re (linkes Rückenteil). Nehmt am Ende noch 1 M zu.

10. Schritt: Hebt die 2 letzten M ungestrickt mit dem Faden vor der Arbeit ab (I-Cord).

Damit habt ihr wieder das Ende der Reihe erreicht und die 4 MM an den richtigen Stellen angebracht. Die Maschen unmittelbar vor und nach den Maschenmarkierern sind die Raglanmaschen (je 2 Maschen pro Markierer, insgesamt 8 Maschen in der Runde), an denen die Zunahmen gearbeitet werden.

Strickt die **zweite Reihe (Rückreihe)** li zurück, mit I-Cord.

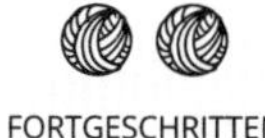

FORTGESCHRITTEN

DAS BRAUCHT IHR:

Garn
Lana Grossa Cool Wool (160 m/50 g), Katia Merino Baby, Drops Baby Merino, Lang Merino 150

oder ein anderes Garn mit passender Maschenprobe

Rundstricknadeln Nr. 3,5
40 und 60/80 cm lang

Rundstricknadel Nr. 3
60 cm

Nadelspiel Nr. 3,5
für die Ärmel

Nadelspiel Nr. 3
für die Ärmelbündchen

Knopf
12–15 mm Durchmesser

Häkelnadel Nr. 3–4
für das Knopfloch

Stopfnadel
zum Vernähen

Maschenmarkierer
Vier Ringe für die Raglanmaschen und ein Ring für den Rundenwechsel

Maschenprobe
26 M mit Nadelstärke 3,5 ergeben 10 cm.

In der **dritten Reihe (Hinreihe)** nehmt ihr an den Raglanmaschen mit **M1R, M1L** (s. Seite 181) zu: Strickt bis 1 M vor MM1. Nehmt 1 M mit M1R zu, strickt 2 M re (der MM hängt zwischen diesen 2 M), nehmt 1 M mit M1L zu. Strickt re weiter und wiederholt diese Zunahmen an allen weiteren MM in der Reihe, sodass ihr in dieser Reihe insgesamt 8 M zugenommen habt. Strickt diese Zunahmen über die gesamte Raglanpasse ab jetzt in jeder vierten Reihe.

Die **vierte Reihe (Rückreihe)** strickt ihr wie die zweite Reihe li, mit I-Cord-Maschen.

In der **fünften Reihe (Hinreihe)** wechselt ihr zum ersten Mal die Farbe. Jetzt nehmt ihr an den MM wieder Maschen zu, und zwar diesmal mit **Umschlägen**, damit sich hier Löcher bilden: Strickt re bis 1 M vor dem ersten MM, 1 Umschlag, strickt 2 M re (mit dem MM in der Mitte), 1 Umschlag, strickt re weiter. Wiederholt diese Zunahmen an den weiteren MM in der Reihe, sodass ihr am Ende der Reihe 8 M mit Umschlägen zugenommen habt. Wiederholt auch diese Zunahmen ab hier in jeder vierten Reihe.

Die **sechste Reihe (Rückreihe)** strickt ihr li zurück, mit I-Cord-Maschen. Achtet darauf, die Umschläge aus Reihe 5 nicht verschränkt abzustricken, sodass sich dort die Löcher bilden.

Wiederholt **Reihen 3, 4, 5 und 6**, bis ihr 9, 9, 13, 13, **15, 15, 15** Reihen gearbeitet habt (d.h. 5, 5, 7, 7, **8, 8, 8** Zunahmereihen). Schließt das Stück dann am Ende der letzten Hinreihe zur Runde. Markiert euch den Rundenbeginn in der hinteren Mitte mit einem Maschenmarkierer.

Ab hier strickt ihr rechts in Runden weiter. Führt die Zunahmen im selben Rhythmus fort, d.h. ihr nehmt immer abwechselnd in einer Runde mit M1R, M1L zu und in einer Reihe mit Umschlägen. Dazwischen strickt ihr, statt der Rückreihen, immer eine Runde rechts ohne Zunahmen.

Strickt auf diese Weise weiter, bis ihr (ab der ersten Reihe nach dem Halsbündchen) 16, 18, 21, 24, **26, 28, 31** Zunahmereihen bzw. -runden gearbeitet habt, also insgesamt 32, 36, 42, 48, **52, 56, 62** Reihen/Runden.

Am Ende der Raglanpasse liegen 186, 204, 232, 258, **278, 298, 326** M auf der Nadel.

RUMPF
Jetzt werden die Maschen, die später die Ärmel bilden, beidseitig auf einem Hilfsfaden stillgelegt. Das ist ein Faden in einer Kontrastfarbe, auf dem ihr die Ärmelmaschen sichert, während ihr den Rumpf strickt.

1. Schritt: Strickt 28, 31, 35, 39, **42, 45, 50** M (rechtes Rückenteil).

2. Schritt: Legt 37, 41, 45, 51, **55, 59, 63** M auf einen Hilfsfaden (rechter Ärmel).

3. Schritt: Schlagt 5 neue M an (unter dem rechten Arm).

4. Schritt: Strickt 56, 61, 71, 78, **84, 90, 100** M (Vorderteil).

5. Schritt: Legt 37, 41, 45, 51, **55, 59, 63** M auf einen Hilfsfaden (linker Ärmel).

6. Schritt: Schlagt 5 neue M an (unter dem linken Arm).

7. Schritt: Strickt 28, 30, 36, 39, **42, 45, 50** M (linkes Rückenteil).

Jetzt habt ihr wieder das Ende der Runde erreicht und habt insgesamt 122, 132, 152, 166, **178, 190, 210** M auf der Nadel (mit den 10 neuen M unter den Ärmeln). Die Ärmelmaschen liegen auf Hilfsfäden.

Strickt jetzt den Rumpf weiter, bis er ab dem Ärmelansatz 12, 14, 16, 18, **21, 25, 28** cm misst. Wechselt auf die dünnere Rundstricknadel und strickt ein Bündchen im Rippenmuster (1 M re, 1 M li im Wechsel), 2,5, 3, 3, 3,5, **4, 4, 5** cm lang. Kettet im Muster ab.

ÄRMEL
Jetzt werden die Maschen für den ersten Ärmel, die ihr auf einem Hilfsfaden stillgelegt habt, auf ein Nadelspiel oder die Rundstricknadel (40 cm) gelegt. Zusätzlich werden aus den Maschen, die ihr unter dem Arm neu angeschlagen habt, 5 M aufgefasst und zu den restlichen Ärmelmaschen auf die Nadel gelegt. Die Ärmel werden in Runden gestrickt. Damit der Rundenbeginn mittig unter dem Arm liegt, werden die neu aufgefassten Maschen auf Rundenbeginn und -ende verteilt, d.h. es kommen 2 der Maschen auf die erste und 3 auf die letzte Nadel. Die erste Runde beginnt nun in der Mitte zwischen diesen neuen Maschen. Jetzt liegen 42, 46, 50, 56, **60, 64, 68** M auf der Nadel. Der Ärmel wird glatt re in Runden gestrickt, in denselben Farben wie der Rumpf.

Es gibt zwei Möglichkeiten, den Ärmel zu stricken: Entweder nehmt ihr über die ganze Länge in regelmäßigen Abständen 2 M ab, um den Ärmelumfang nach und nach zu verringern, oder ihr strickt ohne Abnahmen bis zum unteren Bündchen und nehmt dort alle Maschen in einer Runde ab:

1. Möglichkeit: Für die regelmäßigen Abnahmen strickt ihr nach den ersten 2 cm des Ärmels die ersten zwei und die letzten zwei M des Ärmels zusammen und verringert so die Maschenzahl um 2. Wiederholt diese Abnahmen alle 2 cm, insgesamt 3, 4, 5, 6, **8, 8, 10** Mal, und nehmt so insgesamt 6, 8, 10, 12, **16, 16, 20** M ab. Strickt dann ohne Abnahmen weiter, bis der Ärmel 9, 10, 12, 14, **17, 23, 27** cm lang ist.

2. Möglichkeit: Strickt den Ärmel glatt re in Runden ohne Abnahmen, bis er 9, 10, 12, 14, **17, 23, 27** cm lang ist. Nehmt dann in der letzten Runde gleichmäßig verteilt 6, 8, 10, 12, **16, 16, 20** M ab.

Am Ende des Ärmels liegen noch 36, 38, 40, 44, **44, 48, 48** M auf der Nadel. Wechselt jetzt auf das dünnere Nadelspiel und strickt ein Bündchen (1 M re, 1 M li im Wechsel), insgesamt 2,5, 3, 3, 3,5, **4, 4, 5** cm lang. Kettet im Rippenmuster ab. Achtet darauf, nicht zu fest abzuketten, damit der Pullover nicht zu eng am Handgelenk anliegt.

Strickt den zweiten Ärmel gleich.

KNOPFLOCH IM HALSBÜNDCHEN
Nehmt ein kleines Stück Faden (z.B. das Ende vom Faden, das am Halsbündchen vom Maschenanschlag übrig ist) und häkelt eine kurze Luftmaschenkette an das Ende der obersten Reihe, gerade lang genug, um über einen Knopf zu passen. Näht sie zur Schlaufe zusammen und befestigt einen Knopf auf der anderen Seite der Reihe, um den Pullover schließen zu können.

ABSCHLUSS
Alle Enden gut vernähen und ggf. die Löcher unter den Armen schließen, wenn vorhanden. Wascht den Pullover entsprechend den Pflegehinweisen auf eurem Garn, zieht ihn auf einem trockenen Handtuch in Form und lasst ihn liegend trocknen.

HYGGE Hose

GRÖSSENANGABEN UND GARNVERBRAUCH

Größe	Beinlänge ab Schritt	Hüftumfang	Gesamtlänge	Garnverbrauch
0–3 Monate	16 cm	40 cm	30 cm	50 g (160 m)
3–6 Monate	20 cm	43 cm	36 cm	100 g (320 m)
6–12 Monate	26 cm	45 cm	44 cm	100 g (320 m)
1–2 Jahre	31 cm	47 cm	51 cm	100 g (320 m)
2–4 Jahre	**38 cm**	**50 cm**	**62 cm**	**100 g (320 m)**
4–6 Jahre	**43 cm**	**55 cm**	**70 cm**	**150 g (480 m)**
6–8 Jahre	**49 cm**	**60 cm**	**79 cm**	**200 g (640 m)**

Bitte beachtet, dass die angegebenen Garnmengen nur ein Richtwert sind.

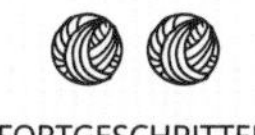

FORTGESCHRITTEN

DAS BRAUCHT IHR:

Garn
Lana Grossa Cool Wool (160 m/50 g), Katia Merino Baby, Drops Baby Merino, Lang Merino 150

oder ein anderes Garn mit passender Maschenprobe

Rundstricknadel Nr. 3,5
40 cm

Nadelspiel Nr. 3,5
für die Hosenbeine

Stopfnadel
zum Vernähen

Maschenmarkierer
1 Ring für den Rundenbeginn und 2 Ringe für die verkürzten Reihen

Maschenprobe
26 M mit Nadelstärke 3,5 ergeben 10 cm.

ANLEITUNG

Diese Hose wird glatt re von oben nach unten in Runden gestrickt. Die Runde beginnt in der hinteren Mitte. Die Hose ist schmal und passgenau geschnitten, damit man sie als Leggings tragen kann. Wenn ihr sie lieber weiter stricken wollt, könnt ihr die nächste Größe wählen.

BÜNDCHEN

Schlagt 104, 112, 116, 124, **132, 144, 156** M auf die Rundstricknadel Nr. 3,5 (40 cm) an. Schließt zur Runde und strickt 2, 2,5, 2,5, 2,5, **3, 3, 3,5** cm lang glatt re. Die Runde beginnt in der hinteren Mitte, markiert das am besten mit einem MM.

In der nächsten Runde arbeitet ihr sogenannte Mäusezähnchen, die eine dekorative Bruchkante bilden. Hier wird das Bündchen später umgeklappt, um einen Tunnelzug für die Kordel zu bilden. Strickt dafür *2 M re zusammen, 1 Umschlag* über die gesamte Runde.

Strickt dann wieder glatt re weiter, zunächst 1, 1,25, 1,25, 1,25, **1,5, 1,5, 1,75** cm ab der Runde mit dem Lochmuster. Jetzt werden die zwei Löcher gearbeitet, durch die ihr am Ende die Kordel zieht. Markiert euch die vordere Mitte (also nach 52, 56, 58, 62, **66, 72, 78** M vom Rundenbeginn in der hinteren Mitte ausgehend) und strickt die nächste Runde, weiter glatt re, bis 2 M vor dieser Mitte. Macht einen Umschlag, strickt die nächsten 2 M zusammen, strickt 1 M, macht einen Umschlag und strickt 2 M zusammen. Strickt die Runde rechts zu Ende. Strickt dann weiter re in Runden, bis ihr ab der Lochmusterrunde wieder insgesamt 2, 2,5, 2,5, 2,5, **3, 3, 3,5** cm gestrickt habt.

Wenn das Bündchen die gewünschte Länge erreicht hat, wird es an der Lochmusterrunde umgeklappt. Klappt es so um, dass die Anschlagskante innen liegt, und strickt es in der nächsten Runde doppelt fest (s. »Doppeltes Bündchen« auf S. 181): Nehmt für jede Masche, die auf der Nadel liegt, die entsprechende Masche aus der Anschlagskante mit auf und strickt beide zusammen als eine Masche rechts ab. Ab hier wird die Hose mit umgeklapptem Bündchen gemessen.

VERKÜRZTE REIHEN

Jetzt arbeitet ihr einige verkürzte Reihen, die die Hose hinten etwas höher werden lassen als vorne und mehr Platz für eine Windel schaffen. Wenn das Kind keine Windel mehr trägt, könnt ihr diese verkürzten Reihen auch weglassen.

Markiert zunächst von der hinteren Mitte ausgehend die Seiten der Hose mit zwei MM (z.B. bei insgesamt 104 M auf der Nadel also 26 M in jeder Richtung, mit den 52 M des Hinterteils dazwischen). Zählt dann von diesen zwei MM ausgehend noch einmal je 3, 4, 4, 5, **5, 6, 6** M in Richtung hintere Mitte und markiert auch diese Stelle mit einem MM, sodass ihr für die verkürzten Reihen insgesamt 4 MM platziert habt.

Beginnt die Runde jetzt in der hinteren Mitte.

1. Reihe (Hinreihe): Strickt re bis zum ersten MM. Hebt ihn ab und strickt noch 1 M (die erste Wendemasche). Wendet die Arbeit.

2. Reihe (Rückreihe): Hebt die erste Masche wie zum li Stricken mit dem Faden vor der Arbeit ab. Zieht den Faden jetzt von vorne über die Nadel nach hinten, sodass die abgehobene Masche langgezogen wird und die beiden Maschenschenkel wie zwei Maschen auf der Nadel liegen (= die Doppelmasche). Zieht den Faden gut an und strickt li über alle Maschen bis zum Wendemarkierer auf der anderen Seite. Strickt eine Masche weiter und wendet die Arbeit.

3. Reihe (Hinreihe): Hebt die erste Masche wieder wie zum li Stricken ab und zieht den Faden über die Nadel nach hinten, um eine Doppelmasche zu erhalten. Strickt dann rechts über alle Maschen bis zur Doppelmasche in Reihe 1. Achtet darauf, die Doppelmaschen immer als eine einzige Masche abzustricken. Strickt eine Masche weiter und wendet die Arbeit.

4. Reihe (Rückreihe): Hebt die erste Masche als Doppelmasche ab. Strickt links über alle Maschen bis zur Doppelmasche auf der anderen Seite, strickt sie als eine linke Masche ab und strickt noch eine M weiter. Wendet die Arbeit.

Strickt die verkürzten Reihen auf diese Weise weiter. In jeder Reihe strickt ihr 1 M weiter, bis ihr an den MM ankommt, die die Seiten markieren. Hier enden die verkürzten Reihen.

Strickt jetzt eine Runde glatt re über alle Maschen und endet wieder in der hinteren Mitte. Strickt dann weiter glatt re, bis das Stück, mit umgeklapptem Bündchen, insgesamt 14, 16, 18, 20, **24, 27, 30** cm lang ist (messt die Hose dabei hinten, dort, wo die verkürzten Reihen sind). Beendet die letzte Runde 2 M vor Ende der Runde in der hinteren Mitte.

HOSENBEINE

Jetzt werden die Maschen, die auf der Nadel liegen, auf zwei Hosenbeine verteilt. Strickt zunächst 4 M re und legt sie danach auf einem Hilfsfaden oder einer Sicherheitsnadel still. Strickt dann die nächsten 48, 52, 54, 58, **62, 68, 74** M (rechtes Hosenbein). Strickt die nächsten 4 M und legt sie auf einem Hilfsfaden oder einer Sicherheitsnadel still. Strickt dann die restlichen 48, 52, 54, 58, **62, 68, 74** M auf eine kurze Rundstricknadel oder ein Nadelspiel und strickt daraus jetzt das linke Hosenbein. Lasst die restlichen Maschen, die später das rechte Hosenbein bilden, auf der anderen Nadel liegen oder fädelt sie vorübergehend auf einen Hilfsfaden.

Strickt das linke Hosenbein glatt re in Runden und nehmt dabei in regelmäßigen Abständen Maschen ab: Strickt zunächst 1, 1, 2, 2, **3, 2, 3,5** cm ohne Abnahmen und strickt dann in der nächsten Runde die ersten 2 M und die letzten 2 M zusammen. Wiederholt diese Abnahme mit 3, 4, 5, 5, **6, 5, 4** cm Abstand insgesamt 4, 4, 4, 5, **5, 7, 9** Mal und reduziert die Maschenanzahl so nach und nach um 8, 8, 8, 10, **10, 14, 18** M. Am Ende habt ihr noch 40, 44, 46, 48, **52, 54, 56** M auf der Nadel. Strickt (bei Bedarf) glatt re ohne weitere Abnahmen weiter, bis das Hosenbein ab dem Schritt 13, 17, 22, 27, **33, 37, 42** cm lang ist. Strickt noch eine Runde glatt re und nehmt dabei gleichmäßig über die Runde verteilt 4, 6, 6, 6, **8, 8, 8** cm ab. Strickt dann ein Rippenbündchen (1 M re, 1 M li im Wechsel) über 3, 3, 4, 4, **5, 6, 7** cm. Kettet im Rippenmuster ab.

Strickt dann das zweite Hosenbein auf dieselbe Weise.

KORDEL

Strickt jetzt noch eine I-Cord-Kordel zum Binden (s. auch Seite 181): Schlagt 3 M auf eine Nadel aus dem Nadelspiel Nr. 4 an. *3 M re stricken, Arbeit NICHT wenden, sondern die Maschen wieder zurück an die andere Nadelspitze schieben*. *-* wiederholen, bis das Band 60, 65, 70, 75, **80, 85, 90** cm lang ist.

Bei älteren Kindern könnt ihr auch ein Gummiband in die Hose einziehen, sie hält dann besser, und die Kordel als Dekoration trotzdem nehmen, oder am Anfang die Löcher im Bündchen weglassen und nur einen Gummizug einziehen.

ABSCHLUSS

Vernäht alle Fäden und schließt das Loch zwischen den Hosenbeinen, indem ihr die 4 stillgelegten Maschen auf Vorder- und Hinterseite mit dem Matratzenstich näht oder zusammenstrickt. Wascht die Hose anhand der Angaben des Wollherstellers, zieht sie auf einem trockenen Handtuch in Form und lasst sie trocknen. Zieht zum Schluss das Band ein.

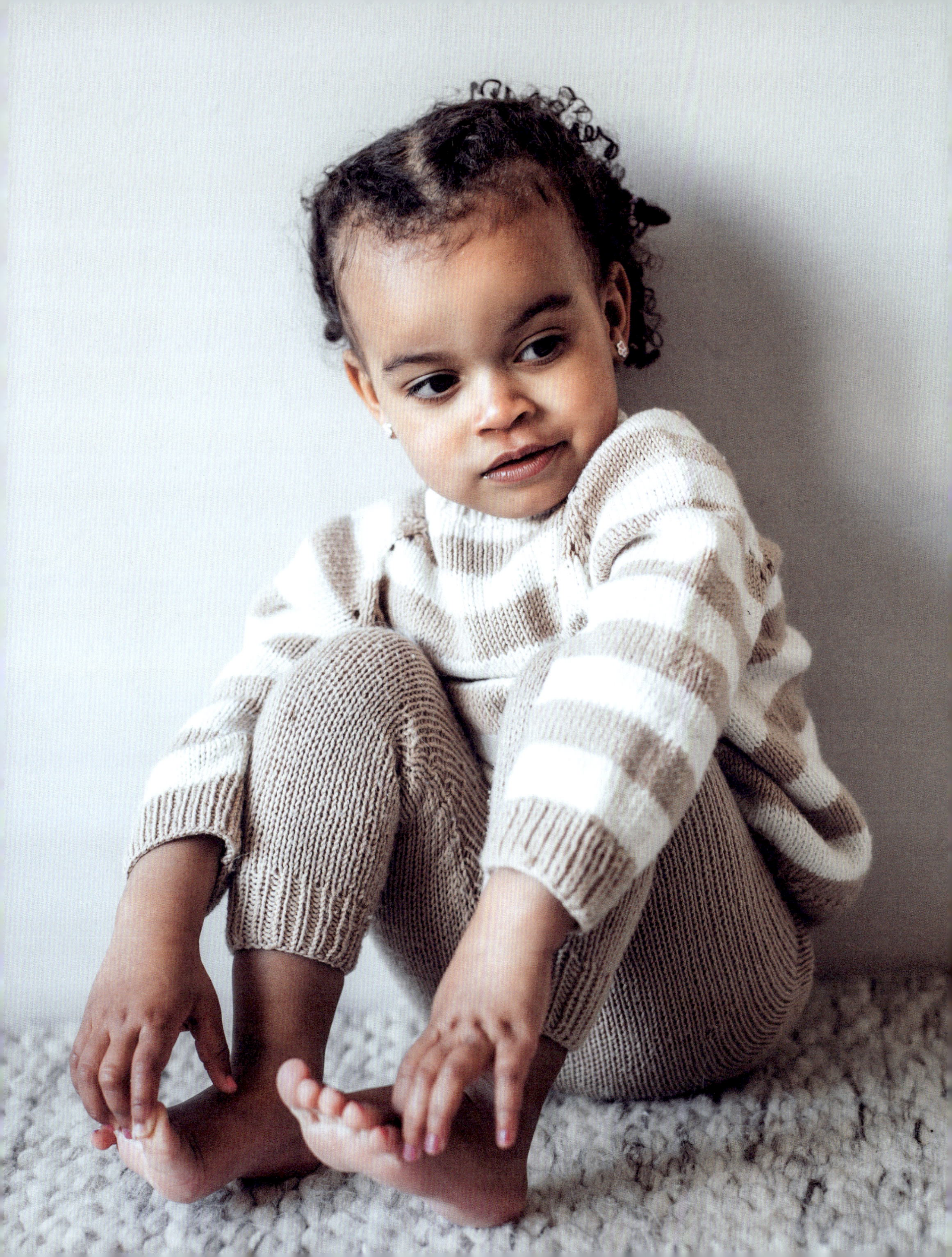

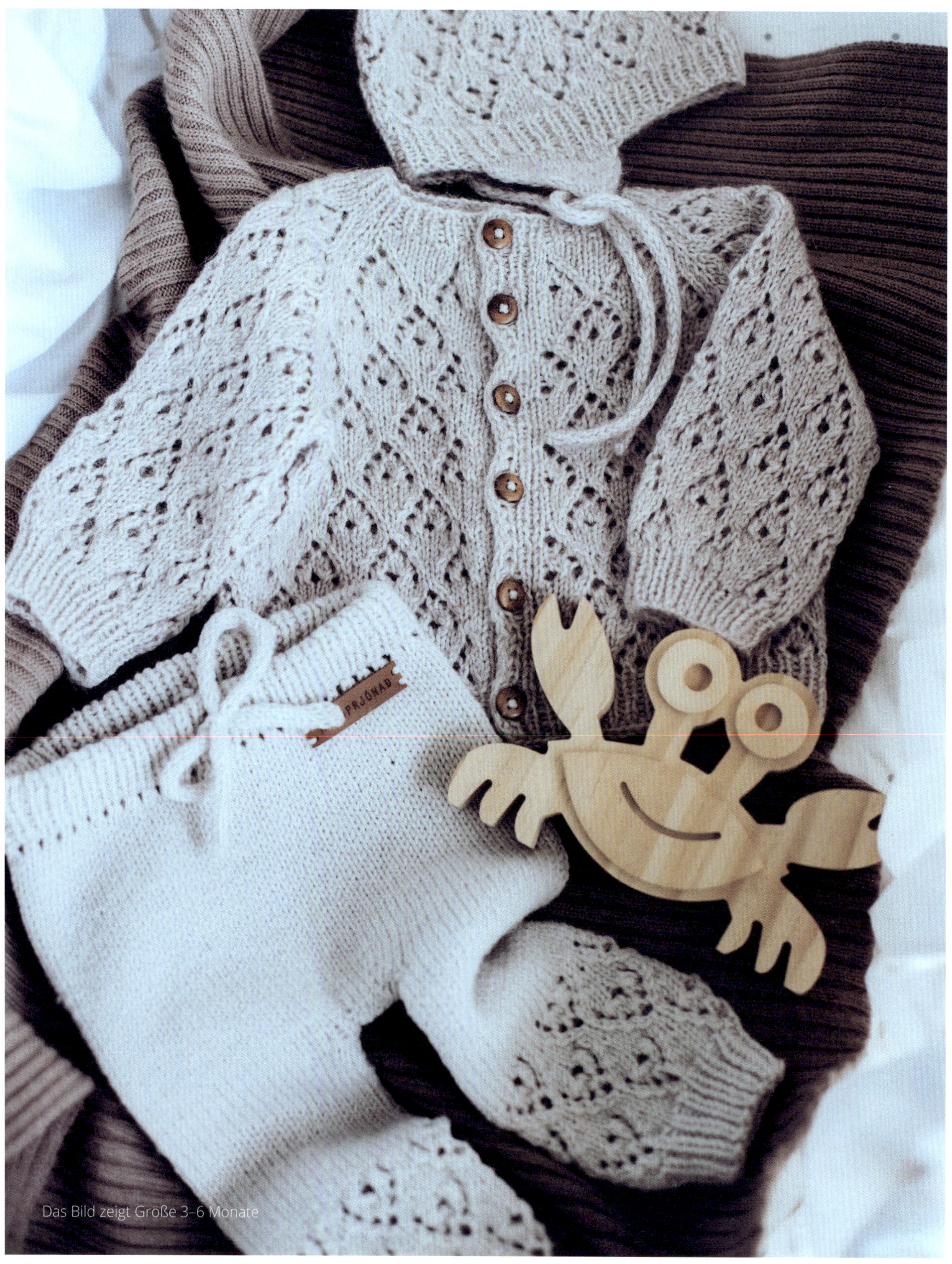

Das Bild zeigt Größe 3–6 Monate

AMSEL Jacke

GRÖSSENANGABEN UND GARNVERBRAUCH

Größe	Rumpflänge ab Ärmelansatz	Brustumfang	Ärmellänge ab Ärmelansatz	Ärmelumfang	Garnverbrauch Cool Wool Baby	Garnverbrauch Mohair
0–3 Monate	14 cm	39 | 44 cm	14 cm	12,5 | 13,5 cm	100 g (440 m)	50 g (420 m)
3–6 Monate	15 cm	45,5 | 50 cm	16 cm	15,5 | 17 cm	100 g (440 m)	50 g (420 m)
6–12 Monate	18 cm	51,5 | 56 cm	20 cm	18,5 | 21 cm	100 g (440 m)	50 g (420 m)
1–2 Jahre	**20 cm**	**57 | 62,5 cm**	**22 cm**	**21,5 | 23,5 cm**	**150 g (660 m)**	**75 g (630 m)**
2–4 Jahre	**22 cm**	**63 | 68,5 cm**	**24 cm**	**24,5 | 26 cm**	**150 g (660 m)**	**75 g (630 m)**
4–6 Jahre	**26 cm**	**71 | 75,5 cm**	**26 cm**	**27,5 | 30 cm**	**200 g (880 m)**	**100 g (840 m)**

Bitte beachtet, dass die angegebenen Garnmengen nur ein Richtwert sind. Das Lochmuster streckt sich in der Wäsche, sodass die Jacke erst durch die Wäsche ihre finale Größe erhält. Der Umfang wird hier deshalb vor und nach der Wäsche angegeben.

Amsel: Das zarteste Set für Neugeborene und ältere Kinder mit filigranem Lochmuster. Ein federleichtes Traumteil für große und kleine Romantiker.

ANLEITUNG

Diese Jacke wird von oben nach unten in Hin- und Rückreihen gearbeitet, durchgehend mit Lochmuster. Die Knopfleiste wird direkt mitgestrickt.

HALSBÜNDCHEN

Schlagt 65, 67, 71, **77, 81, 83** M auf die Rundstricknadel Nr. 3,5 (60/80 cm) an. Strickt ein Bündchen im Rippenmuster (1 M re, 1 M li im Wechsel) insgesamt 1,5, 1,5, 2, **2, 2, 3** cm lang, und beachtet dabei die **Randmaschen**, die **I-Cord-Kante** und das erste **Knopfloch** (siehe die nächsten zwei Absätze). Die erste Reihe, die ihr strickt, ist eine Hinreihe.

Die ersten 7, 7, 7, **7, 7, 9** und die letzten 7, 7, 7, **7, 7, 9** M des Bündchens sind **Randmaschen**, die später die Knopfleiste bilden. Sie werden über die gesamte Länge der Jacke im selben Rippenmuster gestrickt wie das Halsbündchen. Die ersten und letzten 2 Maschen jeder Reihe werden dabei als I-Cord-Maschen gestrickt, s. Seite 181.

In diese Randmaschen werden auch direkt die Knopflöcher eingestrickt. Wir empfehlen, sie mit einem Abstand von ca. 3–4 cm, oder nach Geschmack und Knopfgröße, zu arbeiten. Das erste Loch wird direkt in Reihe 3 im Halsbündchen gestrickt. Hier strickt ihr die Knopflöcher immer am Anfang einer Hinreihe: Strickt 4 M (2 I-Cord-Maschen re und 2 M im Rippenmuster), 1 Umschlag, strickt 2 M re zusammen, strickt normal im Muster weiter. In der nächsten Rückreihe strickt ihr den Umschlag links ab, sodass sich ein Loch bildet.

Strickt als letzte Reihe des Bündchens eine Hinreihe. Strickt dann die Rückreihe li zurück (die Randmaschen werden weiterhin im Rippenmuster mit I-Cord gestrickt) und nehmt dabei gleichmäßig verteilt, aber nicht in den Randmaschen, 24, 22, 18, **12, 8, 10** M zu. Jetzt liegen 89, 89, 89, **89, 89, 93** M auf der Nadel.

RAGLANPASSE

Nach dem Bündchen wird die Raglanpasse mit Lochmuster laut Diagramm gestrickt. Die Randmaschen werden weiter im Rippenmuster mit I-Cord gestrickt.

In der **ersten Reihe (Hinreihe)** platziert ihr die Markierer für die Raglanzunahmen, arbeitet bereits die ersten Raglanzunahmen und beginnt gleichzeitig mit dem Lochmuster. In dieser Reihe empfehle ich, ganz genau aufzupassen und mitzuzählen, da hier viel auf einmal passiert. Kontrolliert am Ende der Reihe nach, dass alles stimmt.

1. Schritt: Strickt die Randmaschen. Markiert sie ggf. mit einem Maschenmarkierer.

2. Schritt: Strickt 11 M im Lochmuster laut **Diagramm A** (linkes Vorderteil, Maschen 39–49). Nehmt 1 M mit **M1R** (s. Seite 181) zu und hängt MM1 auf die Nadel.

3. Schritt: Strickt 1 M re (Raglanmasche), hängt MM2 auf die Nadel.

4. Schritt: Nehmt 1 M mit **M1L** zu. Strickt dann 11 M im Lochmuster laut **Diagramm B** (linke Schulter). Nehmt 1 M mit M1R zu und hängt dann MM3 auf die Nadel.

5. Schritt: Strickt 1 M re (Raglanmasche), hängt MM4 auf die Nadel.

  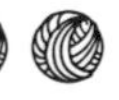

PROFI

DAS BRAUCHT IHR:

Garn

Zweifädig (Merino und Mohair):

1 Faden Lana Grossa Cool Wool baby (220 m/50 g), Lang Merino 200, Sandnes Lanett Babyull, Pascuali Merino Baby, Knitting for Olive Merino, Pure Silk oder CottonMerino

+ 1 Faden Mohair, z.B. Lana Grossa Silkhair (210 m/25 g), Lang Lace, Drops Kid Silk, Knitting for Olive Soft Silk Mohair

Einfädig:

Lana Grossa Cool Wool (160 m/50 g), Katia Merino Baby, Lang Merino 150 oder Drops Baby Merino

oder andere Garne mit passender Maschenprobe

Rundstricknadeln Nr. 3,5
60/80 cm

Nadelspiel Nr. 3,5

Stopfnadel
zum Vernähen

Maschenmarkierer
8 Ringe für die Raglanmaschen, 2 Ringe für die Randmaschen

Knöpfe (12–15 mm Durchmesser)

Maschenprobe
26 M mit Nadelstärke 3,5 ergeben 10 cm.

6. Schritt: Nehmt 1 M mit M1L zu. Strickt dann 27 M im Lochmuster laut **Diagramm C** (Rückenteil). Nehmt 1 M mit M1R zu und hängt MM5 auf die Nadel.

7. Schritt: Strickt 1 M re (Raglanmasche), hängt MM6 auf die Nadel.

8. Schritt: Nehmt 1 M mit M1L zu. Strickt dann 11 M im Lochmuster laut **Diagramm B** (rechte Schulter). Nehmt 1 M mit M1R zu und hängt MM7 auf die Nadel.

9. Schritt: Strickt 1 M re (Raglanmasche), hängt MM8 auf die Nadel.

10. Schritt: Nehmt 1 M mit M1L zu. Strickt dann 11 M im Lochmuster laut **Diagramm A** (rechtes Vorderteil).

11. Schritt: Markiert euch den Beginn der Randmaschen ggf. mit einem MM. Strickt dann die Randmaschen.

Jetzt habt ihr das Ende der Reihe erreicht.

Strickt die **zweite Reihe (Rückreihe)** li zurück (2. Reihe im Lochmuster).

In der **dritten Reihe (Hinreihe)** nehmt ihr wie in der ersten Reihe an den Raglanmaschen zu: Strickt die Randmaschen und das linke Vorderteil bis MM1. Nehmt 1 M mit M1R zu, hebt MM1 ab, strickt die Raglanmasche, hebt MM2 ab und nehmt 1 M mit M1L zu. Wiederholt diese Zunahme an den anderen drei Raglanmaschen in dieser Reihe und nehmt so in dieser Reihe 8 M zu. Strickt dabei weiter das Lochmuster laut Diagramm.

Wiederholt **Reihen 2 und 3** (und führt dabei das Lochmuster laut Diagramm weiter), bis ihr insgesamt 9, 12, 14, **18, 22, 26** Hinreihen mit Zunahmen gearbeitet habt. Wechselt dabei bei Bedarf auf die längere Rundstricknadel und vergesst nicht, in regelmäßigen Abständen die Knopflöcher einzustricken. Am Ende liegen 161, 185, 201, **233, 265, 301** M auf der Nadel. Endet mit einer Rückreihe.

RUMPF

Jetzt werden die Maschen, die später die Ärmel bilden, auf jeder Seite auf einem Hilfsfaden stillgelegt. Strickt dabei weiterhin das Lochmuster, nutzt dafür jetzt **Musterdiagramm D**. Je nach Größe habt ihr die Raglanpasse an einer anderen Stelle im Muster beendet und beginnt bei **Musterdiagramm D** entsprechend auch je nach Größe in einer anderen Reihe. Achtet darauf, dass das Muster nahtlos von der Raglanpasse in den Rumpf übergeht.

1. Schritt: Strickt die Randmaschen.

2. Schritt: Strickt mit Lochmuster bis zu MM2 (linkes Vorderteil).

3. Schritt: Legt die nächsten 29, 35, 39, **47, 55, 63** M auf einen Hilfsfaden (linker Ärmel).

4. Schritt: Schlagt 1, 3, 7, **7, 7, 7** neue M an (unter dem linken Ärmel).

5. Schritt: Strickt im Lochmuster bis zu MM6 (Rückenteil).

6. Schritt: Legt die nächsten 29, 35, 39, **47, 55, 63** M auf einen Hilfsfaden (rechter Ärmel).

7. Schritt: Schlagt 1, 3, 7, **7, 7, 7** neue M an (unter dem rechten Ärmel).

8. Schritt: Strickt im Lochmuster bis zu den Randmaschen (rechtes Vorderteil).

9. Schritt: Strickt die Randmaschen.

Damit habt ihr das Ende der Reihe erreicht und die Maschen für die Ärmel auf beiden Seiten stillgelegt. Jetzt liegen, mit den neu aufgenommenen Maschen unter den Armen, 105, 121, 137, **153, 169, 189** M auf der Nadel.

Strickt den Rumpf jetzt weiterhin im Lochmuster laut **Musterdiagramm D**, bis er ab dem Ärmelansatz 12, 13, 15, **17, 19, 22** cm lang ist, und denkt dabei an die Knopflöcher. Endet in einer Rückreihe. Wir empfehlen, hier nicht mitten im Muster zu enden, sondern lieber den letzten Musterrapport zu beenden (d.h. mit Reihe 8 oder 16 im Diagramm), auch wenn die Jacke dadurch etwas kürzer oder länger wird.

Strickt jetzt das Bündchen (1 M re, 1 M li im Wechsel), insgesamt 2, 2, 3, **3, 3, 4** cm lang. Kettet im Rippenmuster ab.

ÄRMEL

Jetzt werden die Maschen für den ersten Ärmel, die ihr auf einem Hilfsfaden stillgelegt habt, auf ein Nadelspiel oder eine kurze Rundstricknadel Nr. 3,5 gelegt. Zusätzlich werden aus den Maschen, die ihr unter dem Arm neu angeschlagen habt, 3, 5, 9, **9, 9, 9** Maschen aufgefasst und zu den restlichen Ärmelmaschen auf die Nadel gelegt. Das sind jeweils 2 Maschen mehr, als ihr ursprünglich angeschlagen habt – nur so geht das Muster in den Ärmeln auf. Jetzt liegen 32, 40, 48, **56, 64, 72** M auf der Nadel.

Die Ärmel werden in Runden mit Lochmuster gestrickt (s. **Diagramm E**). Je nachdem, an welcher Stelle im Muster ihr Rumpf und Ärmel getrennt habt, befindet ihr euch in der ersten Runde an einer anderen Reihe im Diagramm. Achtet hier darauf, dass das Lochmuster nahtlos von den Schultern in die Ärmel übergeht.

Beginnt die erste Runde so, dass der Rundenbeginn bei Masche 1 (d.h. Spalte 1 – eure Reihe variiert je nach Größe) im Musterdiagramm liegt. Teilt die neu angeschlagenen Maschen entsprechend auf Rundenbeginn und -ende auf.

Strickt den Ärmel jetzt glatt rechts in Runden mit Lochmuster, bis er ab dem Ärmelansatz unter dem Arm 12, 14, 17, **19, 21, 26** cm lang ist. Auch hier empfehlen wir, den letzten Musterrapport vollständig zu stricken (als letzte Runde also Reihe 8 oder 16), auch wenn der Ärmel dadurch etwas kürzer oder länger wird als angegeben.

Strickt jetzt noch eine weitere Runde re und nehmt dabei gleichmäßig verteilt 2, 6, 12, **18, 24, 28** M ab. Jetzt liegen noch 30, 34, 36, **38, 40, 44** M auf der Nadel. Strickt daraus ein Rippenbündchen (1 M re, 1 M li im Wechsel) über 2, 2, 3, **3, 3, 4** cm und kettet im Rippenmuster ab. Achtet darauf, nicht zu fest abzuketten, damit der Ärmel nicht zu eng am Handgelenk anliegt. Strickt den zweiten Ärmel gleich.

ABSCHLUSS

Vernäht alle Enden und befestigt die Knöpfe. Wascht die Jacke entsprechend den Pflegehinweisen auf eurem Garn, zieht sie ganz vorsichtig auf einem trockenen Handtuch in Form und messt hier lieber noch einmal nach, dass die Größe stimmt – das Lochmuster glättet und öffnet sich in der Wäsche erheblich, lässt sich aber auch so stark strecken, dass die Jacke unter Umständen am Ende zu groß wird. Lasst sie liegend trocknen.

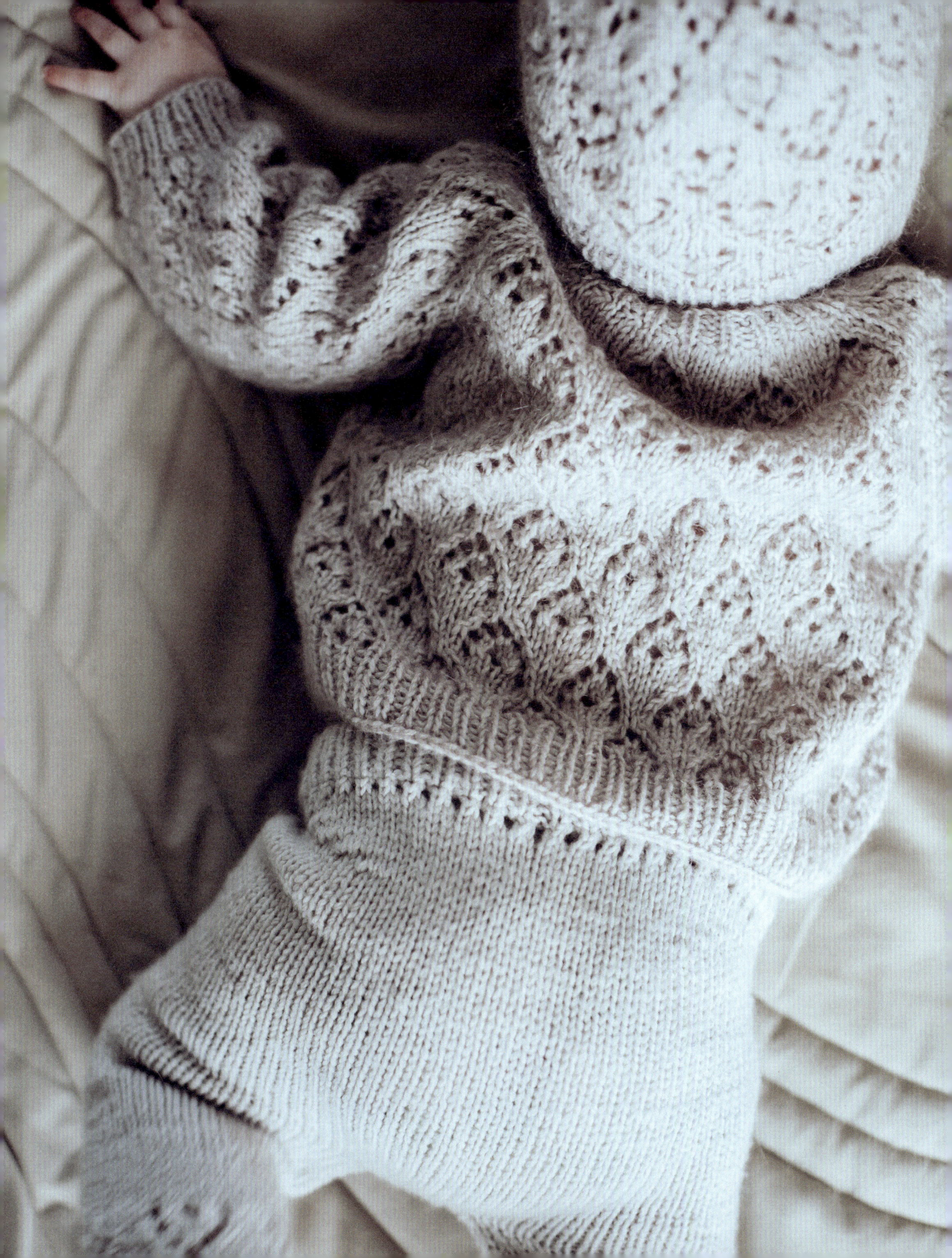

MUSTERDIAGRAMME

DIAGRAMM A – VORDERTEILE

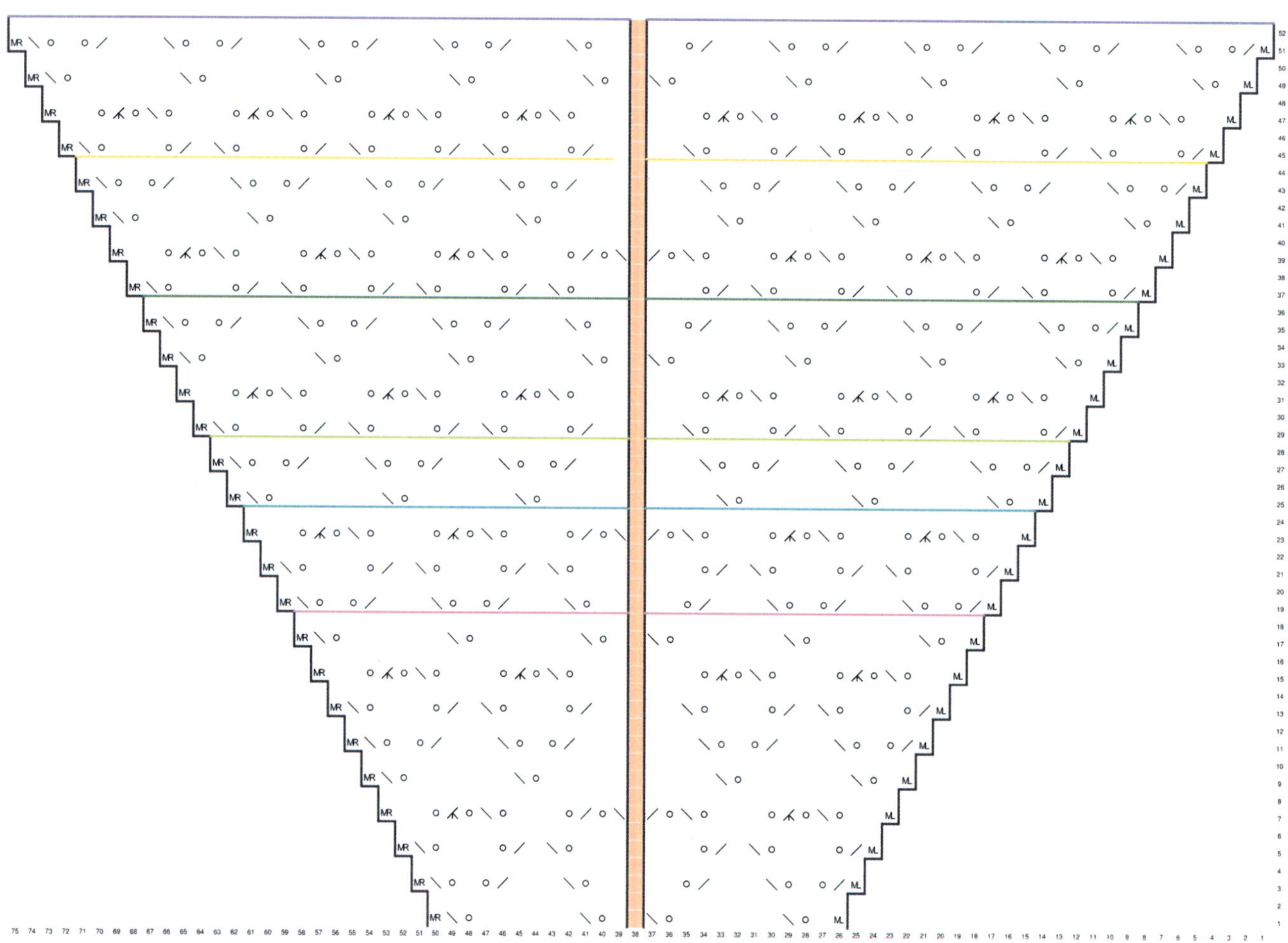

ZEICHENERKLÄRUNG

(leeres Kästchen) re in der Hinreihe, li in der Rückreihe

╲ SSK

╱ 2 M re zusammenstricken

o Umschlag

ML M1L (nach links geneigte Zunahme)

MR M1R (nach rechts geneigte Zunahme)

⋌ 3 M re zusammenstricken

(orange) Randmaschen

(rosa) Hier endet die Raglanpasse in Größe 0-3 Monate

(blau) Hier endet die Raglanpasse in Größe 3-6 Monate

(hellgrün) Hier endet die Raglanpasse in Größe 6-12 Monate

(dunkelgrün) Hier endet die Raglanpasse in Größe 1-2 Jahre

(gelb) Hier endet die Raglanpasse in Größe 2-4 Jahre

(lila) Hier endet die Raglanpasse in Größe 4-6 Jahre

MUSTERDIAGRAMME
DIAGRAMM B – SCHULTERN

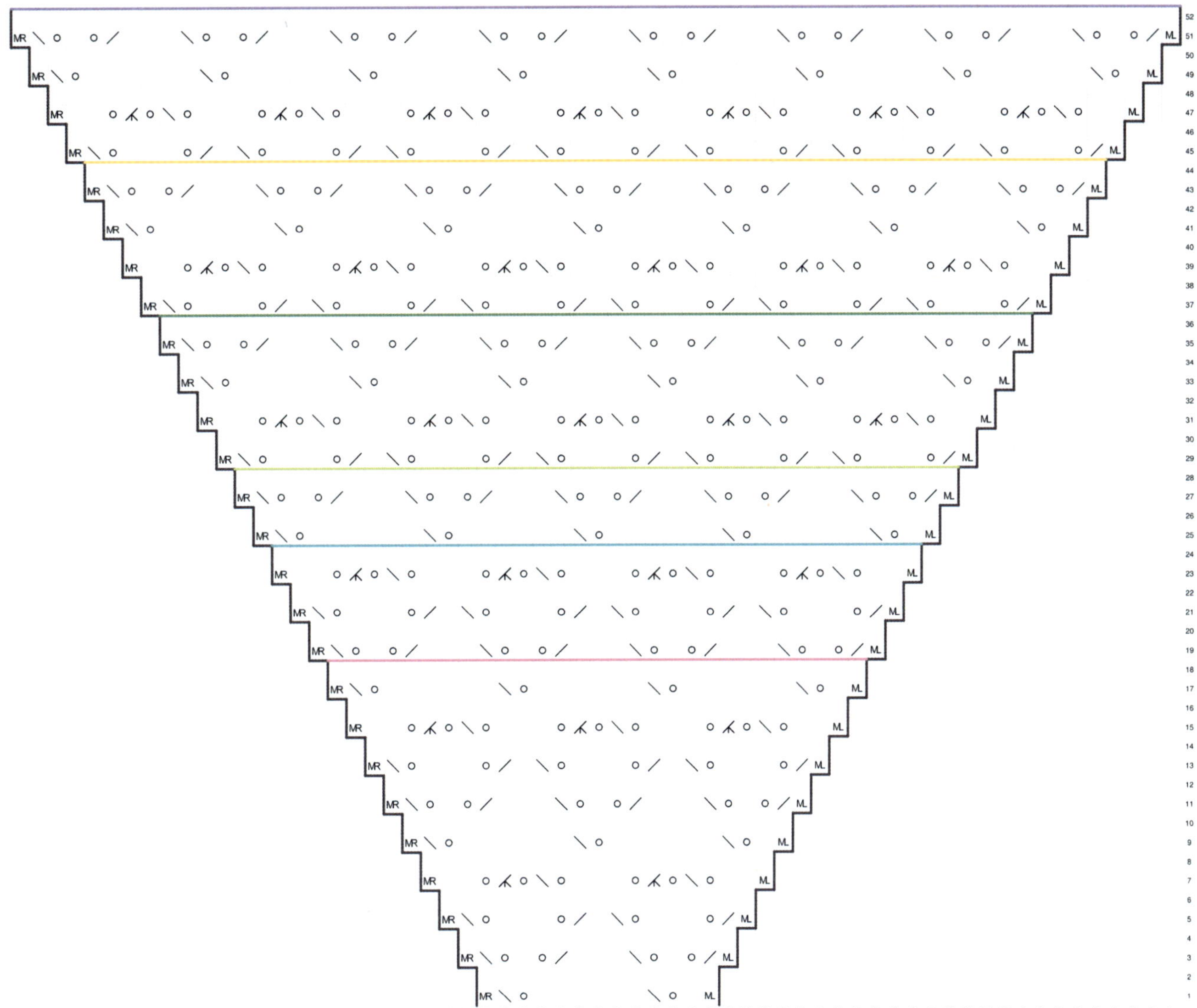

MUSTERDIAGRAMME

DIAGRAMM C – RÜCKENTEIL

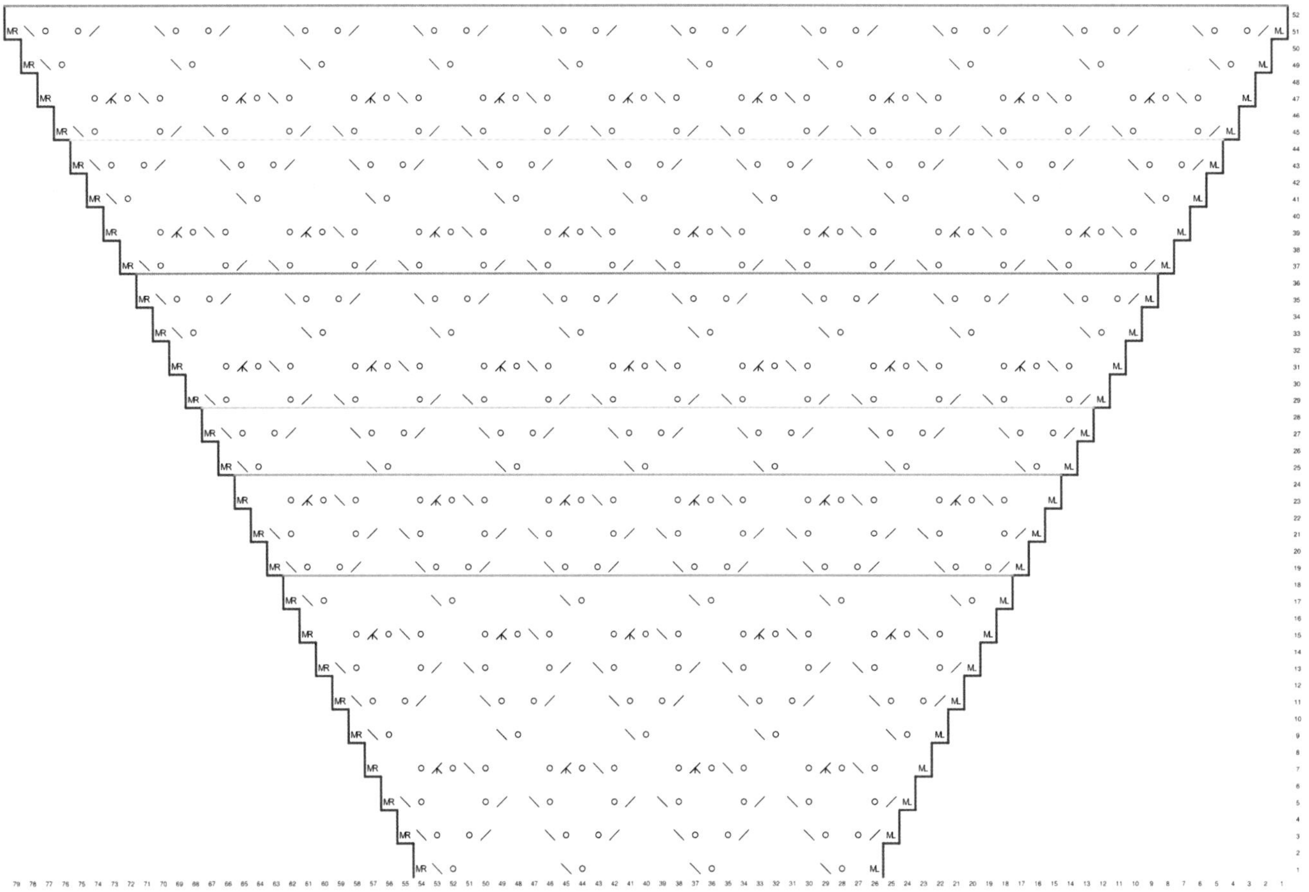

DIAGRAMM D – RUMPF

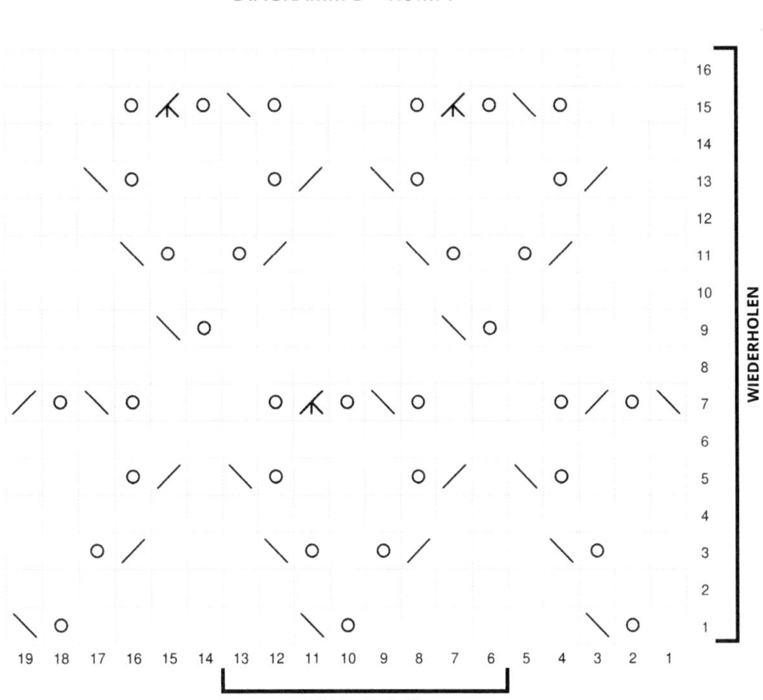

DIAGRAMM E – ÄRMEL

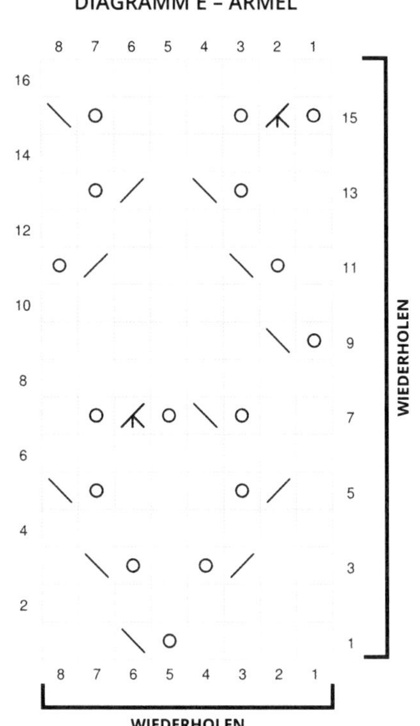

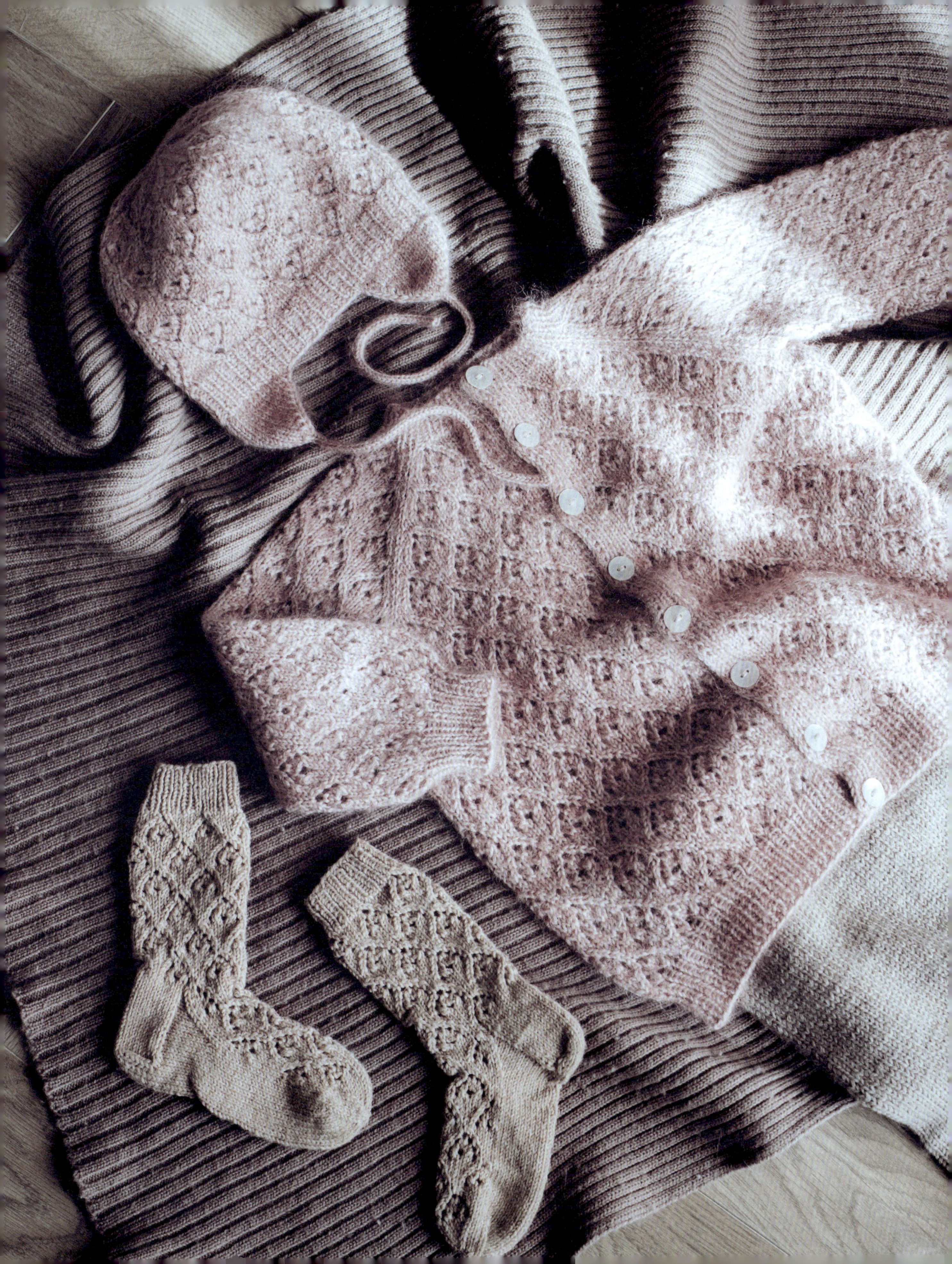

AMSEL Mütze

GRÖSSENANGABEN UND GARNVERBRAUCH

Größe	Umfang	Garnverbrauch Cool Wool Baby	Garnverbrauch Mohair	Garnverbrauch Cool Wool (einfädig)
0–3 Monate	27,5 cm	50 g (220 m)	25 g (210 m)	50 g (160 m)
3–6 Monate	31 cm	50 g (220 m)	25 g (210 m)	50 g (160 m)
6–12 Monate	31 cm	50 g (220 m)	25 g (210 m)	50 g (160 m)
1–2 Jahre	**34 cm**	**50 g (220 m)**	**25 g (210 m)**	**50 g (160 m)**
2–4 Jahre	**37 cm**	**50 g (220 m)**	**25 g (210 m)**	**100 g (320 m)**
4–6 Jahre	**40 cm**	**50 g (220 m)**	**25 g (210 m)**	**100 g (320 m)**

Bitte beachtet, dass die angegebenen Garnmengen nur ein Richtwert sind.

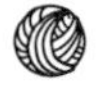 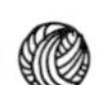 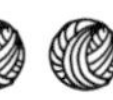

PROFI

DAS BRAUCHT IHR:

Garn
Zweifädig (Merino und Mohair):

1 Faden Lana Grossa Cool Wool baby (220 m/50 g), Lang Merino 200, Sandnes Lanett Babyull, Pascuali Merino Baby, Knitting for Olive Merino, Pure Silk oder CottonMerino

+ 1 Faden Mohair, z.B. Lana Grossa Silkhair (210 m/25 g), Lang Lace, Drops Kid Silk, Knitting for Olive Soft Silk Mohair

Einfädig:

Lana Grossa Cool Wool (160 m/50 g), Katia Merino Baby, Lang Merino 150 oder Drops Baby Merino

oder andere Garne mit passender Maschenprobe

Rundstricknadel Nr. 3,5
30–40 cm lang

Nadelspiel Nr. 3,5

Stopfnadel
zum Vernähen

Maschenprobe
26 M mit Nadelstärke 3,5 ergeben 10 cm.

ANLEITUNG

Die Mütze wird in Runden von unten nach oben gestrickt. Der obere Teil nach dem Bündchen wird im Lochmuster gestrickt. In den ersten vier Größen werden am Schluss Ohrenklappen mit Bändern zum Binden angestrickt. In den größeren Größen lassen wir die Ohrenklappen weg.

Schlagt 72, 80, 80, **88, 96, 104** M auf das Nadelspiel oder die Rundstricknadel Nr. 3,5 an. Schließt zur Runde und strickt ein Rippenbündchen (1 M re, 1 M li im Wechsel) über 2,5, 2,5, 3, **3, 3, 3,5** cm.

Strickt dann eine weitere Runde glatt re.

Ab der nächsten Runde strickt ihr das Lochmuster laut **Diagramm A**, bis die Mütze, mit dem Bündchen, 8, 10, 11, **12, 15, 18** cm misst. Beendet das angefangene Muster, sodass ihr entweder in Reihe 8 oder Reihe 16 des Diagramms endet.

ABNAHMEN

Wenn die Mütze die gewünschte Länge erreicht hat, beginnen die Abnahmen. Sie werden nach **Diagramm B** gestrickt und ins Muster integriert. Je nachdem, an welcher Stelle ihr das Muster im Hauptteil beendet habt, strickt ihr **Diagramm B1** oder **B2**.

Am Ende des Diagramms ist die Mütze beendet. Schneidet den Faden ab und fädelt das Ende durch die restlichen Maschen. Zieht am Faden, um die Mütze zu schließen, und vernäht das Fadenende.

OHRENKLAPPEN UND KORDEL:

In den vier kleinsten Größen (0–3 Monate bis 1–2 Jahre) werden jetzt noch Ohrenklappen mit Kordeln an die Mütze gestrickt.

Messt am Bündchen von der hinteren Mitte ausgehend ca. 2, **2, 2,5, 2,5** cm in jede Richtung ab und beginnt dort die Ohren (so liegen ca. 4–5 cm zwischen den Ohren). Nehmt aus dem Bündchen 17, **19, 19, 21** M auf. Beginnt mit einer Hinreihe und strickt 6 Reihen glatt re (re auf der Hinreihe, li auf der Rückreihe). Auf beiden Seiten strickt ihr eine I-Cord-Kante aus 2 Maschen, die den Abschluss schöner macht (s. Seite 181).

DIAGRAMM A

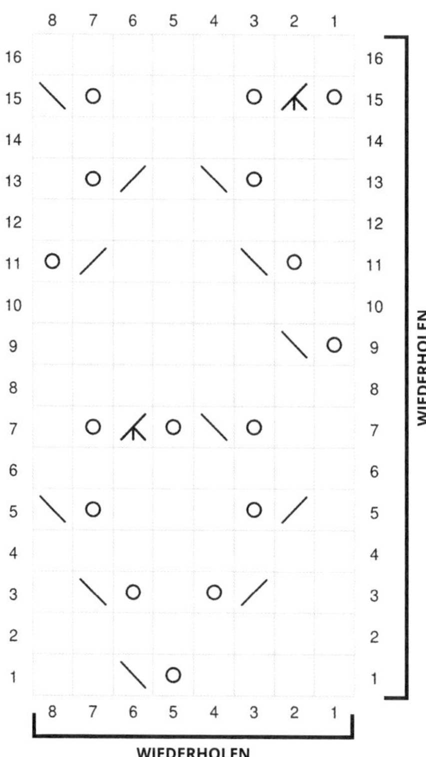

In der nächsten Hinrunde beginnen die Abnahmen: Strickt 2 M re, strickt 2 M re zusammen, strickt bis 4 M vor Ende der Reihe, strickt 2 M mit SSK zusammen, hebt die letzten 2 M mit dem Faden vor der Arbeit ab (I-Cord). Strickt eine Rückreihe mit I-Cord li zurück. Wiederholt diese 2 Reihen, bis nur noch 4 M auf der Nadel liegen. Strickt in der letzten Hinreihe 2 M mit SSK zusammen und hebt die nächsten 2 M als I-Cord-Maschen ab. Jetzt liegen 3 M auf der Nadel. Strickt daraus die I-Cord-Kordel (s. Seite 181), ca. 20–25 cm lang. Strickt dann das zweite Ohr gleich.

ABSCHLUSS

Vernäht alle Fadenenden. Wascht die Mütze entsprechend den Angaben des Wollherstellers, zieht sie auf einem trockenen Handtuch in Form und lasst sie trocknen. Das Lochmuster glättet und öffnet sich in der Wäsche erheblich.

DIAGRAMM B1 - ABNAHMEN

Wenn der Hauptteil in Reihe 16 endet

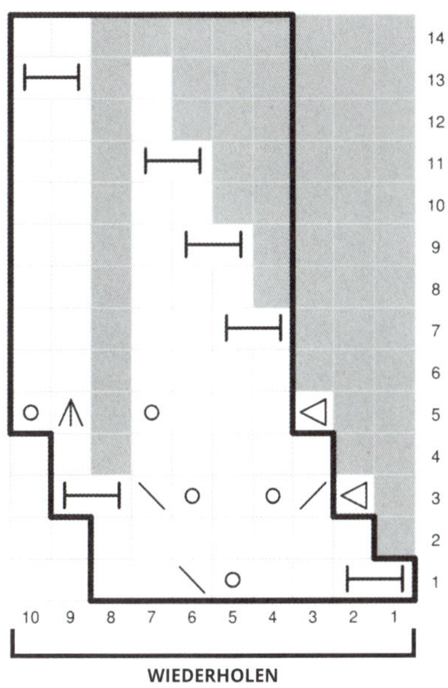

DIAGRAMM B2 - ABNAHMEN

Wenn der Hauptteil in Reihe 8 endet

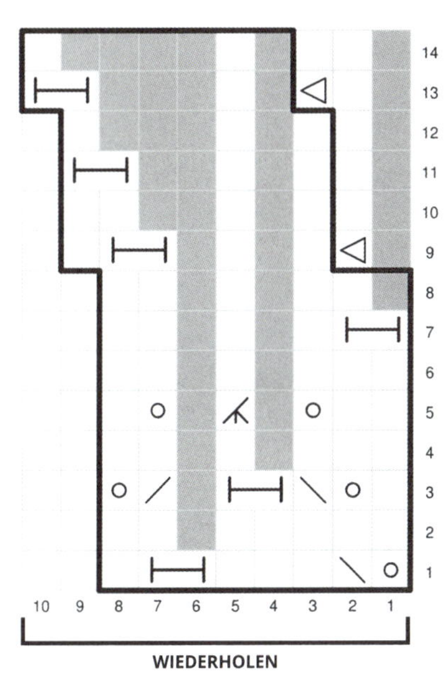

ZEICHENERKLÄRUNG

- rechte Maschen
- ○ Umschlag
- ╲ SSK
- ╱ 2 M re zusammenstricken
- 3 M re zusammenstricken
- keine Masche (Platzhalter)
- ◁ den Rundenbeginn um 1 M verschieben
- ├─┤ Abnahme - 2 M re zusammenstricken

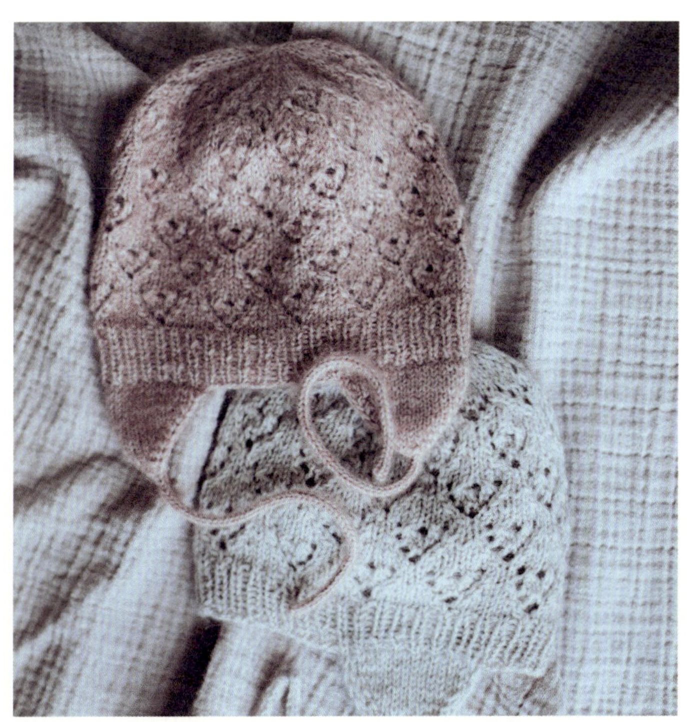

AMSEL Hose

GRÖSSENANGABEN UND GARNVERBRAUCH

Größe	Umfang	Beinlänge ab Schritt	Garnverbrauch
0–3 Monate	43,5 cm	19 cm	100 g (440 m)
3–6 Monate	47,5 cm	21 cm	100 g (440 m)
6–12 Monate	52,5 cm	27 cm	100 g (440 m)
12–18 Monate	56,5 cm	29 cm	150 g (660 m)
18–24 Monate	**56,5 cm**	**34 cm**	**150 g (660 m)**
2–4 Jahre	**62 cm**	**41 cm**	**200 g (880 m)**
4–6 Jahre	**63,5 cm**	**45 cm**	**200 g (880 m)**

Bitte beachtet, dass die angegebenen Garnmengen nur ein Richtwert sind.

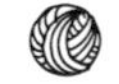 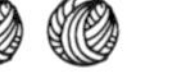

FORTGESCHRITTEN

DAS BRAUCHT IHR:

Garn
2 Fäden dünne Wolle, z.B. Lana Grossa Cool Wool baby (220 m/50 g), Lang Merino 200, Sandnes Lanett Babyull, Pascuali Merino Baby, Knitting for Olive Merino, Pure Silk oder CottonMerino

Die Hose wird mit doppeltem Faden gestrickt.

Alternativ: 1 Faden dickere Wolle, z.B. Lana Grossa Cool Wool big, Lang Merino 120, Drops Merino extra fine

Wenn ihr die Hose einfädig aus dickerer Wolle strickt, orientiert ihr euch an der Lauflänge und halbiert sie. D.h. statt 440 m in 0–3 Monate braucht ihr dann 220 m und so weiter.

Rundstricknadel Nr. 4
40 cm

Nadelspiel Nr. 4
für die Hosenbeine

Stopfnadel
zum Vernähen

Maschenmarkierer
4 Ringe für die verkürzten Reihen, 1 Ring für den Rundenwechsel

Gumiband
für das Bündchen

Maschenprobe
22 M mit Nadelstärke 4 ergeben 10 cm.

ANLEITUNG

Diese Hose wird von unten nach oben in Runden gestrickt. Zuerst werden die Hosenbeine einzeln gestrickt, dann werden sie auf einer Nadel vereint und die Hose wird in einem Stück fertig gestrickt.

HOSENBEINE

Schagt 26, 30, 34, 36, **38, 40, 42** M auf das Nadelspiel Nr. 4 an. Schließt zur Runde und strickt ein Bündchen im verschränkten Rippenmuster (1 M re, 1 M li im Wechsel), insgesamt 3, 3, 4, 4, **5, 5, 6** cm lang.

Strickt eine Runde re und nehmt dabei gleichmäßig verteilt 14, 10, 14, 12, **10, 16, 14** M zu. Jetzt liegen 40, 40, 48, 48, **48, 56, 56** M auf der Nadel.

Strickt jetzt das Lochmuster laut **»Diagramm A«** auf Seite 140 (dasselbe Muster wie bei der Kindermütze), bis ihr 3, 3, 4, 4, **5, 5, 6** Rapports gestrickt habt. Ein Rapport geht über 8 Reihen. Da die Rapports versetzt angeordnet werden, zeigt das Musterdiagramm 16 Reihen, d.h. zwei Rapports.

Strickt danach re ohne Muster weiter, bis das Hosenbein 16, 18, 23, 25, **29, 36, 39** cm misst. Strickt diese Maschen auf eine längere Rundstricknadel (40–60 cm) und schlagt am Rundenende noch 4, 4, 4, 6, **6, 6, 8** neue Maschen an. Legt das Bein zur Seite und strickt das zweite Bein gleich.

RUMPF

Wenn beide Hosenbeine fertig sind, werden sie auf der Rundstricknadel (40/60 cm) vereint. Das erste Bein liegt bereits mit den neu angeschlagenen M auf der Nadel. Strickt jetzt auch das zweite Bein auf diese Nadel und schlagt dann noch einmal 4, 4, 4, 6, **6, 6, 8** M neu an, damit vorne und hinten neue M für den Zwickel auf der Nadel liegen. Schließt zur Runde.

Die Runde beginnt jetzt in der hinteren Mitte, d.h. in der Mitte der neuen Maschen. Markiert diese Stelle mit einem Maschenmarkierer. Markiert auch die 4, 4, 4, 6, **6, 6, 8** M neuen Maschen vorne und hinten beidseitig mit Maschenmarkierern.

Jetzt liegen 88, 88, 104, 108, **108, 124, 128** M auf der Nadel. Strickt eine Runde re.

ZUNAHMEN FÜR DEN ZWICKEL

Jetzt werden einige Zunahmen am Zwickel gestrickt. Beginnt dabei am Rundenwechsel in der hinteren Mitte.

1. Schritt: Strickt 2, 2, 2, 3, **3, 3, 4** M re (zum ersten MM). Hebt ihn ab und nehmt 1 M mit M1L zu. Strickt zum nächsten MM und nehmt 1 M mit M1R zu.

2. Schritt: Hebt den MM ab, strickt die 4, 4, 4, 6, **6, 6, 8** Zwickelmaschen re und hebt den zweiten MM ab. Nehmt 1 M mit M1R zu.

3. Schritt: Strickt zum letzten MM auf der anderen Seite. Nehmt 1 M mit M1L zu, hebt den MM ab und strickt die letzten 2, 2, 2, 3, **3, 3, 4** M re.

Jetzt habt ihr das Ende der Runde erreicht und dabei 4 M zugenommen. Strickt eine Runde ohne Zunahme.

Wiederholt diese Zunahme in jeder zweiten Runde, bis ihr in insgesamt 2, 4, 3, 4, **4, 3, 3** Runden zugenommen habt. Nach den Zunahmen liegen 96, 104, 116, 124, **124, 136, 140** M auf der Nadel.

Strickt glatt re in Runden, bis die Hose ab dem Schritt 11, 13, 14, 16, **17, 18, 19** cm lang ist.

VERKÜRZTE REIHEN

Jetzt arbeitet ihr einige verkürzte Reihen, die die Hose hinten höher werden lassen als vorne, mehr Platz für eine Windel schaffen und die Passform auch bei größeren Kindern verbessert.

Wir stricken diese verkürzten Maschen mit **German Short Rows** (verkürzte Maschen mit Doppelmasche), s. Seite 181.

Ihr beginnt wieder in der hinteren Mitte.

1. Reihe (Hinreihe): Strickt 16, 18, 21, 23, **23, 26, 27** M re. Wendet die Arbeit. Hebt die erste Masche (die ihr zuletzt gestrickt habt) mit dem Faden vor der Arbeit wie zum links Stricken ab. Führt jetzt den Faden von vorne nach hinten über die Nadel und zieht ihn gut an, damit die abgehobene Masche langgezogen wird und beide Maschenschenkel wie zwei Maschen auf der Nadel liegen (die Wendemasche). Zieht den Faden noch einmal kräftig an und strickt die Rückreihe.

2. Reihe (Rückreihe): Strickt 31, 35, 41, 45, **45, 51, 53** M li. Wendet die Arbeit, hebt die erste Masche wie zum links Stricken ab und zieht dann den Faden wieder von vorne nach hinten über die Nadel, sodass sich wieder eine Doppelmasche (Wendemasche) bildet.

3. Reihe (Hinreihe): Strickt re bis 2 M über die Wendemasche aus der letzten Hinreihe hinweg. Strickt dabei beide Maschenschenkel der Doppelmasche wieder als eine einzige Masche zusammen. Wendet die Arbeit mit einer Wendemasche.

4. Reihe (Rückreihe): Strickt li bis 2 M über die Wendemasche aus der letzten Rückreihe hinweg. Strickt dabei beide Maschenschenkel der Doppelmasche wieder als eine einzige Masche zusammen. Wendet die Arbeit mit einer Wendemasche.

Wiederholt **Reihen 3 und 4** noch zwei Mal, sodass ihr am Ende insgesamt 8 verkürzte Reihen (4 Hin- und 4 Rückreihen) gestrickt habt.

Strickt jetzt noch eine Runde rechts über alle Maschen und endet wieder in der hinteren Mitte.

OBERES BÜNDCHEN

Strickt jetzt ein Rippenbündchen wie an den Hosenbeinen (1 M re, 1 M li im Wechsel), insgesamt 5, 5, 6, 6, **7, 7, 7** cm lang. Klappt das Bündchen nach innen um, strickt es umgeklappt fest und kettet im selben Schritt ab (s. »Doppeltes Bündchen« auf Seite 181).

Strickt dann, wenn ihr möchtet, noch eine I-Cord-Kordel (s. Seite 181), ca. 60–85 cm lang, und zieht sie zwischen den Maschen des Bündchens ein.

ABSCHLUSS

Vernäht alle Fäden und näht das Loch im Schritt zu. Wascht die Hose anhand der Angaben des Wollherstellers, zieht sie auf einem trockenen Handtuch in Form und lasst sie trocknen. Zieht zum Schluss wahlweise ein Gummiband, die I-Cord-Kordel, oder beides in den Hosenbund ein.

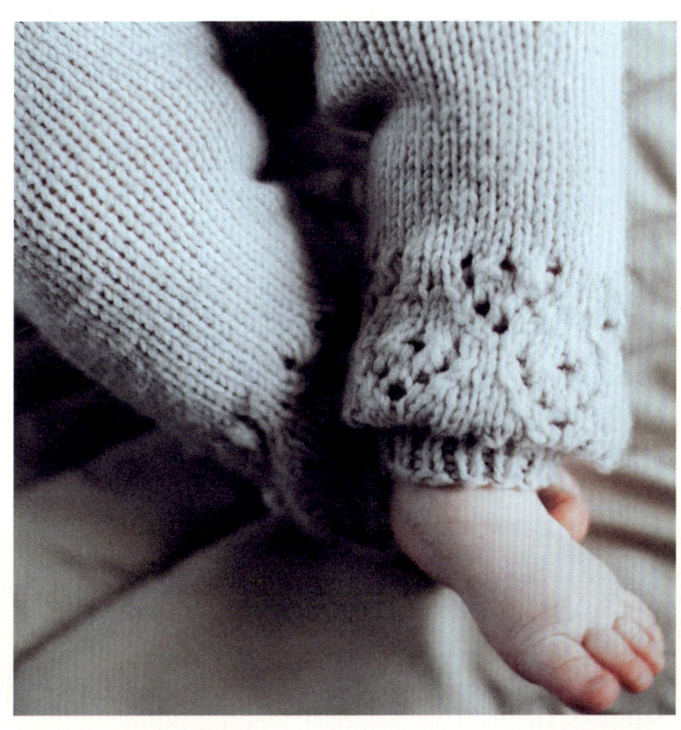

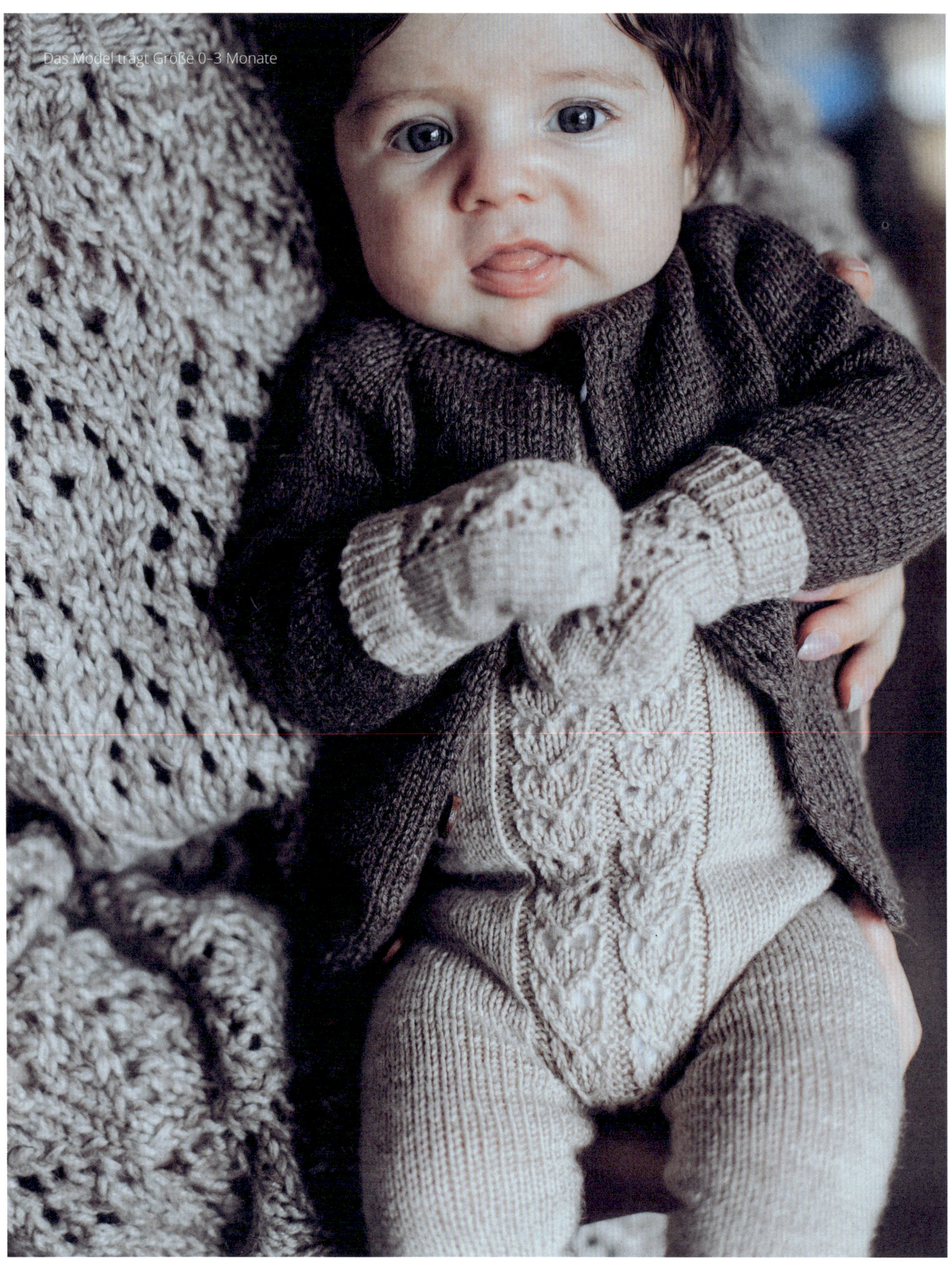

Das Model trägt Größe 0–3 Monate

HALLO WELT Babyjacke

GRÖSSENANGABEN UND GARNVERBRAUCH

Größe	Rumpflänge ab Ärmelansatz	Brustumfang	Ärmellänge ab Ärmelansatz	Ärmelumfang	Garnverbrauch
Frühchen	13,5 cm	46,5 cm	12 cm	13,5 cm	50 g (220 m)
0–3 Monate	16 cm	48,5 cm	14 cm	15 cm	50–100 g (220–440 m)
3–6 Monate	18 cm	55 cm	16 cm	18,5 cm	100 g (440 m)

Bitte beachtet, dass die angegebenen Garnmengen nur ein Richtwert sind.

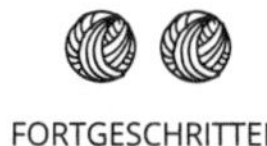

FORTGESCHRITTEN

DAS BRAUCHT IHR:

Garn
Lana Grossa Cool Wool Baby (220 m/50 g), Baby Lanett oder Tynn Merino ull von Sandnes, Merino Baby von Pascuali, Knitting for Olive Merino, Pure Silk oder CottonMerino, Along Avec Anna Merino

oder ein vergleichbares Garn mit passender Maschenprobe

Rundstricknadel Nr. 3
40 oder 60 cm

Nadelspiel Nr. 3

Stopfnadel
zum Vernähen

Maschenmarkierer
8 Ringe für die Raglanmaschen und 2 Ringe für die Randmaschen

Knöpfe
12–15 mm Durchmesser

Maschenprobe
28 M mit Nadelstärke 3 ergeben 10 cm.

Bei uns in Island treten neugeborene Babys die erste Heimreise aus dem Krankenhaus traditionell warm in ein handgestricktes Set eingekuschelt an. Dafür ist dieses Set gedacht, das Frühchen und etwas größeren Babys passt.

ANLEITUNG

Dieses Jäckchen wird von oben nach unten in Hin- und Rückreihen gearbeitet, glatt rechts und mit großem Lochmuster im Rücken. Die Knopfleiste wird direkt mitgestrickt.

HALSBÜNDCHEN

Schlagt 73, 77, 81 M auf die Rundstricknadel Nr. 3 (40/60 cm) an.

Strickt ein Bündchen im Rippenmuster (1 M re, 1 M li im Wechsel) insgesamt 2 cm lang und beachtet dabei die **Randmaschen**, die **I-Cord-Kante** und das erste **Knopfloch** (siehe die nächsten zwei Absätze). Die erste Reihe, die ihr strickt, ist eine Hinreihe.

Die ersten 7, 7, 7 und die letzten 7, 7, 7 M des Bündchens sind **Randmaschen (RM)**, die später die Knopfleiste bilden. Sie werden über die gesamte Länge der Jacke im selben Rippenmuster gestrickt wie das Halsbündchen. Die ersten 2 Randmaschen am Beginn jeder Reihe und die letzten 2 Randmaschen am Ende jeder Reihe werden dabei als **I-Cord-Kante** gestrickt, die einen schönen und geraden Abschluss bildet (s. »I-Cord-Kante« auf S. 181).

In diese Randmaschen werden auch direkt die **Knopflöcher** eingestrickt. Wir empfehlen, sie mit einem Abstand von ca. 3 cm, oder nach Geschmack und Knopfgröße, zu arbeiten. Das erste Loch wird direkt in Reihe 3 im Halsbündchen gestrickt. Hier strickt ihr die Knopflöcher immer am Anfang einer Hinreihe: Strickt 4 M (2 I-Cord-Maschen re und 2 M im Rippenmuster), 1 Umschlag, strickt 2 M re zusammen, strickt normal im Muster weiter. In der nächsten Rückreihe strickt ihr den Umschlag links ab, sodass sich ein Loch bildet.

Strickt zum Schluss noch eine Rückreihe nur li (die RM werden weiterhin im Rippenmuster gestrickt) und nehmt dabei 13, 11, 9 M zu, sodass jetzt 86, 88, 90 M auf der Nadel liegen.

RAGLANPASSE

Nach dem Bündchen wird glatt rechts gestrickt, d.h. re in der Hinreihe und li in der Rückreihe, mit einem Lochmuster im Rücken. Die Randmaschen werden weiterhin immer im Rippenmuster mit I-Cord gestrickt.

In der **ersten Reihe (Hinreihe)** platziert ihr die Markierer für die Raglanzunahmen und beginnt gleichzeitig mit dem Lochmuster laut Diagramm auf S. 147:

1. Schritt: Strickt die RM. Strickt 12 M re (linkes Vorderteil) und hängt MM1 auf die Nadel.

2. Schritt: Strickt 1 M re (Raglanmasche), hängt MM2 auf die Nadel.

3. Schritt: Strickt 6, 7, 8 M re (linke Schulter). Hängt MM3 auf die Nadel.

4. Schritt: Strickt 1 M re (Raglanmasche), hängt MM4 auf die Nadel.

5. Schritt: Strickt 32, 32, 32 M (Rückenteil) laut Musterdiagramm (Reihe 1 im Diagramm, s. Seite 147). Hängt MM5 auf die Nadel.

6. Schritt: Strickt 1 M re (Raglanmasche), hängt MM6 auf die Nadel.

7. Schritt: Strickt 6, 7, 8 M re (rechte Schulter). Hängt MM7 auf die Nadel.

8. Schritt: Strickt 1 M re (Raglanmasche), hängt MM8 auf die Nadel.

9. Schritt: Strickt 12, 12, 12 M re (rechtes Vorderteil). Strickt die RM.

Jetzt habt ihr das Ende der Reihe erreicht. Strickt die **zweite Reihe (Rückreihe)** li zurück, die RM im Rippenmuster. Strickt im Rücken alle Maschen laut Diagramm, wie sie erscheinen, also linke Maschen links, rechte Maschen rechts.

In der **dritten Reihe (Hinreihe)** beginnen die Zunahmen. Dadurch entstehen die Raglanlinien, die Hauptteil und Ärmel voneinander trennen:

Strickt rechts bis zu MM1. Nehmt 1 M mit **M1R** (s. Seite 181) zu, hebt MM1 ab, strickt 1 M re (Raglanmasche), hebt MM2 ab, nehmt 1 M mit **M1L** zu. Strickt re weiter und wiederholt diese Zunahmen an den anderen drei Raglanmaschen in dieser Reihe, sodass ihr insgesamt um 8 Maschen zunehmt. Strickt im Rücken das Lochmuster laut Diagramm weiter.

Wiederholt **Reihen 2 und 3** (und führt dabei das Lochmuster im Rücken laut Diagramm weiter), bis ihr insgesamt 13, 16, 18 Hinreihen mit Zunahmen gearbeitet habt. Am Ende liegen 190, 216, 234 M auf der Nadel. Strickt dann noch eine Rückreihe zurück.

RUMPF

Jetzt werden die Maschen, die später die Ärmel bilden, auf jeder Seite auf einem Hilfsfaden stillgelegt. Das ist ein Faden in einer Kontrastfarbe, auf den ihr alle Ärmelmaschen auffädelt, um sie zu sichern, während der Rumpf gestrickt wird. Das geht folgendermaßen:

1. Schritt: Strickt re bis zu MM2 (linkes Vorderteil).

2. Schritt: Legt die nächsten 32, 39, 44 M auf einen Hilfsfaden (linker Ärmel).

3. Schritt: Schlagt 6, 3, 8 neue M an (unter dem linken Ärmel).

4. Schritt: Strickt laut Musterdiagramm bis zu MM5 (Rückenteil).

5. Schritt: Legt die nächsten 32, 39, 44 M auf einen Hilfsfaden (rechter Ärmel).

6. Schritt: Schlagt 6, 3, 8 neue M an (unter dem rechten Ärmel).

7. Schritt: Strickt die Reihe re zu Ende.

Damit habt ihr das Ende der Reihe erreicht und die Maschen für die Ärmel auf beiden Seiten stillgelegt. Jetzt liegen, mit den neu aufgenommenen Maschen unter den Armen, 138, 144, 162 M auf der Nadel.

Diese neu aufgenommenen Maschen werden ab jetzt Teil des Lochmusters im Rücken. Markiert sie euch auf jeder Seite mit einem Maschenmarkierer.

Strickt den Rumpf jetzt glatt rechts, mit Lochmuster im Rücken, bis er ab dem Ärmelansatz 11, 13, 15 cm lang ist. Endet in einer Rückreihe. Wir empfehlen, in Musterreihe 1, 2 oder 6 zu enden. Nehmt in der letzten Rückreihe 1 M ab, um eine ungerade Maschenzahl zu erhalten.

Strickt jetzt das Bündchen (1 M re, 1 M li im Wechsel), insgesamt 2,5, 3, 3 cm lang. Kettet im Rippenmuster ab.

ÄRMEL

Jetzt werden die Maschen für den ersten Ärmel, die ihr auf einem Hilfsfaden stillgelegt habt, auf das Nadelspiel Nr. 3 gelegt. Zusätzlich werden aus den Maschen, die ihr unter dem Arm neu angeschlagen habt, 6, 3, 8 Maschen aufgefasst und zu den restlichen Ärmelmaschen auf die Nadel gelegt.

Die Ärmel werden in Runden gestrickt. Damit der Rundenbeginn mittig unter dem Arm liegt, werden die neu aufgefassten Maschen auf Rundenbeginn und -ende verteilt, d.h. es kommen je 3, 1, 4 der Maschen auf die erste und 3, 2, 4 auf die letzte Nadel. Die erste Runde beginnt nun in der Mitte zwischen diesen neuen Maschen. Jetzt liegen 38, 42, 52 M auf der Nadel.

Strickt den Ärmel glatt rechts in Runden ohne Abnahmen, bis er 10, 12, 14 cm lang ist. Nehmt dann in der nächsten Runde gleichmäßig verteilt 4, 8, 14 M ab. Jetzt liegen noch 34, 34, 38 M auf der Nadel.

Strickt daraus ein Bündchen im Rippenmuster über 2 cm. Kettet im Rippenmuster ab und strickt den zweiten Ärmel gleich.

ABSCHLUSS

Alle Fäden gut vernähen und abschneiden. Wenn vorhanden, Löcher unter den Ärmeln schließen und die Knöpfe annähen. Die Jacke entsprechend den Pflegehinweisen auf eurem Garn waschen und auf einem trockenen Handtuch in Form ziehen und liegend trocknen lassen.

MUSTERDIAGRAMME

Lochmuster im Rückenteil

Das Muster beginnt in allen Größen gleich. Die farbigen Linien im Diagramm zeigen, wann die Raglanpasse in der jeweiligen Größe beendet ist.

Frühchen: Strickt laut Diagramm bis zu Reihe 29 (rote Linie).

0–3 Monate: Strickt laut Diagramm bis zu Reihe 35 (lilane Linie).

3–6 Monate: Strickt laut Diagramm bis zu Reihe 39 (grüne Linie).

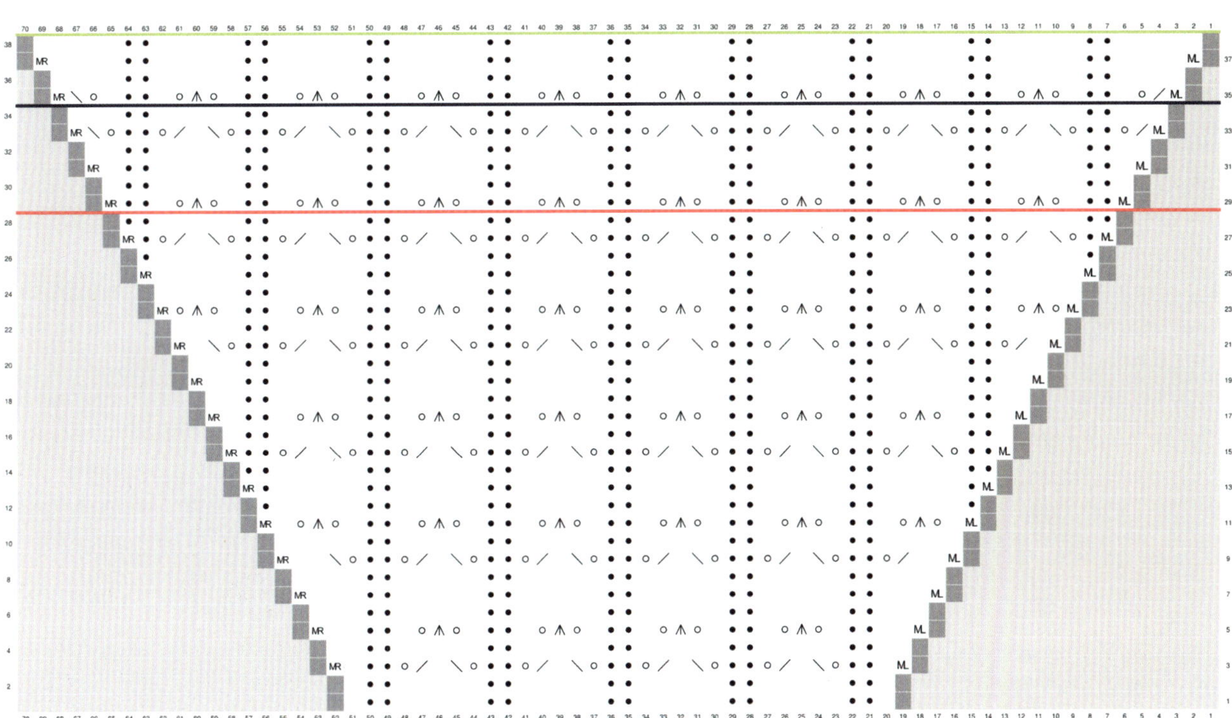

- (leeres Kästchen) re in der Hinreihe, li in der Rückreihe
- ● li in der Hinreihe, re in der Rückreihe
- ╲ SSK (slip, slip, knit)
- ╱ 2 M re zusammenstricken
- o Umschlag
- ⋀ 1 M ungestrickt abheben, 2 M re zusammenstricken, die ungestrickte M darüberheben
- ML M1L
- MR M1R
- (dunkelgraues Kästchen) Raglanmasche
- (hellgraues Kästchen) keine Masche (Platzhalter)
- (rotes Kästchen) Hier endet die Raglanpasse in Größe Frühchen
- (schwarzes Kästchen) Hier endet die Raglanpasse in Größe 0-3 Monate
- (grünes Kästchen) Hier endet die Raglanpasse in Größe 3-6 Monate

Muster im Rücken – Rumpf

Das Muster wird nach der Raglanpasse im Rücken fortgesetzt.

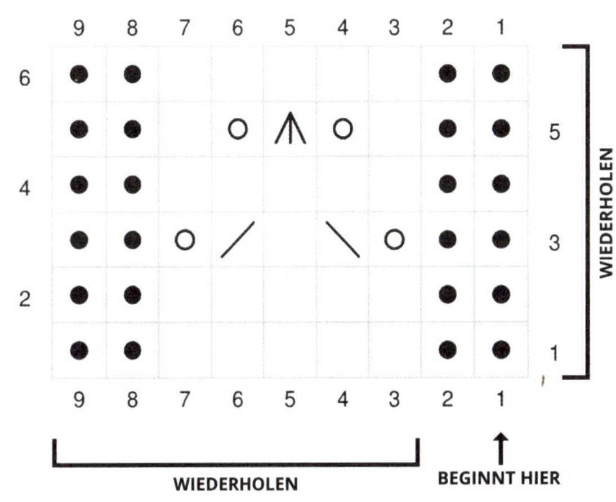

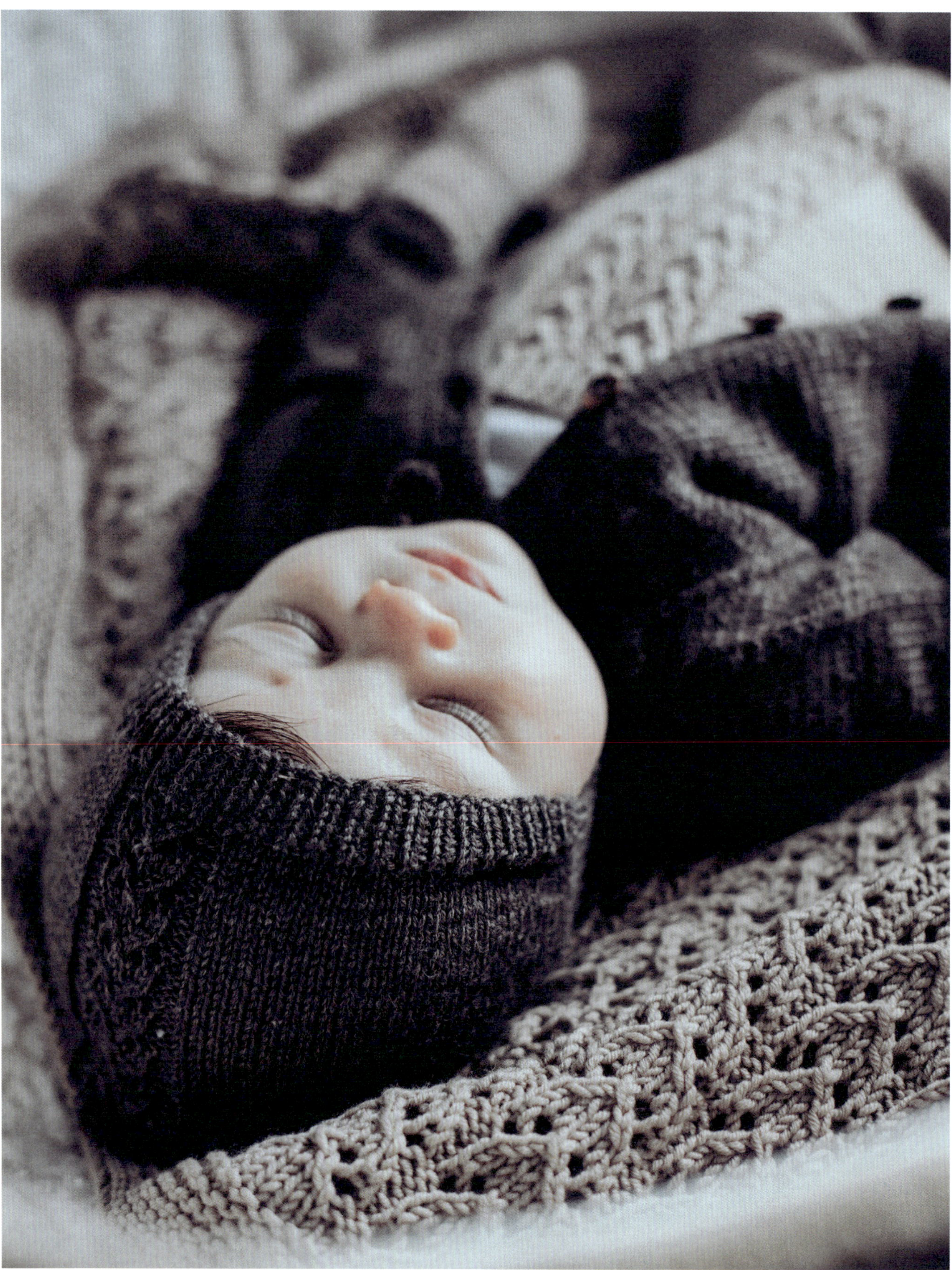

HALLO WELT Pixiemütze

GRÖSSENANGABEN UND GARNVERBRAUCH

Größe	Umfang ums Gesicht (von Bäckchen zu Bäckchen)	Garnverbrauch
Frühchen	24 cm	50 g (220 m)
0–3 Monate	25,5 cm	50 g (220 m)
3–6 Monate	28 cm	50 g (220 m)

Bitte beachtet, dass die angegebenen Garnmengen nur ein Richtwert sind.

LEICHT

DAS BRAUCHT IHR:

Garn
Lana Grossa Cool Wool Baby (220 m/50 g), Baby Lanett oder Tynn Merino ull von Sandnes, Merino Baby von Pascuali, Knitting for Olive Merino, Pure Silk oder CottonMerino, Along Avec Anna Merino

oder ein vergleichbares Garn mit passender Maschenprobe

Rundstricknadeln Nr. 2,5 und 3
40 oder 60 cm lang

Nadelspiel Nr. 3

Stopfnadel
zum Vernähen

Maschenmarkierer
zwei Ringe

Maschenprobe
28 M mit Nadelstärke 3 ergeben 10 cm.

ANLEITUNG

Diese Mütze wird von vorne nach hinten in Reihen gestrickt und dann zusammengenäht. Das untere Bündchen wird am Schluss angestrickt.

BÜNDCHEN

Schlagt 61, 65, 71 M auf die Rundstricknadel Nr. 3 (die Länge spielt hier keine Rolle, da ihr nur in Reihen strickt) an. Die erste und die letzte Masche in jeder Reihe werden als Randmaschen immer rechts gestrickt. Strickt ein Bündchen im Rippenmuster (1 M re, 1 M li im Wechsel), insgesamt 2, 2, 2,5 cm lang. Endet mit einer Rückreihe.

HAUPTTEIL MIT LOCHMUSTER

Ab jetzt wird glatt re gestrickt, d.h. re in der Hinreihe, li in der Rückreihe. Die Randmaschen werden weiterhin immer re gestrickt. Zusätzlich wird in der Mitte der Reihe ein Lochmuster gestrickt. Ihr platziert das Muster in der ersten Hinreihe wie folgt:

1. Schritt: Strickt 26, 28, 31 M re. Hängt einen MM auf die Nadel.

2. Schritt: Strickt 9 M laut Musterdiagramm. Hängt einen MM auf die Nadel.

3. Schritt: Strickt 26, 28, 31 M re.

Strickt links zurück, die Randmaschen weiterhin re und die Maschen des Lochmusters laut Diagramm.

Strickt auf diese Weise glatt re in Reihen, bis die Mütze, ab dem Maschenanschlag, 14, 15, 16 cm misst. Strickt als letzte Reihe eine Rückreihe.

MUSTERDIAGRAMM

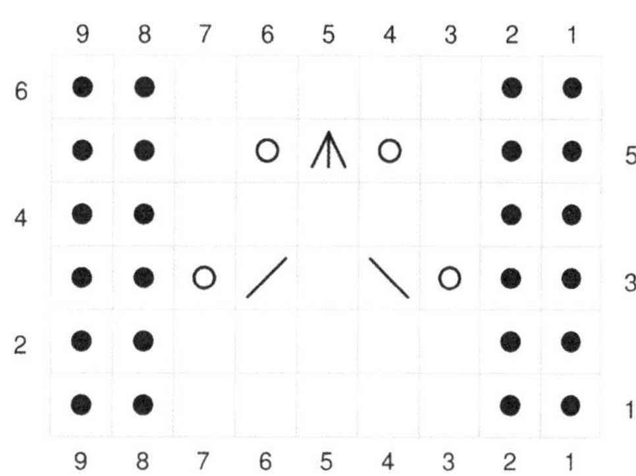

re in der Hinreihe, li in der Rückreihe

● li in der Hinreihe, re in der Rückreihe

╲ SSK

╱ 2 M re zusammenstricken

⋀ 1 M ungestrickt wie zum links stricken abheben, 2 M re zusammenstricken, die ungestrickte M über die zusammengestrickten M heben

o Umschlag

ABNAHMEN

Ab jetzt werden Abnahmen gearbeitet, um die Zipfelform der Mütze zu erhalten. Führt dabei das Lochmuster bis zum Ende fort.

1. Schritt: Kettet die ersten 6 M der Reihe ab. Strickt die Reihe normal re mit Lochmuster fertig. Wendet die Arbeit, kettet wieder die ersten 6 M der Reihe ab und strickt die Reihe normal li fertig. Wiederholt diese zwei Reihen noch zweimal, sodass ihr am Ende insgesamt 36 M abgekettet habt. Jetzt liegen noch 25, 29, 35 M auf der Nadel.

2. Schritt: Kettet in der nächsten Hinreihe die ersten 4 M ab, strickt die Reihe re fertig und kettet auch in der Rückreihe die ersten 4 M ab, strickt die Reihe li fertig. Jetzt habt ihr in diesen 2 Reihen insgesamt 8 M abgekettet. Jetzt liegen noch 17, 21, 27 M auf der Nadel.

3. Schritt: Kettet in der nächsten Reihe die ersten 3 M ab, strickt die Reihe re fertig und wendet. Kettet in der nächsten Reihe wieder die ersten 3 M ab, strickt die Reihe li fertig. Jetzt habt ihr in diesen 2 Reihen insgesamt 6 M abgekettet. Jetzt liegen noch insgesamt 11, 15, 21 M auf der Nadel.

4. Schritt: Kettet in der nächsten Reihe die ersten 2 M ab, strickt die Reihe re fertig und wendet. Kettet in der nächsten Reihe wieder die ersten 2 M ab und strickt die Reihe li fertig. Wiederholt diese zwei Reihen, bis ihr nur noch ca. 5 M auf der Nadel habt. Kettet ab.

Jetzt werden die Kanten, an denen ihr eben abgekettet habt, zusammengenäht. Legt die Kanten dafür aufeinander und näht sorgfältig Masche für Masche zusammen, damit eine feste Naht ohne Löcher entsteht. Näht so die gesamte Abkettkante zusammen, aber nicht die geraden Ränder der ersten 14, 15, 16 cm. Ich nähe die Mütze gerne auf der Vorder- bzw. Außenseite zusammen, damit ich direkt sehen kann, ob die Naht sauber wird.

HALSBÜNDCHEN

An den geraden unteren Rändern der Mütze nehmt ihr jetzt mit Nadelstärke 2,5 neue Maschen für das untere Bündchen auf: Beginnt dabei an einer Seite des Bündchens auf der Vorderseite und nehmt rundum an den Randmaschen neue M auf. Überspringt dabei jede 2. M, damit das Bündchen nicht zu weit wird. Achtet darauf, eine ungerade Maschenzahl zu erreichen, damit das Muster für das Rippenbündchen aufgeht.

Strickt jetzt aus diesen Maschen ein Rippenbündchen wie am Anfang (1 M re, 1 M li im Wechsel) über 2, 2, 2,5 cm. In der nächsten Hinreihe strickt ihr 3 M re und legt diese 3 M auf eine Nadel des Nadelspiels. Kettet alle weiteren M ab, bis 3 M vor Ende der Reihe. Aus den 3 M, die am Anfang und Ende der Reihe übrig sind, strickt ihr I-Cord-Kordeln (s. Seite 181), ca. 15–20 cm lang.

ABSCHLUSS

Vernäht alle Fadenenden. Wascht die Mütze entsprechend den Angaben des Wollherstellers, zieht sie auf einem trockenen Handtuch in Form und lasst sie trocknen.

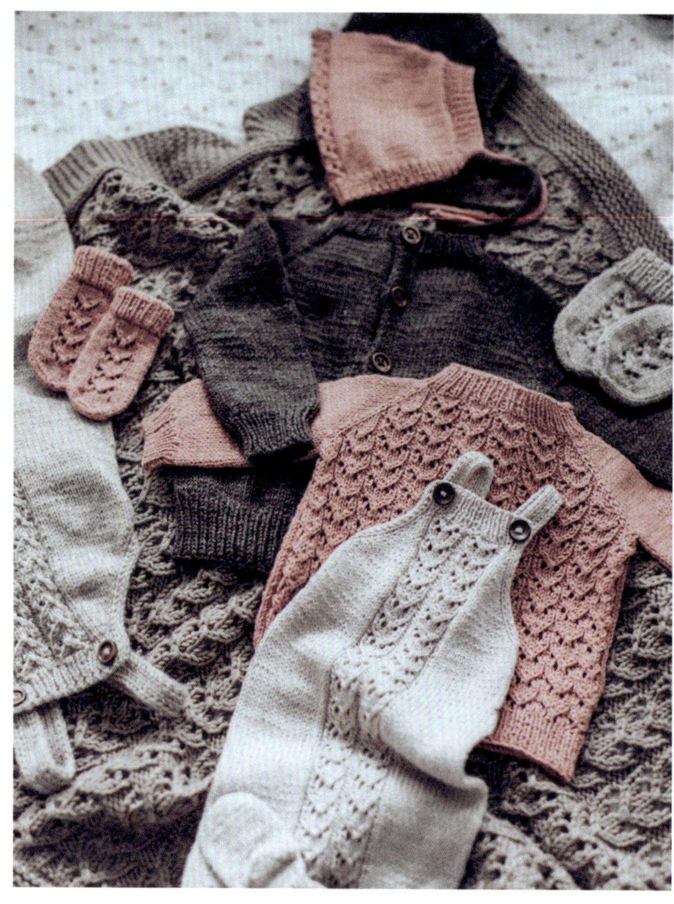

HALLO WELT Handschuhe

GRÖSSENANGABEN UND GARNVERBRAUCH

Größe	Handumfang	Garnverbrauch
Frühchen	11 cm	20 g (88 m)
0–3 Monate	12 cm	20 g (88 m)
3–6 Monate	13,5 cm	25 g (110 m

Bitte beachtet, dass die angegebenen Garnmengen nur ein Richtwert sind.

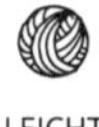

LEICHT

DAS BRAUCHT IHR:

Garn
Lana Grossa Cool Wool Baby (220 m/50 g), Baby Lanett oder Tynn Merino ull von Sandnes, Merino Baby von Pascuali, Knitting for Olive Merino, Pure Silk oder CottonMerino, Along Avec Anna Merino

Nadelspiel Nr. 3

Stopfnadel
zum Vernähen

Maschenmarkierer
zwei Ringe

Maschenprobe
28 M mit Nadelstärke 3 ergeben 10 cm.

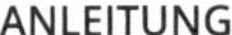

ANLEITUNG

Die Handschuhe werden ohne Daumen vom Bündchen zu den Fingerspitzen in Runden gestrickt. Am Handrücken wird ein Lochmuster eingestrickt.

BÜNDCHEN

Schlagt 28, 28, 32 M auf das Nadelspiel Nr. 3 an. Schließt zur Runde und strickt ein Rippenbündchen (1 M re, 1 M li im Wechsel) über 4, 5, 6 cm. Jetzt klappt ihr das Bündchen um, sodass die Anschlagskante innen liegt, und strickt es doppelt zusammen (s. »Doppeltes Bündchen auf Seite 181).

Strickt dann eine Runde glatt re und nehmt dabei gleichmäßig über die Runde verteilt 2, 6, 6 M zu.

HAND

Teilt die Maschen jetzt wie folgt auf drei Nadeln auf:

1. Nadel (Handrücken): Strickt 4, 5, 6 M re, hängt einen MM auf die Nadel, strickt die nächsten 7 M laut Musterdiagramm, hängt einen MM auf die Nadel und strickt 4, 5, 6 M re – insgesamt 15, 17, 19 M.

2. Nadel (Handfläche): Strickt 7, 8, 9 M re.

3. Nadel (Handfläche): Strickt 8, 9, 10 M re.

Strickt den Handschuh jetzt glatt re in Runden, bis er ab der ersten glatt re gestrickten Runde 5, 5,5, 6 cm lang ist. Strickt gleichzeitig das Lochmuster auf dem Handrücken laut Diagramm.

ABNAHMEN

Wenn der Handschuh die gewünschte Länge erreicht hat, beginnen die Abnahmen.

Nadel 1 (Handrücken): Strickt 1 M re, strickt 2 M mit SSK zusammen, strickt re bis 3 M vor Ende der Nadel, strickt 2 M re zusammen, strickt 1 M re.

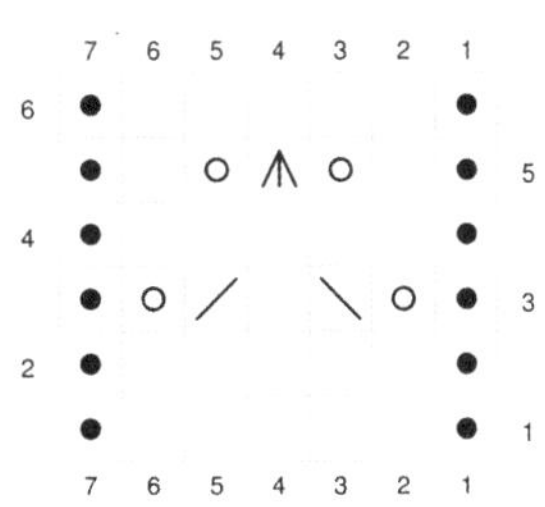

rechte Maschen

● linke Maschen

╲ SSK (slip, slip, knit)

╱ 2 M re zusammenstricken

⋀ 1 M ungestrickt abheben, 2 M re zusammenstricken, die abgehobene M darüberziehen

○ Umschlag

Nadel 2: Strickt 1 M re, strickt 2 M mit SSK zusammen. Strickt die übrigen Maschen der Nadel re.

Nadel 3: Strickt re bis 3 M vor Ende der Nadel. Strickt 2 M re zusammen, strickt 1 M re.

Strickt eine Runde re ohne Abnahmen und nehmt in der nächsten Runde noch einmal auf diese Weise ab. Strickt eine weitere Runde ohne Abnahmen. Wiederholt die Abnahmen dann in jeder Runde, bis nur noch insgesamt 10 M auf den Nadeln liegen. Schneidet den Faden ab, zieht das Ende durch die übrigen Maschen und schließt so den Handschuh.

Strickt den zweiten Handschuh gleich.

ABSCHLUSS

Vernäht alle Fäden. Wascht die Handschuhe anhand der Angaben des Wollherstellers, zieht sie auf einem trockenen Handtuch in Form und lasst sie trocknen.

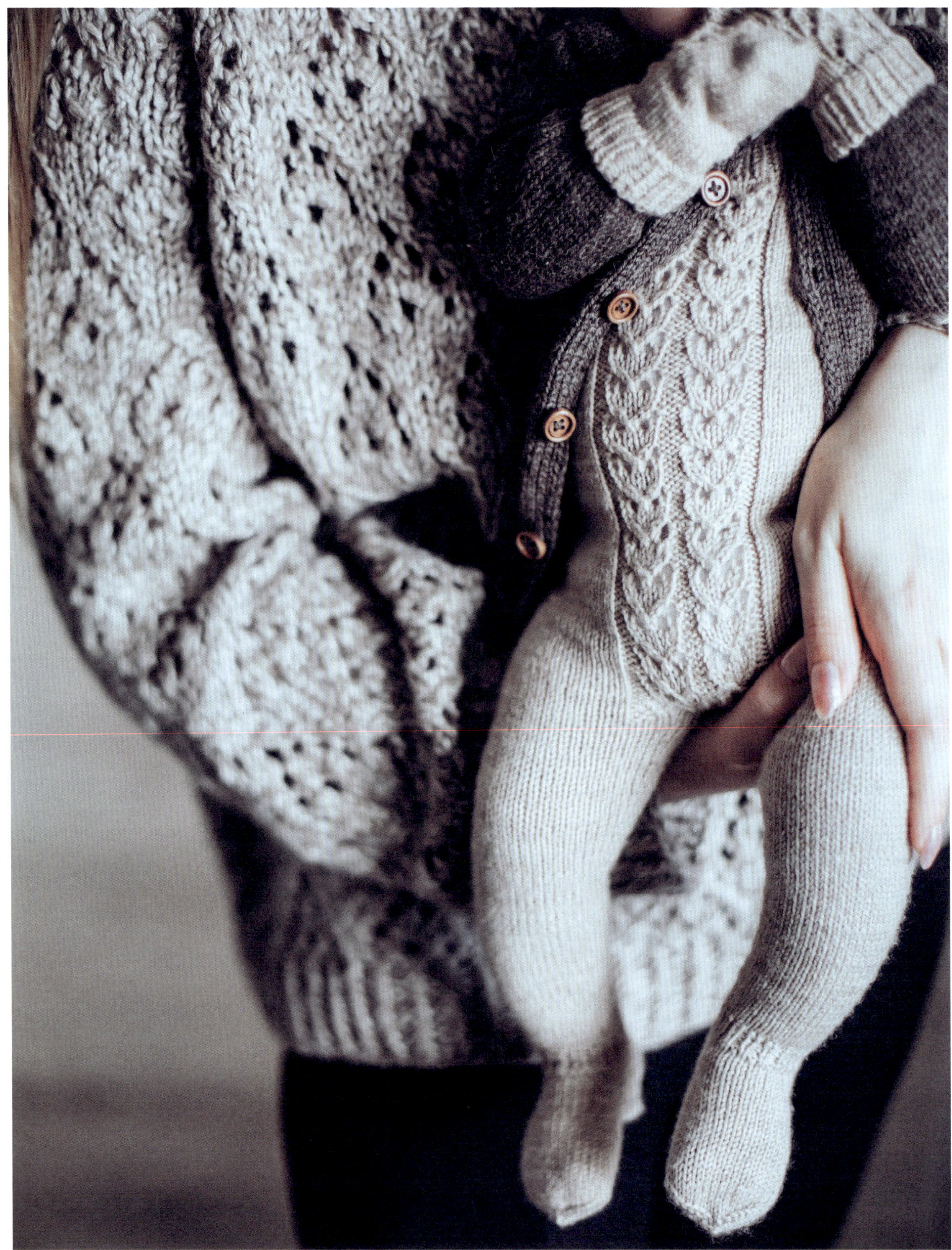

HALLO WELT Strampler

GRÖSSENANGABEN UND GARNVERBRAUCH

Größe	Brustumfang	Beinumfang	Beinlänge ab Schritt	Garnverbrauch
Frühchen	37 cm	17 cm	15 cm	50 g (220 m)
0–3 Monate	41 cm	18,5 cm	18,5 cm	100 g (440 m)
3–6 Monate	45 cm	20,5 cm	22 cm	100 g (440 m)

Bitte beachtet, dass die angegebenen Garnmengen nur ein Richtwert sind.

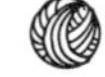
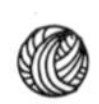

PROFI

DAS BRAUCHT IHR:

Garn
Lana Grossa Cool Wool Baby (220 m/50 g), Baby Lanett oder Tynn Merino ull von Sandnes, Merino Baby von Pascuali, Knitting for Olive Merino, Pure Silk oder CottonMerino, Along Avec Anna Merino

Rundstricknadel Nr. 3
40 cm

Nadelspiel Nr. 2,5 und 3

Stopfnadel
zum Vernähen

Maschenmarkierer
2 Ringe

Knöpfe
2–4 Stück, 12–15 mm Durchmesser

Maschenprobe
28 M mit Nadelstärke 3 ergeben 10 cm.

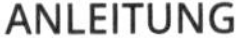

ANLEITUNG

Dieser Strampler wird von oben nach unten gestrickt, zuerst in Hin- und Rückreihen, dann in Runden. Nach dem Rumpf werden die Beine getrennt in Runden gestrickt.

LOCHMUSTER

Das Lochmuster geht über 17 M und wird in der Mitte des Vorderteils platziert.

1. Reihe (Hinreihe): 2 M li, 5 M re, 3 M li, 5 M re, 2 M li.

2. Reihe (Rückreihe): 2 M re, 5 M li, 3 M re, 5 M li, 2 M re.

3. Reihe (Hinreihe): 2 M li, Umschlag, SSK, 1 M re, 2 M re zusammen, Umschlag, 3 M li, Umschlag, SSK, 1 M re, 2 M re zusammen, Umschlag, 2 M li.

4. Reihe (Rückreihe): 2 M re, 5 M li, 3 M re, 5 M li, 2 M re.

5. Reihe (Hinreihe): 2 M li, 1 M re, Umschlag, 1 M ungestrickt abheben, 2 M re zusammenstricken, die abgehobene M über die zusammengestrickten ziehen, Umschlag, 1 M re, 3 M li, 1 M re, Umschlag, 1 M ungestrickt abheben, 2 M re zusammenstricken, die abgehobene M über die zusammengestrickten ziehen, Umschlag, 1 M re, 2 M li.

6. Reihe (Rückreihe): 2 M re, 5 M li, 3 M re, 5 M li, 2 M re.

LATZ

Schlagt 29, 31, 33 M auf die Rundstricknadel Nr. 3 (40 cm) an. Strickt in Hin- und Rückreihen ein Rippenbündchen (1 m re, 1 m li im Wechsel). Das Bündchen wird an beiden Seiten mit einem I-Cord-Rand aus 2 Maschen (s. Seite 181) abgeschlossen.

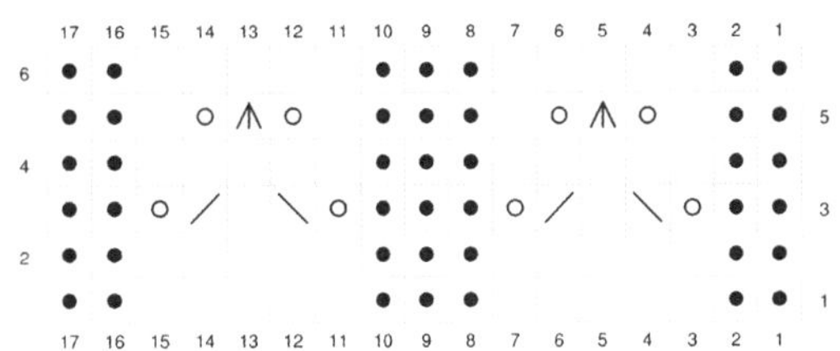

- re in der Hinreihe, li in der Rückreihe
- ● li in der Hinreihe, re in der Rückreihe
- ＼ 2 M mit SSK zusammenstricken
- ／ 2 M re zusammenstricken
- Λ 1 M ungestrickt wie zum links stricken abheben, 2 M re zusammenstricken, die ungestrickte M über die zusammengestrickten M heben
- o Umschlag

In der dritten Reihe des Bündchens werden auf beiden Seiten die Knopflöcher gearbeitet: Strickt dafür die ersten 4 M (2 M I-Cord, 2 M im Rippenmuster), macht dann einen Umschlag und strickt die nächsten 2 M zusammen. Strickt im Rippenmuster weiter bis 5 M vor Ende der Reihe. Macht wieder einen Umschlag, strickt die nächsten 2 M zusammen und strickt die Reihe normal fertig. Strickt das Bündchen insgesamt 2 cm lang und beendet es mit einer Rückreihe.

1. Reihe nach dem Bündchen (Hinreihe):

1. Schritt: Strickt 4 M mit I-Cord und Rippenmuster, wie im Bündchen. Hängt einen MM auf die Nadel.

2. Schritt: Strickt 2, 3, 4 M re. MM platzieren.

3. Schritt: Strickt 2 M li, 5 M re, 3 M li, 5 M re, 2 M li (die erste Reihe im Musterdiagramm). MM platzieren.

4. Schritt: Strickt 2, 3, 4 M re. MM platzieren.

5. Schritt: Strickt 4 M mit Rippenmuster und I-Cord.

Die 17 M innerhalb der MM bilden das Lochmuster und werden ab dieser Reihe über die gesamte Länge des Rompers bis zum Schritt so gestrickt wie im Abschnit »Lochmuster« beschrieben.

2. Reihe nach dem Bündchen (Rückreihe): Strickt alle Maschen so, wie sie erscheinen – rechte M re, linke M li.

3. Reihe nach dem Bündchen (Hinreihe): Strickt die ersten 4 M mit I-Cord und Rippenmuster. Nehmt dann eine Masche mit M1L (s. Kasten) zu. Strickt die Reihe glatt re, mit Lochmuster (3. Reihe im Diagramm), bis 4 Maschen vor Ende der Reihe. Nehmt 1 M mit M1R zu und strickt die letzten 4 M wieder mit Rippenmuster und I-Cord. Somit habt ihr in dieser Reihe zwei Maschen zugenommen.

4. Reihe nach dem Bündchen (Rückreihe): Wie Reihe 2.

Wiederholt Reihen 3 und 4, bis ihr in 17, 19, 21 Hinreihen zugenommen habt. Strickt dabei das Lochmuter laut Diagramm. Am Ende liegen 63, 69, 75 M auf der Nadel. Der Latz sollte ca. 8, 8,5, 9 cm lang sein. Endet in einer Hinreihe.

RUMPF

Jetzt werden neue Maschen für das Rückenteil angeschlagen, und der Rumpf wird in Runden weitergestrickt. Schlagt am Ende der Hinreihe 41, 45, 49 neue Maschen an und schließt die Arbeit zur Runde. Um eine schöne und stabile Kante zu erhalten, empfehle ich, hier nicht einfach mit dem Arbeitsfaden neue Maschen aufzuschlingen, sondern wie am Beginn der Arbeit mit einem neuen Faden einen klassischen Maschenanschlag zu machen.

Ab hier empfehle ich, die ersten Runden mit einer sehr kurzen Rundstricknadel (30–40 cm Länge) oder einem Nadelspiel zu stricken. Nach einigen Runden sollte das Stück dann so elastisch sein, dass ihr wieder auf 40/50 cm lange Nadeln umsteigen könnt.

Jetzt liegen 104, 114, 124 M auf der Nadel. Strickt die ersten vier und die letzten vier Maschen der letzten Reihe, sowie alle neuen Maschen, im Rippenmuster (1 M re, 1 M li im Wechsel). Das Vorderteil wird wie bisher glatt mit Lochmuster gestrickt. Wenn das Rippenmuster im Rückenteil eine Länge von 3 cm erreicht hat, strickt ihr nur noch re über alle Maschen, mit Lochmuster im Vorderteil.

VERKÜRZTE REIHEN

Als Nächstes werden verkürzte Reihen gestrickt, um etwas Extraplatz für einen dicken Windelpopo zu schaffen. Wenn ihr euch das nicht zutraut, könnt ihr diese verkürzten Reihen auch weglassen, dann empfehle ich aber, den Rumpf ca. 2 cm länger zu stricken als angegeben.

Wir stricken die verkürzten Reihen als German Short Rows bzw. mit Doppelmasche, s. auch Seite 181.

Die Reihe beginnt jetzt in der hinteren Mitte.

1. Reihe (Hinreihe): Strickt 20, 22, 25 M re. Wendet die Arbeit. Hebt die erste Masche (die ihr zuletzt gestrickt habt) mit dem Faden vor der Arbeit wie zum links Stricken ab. Führt jetzt den Faden von vorne nach hinten über die Nadel und zieht ihn gut an, damit die abgehobene Masche langgezogen wird und beide Maschenschenkel wie zwei Maschen auf der Nadel liegen (die Wendemasche). Zieht den Faden noch einmal kräftig an und strickt die Rückreihe.

2. Reihe (Rückreihe): Strickt 39, 44, 49 M li. Wendet die Arbeit, hebt die erste Masche wie zum links Stricken ab und zieht dann den Faden wieder von vorne nach hinten über die Nadel, sodass sich wieder eine Doppelmasche (Wendemasche) bildet.

3. Reihe (Hinreihe): Strickt re bis 2 M über die Wendemasche aus der letzten Hinreihe hinweg. Wendet die Arbeit mit einer Wendemasche.

4. Reihe (Rückreihe): Strickt li bis 2 M über die Wendemasche aus der letzten Hinreihe hinweg. Wendet die Arbeit mit einer Wendemasche.

Wiederholt **Reihen 3 und 4**, bis ihr insgesamt 8 verkürzte Reihen (4 Hin- und 4 Rückreihen) gestrickt habt.

Strickt jetzt wieder glatt re in Runden über alle Maschen, mit Lochmuster auf der Vorderseite, bis der Rumpf, ab und mit dem Bündchen am Rücken, 12, 14, 16 cm lang ist. Messt die Länge auf der Rückseite. Beendet die letzte Runde 2 M vor dem Rundenwechsel in der hinteren Mitte.

HOSENBEINE

Jetzt werden die Maschen für die Hosenbeine aufgeteilt. Ihr befindet euch 2 M vor dem Rundenwechsel in der hinteren Mitte. Ab jetzt strickt ihr nur noch rechts, das Lochmuster ist beendet.

1. Schritt: Strickt 5, 5, 5 M re und legt diese Maschen dann auf einem Hilfsfaden still.

2. Schritt: Strickt 47, 52, 57 M re (rechtes Bein).

3. Schritt: Strickt 5, 5, 5 M re und legt diese Maschen auf einem Hilfsfaden still (diese Maschen sollten in der Mitte des Musters auf der Vorderseite liegen).

4. Schritt: Strickt 47, 52, 57 M auf ein Nadelspiel Nr. 3 oder eine sehr kurze Rundstricknadel (linkes Hosenbein).

Lasst das rechte Bein auf der Nadel liegen oder legt die Maschen auf einem Hilfsfaden still. Strickt zuerst das linke Hosenbein.

Schließt die Maschen des linken Hosenbeins zur Runde und strickt zunächst 1, 3, 3 cm lang glatt re in Runden. In der nächsten Runde nehmt ihr 2 M ab, indem ihr die ersten 2 M und die letzten 2 M der Runde zusammenstrickt. Strickt weiter in Runden und wiederholt diese Abnahme mit 1,5 cm Abstand, bis ihr insgesamt 8, 9, 11 Abnahmen gearbeitet, oder um 15, 18, 21 Maschen abgenommen habt. In der kleinsten und der größten Größe nehmt ihr in der letzten Abnahme nur noch eine Masche ab, um eine gerade Maschenzahl zu erhalten.

Nach den Abnahmen liegen noch 32, 34, 36 M auf der Nadel. Strickt ohne Abnahmen weiter, bis das Hosenbein, ab dem Schritt, 14, 17, 20 cm lang ist.

Wechselt dann auf das Nadelspiel Nr. 2,5 und strickt 1 Runde re. Strickt dann ein Rippenbündchen (1 M re, 1 M li im Wechsel) über 6, 7, 8 Runden. Strickt eine weitere Runde re.

FÜSSE

Ab hier strickt ihr wieder mit Nadelstärke 3 weiter. Verteilt die Maschen auf drei Nadeln des Nadelspiels wie folgt:

RECHTER FUSS:

1. Nadel: 16, 17, 18 M (Ferse)

2. Nadel: 8, 9, 9 M (Spann)

3. Nadel: 8, 8, 9 M (Spann)

LINKER FUSS:

1. Nadel: 8, 9, 9 M (Spann)

2. Nadel: 8, 8, 9 M (Spann)

3. Nadel: 16, 17, 18 M (Ferse)

Strickt zunächst 4 Runden glatt re. Strickt in der nächsten Runde dann die 16, 17, 18 M der Ferse (Nadel 1 beim rechten Fuß, Nadel 3 beim linken Fuß – achtet genau darauf, dass die Fersenmaschen auch wirklich auf der Rückseite des Fußes liegen!) zuerst mit einem Hilfsfaden (ein möglichst glattes Garn in ähnlicher Stärke, aber in einer Kontrastfarbe). Strickt diese Maschen dann noch einmal mit dem normalen Arbeitsfaden, sodass der Hilfsfaden jetzt fest eingestrickt ist. Zu dieser Technik gibt es hier ein Video: *https://bit.ly/stroff-ferse*

Strickt dann glatt re in Runden weiter, bis der Fuß, ab dem Rippenbündchen, 5, 6, 6,5 cm misst. Strickt jetzt die Abnahmen.

ABNAHMEN

Die Maschen sollten weiterhin wie oben beschrieben auf drei Nadeln aufgeteilt sein.

RECHTER FUSS:

1. Nadel (Ferse): Strickt 1 M re, strickt 2 M mit SSK zusammen, strickt bis noch 3 M auf der Nadel liegen, strickt 2 M re zusammen, strickt 1 M re.

2. Nadel (Spann): Strickt 1 M re, strickt 2 M mit SSK zusammen, strickt die restlichen M auf der Nadel re.

3. Nadel (Spann): Strickt re, bis noch 3 M auf der Nadel liegen, strickt 2 M re zusammen, strickt 1 M re.

LINKER FUSS:

1. Nadel (Spann): Strickt 1 M re, strickt 2 M mit SSK zusammen, strickt die restlichen M auf der Nadel re.

2. Nadel (Spann): Strickt re, bis noch 3 M auf der Nadel liegen, strickt 2 M re zusammen, strickt 1 M re.

3. Nadel (Ferse): Strickt 1 M re, strickt 2 M mit SSK zusammen, strickt bis noch 3 M auf der Nadel liegen, strickt 2 M re zusammen, strickt 1 M re.

Strickt diese Abnahmen in jeder Runde, bis nur noch insgesamt 6–8 M auf den Nadeln liegen. Schneidet den Faden ab, fädelt das Ende durch diese Maschen und schließt so die Fußspitze.

Strickt das zweite Hosenbein gleich.

FERSE

Legt die Maschen, die ihr mit einem Hilfsfaden gestrickt habt, auf zwei Nadeln, je eine über und unter dem Faden. Ich sichere gerne alle Maschen auf den Nadeln, bevor ich den Faden entferne, damit keine Masche verloren geht. Nehmt an jeder Seite noch eine weitere Masche auf, damit sich keine Löcher am Rand bilden. Diese Maschen werden in der ersten Runde mit der nächsten Masche zusammengestrickt, damit sich wieder die ursprüngliche Maschenzahl ergibt. Jetzt habt ihr also 17, 18, 19 M pro Nadel (mit der zusätzlichen M pro Seite), insgesamt 34, 36, 38 M.

Verteilt diese Maschen jetzt wieder auf 3 Nadeln, sodass die eine Hälfte auf der einen Nadel liegt und die andere Hälfte auf zwei Nadeln verteilt ist. Strickt jetzt 3 Runden glatt re ohne Abnahmen. Ab der dritten Runde strickt ihr dieselben seitlichen Abnahmen wie an den Zehen, nur dass ihr sie zunächst nur in jeder zweiten Runde arbeitet und dazwischen immer eine Runde glatt re strickt. Wenn ihr die Maschen um die Hälfte reduziert habt und insgesamt 16, 17, 18 M auf den Nadeln habt, strickt ihr die Abnahmen in jeder Runde, bis nur noch insgesamt 8–10 M auf den Nadeln liegen. Schneidet den Faden ab, zieht ihn durch die übrigen Maschen und schließt so die Ferse.

Strickt die zweite Ferse gleich.

TRÄGER

Für die Träger markiert ihr euch die hintere Mitte des Bündchens am Rücken und nehmt dort mit der Nadel aus dem Nadelspiel Nr. 3 17, 19, 21 M aus der Anschlagskante auf – je 8, 9, 10 M von der mittleren Masche aus in beide Richtungen gehend. Strickt zunächst ein Rippenbündchen als Fortführung des Rückenbündchens, mit 2 I-Cord–Maschen an den Enden, über 4, 5, 6 cm. Strickt als letzte Reihe eine Rückreihe.

In der nächsten Hinreihe strickt ihr 8, 9, 10 M im Rippenmuster mit I-Cord, kettet die nächste M ab und strickt wieder 8, 9, 10 M im Rippenmuster mit I-Cord. Legt die ersten 8, 9, 10 M auf einer Hilfsnadel still und strickt aus den anderen 8, 9, 10 M den ersten Träger im Rippenmuster, mit 2 I-Cord–Maschen auf beiden Seiten, bis er ab der Stelle, an der ihr die Maschen aus dem Rückenbündchen aufgenommen habt, 17, 20, 23 cm lang ist. Kettet locker ab und strickt den zweiten Träger gleich.

Wir empfehlen, die Träger im Zweifel lieber etwas länger zu stricken und mehrere Knöpfe anzunähen. Damit wächst der Strampler besser mit.

ABSCHLUSS

Vernäht alle Fadenenden und befestigt die Knöpfe an den Bändern. Schließt das Loch im Schritt mit dem Maschenstich oder strickt diese Maschen zusammen. Wascht den Strampler entsprechend den Angaben des Wollherstellers, zieht ihn auf einem trockenen Handtuch in Form und lasst ihn liegend trocknen. Das Muster wird durch die Wäsche deutlich glatter und gleichmäßiger.

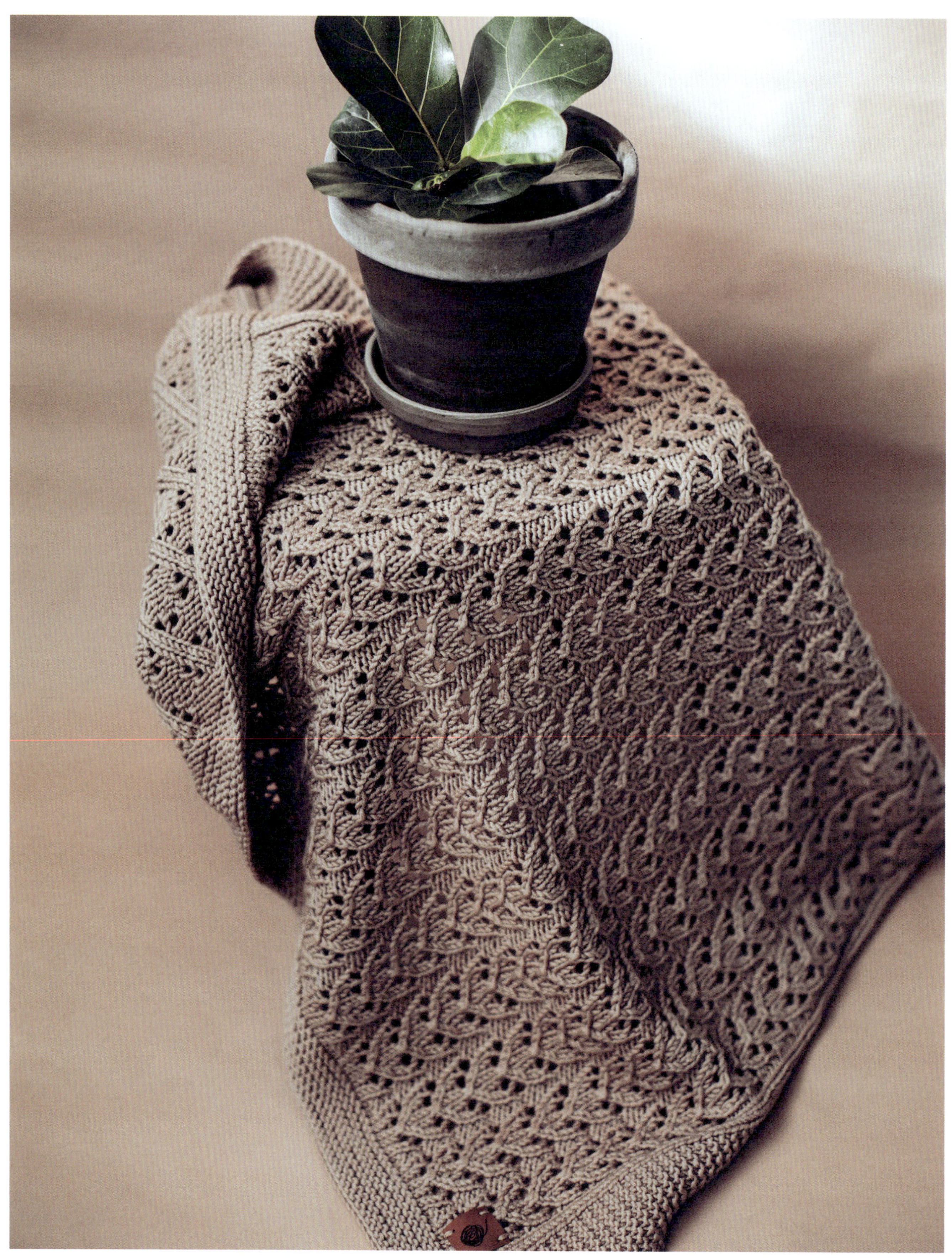

HALLO WELT Babydecke

Die gestrickte Babydecke ist ein unverzichtbarer Teil der Erstausstattung für Neugeborene. Sie begleitet das Baby jahrelang als Wärme- und Trostspender und landet dann oft in der Puppenkiste.

ANLEITUNG

Diese Decke wird in Hin- und Rückreihen von unten nach oben gestrickt, mit Lochmuster im Hauptteil und einer kraus rechts gestrickten Umrandung. Die Decke wird komplett in einem Stück gestrickt.

Schlagt 138 M auf die Rundstricknadel Nr. 4 (80 cm) an. Strickt 12 Reihen kraus rechts (d.h. 6 Hin- und 6 Rückreihen, alle rechts gestrickt), sodass sich 6 Krausrippen bilden. Ihr schließt jede Reihe mit einer kleinen I-Cord-Kante aus einer Masche ab, die einen sauberen Abschluss bildet (s. auch Seite 181).

Strickt die nächsten zwei Reihen wie folgt:

1. Reihe: Strickt alle M re (die letzte M wie immer als I-Cord-Masche)

2. Reihe: Strickt 12 M re, hängt einen MM auf die Nadel, strickt die nächsten 114 M li, hängt einen MM auf die Nadel, strickt 11 M re und hebt die letzte M als I-Cord-Masche ab.

Strickt ab jetzt laut Musterdiagramm, bis die Decke 57 cm lang ist (oder nach Geschmack). Strickt dabei zuerst Maschen 1-12, wiederholt dann Maschen 13-19 über die ganze Reihe bis 14 M vor Ende der Reihe, und beendet die Reihe mit Maschen 20-33. Die Umschläge werden in der Rückreihe links gestrickt.

Wenn die Decke die gewünschte Länge erreicht hat, strickt ihr die nächsten 2 Reihen wieder wie folgt:

1. Reihe: Strickt alle M re (die letzte M wie immer als I-Cord-Masche)

2. Reihe: Strickt 12 M re, strickt die nächsten 114 M li, strickt 11 M re und hebt die letzte M als I-Cord-Masche ab.

Strickt zum Schluss wieder kraus re über alle M (d.h. re in der Hin- und in der Rückreihe), über 12 Reihen, damit sich 6 Krausrippen bilden. Kettet in einer Hinreihe ab.

ABSCHLUSS

Vernäht alle Fäden möglichst unsichtbar und wascht die Decke anhand der Angaben des Wollherstellers, zieht sie auf einem trockenen Handtuch in Form und lasst sie trocknen.

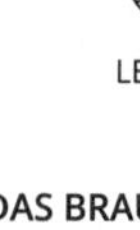

LEICHT

DAS BRAUCHT IHR:

Garn
Lana Grossa Cool Wool big (120 m/50 g), Katia Merino 100%, Lang Merino 120, Drops Merino Extra Fine

Oder andere Garne mit passender Maschenprobe.

Rundstricknadel Nr. 4
80 cm

Stopfnadel
zum Vernähen

Maschenmarkierer
2 Ringe

Maschenprobe
23 Maschen ergeben 10 cm.

Garnverbrauch
250 g (600 Meter)

Größe
60 cm x 60 cm

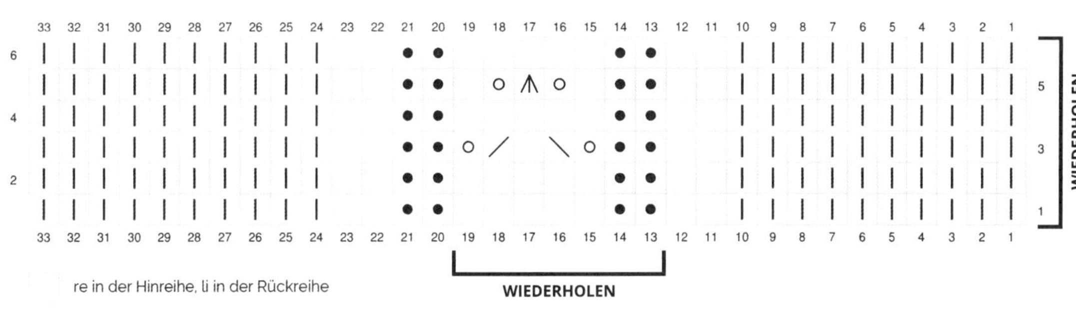

re in der Hinreihe, li in der Rückreihe

● Li in der Hinreihe, re in der Rückreihe

\ SSK

/ 2 M re zusammenstricken

Λ 1 M ungestrickt, wie zum re stricken, abheben, 2 M re zusammenstricken und die ungestrickte M darüberheben

O Umschlag

| Re in der Hin- und der Rückreihe (kraus re, in den Randmaschen)

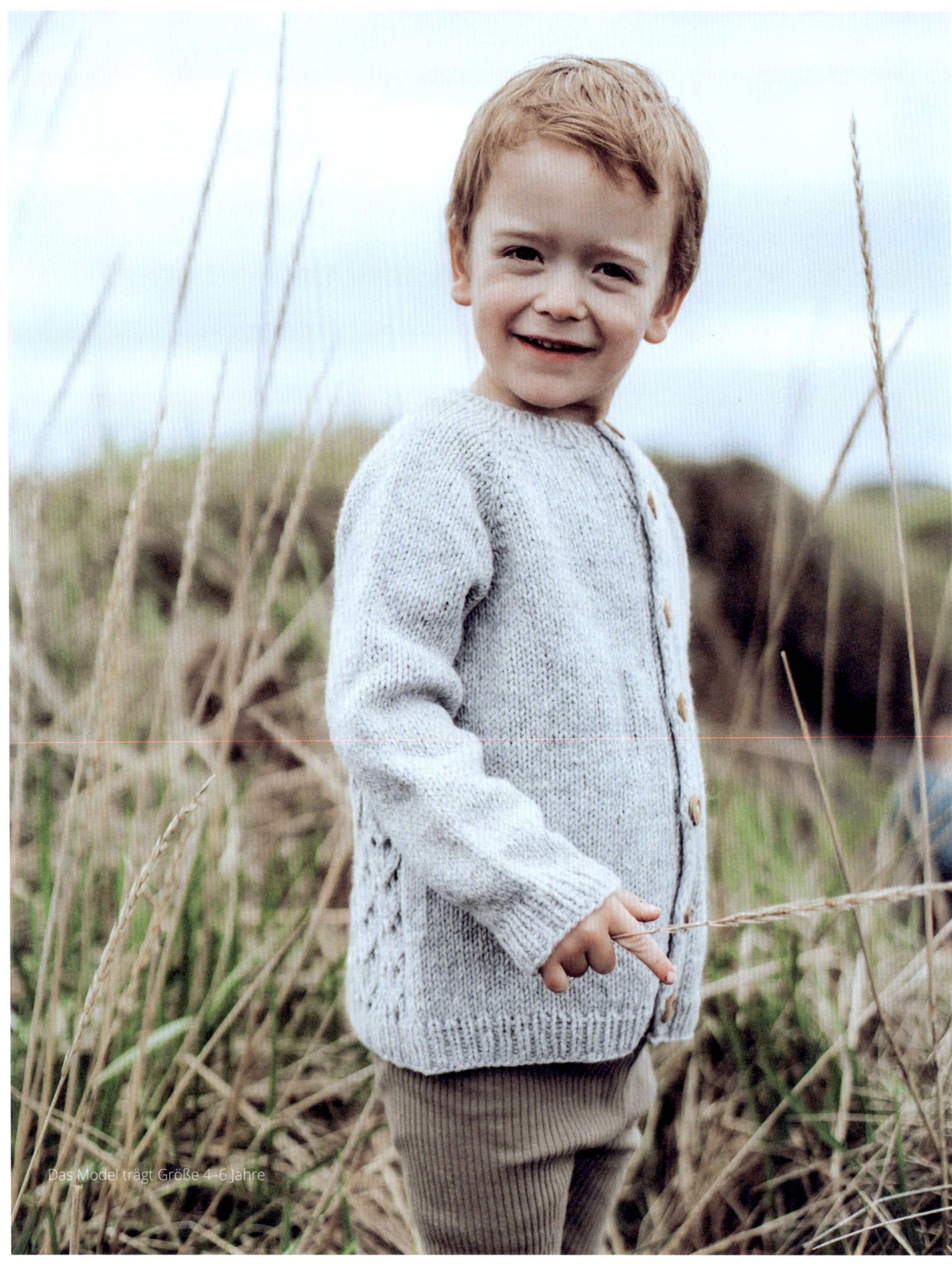
Das Model trägt Größe 4–6 Jahre

HALLO WELT Kinderjacke

GRÖSSENANGABEN UND GARNVERBRAUCH

Größe	Rumpflänge ab Ärmelansatz	Brustumfang	Ärmellänge ab Ärmelansatz	Ärmelumfang	Garnverbrauch Cool Wool big	Garnverbrauch Mohair
6–12 Monate	18 cm	59 cm	20 cm	22 cm	150 g (360 m)	50 g (420 m)
1–2 Jahre	20 cm	63,5 cm	22 cm	24 cm	200 g (480 m)	50 g (420 m)
2–4 Jahre	22 cm	69,5 cm	24 cm	24 cm	250 g (600 m)	75 g (630 m)
4–6 Jahre	**26 cm**	**74 cm**	**30 cm**	**26,5 cm**	**250 g (600 m)**	**75 g (630 m)**
6–8 Jahre	**30 cm**	**78,5 cm**	**34 cm**	**29 cm**	**300 g (720 m)**	**100 g (840 m)**
8–12 Jahre	**35 cm**	**83 cm**	**38 cm**	**31 cm**	**350 g (840 m)**	**100 g (840 m)**

Bitte beachtet, dass die angegebenen Garnmengen nur ein Richtwert sind.

Diese schöne Kinderjacke ist die große Version der gleichnamigen Babyjacke. Sie wirkt von vorne ganz schlicht – der Hingucker ist das große Lochmuster im Rücken.

ANLEITUNG

Diese Jacke wird von oben nach unten in Hin- und Rückreihen gearbeitet, vorne glatt rechts und mit Lochmuster im Rücken. Die Knopfleiste wird direkt mitgestrickt.

HALSBÜNDCHEN

Schlagt 57, 59, 65, **69, 69, 73** M auf die Rundstricknadel Nr. 5 (60/80 cm) an.

Strickt ein Bündchen im Rippenmuster (1 M re, 1 M li im Wechsel) insgesamt 2, 2, 3, **3, 3, 3,5** cm lang, und beachtet dabei die **Randmaschen**, die **I-Cord-Kante** und das erste **Knopfloch** (siehe die nächsten zwei Absätze). Die erste Reihe, die ihr strickt, ist eine Hinreihe.

Die ersten 6, 6, 6, **8, 8, 8** und die letzten 6, 6, 6, **8, 8, 8** M des Bündchens sind **Randmaschen**, die später die Knopfleiste bilden. Sie werden über die gesamte Länge der Jacke im selben Rippenmuster gestrickt wie das Halsbündchen. Die ersten 2 Randmaschen am Beginn jeder Reihe und die letzten 2 Randmaschen am Ende jeder Reihe werden dabei als **I-Cord-Kante** gestrickt, die einen schönen und geraden Abschluss bildet (s. Seite 181).

In diese Randmaschen werden auch direkt die **Knopflöcher** eingestrickt. Wir empfehlen, sie mit einem Abstand von ca. 3–4 cm, oder nach Geschmack und Knopfgröße, zu arbeiten. Das erste Loch wird direkt in Reihe 3 im Halsbündchen gestrickt. Hier strickt ihr die Knopflöcher immer am Anfang einer Hinreihe: Strickt 4 M (2 I-Cord-Maschen re und 2 M im Rippenmuster), 1 Umschlag, strickt 2 M re zusammen, strickt normal im Muster weiter. In der nächsten Rückreihe strickt ihr den Umschlag links ab, sodass sich ein Loch bildet.

Strickt als letzte Reihe des Bündchens eine Hinreihe. Wechselt dann auf Nadelstärke 5,5, strickt die Rückreihe li zurück (die Randmaschen werden weiterhin im Rippenmuster mit I-Cord gestrickt) und nehmt dabei gleichmäßig verteilt 3, 1, 12, **12, 12, 8** M zu. Achtet darauf, nicht in den Randmaschen zuzunehmen. Jetzt liegen 60, 60, 77, **81, 81, 81** M auf der Nadel.

RAGLANPASSE

Nach dem Bündchen wird glatt rechts gestrickt, d.h. re in der Hinreihe und li in der Rückreihe, mit einem Lochmuster im Rücken. Die Randmaschen werden über die gesamte Länge der Jacke im Rippenmuster mit I-Cord gestrickt.

In der **ersten Reihe (Hinreihe)** platziert ihr die Markierer für die Raglanzunahmen und beginnt gleichzeitig mit dem Lochmuster. Die Diagramme für das Lochmuster findet ihr am Ende der Anleitung.

1. Schritt: Strickt die Randmaschen.

2. Schritt: Strickt 6, 6, 9, **9, 9, 9** M re (linkes Vorderteil) und hängt MM1 auf die Nadel.

3. Schritt: Strickt 1 M re (Raglanmasche), hängt MM2 auf die Nadel.

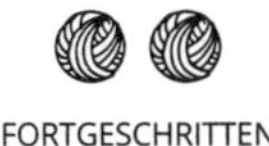

FORTGESCHRITTEN

DAS BRAUCHT IHR:

Garn
1 Faden Lana Grossa Cool Wool big, Katia Merino 100%, Lang Merino 120 oder Drops Merino extrafine

1 Faden Mohair, z.B. Lana Grossa Silkhair, Lang Lace, Angel by Permin oder Drops Kid Silk Mohar

Die Jacke wird mit beiden Fäden zusammen gestrickt.

Alternativ: 1 Faden dickere Wolle, z.B. Lana Grossa Bingo, Katia Merino Sport, Lang Merino+ oder Knitting for Olive Heavy Merino

Rundstricknadeln Nr. 5 und 5,5
60 oder 80 cm lang

Nadelspiel Nr. 5 und 5,5

Stopfnadel
zum Vernähen

Maschenmarkierer
8 Ringe für die Raglanmaschen und 2 Ringe für die Randmaschen

Knöpfe
15–20 mm Durchmesser

4. Schritt: Strickt 7, 7, 9, **9, 9, 9** M re (linke Schulter). Hängt MM3 auf die Nadel.

5. Schritt: Strickt 1 M re (Raglanmasche), hängt MM4 auf die Nadel.

6. Schritt: Strickt 18, 18, 25, **25, 25, 25** M (Rückenteil) laut Musterdiagramm (Reihe 1 im Diagramm). Hängt MM5 auf die Nadel.

7. Schritt: Strickt 1 M re (Raglanmasche), hängt MM6 auf die Nadel.

8. Schritt: Strickt 7, 7, 9, **9, 9, 9** M re (rechte Schulter). Hängt MM7 auf die Nadel.

9. Schritt: Strickt 1 M re (Raglanmasche), hängt MM8 auf die Nadel.

10. Schritt: Strickt 6, 6, 9, **9, 9, 9** M re (rechtes Vorderteil).

11. Schritt: Strickt die Randmaschen.

Jetzt habt ihr das Ende der Reihe erreicht.

Strickt die **zweite Reihe (Rückreihe)** li zurück. Strickt im Rücken alle Maschen laut Musterdiagramm wie sie erscheinen, also linke Maschen links, rechte Maschen rechts, und die Umschläge links.

In der **dritten Reihe (Hinreihe)** beginnen die Zunahmen. Dadurch entstehen die Raglanlinien, die Hauptteil und Ärmel voneinander trennen. Ihr strickt weiterhin das Lochmuster laut Diagramm im Rücken.

Strickt rechts bis zu MM1. Nehmt 1 M mit **M1R** (s. Seite 181) zu, hebt MM1 ab, strickt 1 M re (Raglanmasche). Nehmt 1 M mit **M1L** zu. Strickt re weiter und wiederholt diese Zunahmen an den anderen drei Raglanmaschen in dieser Reihe, sodass ihr insgesamt 8 Maschen zunehmt.

Wiederholt **Reihen 2 und 3**, bis ihr insgesamt 13, 15, 15, **16, 18, 20** Hinreihen mit Zunahmen gearbeitet habt. Vergesst nicht, in regelmäßigen Abständen die Knopflöcher einzustricken. Am Ende liegen 164, 180, 197, **209, 225, 241** M auf der Nadel. Strickt als letzte Reihe eine Rückreihe.

RUMPF

Jetzt werden die Maschen, die später die Ärmel bilden, auf jeder Seite auf einem Hilfsfaden stillgelegt. Das ist ein Faden in einer Kontrastfarbe, auf den ihr alle Ärmelmaschen auffädelt, um sie zu sichern, während der Rumpf gestrickt wird. Das geht folgendermaßen:

1. Schritt: Strickt re bis zu MM2 (linkes Vorderteil).

2. Schritt: Legt die nächsten 33, 37, 39, **41, 45, 49** M auf einen Hilfsfaden (linker Ärmel).

3. Schritt: Schlagt 7, 7, 5, **7, 7, 7** neue M an (unter dem linken Ärmel).

4. Schritt: Strickt laut Musterdiagramm bis zu MM5 (Rückenteil).

5. Schritt: Legt die nächsten 33, 37, 39, **41, 45, 49** M auf einen Hilfsfaden (rechter Ärmel).

6. Schritt: Schlagt 7, 7, 5, **7, 7, 7** neue M an (unter dem rechten Ärmel),

7. Schritt: Strickt die Reihe re zu Ende.

Damit habt ihr das Ende der Reihe erreicht und die Maschen für die Ärmel auf beiden Seiten stillgelegt. Jetzt liegen insgesamt 112, 120, 129, **141, 149, 157** M auf der Nadel. Die neu aufgenommenen Maschen werden ab jetzt so ins Muster im Rücken integriert, dass ihr das Muster mit 2 linken Maschen beginnt und beendet. Alle übrigen Maschen werden wie die Vorderteile glatt rechts gestrickt.

Strickt den Rumpf jetzt ohne Zunahmen weiter, bis er ab dem Ärmelansatz 15, 17, 19, **22, 26, 30** cm lang ist. Führt das Lochmuster im Rücken weiter fort und denkt an die Knopflöcher. Endet in einer Rückreihe. Wir empfehlen, in Musterreihe 1, 2 oder 6 zu enden. Nehmt in der letzten Reihe noch 1, 1, 0, **0, 0, 0** M ab (um in allen Größen eine ungerade Maschenzahl zu erhalten).

Strickt jetzt das Bündchen (1 M re, 1 M li im Wechsel), insgesamt 3, 3, 3, **4, 4, 5** cm lang. Kettet im Rippenmuster ab.

ÄRMEL

Jetzt werden die Maschen für den ersten Ärmel, die ihr auf einem Hilfsfaden stillgelegt habt, auf ein Nadelspiel oder eine kurze Rundstricknadel Nr. 5,5 gelegt. Zusätzlich werden aus den Maschen, die ihr unter dem Arm neu angeschlagen habt, 7, 7, 5, **7, 7, 7** Maschen aufgefasst und zu den restlichen Ärmelmaschen auf die Nadel gelegt. Die Ärmel werden in Runden gestrickt. Damit der Rundenbeginn mittig unter dem Arm liegt, werden die neu aufgefassten Maschen auf Rundenbeginn und -ende verteilt, d.h. es kommen je 3, 3, 2, **3, 3, 3** der Maschen auf die erste und 4, 4, 3, **4, 4, 4** auf die letzte Nadel. Die erste Runde beginnt nun in der Mitte zwischen diesen neuen Maschen. Jetzt liegen 40, 44, 44, **48, 52, 56** M auf der Nadel.

Strickt zunächst 2, 1, 1, **2, 2, 1** cm glatt rechts in Runden. Nehmt dann in der nächsten Runde 2 M ab, indem ihr die ersten 2 M und die letzten 2 M der Runde zusammenstrickt. Wiederholt diese Abnahmen mit 3, 3, 4, **4, 4, 4** cm Abstand, bis ihr insgesamt 5, 6, 5, **6, 7, 8** Abnahmen gearbeitet oder um 10, 12, 10, **12, 14, 16** M abgenommen habt.

Jetzt liegen noch 30, 32, 34, **36, 38, 40** M auf der Nadel. Strickt den Ärmel weiter, bis er ab dem Ärmelansatz 17, 19, 21, **26, 30, 33** cm misst. Wechselt auf Nadelstärke 5 und strickt eine weitere Runde rechts. Strickt dann ein Bündchen im Rippenmuster über 3, 3, 3, **4, 4, 5** cm. Kettet im Rippenmuster ab und strickt den zweiten Ärmel gleich.

ABSCHLUSS

Vernäht alle Enden und befestigt die Knöpfe. Wascht die Jacke entsprechend den Pflegehinweisen auf eurem Garn, zieht sie auf einem trockenen Handtuch in Form und lasst sie liegend trocknen. Das Lochmuster glättet und öffnet sich in der Wäsche erheblich.

MUSTER IM RUMPF

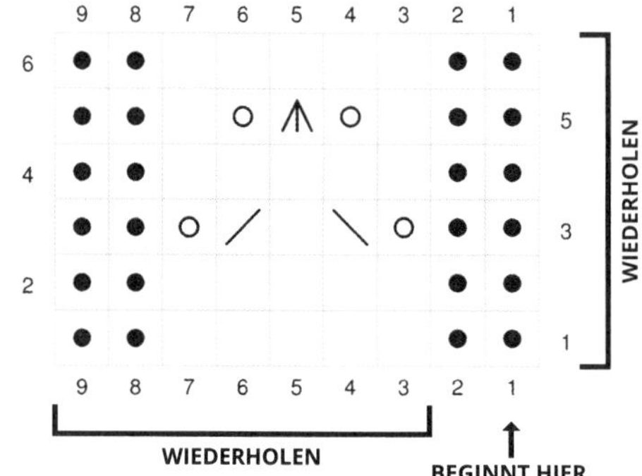

MUSTERDIAGRAMME

Zeichenerklärung

	Re in der Hinreihe, li in der Rückreihe
●	Li in der Hinreihe, re in der Rückreihe
╲	SSK (nach links geneigte Zunahme)
╱	2 M re zusammenstricken
o	Umschlag
⩚	1 M abheben, 2 M re zusammenstricken, die abgehobene Masche darüberziehen
ML	M1L
MR	M1R
■	Raglanmasche
▢	Keine Masche (Platzhalter)
▢	Hier endet die Raglanpasse in Größe 6-12 Monate
▢	Hier endet die Raglanpasse in Größe 1-2 Jahre
▢	Hier endet die Raglanpasse in Größe 2-4 Jahre
▢	Hier endet die Raglanpasse in Größe 4-6 Jahre
▢	Hier endet die Raglanpasse in Größe 6-8 Jahre
▢	Hier endet die Raglanpasse in Größe 8-12 Jahre

RAGLANPASSE – RÜCKENTEIL GRÖSSE 6–12 MONATE UND 1–2 JAHRE

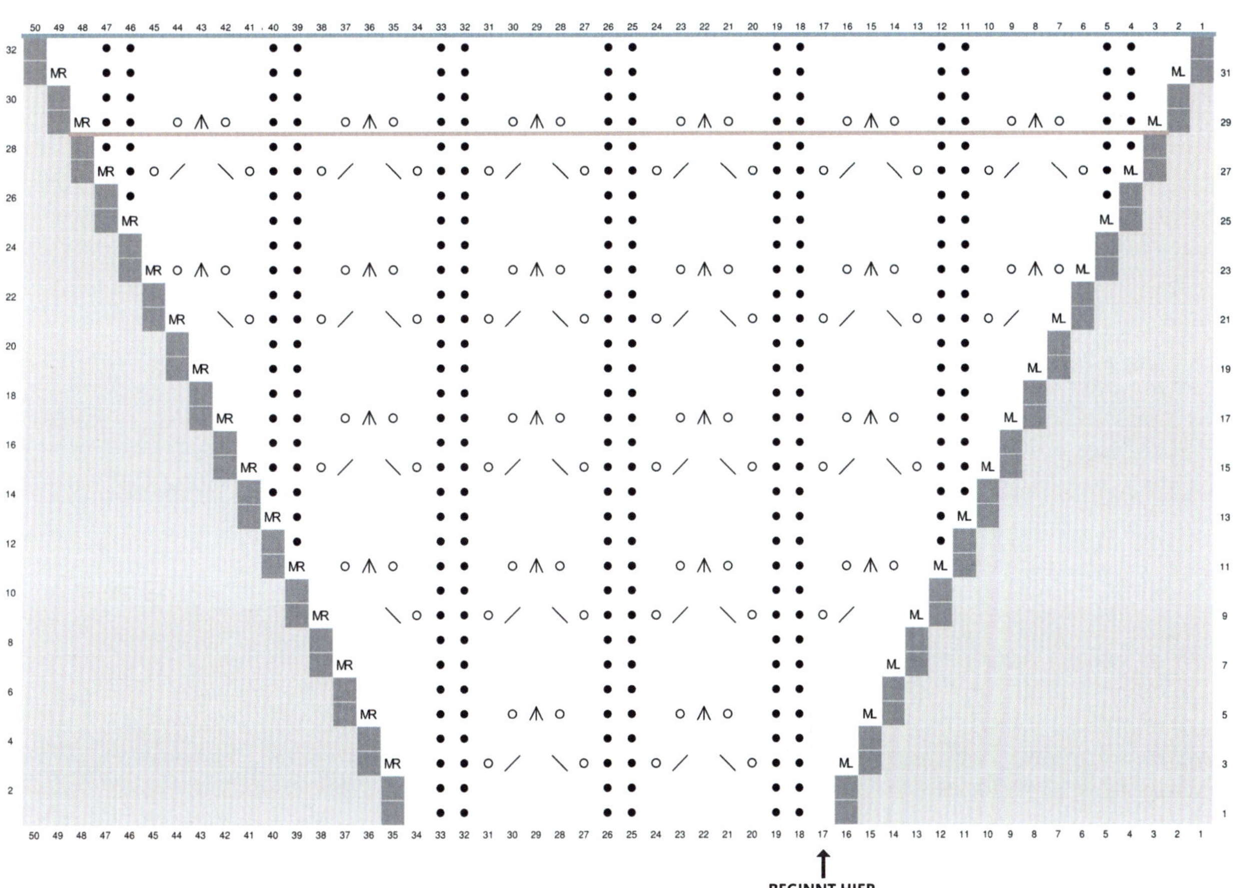

RAGLANPASSE – RÜCKENTEIL GRÖSSE 2–4 JAHRE, 4–6 JAHRE, 6–8 JAHRE UND 8–12 JAHRE

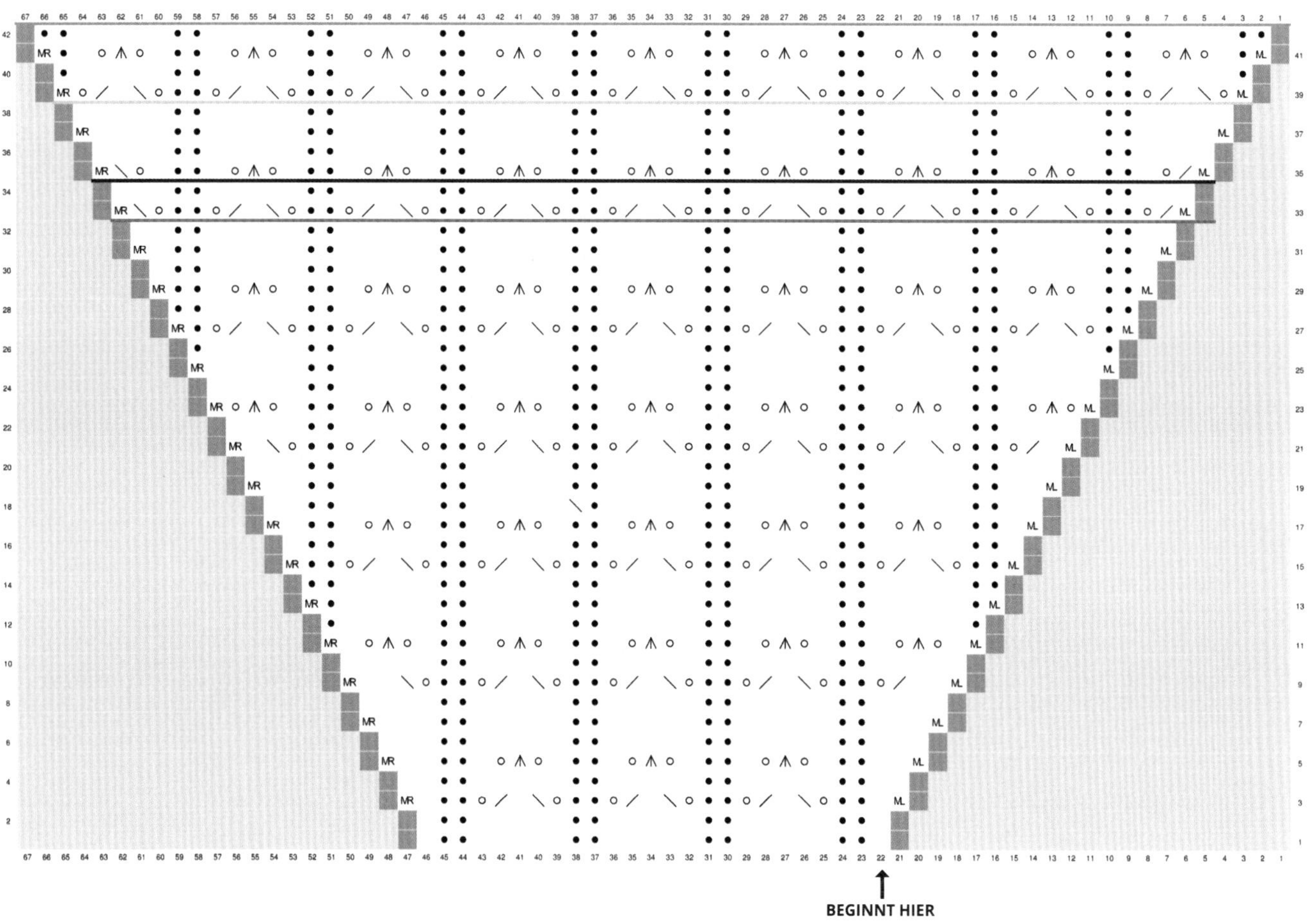

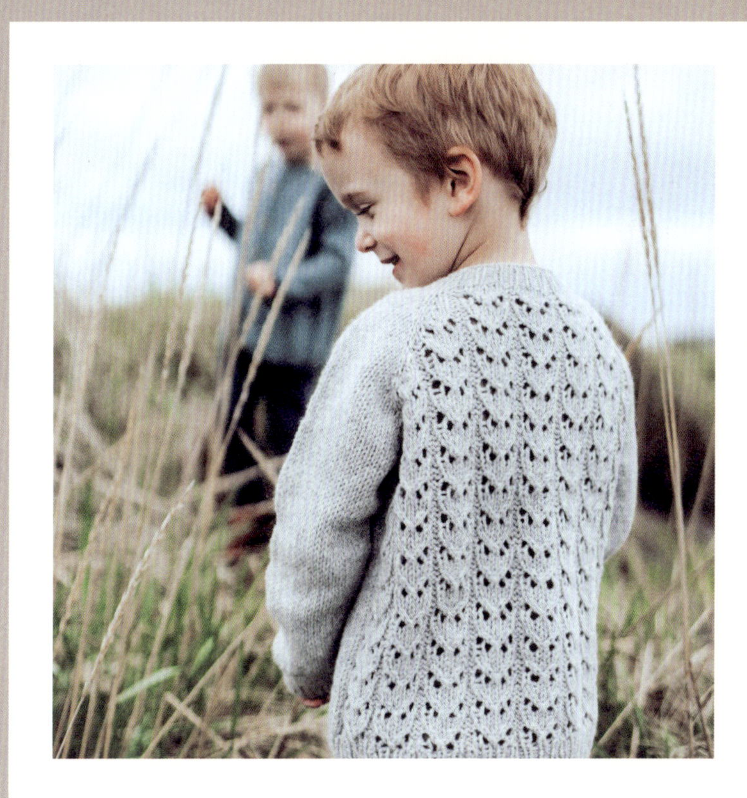

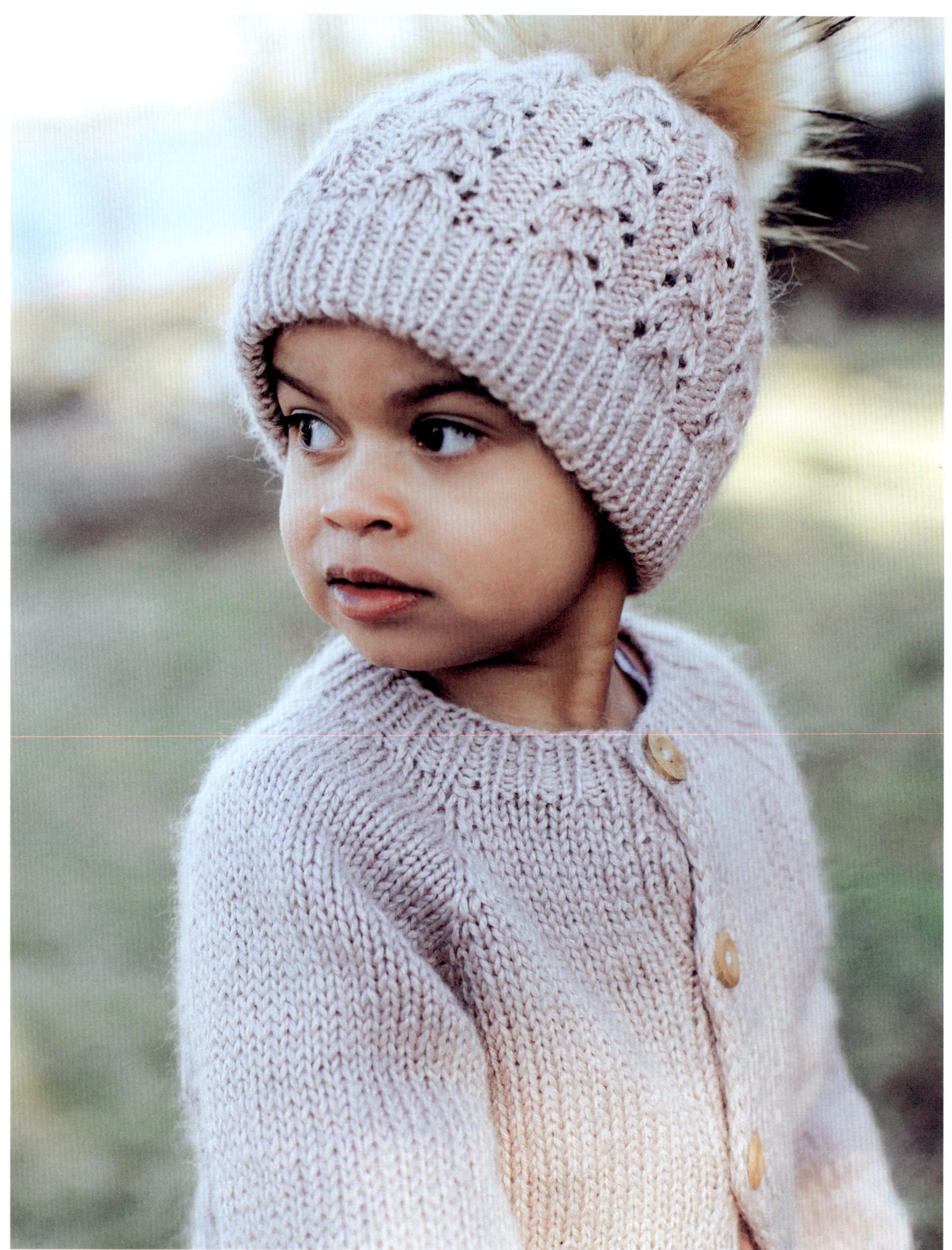

HALLO WELT Kindermütze

GRÖSSENANGABEN UND GARNVERBRAUCH

Größe	Umfang	Garnverbrauch Merino	Garnverbrauch Mohair
6–12 Monate	33 cm	50 g (120 m)	25 g (210 m)
1–2 Jahre	36,5 cm	50 g (120 m)	25 g (210 m)
2–4 Jahre	42 cm	100 g (240 m)	25 g (210 m)
4–8 Jahre	**43,5 cm**	**100 g (240 m)**	**25 g (210 m)**
9 Jahre+	**47 cm**	**100 g (240 m)**	**25 g (210 m)**

Bitte beachtet, dass die angegebenen Garnmengen nur ein Richtwert sind.

Die passende Mütze für die gleichnamige Kinderjacke, mit demselben Lochmuster wie im Rücken der Jacke.

ANLEITUNG

Die Mütze wird in Runden von unten nach oben gestrickt. Das Bündchen wird doppelt gestrickt, umgeklappt und fixiert. Der obere Teil der Mütze wird bis zu den Abnahmen im Lochmuster gestrickt. In den ersten zwei Größen werden am Schluss Ohrenklappen mit Bändern zum Binden angestrickt. In den größeren Größen lassen wir die Ohren weg.

Schlagt 72, 80, 88, **96, 100** M auf Nadelspiel oder Rundstricknadel Nr. 4,5 an. Schließt zur Runde und strickt ein Rippenbündchen (1 M re, 1 M li im Wechsel) über 8, 8, 9, **10, 12** cm. Klappt das Bündchen dann so um, dass die Anschlagskante innen liegt, und strickt es in der nächsten Runde doppelt fest, s. auch »Doppeltes Bündchen« auf S. 181.

Strickt nun eine weitere Runde glatt re und nehmt dabei gleichmäßig verteilt 0, 0, 0, **0, 4** M zu. Jetzt liegen 72, 80, 88, **96, 104** M auf der Nadel.

Strickt ab der nächsten Reihe das Lochmuster laut Diagramm, bis die Mütze, mit umgeklapptem Bündchen, 12, 14, 17, **19, 23** cm misst.

ABNAHMEN

Wenn die Mütze die gewünschte Länge erreicht hat, beginnen die Abnahmen. Ihr strickt das Lochmuster zwischen den linken Maschen bis zur vorletzten Reihe (5. Schritt) weiter.

1. Schritt: Strickt in der nächsten Runde in den li gestrickten Abschnitten immer 2 M li zusammen. Jetzt liegen nur noch 2 linke Maschen zwischen den Lochmusterabschnitten.

MUSTERDIAGRAMM

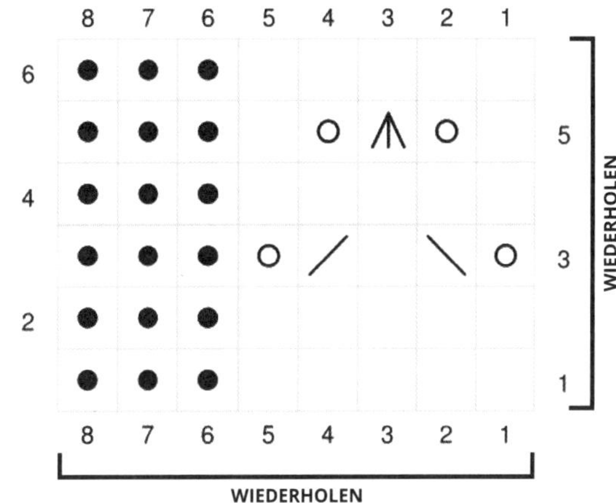

rechte Maschen

● linke Maschen

╲ SSK

╱ 2 M re zusammenstricken

⩚ 1 M ungestrickt wie zum links stricken abheben, 2 M re zusammenstricken, die ungestrickte M über die zusammengestrickten M heben

o Umschlag

2. Schritt: Strickt 2 Runden mit Muster ohne Abnahmen.

3. Schritt: Strickt in der nächsten Runde wieder in allen li gestrickten Abschnitten 2 M li zusammen. Jetzt liegt nur noch eine linke Masche zwischen den Lochmusterabschnitten.

4. Schritt: Strickt 2 Runden mit Muster ohne Abnahmen.

LEICHT

DAS BRAUCHT IHR:

Garn

1 Faden Lana Grossa Cool Wool big, Katia Merino 100%, Lang Merino 120 oder Drops Merino extrafine

1 Faden Mohair, z.B. Lana Grossa Silkhair, Lang Lace, Angel by Permin oder Drops Kid Silk Mohar

Die Mütze wird mit beiden Fäden zusammen gestrickt.

Alternativ: 1 Faden dickere Wolle, z.B. Lana Grossa Bingo, Katia Merino Sport, Lang Merino+ oder Knitting for Olive Heavy Merino

Rundstricknadel Nr. 4,5

30 oder 40 cm

Nadelspiel Nr. 4,5

Stopfnadel

zum Vernähen

Maschenmarkierer

1 Ring

Maschenprobe

22 M mit Nadelstärke 4,5 ergeben 10 cm.

5. Schritt: Strickt über die gesamte Runde immer 2 M re zusammen und reduziert so die Maschenzahl um die Hälfte. Strickt hier kein Lochmuster mehr.

6. Schritt: Strickt 1 Runde rechts.

Schneidet den Faden ab und fädelt das Ende durch die restlichen Maschen. Zieht am Faden, um die Mütze zu schließen, und vernäht das Fadenende auf der Innenseite.

OHRENKLAPPEN UND KORDEL:

In den kleinsten Größen (6–12 Monate und 1–2 Jahre) werden jetzt noch Ohrenklappen mit Kordeln an die Mütze gestrickt.

Messt am Bündchen von der hinteren Mitte ausgehend ca. **2,5, 2,5** cm in jede Richtung ab und beginnt dort die Ohren (so liegen ca. 5 cm zwischen den Ohren). Nehmt aus dem Bündchen **17, 19** M auf. Beginnt mit einer Hinreihe und strickt 6 Reihen glatt re (re auf der Hinreihe, li auf der Rückreihe). Auf beiden Seiten strickt ihr eine I-Cord-Kante aus 2 Maschen, die den Abschluss schöner macht (s. Seite 181).

In der nächsten Hinreihe beginnen die Abnahmen: Strickt 2 M re, strickt 2 M re zusammen, strickt bis 4 M vor Ende der Reihe, strickt 2 M mit SSK zusammen, hebt die letzten 2 M mit dem Faden vor der Arbeit ab (I-Cord). Strickt eine Rückreihe mit I-Cord li zurück. Wiederholt diese 2 Reihen, bis nur noch 5 M auf der Nadel liegen. Strickt in der letzten Hinreihe 2 M re zusammen, 1 M re, 2 M re zusammen, sodass ihr mit 3 M endet. Strickt daraus die I-Cord-Kordel (s. Seite 181), 20–25 cm lang. Strickt dann das zweite Ohr gleich.

ABSCHLUSS

Vernäht alle Fadenenden. Wascht die Mütze entsprechend den Angaben des Wollherstellers, zieht sie auf einem trockenen Handtuch in Form und lasst sie trocknen. Das Lochmuster glättet und öffnet sich in der Wäsche erheblich. Befestigt zum Schluss auf Wunsch noch einen Pompon.

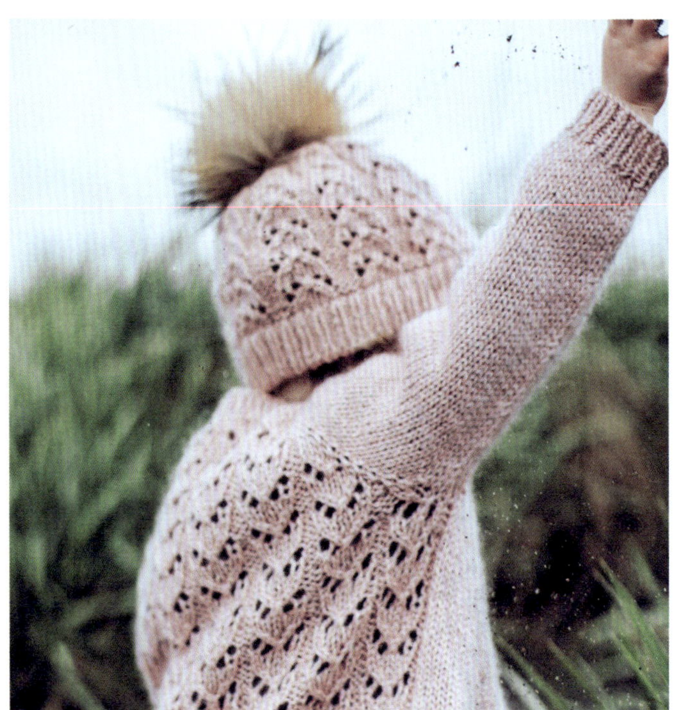

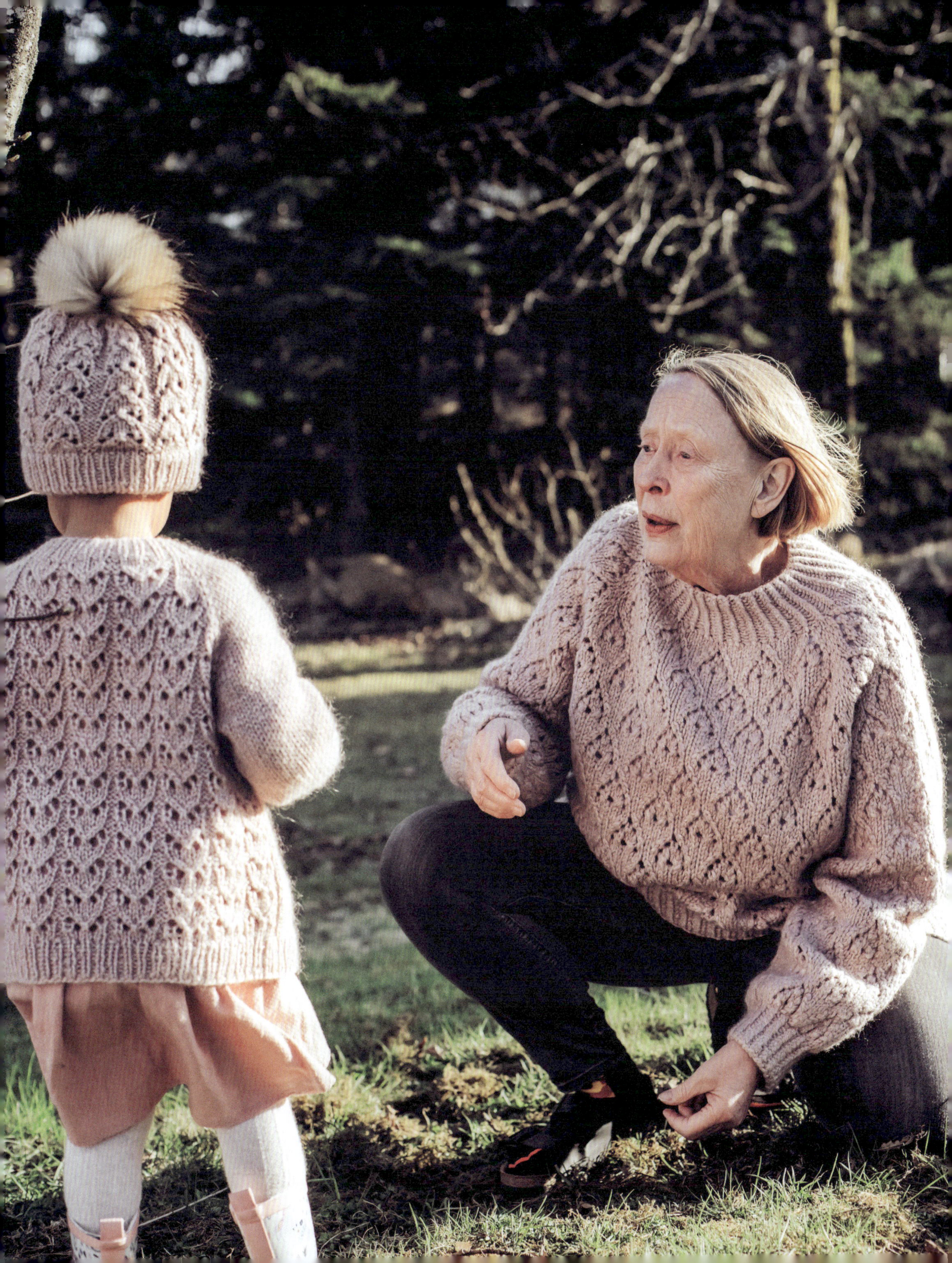

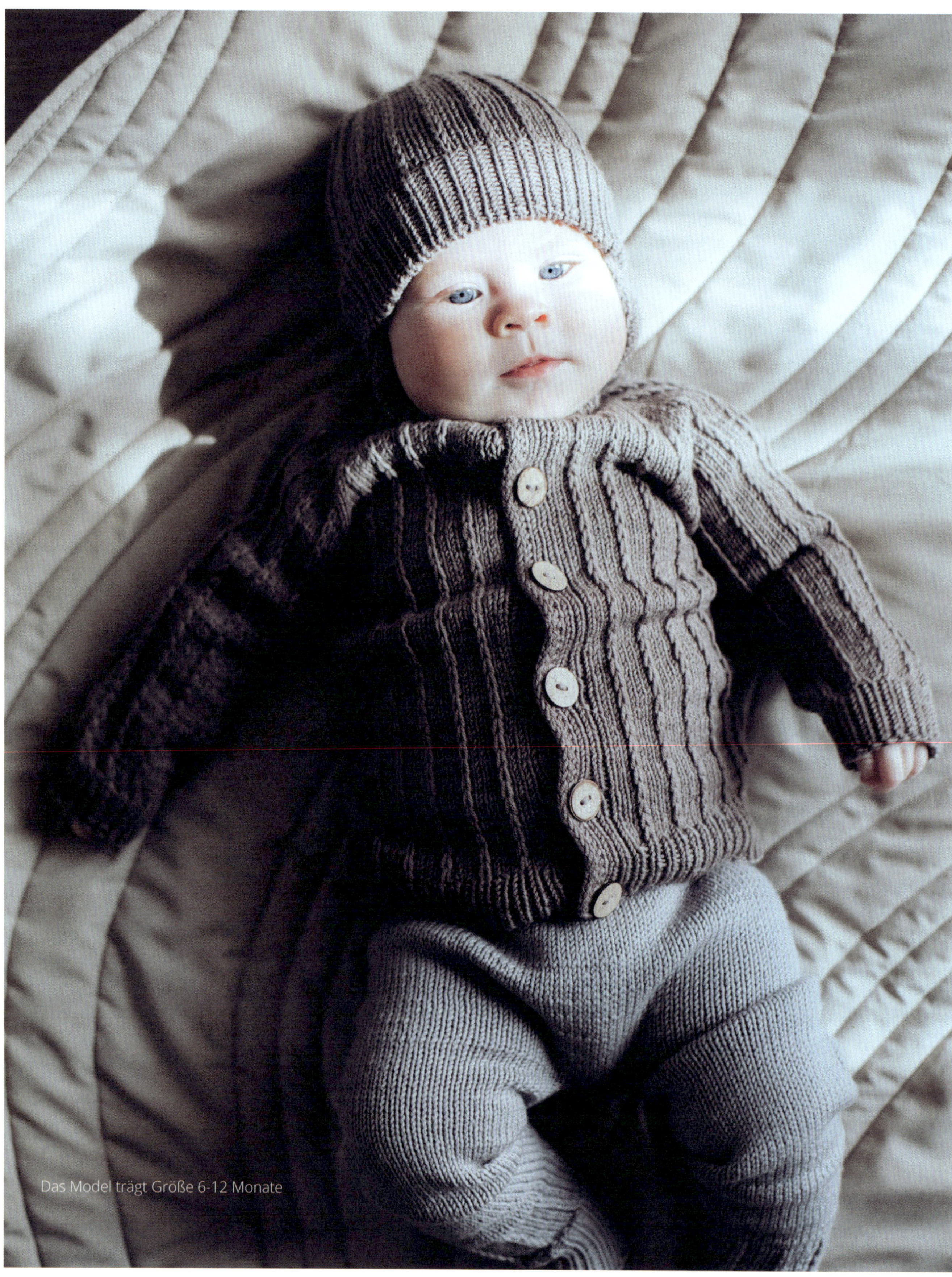
Das Model trägt Größe 6-12 Monate

NACHT FÜR NACHT Jacke

GRÖSSENANGABEN UND GARNVERBRAUCH

Größe	Rumpflänge ab Ärmelansatz	Brustumfang	Ärmellänge ab Ärmelansatz	Ärmelumfang	Garnverbrauch Cool Wool
0–3 Monate	16 cm	46 cm	16 cm	17 cm	100 g (360 m)
3–6 Monate	18 cm	49 cm	17 cm	17 cm	100 g (360 m)
6–12 Monate	19 cm	57 cm	18 cm	19 cm	100 g (360 m)
1–2 Jahre	**23 cm**	**62 cm**	**24 cm**	**21 cm**	150 g (480 m)
2–4 Jahre	**27 cm**	**69 cm**	**28 cm**	**23 cm**	**200 g (640 m)**
4–6 Jahre	**30 cm**	**77 cm**	**31 cm**	**25 cm**	**250 g (800 m)**

Bitte beachtet, dass die angegebenen Garnmengen nur ein Richtwert sind.

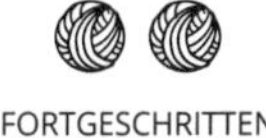

FORTGESCHRITTEN

DAS BRAUCHT IHR:

Garn
Lana Grossa Cool Wool (160 m/50 g), Katia Merino Baby, Drops Baby Merino

Oder andere Garne mit passender Maschenprobe

Rundstricknadel Nr. 3,5
60 oder 80 cm lang

Nadelspiel Nr. 3,5

Stopfnadel
zum Vernähen

Maschenmarkierer
Vier Ringe für die Raglanmaschen und zwei Ringe für die Randmaschen

Knöpfe
12–15 mm Durchmesser

Maschenprobe
26 M mit Nadelstärke 3,5 ergeben 10 cm.

Unsere Nacht für Nacht-Kollektion mit dem markanten Muster aus Hebemaschen gehört zu unseren erfolgreichsten Designs. Hier kommt das passende Babyset aus dünner Wolle.

ANLEITUNG

Die Jacke wird von oben nach unten in Reihen gestrickt, mit Raglanzunahmen und einem Muster aus Hebemaschen. Die Ärmel werden in Runden gestrickt.

HALSBÜNDCHEN

Schlagt 67, 71, 75, **79, 83, 85** M auf die Rundstricknadel Nr. 3,5 an. Strickt ein Rippenbündchen (1 M re, 1 M li im Wechsel) insgesamt 2, 2, 2, **2,5, 2,5, 3** cm lang, und beachtet dabei die **Randmaschen**, die **I-Cord-Kante** und das erste **Knopfloch** (siehe die nächsten zwei Absätze). Die erste Reihe, die ihr strickt, ist eine Hinreihe.

Die ersten 8, 8, 10, **10, 10, 10** und die letzten 8, 8, 10, **10, 10, 10** M des Bündchens sind **Randmaschen**, die später die Knopfleiste bilden. Sie werden über die gesamte Länge der Jacke wie im Halsbündchen im Rippenmuster (1 M re, 1 M li im Wechsel) gestrickt. Die ersten 3 Randmaschen am Beginn jeder Reihe und die letzten 3 Randmaschen am Ende jeder Reihe werden dabei als **I-Cord-Kante** gestrickt, die einen schönen und geraden Abschluss bildet (s. Seite 181).

In diese Randmaschen werden auch direkt die **Knopflöcher** eingestrickt. Wir empfehlen, sie mit einem Abstand von ca. 3,5 cm oder nach Geschmack, zu arbeiten. Das erste Loch wird direkt in der 3. Reihe gestrickt. Hier strickt ihr sie immer am Anfang einer Hinreihe: Strickt 3, 3, 5, **5, 5, 5** M, 1 Umschlag, strickt 2 M re zusammen, strickt normal weiter.

Strickt als letzte Reihe des Bündchens eine Hinreihe. Strickt dann die Rückreihe li zurück (die Randmaschen werden weiterhin im Rippenmuster mit I-Cord gestrickt) und nehmt dabei gleichmäßig verteilt, aber nicht in den Randmaschen, 5, 1, 5, **1, 1, 3** M zu.

RAGLANBLENDE

Ab hier wird nur noch glatt re gestrickt, mit einem Hebemaschenmuster (s. Diagramme am Ende der Anleitung). Jetzt werden die Stellen markiert, an denen ihr in jeder zweiten Reihe zunehmen werdet.

Die **erste Reihe (Hinreihe)** strickt ihr wie folgt:

1. Schritt: Strickt die Randmaschen (RM).

2. Schritt: Strickt 8, 8, 9, **9, 10, 11** M im Muster (linkes Vorderteil). MM platzieren.

3. Schritt: Strickt 7 M im Muster (linkes Schulterstück). MM platzieren.

4. Schritt: Strickt 26, 26, 28, **28, 30, 32** M im Muster (Rückenteil). MM platzieren.

5. Schritt: Strickt 7 M im Muster (rechtes Schulterstück). MM platzieren.

6. Schritt: Strickt 8, 8, 9, **9, 10, 11** M im Muster (rechtes Vorderteil).

7. Schritt: Strickt die Randmaschen (RM) und denkt dabei an die I-Cord-Kante.

Damit habt ihr wieder das Ende der Reihe erreicht und die 4 MM an den richtigen Stellen angebracht.

Strickt die **zweite Reihe (Rückreihe)** li zurück, bis auf die Randmaschen im Rippenmuster, und strickt die ersten und letzten 3 M der Reihe als I-Cord-Maschen.

Links und rechts der 4 MM liegen jeweils eine M, die hier die Raglanmaschen bilden. Ab der **nächsten Reihe (3. Reihe)** nehmt ihr in jeder Hinreihe an den Seiten dieser M mit **M1R, M1L** (s. Seite 181) zu: Strickt bis vor die Raglanmasche vor dem MM, M1R, strickt die erste Raglanmasche, hebt den MM von der rechten auf die linke Nadel, strickt die zweite Raglanmasche, M1L, strickt dann normal im Muster weiter. Wiederholt diese Zunahmen an den anderen 3 MM in der Reihe und nehmt so insgesamt 8 M zu. Die Rückreihen strickt ihr immer li zurück, mit den Randmaschen und den I-Cord-Kanten.

Nehmt auf diese Weise in jeder Hinreihe 8 M zu, bis ihr insgesamt 15, 18, 20, **21, 24, 26** Reihen mit Zunahmen gearbeitet und um 120, 144, 160, **168, 192, 200** M zugenommen habt. Am Ende der Zunahmen liegen insgesamt 192, 216, 240, **248, 276, 288** M auf der Nadel.

RUMPF

Jetzt werden die Maschen, die später die Ärmel bilden, beidseitig auf einem Hilfsfaden stillgelegt. Das ist ein Faden in einer Kontrastfarbe, auf dem ihr die Ärmelmaschen sichert, während ihr den Rumpf strickt. Es ist jedoch nicht gegeben, dass alle Maschen, die vorher die Schulterpartien gebildet haben, auch automatisch die Ärmel bilden. Oft gehört ein Teil der Schultermaschen zum Rumpf oder andersrum. Strickt dabei das Muster im Rumpf weiter wie bisher.

1. Schritt: Strickt die Randmaschen.

2. Schritt: Strickt 22, 26, 29, **30, 35, 38** M (linkes Vorderteil).

3. Schritt: Legt 39, 43, 47, **49, 53, 57** M auf einen Hilfsfaden (linker Ärmel).

4. Schritt: Schlagt 6, 3, 2, **5, 5, 9** neue M unter dem linken Ärmel an.

5. Schritt: Strickt 54, 62, 68, **70, 80, 86** M (Rückenteil).

6. Schritt: Legt 39, 43, 47, **49, 53, 57** M auf einen Hilfsfaden (rechter Ärmel).

7. Schritt: Schlagt 6, 3, 2, **5, 5, 9** neue M unter dem rechten Ärmel an.

8. Schritt: Strickt 22, 26, 29, **30, 35, 38** M (rechtes Vorderteil).

9. Schritt: Strickt die Randmaschen.

Jetzt habt ihr wieder das Ende der Reihe erreicht und insgesamt 126, 136, 150, **160, 180, 200** M auf der Nadel (mit den neuen M unter den Ärmeln). Die Ärmelmaschen liegen auf Hilfsfäden.

Strickt jetzt den Rumpf weiter, bis er ab dem Ärmelansatz 13,5, 15,5, 16,5, **20,5, 24, 27** cm misst. Strickt das Bündchen im Rippenmuster (1 M re, 1 M li im Wechsel) 2,5, 2,5, 2,5, **2,5, 3, 3** cm lang. Kettet im Muster ab.

ÄRMEL

Jetzt werden die Maschen für den ersten Ärmel, die ihr auf einem Hilfsfaden stillgelegt habt, auf das Nadelspiel gelegt. Zusätzlich werden aus den Maschen, die ihr unter dem Arm neu angeschlagen habt, 6, 2, 3, **6, 7, 8** M aufgefasst und zu den restlichen Ärmelmaschen auf die Nadel gelegt. Bitte beachtet, dass das teilweise mehr M sind, als ihr vorher neu angeschlagen hattet. Das ist nötig, damit das Muster aufgeht.

Die Ärmel werden in Runden gestrickt. Damit der Rundenbeginn mittig unter dem Arm liegt, werden die neu aufgefassten Maschen auf Rundenbeginn und -ende verteilt, d.h. es kommt je die eine Hälfte der Maschen auf die erste und die andere Hälfte auf die letzte Nadel, bei ungeraden Zahlen kommt eine M mehr auf eine Seite. Die erste Runde beginnt nun in der Mitte zwischen diesen neuen Maschen. Jetzt sollten 45, 45, 50, **55, 60, 65** M auf der Nadel liegen.

Strickt den Ärmel in Runden und führt dabei das Hebemaschenmuster fort, bis zu einer Länge von 13,5, 14,5, 15,5, **20, 24, 26** cm (ich empfehle hier, die Armlänge des Empfängers von Achsel zu Handgelenk zu messen, wenn möglich, um die Länge ggf. anzupassen).

Strickt noch eine Runde glatt re (am besten beendet ihr das Muster so, dass diese Runde sowieso re ohne Hebemaschen gestrickt werden sollte) und nehmt dabei gleichmäßig über die Runde verteilt 7, 5, 8, **11, 12, 13** M ab. Jetzt habt ihr noch 38, 40, 42, **44, 48, 52** M auf der Nadel. Strickt jetzt das Bündchen (1 m re, 1 m li im Wechsel), insgesamt 2,5, 2,5, 2,5, **3, 3, 3** cm lang. Im Rippenmuster abketten. Achtet darauf, nicht zu fest abzuketten, damit die Jacke nicht zu eng am Handgelenk anliegt.

Strickt den zweiten Ärmel gleich.

ABSCHLUSS

Alle Enden gut vernähen und ggf. die Löcher unter den Armen schließen, wenn vorhanden. Wascht die Jacke entsprechend den Pflegehinweisen auf eurem Garn, zieht sie auf einem trockenen Handtuch in Form und lasst sie liegend trocknen. Durch das Muster wird die Jacke in der Wäsche einen Hauch größer. Das wird in der Anleitung berücksichtigt.

ZEICHENERKLÄRUNG

Rechte Maschen (Hinreihe)

● Linke Maschen (Rückreihe)

V 1 M ungestrickt, wie zum links stricken, mit dem Faden hinter der Arbeit abheben

V̲ 1 M ungestrickt wie zum li stricken, mit dem Faden vor der Arbeit abheben

Raglanmasche

Randmaschen auf der Vorderseite

SCHULTER (ALLE GRÖSSEN)

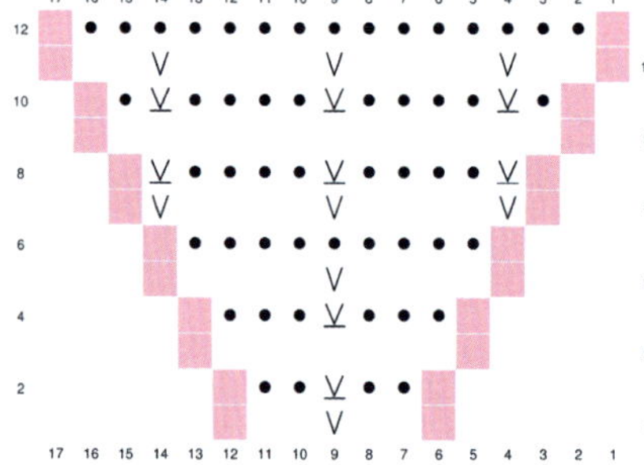

MUSTERDIAGRAMME

0–3 und 3–6 Monate
Vorderteil – die Reihe beginnt in Masche 17, nach den Randmaschen, und endet in Masche 14.

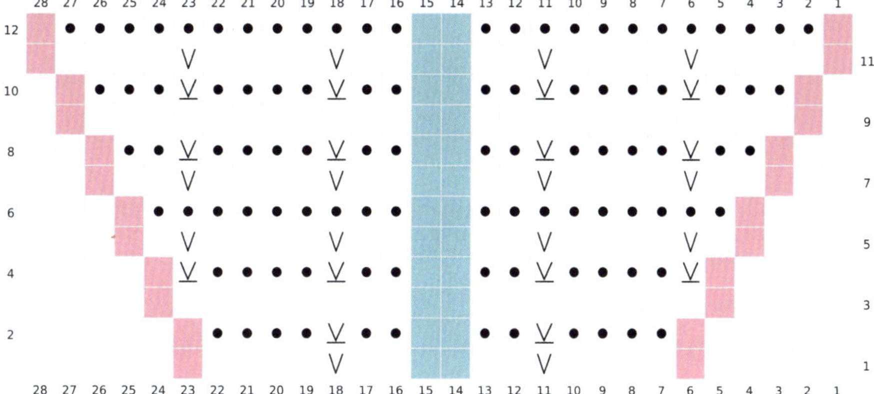

0–3 und 3–6 Monate
Rückenteil

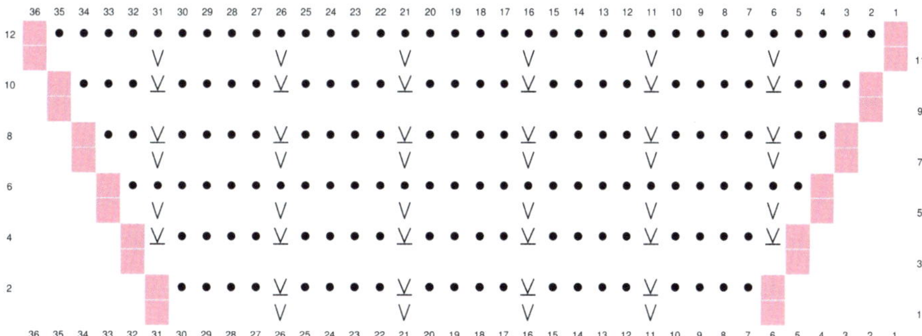

6–12 Monate und 1–2 Jahre
Vorderteil – die Reihe beginnt in Masche 17, nach den Randmaschen, und endet in Masche 14.

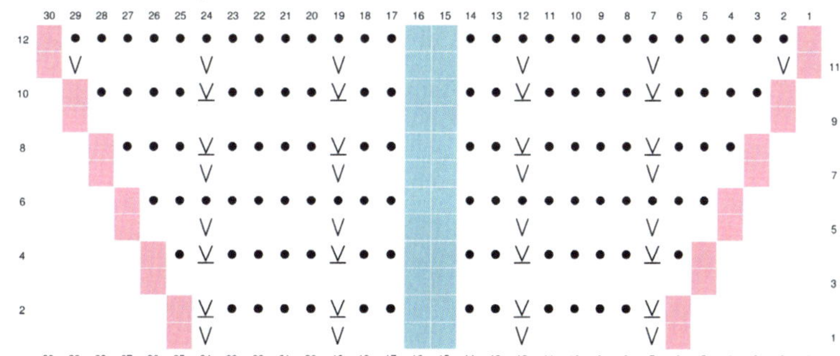

6–12 Monate und 1–2 Jahre
Rückenteil

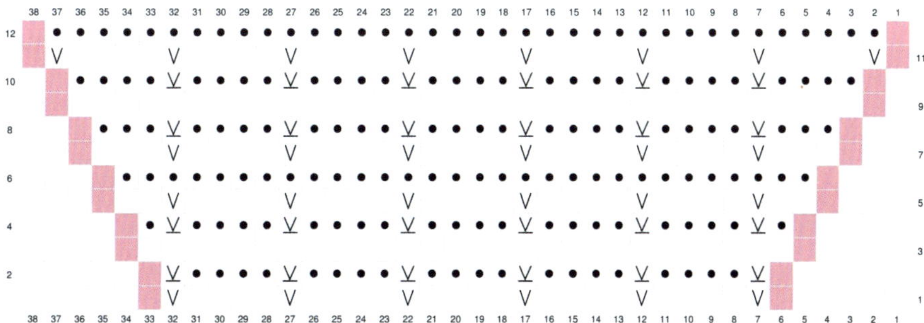

MUSTERDIAGRAMME

2–4 Jahre
Vorderteil – die Reihe beginnt in Masche 18, nach den Randmaschen, und endet in Masche 15.

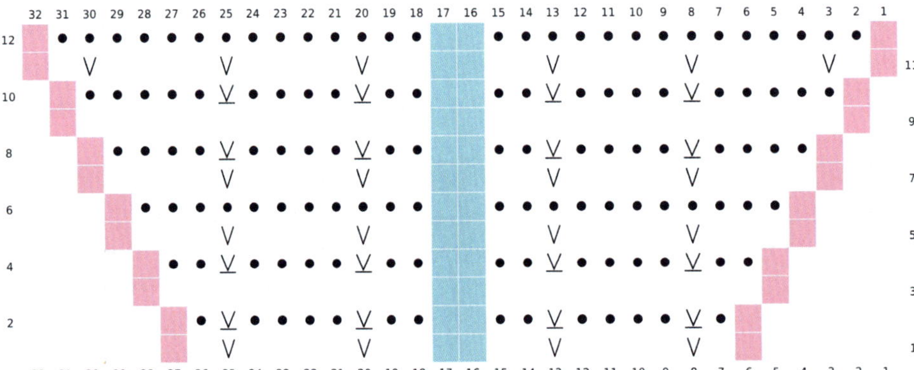

2–4 Jahre
Rückenteil

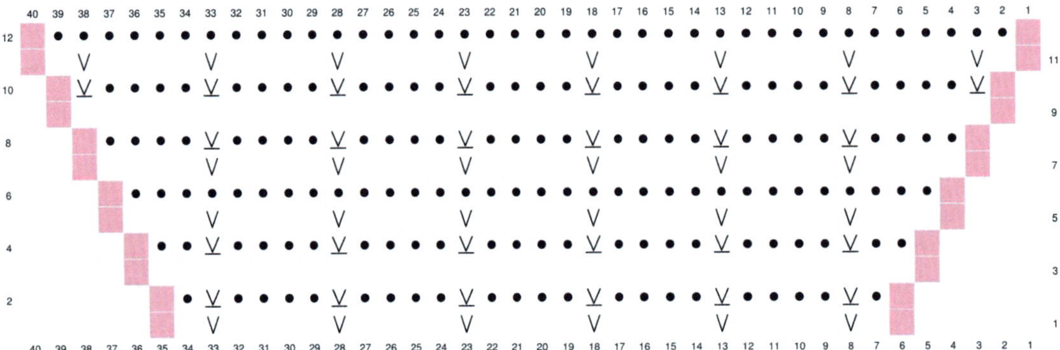

4–6 Jahre
Vorderteil – die Reihe beginnt in Masche 19, nach den Randmaschen, und endet in Masche 16.

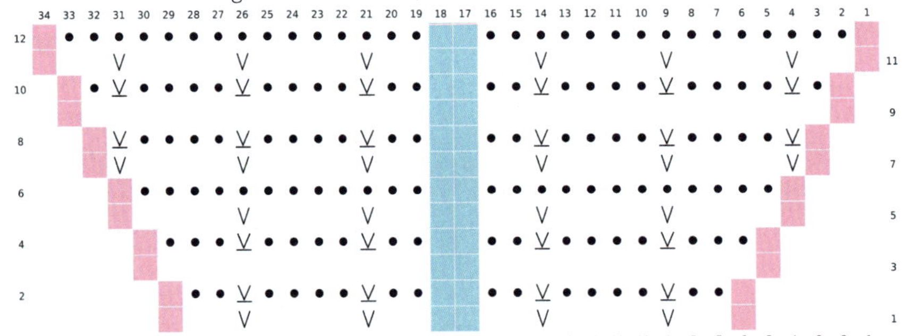

4–6 Jahre
Rückenteil

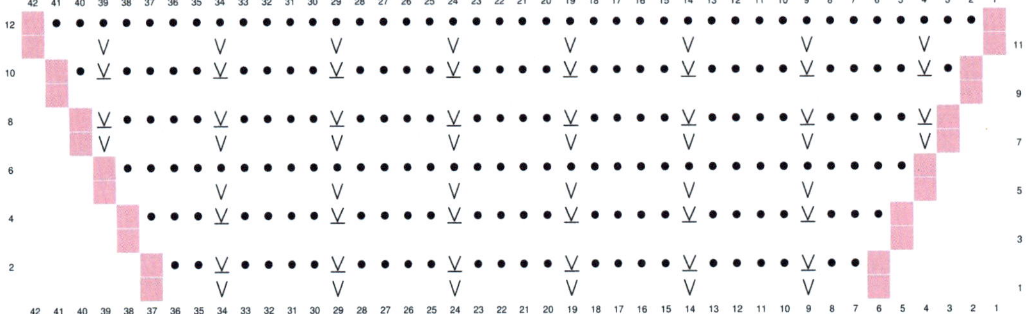

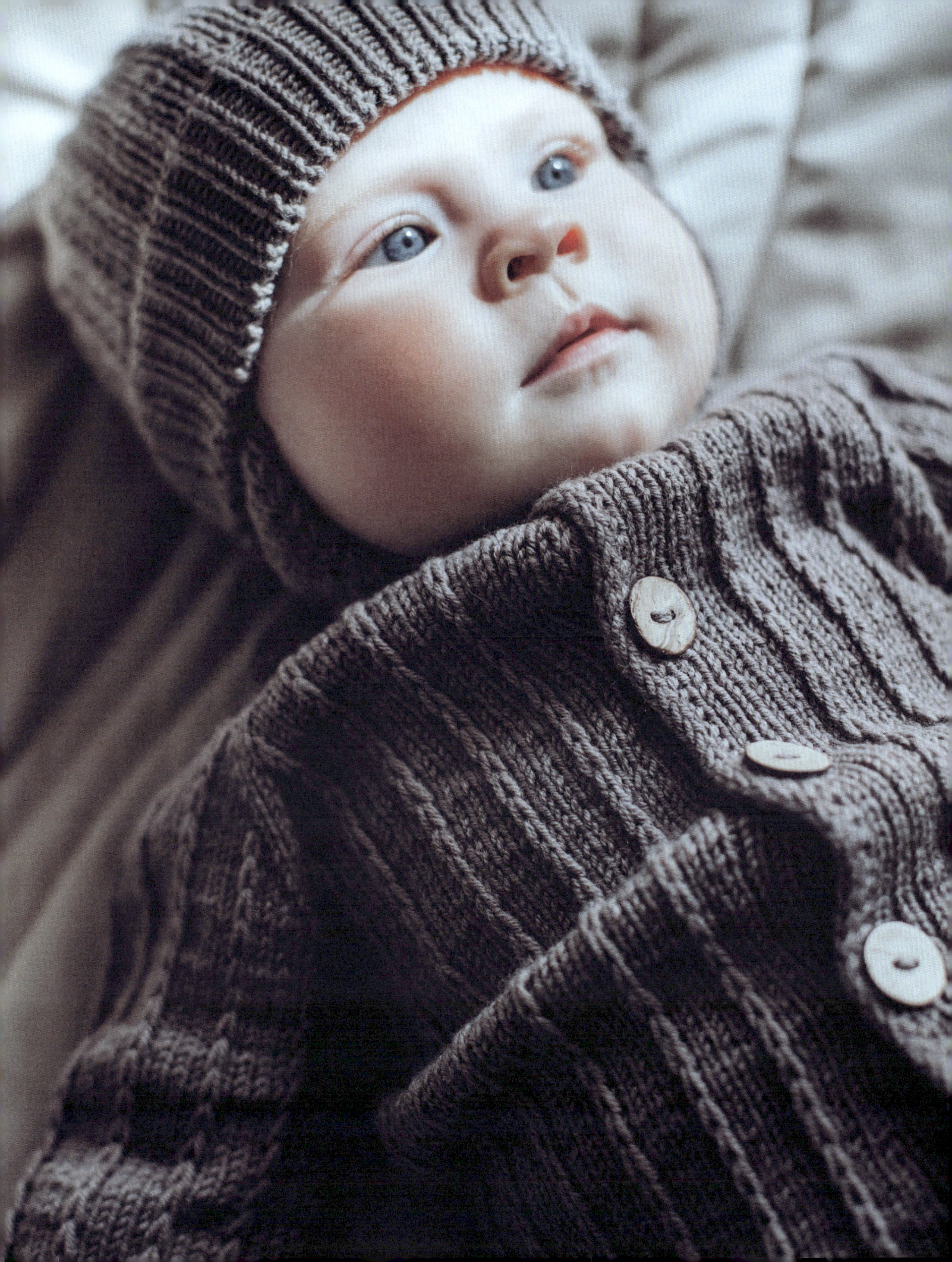

NACHT FÜR NACHT Kindermütze

GRÖSSENANGABEN UND GARNVERBRAUCH

Größe	Umfang	Garnverbrauch
0–3 Monate	31 cm	50 g (160 m)
3–6 Monate	33 cm	50 g (160 m)
6–12 Monate	34 cm	50 g (160 m)
1–2 Jahre	**35 cm**	**100 g (320 m)**
2–4 Jahre	**37 cm**	**100 g (320 m)**

Bitte beachtet, dass die angegebenen Garnmengen nur ein Richtwert sind.

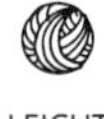

LEICHT

DAS BRAUCHT IHR:

Garn
Lana Grossa Cool Wool (160 m/50 g), Katia Merino Baby, Drops Baby Merino

Oder andere Garne mit passender Maschenprobe

Rundstricknadel Nr. 3,5
30/40 cm lang

Nadelspiel Nr. 3,5

Stopfnadel
zum Vernähen

Maschenmarkierer
1 Ring für den Rundenbeginn

Maschenprobe
26 M mit Nadelstärke 3,5 ergeben 10 cm.

Die passende Mütze zur Nacht für Nacht Babyjacke – klein, fein und so schön.

ANLEITUNG

Die Mütze wird von unten nach oben und in Runden gearbeitet. Die Runde beginnt in der hinteren Mitte.

BÜNDCHEN

Schlagt 80, 84, 88, **92, 96** M auf die Rundstricknadel Nr. 3,5 (30/40 cm) an. Schließt zur Runde und strickt ein Rippenbündchen (1 M re, 1 M li im Wechsel), insgesamt 7, 7, 8, **8, 9** cm lang. Jetzt klappt ihr das Bündchen einmal um und strickt die Anschlagskante in der nächsten Runde direkt fest (s. »Doppeltes Bündchen« auf S. 181).

Strickt die Mütze jetzt mit dem Hebemaschenmuster (s. Diagramm), bis sie, mit dem umgeklappten Bündchen, 12, 13, 14, **16, 19** cm misst.

MUSTERDIAGRAMM

	8	7	6	5	4	3	2	1	
6									
				V				V	5
4				V				V	
									3
2				V				V	
				V				V	1
	8	7	6	5	4	3	2	1	

rechte Maschen

V hebt die M wie zum links stricken mit dem Faden hinter der Arbeit ab

ABNAHMEN

Jetzt beginnen die Abnahmen. Wenn die Runden zu kurz für die Rundstricknadel werden, wechselt ihr auf das Nadelspiel.

1. Schritt: Strickt über die ganze Runde verteilt in allen glatt re gestrickten Abschnitten zwischen den Hebemaschen jeweils die 2. und 3. Masche re zusammen.

2. Schritt: Strickt 2 Runden ohne Abnahmen, im Muster. Bedenkt, dass nach der Abnahme in Schritt 1 nur noch 2 Maschen zwischen den Hebemaschen liegen.

3. Schritt: Strickt über die Runde verteilt in den glatt re gestrickten Abschnitten zwischen den Hebemaschen immer zwei M re zusammen. Jetzt liegt nur noch eine Masche zwischen den Hebemaschen.

4. Schritt: Strickt 3 Runden ohne Abnahmen, mit Muster.

5. Schritt: Strickt über die gesamte Runde immer 2 M re zusammen und reduziert die Maschenzahl so um die Hälfte. Ab dieser Runde strickt ihr keine Hebemaschen mehr.

6. Schritt: Strickt 1 Runde glatt re.

7. Schritt: Strickt wieder über die gesamte Runde immer 2 M re zusammen.

8. Schritt: Schneidet den Faden ab und zieht das Ende durch alle Maschen auf der Nadel. Zieht ihn gut an und schließt so die Mütze.

OHREN

Messt von der hinteren Mitte ausgehend ca. 2, 2, 2,5, **2,5, 2,5** cm in jede Richtung ab und beginnt dort das Ohr (so liegen ca. 4, 4, 5, **5, 5** cm zwischen den Ohren). Nehmt aus dem Bündchen 18, 20, 20, **22, 22** M auf. Am besten findet ihr zuerst die Kante, an der die Mütze umgeklappt ist, und geht von dort ausgehend an der Innenseite 2–3 Reihen nach oben und beginnt die Ohrenklappe dort. Beginnt in einer Hinreihe und strickt 5 Reihen glatt re (re auf der Hinreihe, li auf der Rückreihe). Auf beiden Seiten strickt ihr eine I-Cord-Kante aus 2 Maschen, die den Abschluss schöner macht (s. Seite 181).

In der nächsten Hinreihe beginnen die Abnahmen: Strickt 2 M re, strickt 2 M re zusammen, strickt bis 4 M vor Ende der Reihe, strickt 2 M re zusammen, hebt die letzten 2 M mit dem Faden vor der Arbeit ab (I-Cord). Strickt eine Rückreihe mit I-Cord zurück. Wiederholt diese 2 Reihen, bis nur noch 6 M auf der Nadel liegen. Strickt dann in der nächsten Hinreihe immer 2 M zusammen.

Jetzt habt ihr 3 M auf der Nadel. Strickt daraus eine I-Cord-Kordel (s. Seite 181), ca. 20–25 cm lang. Strickt dann das zweite Ohr gleich.

ABSCHLUSS

Vernäht alle Fadenenden. Wascht die Mütze entsprechend den Angaben des Wollherstellers, zieht sie auf einem trockenen Handtuch in Form und lasst sie trocknen. Befestigt danach auf Wunsch noch einen oder zwei Pompons.

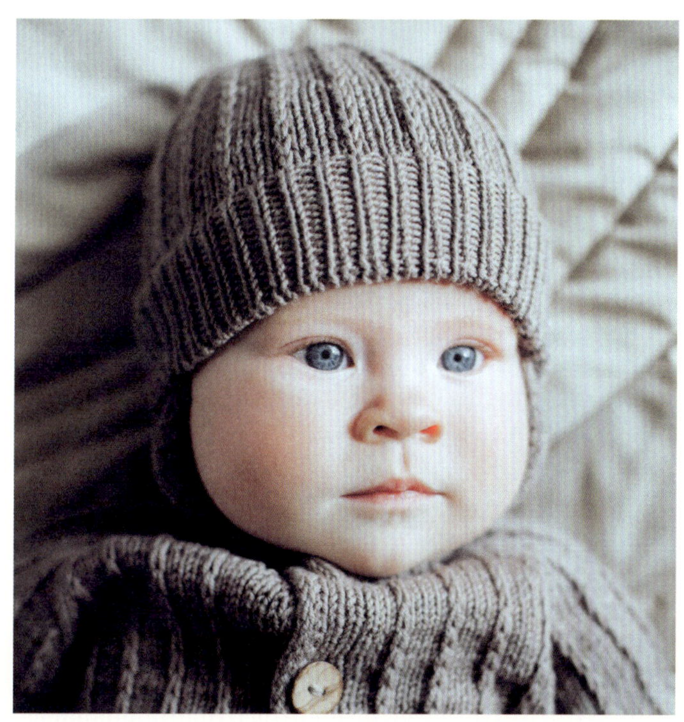

NACHT FÜR NACHT Hose

GRÖSSENANGABEN UND GARNVERBRAUCH

Größe	Umfang	Beinlänge ab Schritt	Länge von Bündchen zu Schritt	Garnverbrauch
0–3 Monate	40 cm	16 cm	11 cm	100 g (320 m)
3–6 Monate	44 cm	18 cm	13 cm	100 g (320 m)
6–12 Monate	47 cm	23 cm	14 cm	100 g (320 m)
12–18 Monate	49 cm	25 cm	16 cm	150 g (480 m)
18–24 Monate	**50 cm**	**29 cm**	**16 cm**	**150 g (480 m)**
2–4 Jahre	**52 cm**	**36 cm**	**17 cm**	**200 g (640 m)**
4–6 Jahre	**55 cm**	**39 cm**	**18 cm**	**200 g (640 m)**

Bitte beachtet, dass die angegebenen Garnmengen nur ein Richtwert sind.

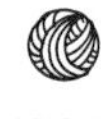

LEICHT

DAS BRAUCHT IHR:

Garn
Lana Grossa Cool Wool (160 m/50 g), Katia Merino Baby, Drops Baby Merino

Oder andere Garne mit passender Maschenprobe

Rundstricknadel Nr. 3,5
30/40 cm lang

Nadelspiel Nr. 3,5

Stopfnadel
zum Vernähen

Maschenmarkierer
1 Ring für den Rundenbeginn, 4 Ringe für die verkürzten Reihen

Maschenprobe
26 M mit Nadelstärke 3,5 ergeben 10 cm.

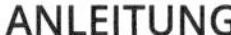

ANLEITUNG

Diese Hose wird von unten nach oben in Runden gestrickt. Zuerst werden die Hosenbeine einzeln gestrickt, dann werden sie auf einer Nadel vereint und die Hose wird in einem Stück fertig gestrickt.

HOSENBEINE

Schagt 34, 36, 38, 40, **42, 44, 46** M auf das Nadelspiel Nr. 3,5 an. Schließt zur Runde und strickt ein Bündchen im Rippenmuster (1 M re, 1 M li im Wechsel), insgesamt 3, 4, 5, 6, **6, 7, 7** cm lang. Strickt jetzt eine Runde glatt re und nehmt dabei gleichmäßig über die Runde verteilt 1, 4, 2, 0, **3, 1, 4** M zu. Jetzt liegen 35, 40, 40, 40, **45, 45, 50** M auf der Nadel. Strickt ab hier glatt re weiter. Strickt über die ersten 3, 3, 4, 4, **5, 5, 6** cm nach dem Bündchen das Hebemaschenmuster (s. Diagramm), und arbeitet gleichzeitig direkt ab dem Bündchen regelmäßige Zunahmen.

MUSTERDIAGRAMM

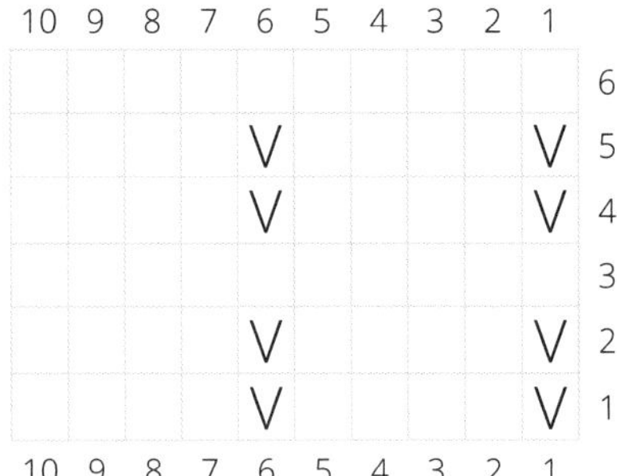

☐ rechte Masche

☑ hebt die Masche wie zum links Stricken ab, mit dem Faden hinter der Arbeit

Die regelmäßigen Zunahmen am Hosenbein werden mit M1R, M1L (s. Seite 181) gearbeitet: Strickt die erste M der Runde re, nehmt 1 M mit M1L zu, strickt bis 1 M vor Ende der Runde (im unteren Teil des Hosenbeins mit Hebemaschenmuster) und nehmt eine zweite M mit M1R zu. Damit nehmt ihr in der Runde 2 M zu.

Beginnt diese Zunahmen direkt nach dem Bündchen und nehmt mit 1,5, 1,8, 2, 1,7, **2,5, 2,6, 3,2** cm Abstand insgesamt 7, 7, 8, 10, **8, 10, 9** Mal zu, also um 14, 14, 16, 20, **16, 20, 18** M. Am Ende liegen 49, 54, 56, 60, **61, 65, 68** M auf der Nadel.

Wenn das Hosenbein insgesamt, mit dem Bündchen, 16, 18, 23, 25, **29, 36, 39** cm lang ist, strickt ihr es auf eine 40 cm Rundstricknadel und schlagt noch einmal 4, 6, 6, 6, **6, 8, 8** neue M an. Legt das Stück zur Seite und strickt das zweite Hosenbein gleich.

Wenn beide Hosenbeine fertig sind, werden sie auf der Rundstricknadel (40 cm) vereint. Das erste Bein liegt bereits mit neu angeschlagenen M auf der Nadel. Strickt jetzt auch das zweite Bein auf diese Nadel und schlagt dann noch einmal 4, 6, 6, 6, **6, 8, 8** M neu an, damit vorne und hinten neue M für den Zwickel auf der Nadel liegen. Schließt jetzt zur Runde. Die Runde beginnt jetzt in der hinteren Mitte, markiert diese Stelle mit einem MM.

Jetzt liegen 106, 120, 124, 132, **134, 146, 152** M auf der Nadel. Strickt glatt re in Runden, bis die Hose ab dem Schritt 11, 13, 14, 16, **16, 17, 18** cm lang ist.

VERKÜRZTE REIHEN

Jetzt arbeitet ihr einige verkürzte Reihen, die die Hose hinten etwas höher werden lassen als vorne und mehr Platz für eine Windel schaffen. Wenn das Kind keine Windel mehr trägt, könnt ihr diese verkürzten Reihen auch weglassen.

Markiert zunächst von der hinteren Mitte ausgehend die Seiten der Hose mit zwei MM (bei insgesamt 120 M auf der Nadel also 30 M in jeder Richtung, mit den 60 M des Hinterteils dazwischen). Zählt dann von diesen zwei MM ausgehend noch einmal je 3, 4, 4, 5, **5, 6, 6** M in Richtung hintere Mitte und markiert auch diese Stelle mit einem MM, sodass ihr für die verkürzten Reihen insgesamt 4 MM platziert habt.

Beginnt die erste Reihe jetzt in der hinteren Mitte.

1. Reihe (Hinreihe): Strickt re bis zum ersten MM. Hebt ihn ab und strickt noch 1 M (die erste Wendemasche). Wendet die Arbeit.

2. Reihe (Rückreihe): Hebt die erste Masche wie zum li Stricken mit dem Faden vor der Arbeit ab. Zieht den Faden jetzt von vorne über die Nadel nach hinten, sodass die abgehobene Masche langgezogen wird und die beiden Maschenschenkel wie zwei Maschen auf der Nadel liegen (= die Doppelmasche). Zieht den Faden gut an und strickt li über alle Maschen bis zum ersten Wendemarkierer auf der anderen Seite. Strickt eine Masche weiter und wendet die Arbeit.

3. Reihe (Hinreihe): Hebt die erste Masche wieder wie zum li Stricken, mit dem Faden vor der Arbeit, ab und zieht den Faden über die Nadel nach hinten, um eine Doppelmasche zu erhalten. Strickt dann rechts über alle Maschen bis zur Doppelmasche in Reihe 1. Strickt diese Masche als eine einzige Masche ab, sodass sich die Maschenzahl nicht verändert. Strickt eine Masche weiter und wendet die Arbeit.

4. Reihe (Rückreihe): Hebt die erste Masche als Doppelmasche ab. Strickt links über alle Maschen bis zur Doppelmasche auf der anderen Seite, strickt sie als eine linke Masche ab und strickt noch eine M weiter. Wendet die Arbeit.

Strickt die verkürzten Reihen auf diese Weise weiter. In jeder Reihe strickt ihr 1 M weiter, bis ihr an den MM ankommt, die die Seiten markieren. Hier enden die verkürzten Reihen. Genauere Erklärungen für die verkürzten Reihen findet ihr auf S. 181.

OBERES BÜNDCHEN

Strickt jetzt ein Rippenbündchen wie an den Hosenbeinen (1 M re, 1 M li im Wechsel), insgesamt 5, 5, 6, 6, **6, 7, 7** cm lang. Kettet dann ab und strickt das Bündchen im selben Schritt direkt umgeklappt fest:

Klappt das Bündchen nach innen um und nehmt für jede M auf der Nadel die entsprechende M vom Beginn des Bündchens auf. Strickt sie zusammen ab, wiederholt diese Schritte für die zweite M und kettet die erste M ab, indem ihr sie über die zweite zieht. Auf diese Weise wird das Bündchen Masche für Masche umgeklappt fixiert und ihr kettet die Arbeit gleichzeitig ab. S. dazu auch das Kapitel »Doppeltes Bündchen« auf S. 181. Lasst am Ende der Runde eine kleine Öffnung übrig, indem ihr die letzten 2–3 Maschen nicht umgeklappt feststrickt, sondern ganz normal einzeln strickt und abkettet. Durch diese Öffnung lässt sich dann ein Gummiband ziehen.

ABSCHLUSS

Vernäht alle Fäden und schließt das Loch im Schritt mit dem Maschenstich (s. Seite 181). Wascht die Hose anhand der Angaben des Wollherstellers, zieht sie auf einem trockenen Handtuch in Form und lasst sie trocknen. Zieht um Schluss ein Gummiband durch den Tunnelzug im oberen Bündchen.

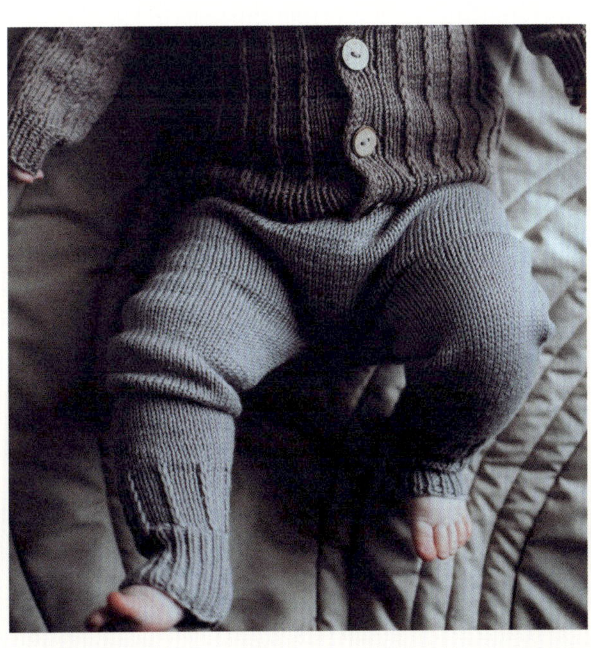

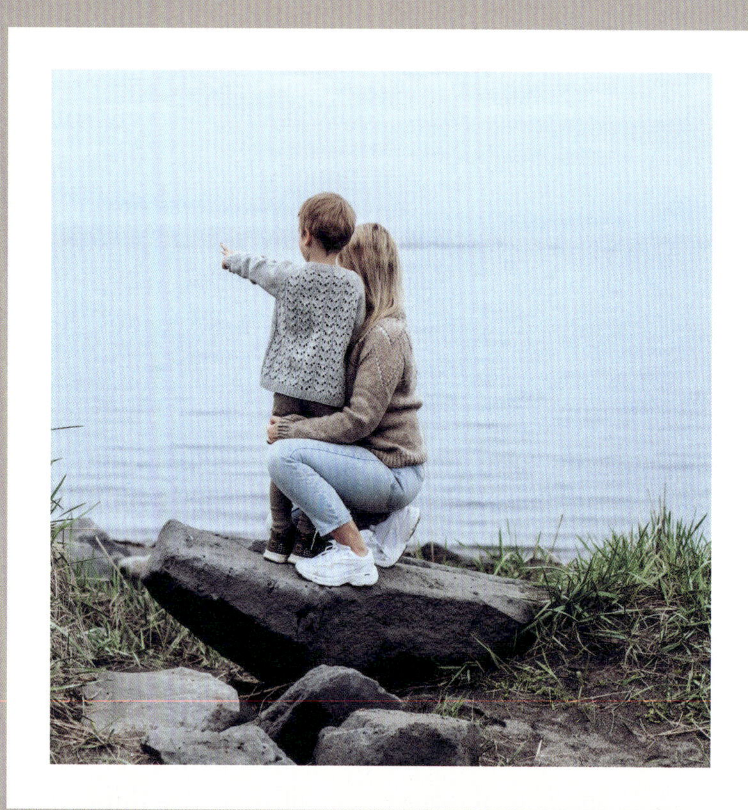

Techniken

Traditionelle Strickanleitungen enthalten oft Abkürzungen und Fachbegriffe, um die Anleitungen knapp und übersichtlich zu halten. Besonders Anfänger tun sich damit schwer – deshalb achten wir darauf, unsere Anleitungen in klarer, normaler Sprache zu halten und wenig Vorwissen vorauszusetzen. So finden auch unerfahrene Strickerinnen schnell zum Erfolg.

Hier erklären wir einige der wichtigsten Techniken, die in diesem Buch immer wieder verwendet werden.

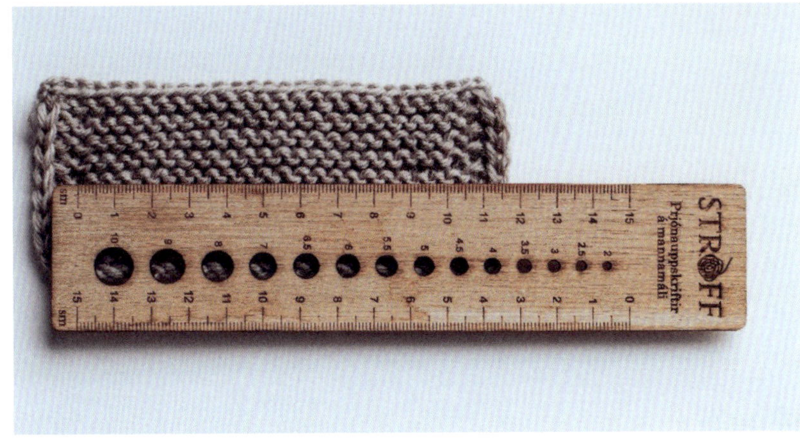

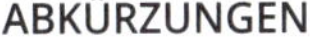

ABKÜRZUNGEN

M: Masche/-n
RM: Randmasche/-n
re: rechte Masche/-n
li: linke Masche/-n
MM: Maschenmarkierer
SSK: Slip, slip, knit
M1R, M1L: Make 1 right, make 1 left
***–*:** Die Angaben, die zwischen den Sternen stehen, wiederholen

SCHWIERIGKEITSGRADE

Alle Anleitungen in diesem Buch werden ausführlich, Schritt für Schritt, erklärt und setzen wenig Vorwissen voraus. Trotzdem haben wir sie zur besseren Orientierung in drei Schwierigkeitsgrade aufgeteilt:

Stufe 1: Für Anfängerinnen, die den Maschenanschlag, rechte und linke Maschen, einfache Zu- und Abnahmen und Abketten beherrschen.

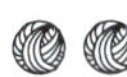

Stufe 2: Für Fortgeschrittene, die bereits ein paar einfache Modelle (eine Mütze oder einen schlichten Raglanpullover) gestrickt haben und mit den Grundlagen aus Stufe 1 keine Probleme mehr haben.

Stufe 3: Für Profis, die Musterdiagramme lesen können und in der Lage sind, mehreren Anweisungen gleichzeitig zu folgen. Mit Geduld und Konzentration können aber auch hartnäckige Anfängerinnen die Anleitungen der dritten Stufe nachstricken.

MASCHENPROBE UND GARNWAHL

Wir geben, wenn möglich, bei jedem Projekt mehrere Garnalternativen an. Dabei orientieren wir uns an großen Marken, die gut erhältlich sind. Wenn ihr andere Garne verwenden wollt, orientiert ihr euch zunächst an der Beschaffenheit und der empfohlenen Maschenprobe und Nadelstärke und dann an der Lauflänge, um die korrekte Menge zu ermitteln.

Ausschlaggebend ist immer die Maschenprobe, die wir in der Anleitung angeben, nicht unbedingt die standardisierten Angaben des Herstellers. Da wir alle unterschiedlich fest oder locker stricken, empfehlen wir deshalb dringend, mit der ausgewählten Wolle eine Maschenprobe anzufertigen (wenn nicht anders angegeben, stricken wir sie immer rechts, ohne Muster) und je nach Ergebnis eine andere Nadelstärke zu wählen, um die korrekte Maschenprobe zu erhalten.

Beispiel: In der Anleitung wird eine Maschenprobe von 23 Maschen auf 10 cm angegeben. Damit sollten 23 Maschen 10 cm breit sein. Wenn eure Probe nur 21 Maschen auf 10 cm ergibt, sind die Maschen zu breit und das Strickstück wird weiter als angegeben. 2 Maschen klingen bei 10 cm noch nicht tragisch, bei einem gewünschten Umfang von 100 cm wären das aber bereits 20 Maschen mehr, und das sind 10 cm mehr! In diesem Fall empfehlen wir, eine halbe Nadelstärke kleiner zu wählen.

Wenn die Probe dagegen 25 Maschen auf 10 cm ergibt, sind die Maschen zu schmal und das Strickstück wird kleiner als angegeben. Hier solltet ihr eine halbe Nadelstärke nach oben gehen.

Eine Maschenprobe anfertigen

Die Maschenprobe wird gerne als unnötige Zeitverschwendung angesehen und deshalb oft übersprungen. Jedoch kann schon eine kleine Abweichung in der Maschenprobe die Proportionen in einem Strickstück verändern – und wer schon mal einen ganzen Pullover gestrickt hat, der am Ende nicht gepasst hat, weiß, wie ärgerlich das ist!

Schlagt also mit dem Garn, das ihr verwenden möchtet, und der angegebenen Nadelstärke ca. 30 Maschen an (immer mehr Maschen, als in der Maschenprobe angegeben werden), und strickt ca. 10 Reihen kraus re (rechts in jeder Reihe). Messt dann in der Mitte dieses Stücks mit einem Lineal 10 cm ab und zählt die Maschen. Damit ermittelt ihr eure Maschenprobe.

Das Foto zeigt eine Maschenprobe von 21 Maschen auf 10 cm. Mehr zum Thema: *www.bit.ly/stroffmaschenprobe*.

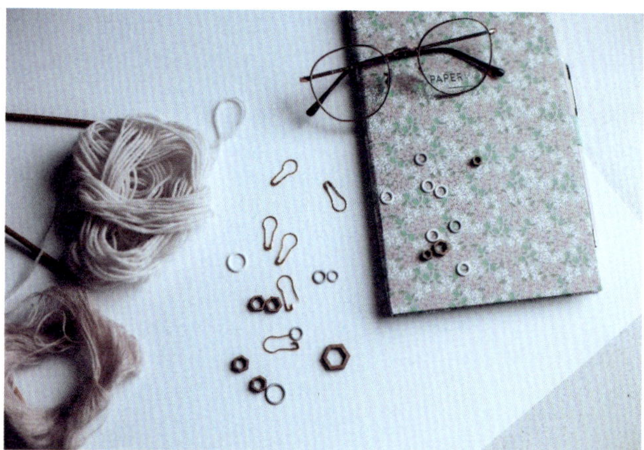

Verschiedene Maschenmarkierer

Garnwahl und Garnstärke
Manchmal findet man die perfekte Anleitung, möchte aber ein anderes Garn verwenden. Wenn ihr mit dem Garn dieselbe Maschenprobe erreicht, müsst ihr nur darauf achten, dass ihr in der Lauflänge zur selben Meterzahl gelangt wie in der Anleitung angegeben, damit die Garnmenge ausreicht.

Wenn das gewünschte Garn gröber oder feiner ist als das angegebene, könnt ihr die Anleitung ggf. umrechnen: Ermittelt anhand eurer Maschenprobe, wie viele Maschen ihr benötigt, um den gewünschten Brustumfang zu erreichen. Dann könnt ihr in der Anleitung eine Größe finden, die eine ähnliche Maschenzahl verwendet, diese Größe stricken und Ärmel und Rumpf nach Wunsch verlängern oder kürzen. Das klappt jedoch nicht immer und ist recht kompliziert, deshalb empfehlen wir lieber, ein passendes Garn zu wählen.

DIE RICHTIGE GRÖSSE ERMITTELN
Die angegebenen Maße in jeder Anleitung beziehen sich auf das fertige Strickstück. Wir empfehlen, den Empfänger des Strickstücks oder alternativ ein gut passendes Kleidungsstück auszumessen, um die passende Größe zu ermitteln.

Bei Pullovern könnt ihr die Länge von Rumpf und Ärmeln ganz einfach an die eigene Körpergröße oder nach Geschmack anpassen. Wenn die eigenen Maße z.B. im Umfang eher Größe L entsprechen, in Arm- und Rumpflänge aber zu Größe M passen, könnt ihr euch in der Maschenzahl an L orientieren und die Ärmel und Rumpflänge so lang stricken, wie in Größe M angegeben.

Damit eine Mütze gut sitzt, muss sie enger sein als der tatsächliche Kopfumfang, deshalb liegt der angegebene Umfang unserer Mützen je nach Größe und Stricktechnik gut 5–10 cm unter dem durchschnittlichen Kopfumfang für die jeweilige Größe, besonders bei sehr dehnbaren Loch- oder Rippenmustern.

DIE PASSENDEN NADELN WÄHLEN
Holz oder Metall, spitz oder stumpf, feste Nadeln oder Schraubsysteme: Es gibt heutzutage eine wunderbar große Auswahl an Stricknadeln, mit verschiedenen Eigenschaften für unterschiedliche Vorlieben. Sjöfn strickt fast ausschließlich mit Holznadeln, die besonders weich in der Hand liegen. Leonie bevorzugt dagegen Metallnadeln, bei denen die Maschen besser gleiten (aber auch leichter abrutschen).

Stumpfe Spitzen sind komfortabel, besonders für Strickerinnen, die die Nadel gerne mit dem Zeigefinger nachschieben. Spitze Nadeln lassen sich dagegen besser in die Maschen stechen, besonders bei Zunahmen aus dem Maschenschenkel oder Abnahmen, bei denen 2 oder 3 Maschen zusammengestrickt werden.

Die Wahl der Nadeln ist Geschmackssache, kann das Strickbild aber sichtbar beeinflussen – deshalb empfehlen wir, nicht mitten im Projekt auf eine andere Nadelmarke oder Art der Spitzen zu wechseln.

MASCHENMARKIERER
Maschenmarkierer sind kleine Ringe oder Schlaufen, mit denen ihr verschiedene Stellen eures Strickstückes markieren könnt. Grundsätzlich gibt es geschlossene Markierer, die sich nicht öffnen lassen, zwischen zwei Maschen auf der Nadel hängen und in jeder Runde oder Reihe weiter nach oben wandern, und offene Markierer (oft in Form von Büroklammern oder Sicherheitsnadeln), die man entweder geschlossen auf die Nadel hängt, oder öffnet und in eine bestimmte Masche steckt.

Mit diesen Markierern markiert ihr die Stellen im Strickstück, an denen ihr z.B. Zunahmen für die Raglanlinien arbeitet, ein Muster beginnt oder beendet oder Abnahmen an den Ärmeln arbeitet, damit ihr den zweiten Ärmel genau gleich strickt. Oft hängt man auch einen Markierer auf die Nadel, um den Rundenanfang zu markieren.

Es gibt unzählige Ausführungen, von praktisch bis dekorativ. Anfangs kann man sich einfach mit einem geknoteten Stück Faden, einem kleinen Haargummi oder einer Sicherheitsnadel behelfen, es empfiehlt sich aber, Markierer in verschiedenen Farben oder Formen zu besitzen, um verschiedene Stellen in der Arbeit zu markieren.

»KEINE MASCHE« IM DIAGRAMM
Besonders bei Loch- oder Einstrickmustern kommen im Musterdiagramm oft Kästchen mit der Bezeichnung »Keine Masche« vor. Diese Kästchen sind reine Platzhalter, damit das Diagramm übersichtlich dargestellt werden kann. An dieser Stelle befindet sich tatsächlich (noch) keine Masche, da diese Masche erst später durch Zunahmen entsteht. Ihr überspringt dieses Kästchen und geht direkt weiter zur nächsten Masche.

LÖCHER UNTER DEN ARMEN
Um bei Raglanpullovern Löcher unter den Armen zu vermeiden, fassen wir zwischen den Ärmelmaschen vom Hilfsfaden und den neuen Maschen unter den Armen noch jeweils 1 M auf jeder Seite auf und stricken sie direkt in der ersten Runde mit der nächsten Masche zusammen, damit die Maschenzahl wieder stimmt. Mit derselben Technik könnt ihr auch Löcher am Daumenansatz von Handschuhen oder bei Sockenfersen schließen.

Mehr dazu: *www.bit.ly/loechervermeiden*

ZUNAHMEN MIT M1R, M1L

Die englische Bezeichnung »M1R, M1L« steht für »Make 1 right, make 1 left«. Damit sind nach rechts und nach links geneigte verschränkte Zunahmen gemeint, die wie folgt gestrickt werden:

M1R (rechts geneigte Zunahme): Nehmt den Querfaden zwischen zwei Maschen auf, indem ihr mit der linken Nadel von hinten in ihn einstecht. Strickt die Masche dann verschränkt ab, indem ihr in den vorderen Maschenschenkel einstecht.

M1L (links geneigte Zunahme): Nehmt den Querfaden zwischen zwei Maschen auf, indem ihr mit der linken Nadel von vorne in ihn einstecht. Strickt die Masche dann verschränkt ab, indem ihr in den hinteren Maschenschenkel einstecht.

Dadurch fügt sich die Zunahme unauffällig in das Maschenbild ein.

Video: *www.bit.ly/m1r-m1l*

NACH RECHTS UND LINKS GENEIGTE ABNAHMEN

In vielen Lochmustern werden 2 M auf zwei verschiedene Weisen zusammengestrickt:

Für eine **nach rechts geneigte Abnahme** strickt ihr die zwei Maschen einfach rechts zusammen, indem ihr wie beim normalen rechts Stricken von links nach rechts in beide vorderen Maschenschenkel einstecht und die Maschen so zusammen abstrickt; im Muster wird dies »2 M re zusammenstricken« genannt.

Für die **nach links geneigte Abnahme** hebt ihr zunächst beide Maschen einzeln wie beim re Stricken von der linken auf die rechte Nadel, damit sie sich umdrehen. Schiebt diese zwei Maschen nun in dieser Orientierung wieder zurück auf die linke Nadel und strickt sie verschränkt zusammen, indem ihr von rechts nach links in die beiden hinteren Maschenschenkel einstecht. Im Englischen wird diese Abnahme **»Slip Slip Knit«** genannt und mit **»SSK«** abgekürzt. Diese Abkürzung nutzen wir zur besseren Übersicht auch hier. Dazu findet ihr hier auch ein kurzes Video: *www.bit.ly/stroff-ssk*

VERKÜRZTE REIHEN

Verkürzte Reihen werden nur über einen Teil einer Runde gestrickt, der dadurch höher wird als der Rest. Wir nutzen sie bei Pullovern, um den Halsausschnitt hinten zu erhöhen, und bei Hosen, um Platz für eine Windel zu schaffen.

Damit an der Wendestelle kein Loch entsteht, stricken wir diese Reihen wie folgt: Strickt bis zur angegebenen Stelle und wendet die Arbeit. Hebt dann die erste Masche wie zum links Stricken, mit dem Faden vor der Arbeit, ungestrickt ab. Zieht den Faden von vorne nach hinten über die Nadel. Dadurch wird die erste Masche nach oben gezogen. Beide Maschenschenkel liegen jetzt quasi wie zwei Maschen auf der Nadel. Zieht den Faden gut an und strickt die Reihe zurück. Wendet auf der anderen Seite mit derselben Wendemasche. Wenn ihr in den folgenden Reihen über diese Wendemasche hinaus strickt, strickt ihr beide Maschenschenkel gemeinsam als eine einzige Masche ab.

Video: *www.bit.ly/verkuerzte-reihen*

I-CORD-KANTE

Diese Kante bildet einen schönen und stabilen Abschluss an Stücken, die in Reihen gestrickt werden, und verhindert ein Einrollen an glatt rechts gestrickten Stücken. Wir verwenden sie bei Knopfleisten und an den Ohrklappen bei Mützen.

Für diese Kante werden die ersten 2 oder 3 Maschen in jeder Reihe (Hin- und Rückreihe) immer rechts gestrickt. Die letzten zwei oder drei Maschen jeder Reihe werden ungestrickt, wie zum Linksstricken, mit dem Faden vor der Arbeit abgehoben.

Mehr dazu: *www.bit.ly/strofficord*

I-CORD-KORDEL

Wir nutzen I-Cord-Kordeln hauptsächlich, um Bänder an Mützen oder Kordeln für Hosen zu stricken. Dafür schlagt ihr 3 Maschen auf eine Nadel aus dem Nadelspiel an und strickt sie rechts. Ihr wendet die Arbeit dann nicht, sondern schiebt diese 3 Maschen wieder ans vordere Ende der Nadel und strickt sie wieder rechts. Wiederholt diese Schritte, bis die Kordel die richtige Länge erreicht hat.

Video: *www.bit.ly/i-cord-kordel*

DAS DOPPELTE BÜNDCHEN

Viele unserer Pullover, Mützen und Hosen beginnen mit einem Bündchen, das umgeklappt und doppelt gelegt festgestrickt wird, bevor ihr weiterstrickt. Dadurch wird ein Halsbündchen besonders weich und warm, ein Hosenbund erhält damit einen Tunnelzug für eine Kordel oder ein Gummiband. Ihr strickt das Bündchen dafür doppelt so lang wie die gewünschte Endlänge und klappt es dann so um, dass die Anschlagskante innen liegt. In der nächsten Runde strickt ihr es fest: Nehmt für jede Masche, die auf der Nadel liegt, jeweils die entsprechende Masche aus der Anschlagskante auf und strickt beide gemeinsam rechts ab. Am Ende liegt das Bündchen doppelt fixiert.

Mehr dazu: *www.bit.ly/tunnelzugstroff*

ZWEI STÜCKE MIT DEM MASCHENSTICH ZUSAMMENNÄHEN

Mit dem Maschenstich könnt ihr zwei offene Kanten Masche für Masche ohne sichtbare Naht zusammennähen. Wir verwenden ihn hauptsächlich, um die Spitze bei Socken zu schließen oder das Loch zwischen zwei Hosenbeinen zu vernähen.

Diese Technik lässt sich schwer in Worte fassen, deshalb haben wir hier ein kurzes Video dazu angefertigt:

www.bit.ly/stroff-maschenstich

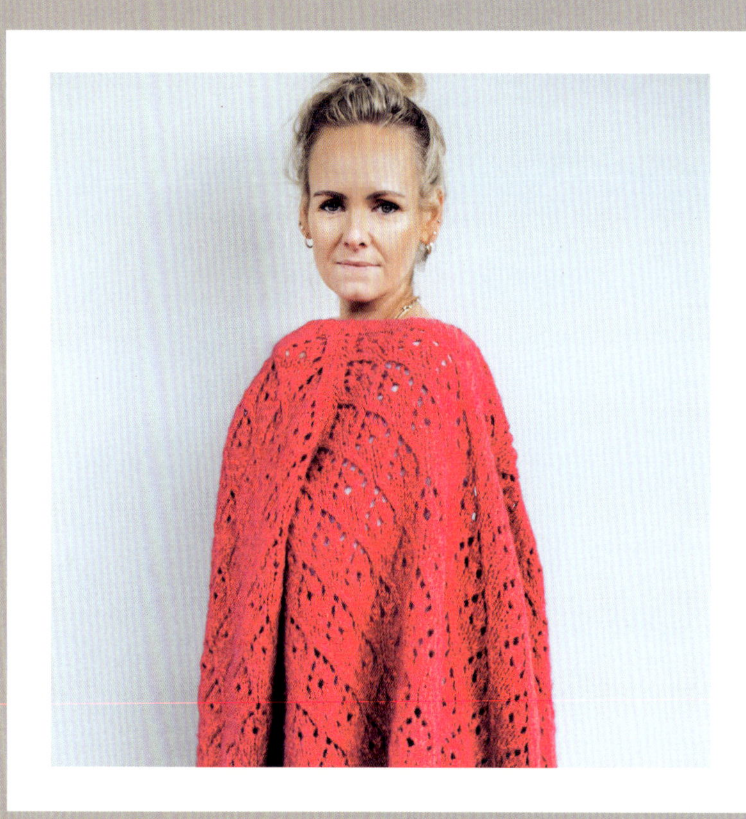

ÜBER UNS

Stroff Knitting kommt ursprünglich aus Island. Daher auch der Name – »stroff« ist das isländische Wort für »Bündchen«.

Das Label wurde 2017 in Reykjavík von Sjöfn Kristjánsdóttir gegründet, die damals mit ihrem zweiten Kind in Elternzeit war und viel Zeit mit Stricken verbrachte. Aus dem Hobby wurde ein Online-Shop mit Anleitungen, der sehr schnell sehr beliebt wurde. Ausschlaggebend für ihren Erfolg war, neben dem wunderschönen skandinavischen Design, der Schwerpunkt auf gute, verständliche Anleitungen.

Sie selbst kommt bis heute nicht mit den Abkürzungen und der Formelsprache, die klassische Strickanleitungen ausmachen, zurecht und hat deshalb sehr ausführliche Anleitungen in normaler Sprache entwickelt. So finden auch Anfänger:innen den Mut, sich an eines ihrer Modelle zu wagen, ohne vorher einen Handarbeitskurs belegen zu müssen. Wenn die Technik in Worten zu kompliziert klingt, helfen Links zu Videos weiter.

So haben wir unzählige Rückmeldungen von Anfänger:innen, die sich mit uns überhaupt an dieses neue Hobby getraut haben. Viele erfahrene Stricker:innen haben bei uns ihren ersten Raglanpullover gestrickt und die Technik so für sich entdeckt.

Nach drei Jahren reiner Online-Präsenz kam dann im Herbst 2020 das erste Buch auf den isländischen Markt, gefolgt von einem zweiten Buch Ende 2021 und einem dritten im Herbst 2023.

Im Oktober 2020 ging der deutschsprachige Online-Shop live, betreut von Leonie Karn. Inzwischen haben wir dort knapp 200 Anleitungen – die schönsten veröffentlichen wir in unseren Büchern, es kommen aber online immer wieder neue Modelle dazu.

Gerade sind wir zu zweit im Stroff-Team: Sjöfn ist das kreative Herz und hat alle Ideen. Sie entwirft alle Modelle, schreibt die Anleitungen und hat die kreative Kontrolle über alles, was wir tun.

Leonie strickt seit 2018 nach Sjöfns Anleitungen und betreut die deutsche Version von Stroff Knitting von Anfang an. Sie übersetzt alle Anleitungen und veröffentlicht sie im deutschen Online-Shop und inzwischen auch in den Büchern. Sie ist für den deutschsprachigen Auftritt von Stroff Knitting zuständig und beantwortet alle Kundenanfragen. Seit 2023 gibt es ausgewählte Anleitungen auch in einer englischen Übersetzung auf *www.stroff-knitting.de* und auf Ravelry.

Dabei werden wir von unseren Teststrickerinnen unterstützt, und natürlich von unserer Fotografin Eygló Gísla. Alle Fotos in unseren Büchern stammen von ihr.

Online sind wir auf unserer Website *www.stroff-knitting.de* zu finden. Dort gibt es alle unsere Anleitungen auch einzeln als PDF-Downloads zu kaufen.

Bei Fragen und Problemen sind wir per E-Mail an *info@stroff-knitting.de* erreichbar.

BISHER IN DEUTSCHLAND ERSCHIENEN:

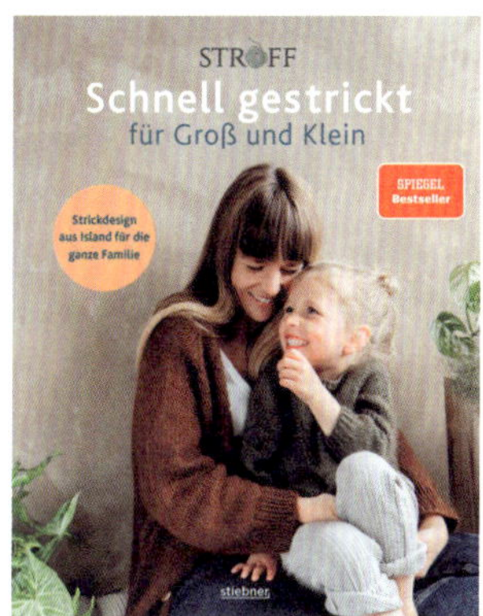

Schnell gestrickt für Groß und Klein
ISBN 978-3-8307-2130-7

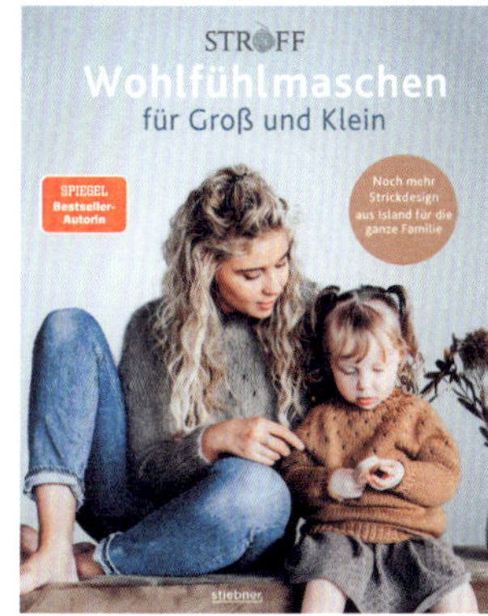

Wohlfühlmaschen für Groß und Klein
ISBN 978-3830721451

Liebe Leser:innen,
wir freuen uns, dass wir euch mit diesem Buch inspirieren und Teil eurer kreativen Reise sein dürfen. Noch mehr Inspiration, originelle Ideen und besondere Themen findet ihr auf unserer Verlagsseite www.stiebner.com.

Lasst uns zusammen kreativ werden!

Wir sind immer offen für eure Anregungen, Wünsche und Kritik – schreibt uns gerne unter verlag@stiebner.com. Da geteilte Freude bekanntlich doppelte Freude ist: Zeigt uns eure kreativen Ideen und fertigen Projekte auf Social Media! Markiert uns mit @stiebnerverlag und die Autorin mit @stroffknitting oder nutzt die folgenden Hashtags:
#stroffknitting #leichtgestrickt

Basierend auf dem Buch, das erstmals unter dem Titel »Prjónadraumar« bei Sögur Útgáfa erschien

Text: Sjöfn Kristjánsdóttir
Fotografie: Eygló Gísladóttir
Übersetzung aus dem Isländischen: Leonie Karn
Cover: Danai Afrati
Layout des Originals: Kúper Blakk
Anpassungen Layout für deutsche Ausgabe & Satz: Leonie Karn
Projektleitung (und Lektorat): Melanie Stiebner
Druck & Bindung: Belvedere Art Books, Niederlande/ www.TheArtOfMakingBooks.de

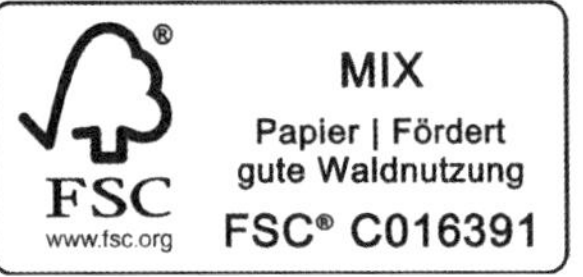

ISBN 978-3-8307-2157-4

Bibliografische Information der Deutschen Nationalbibliothek:
Die Deutsche Nationalbibliothek verzeichnet diese Publikation in der Deutschen Nationalbibliografie; detaillierte bibliografische Daten sind im Internet über http://dnb.dnb.de abrufbar.

www.stiebner.com

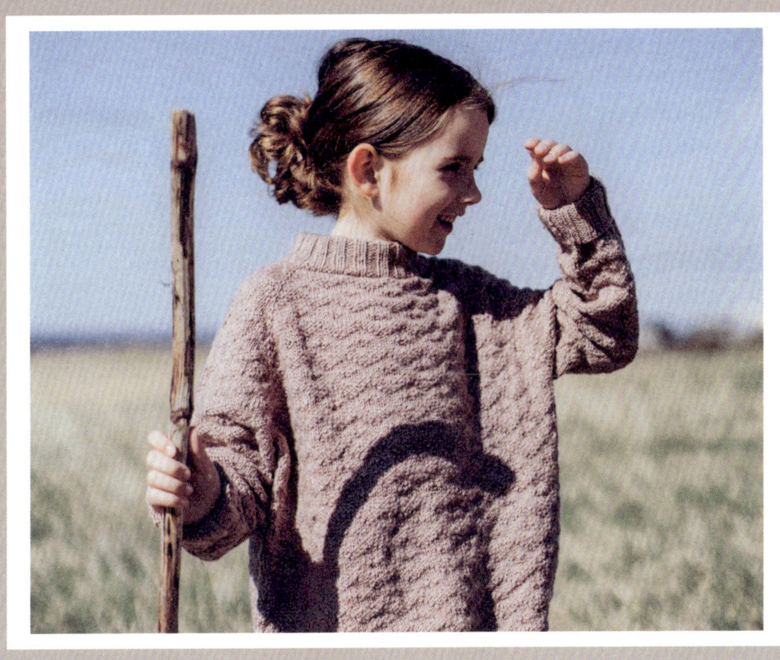

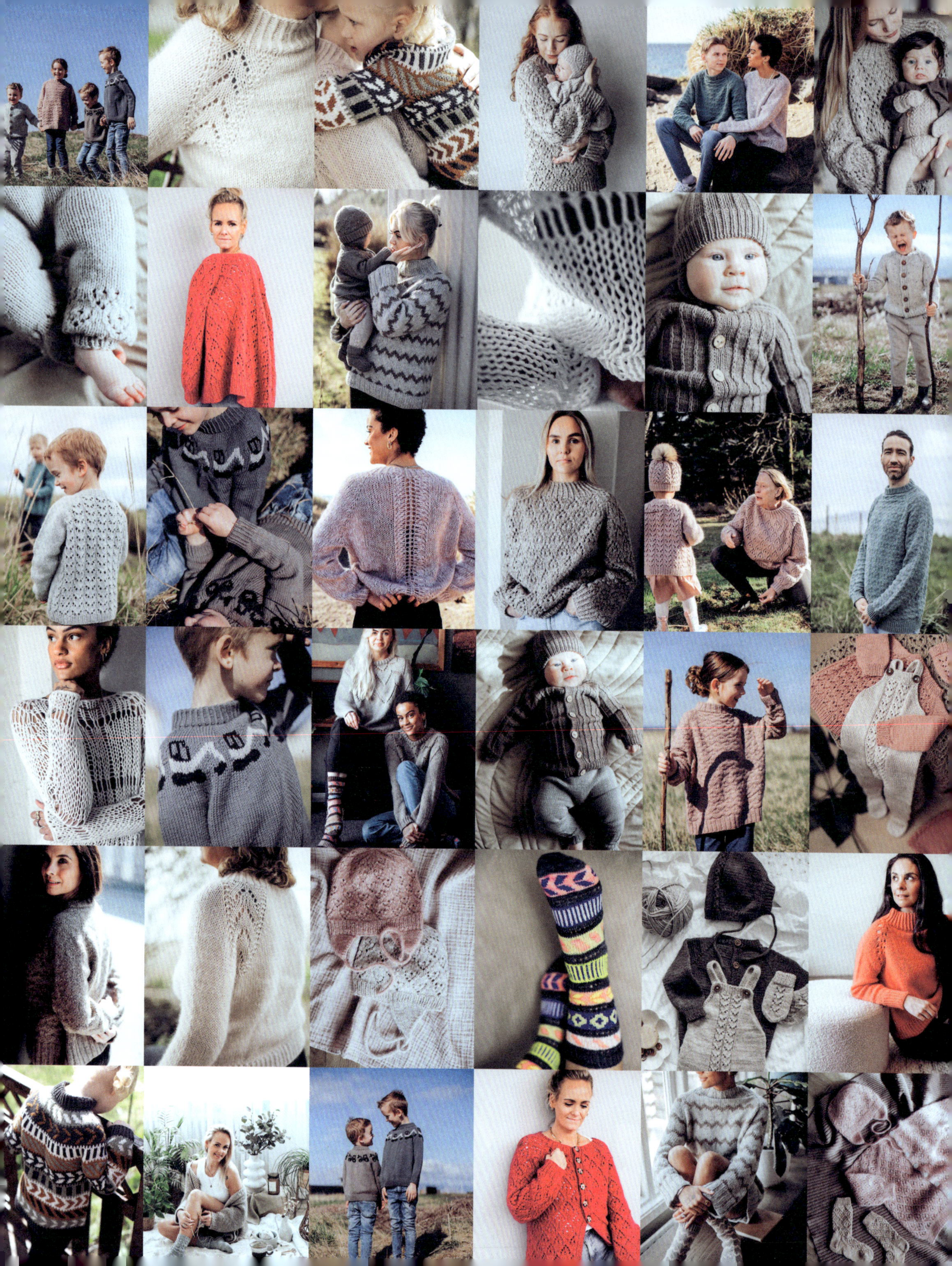